U0506205

代 中 国 的 知 识 与 制 度 转 型 丛 书

兴利 与 牧民

清末劝业道的建制与运作

/ 王鸿志 著 /

社会科学文献出版社
SOCIAL SCIENCES ACADEMIC PRESS (CHINA)

目　录

绪　言

一

光宣之际，款绌用繁矛盾日渐尖锐，直省布政使、粮储道、盐法道、厘金局、官钱局等财税机构虽竭力搜括，仍难纾财困。况且，涸泽而渔、焚林而猎式的搜罗仅能苟延旦夕，而非生财长久之道。振兴实业、推广交通成为朝野内外广辟利源、挽救王朝统治的重要取径。

为筹生利之源以救财用之困，各省督抚纷纷在衙署外设立农工商矿各局，作为倡兴和管理兴利事务的常设机构。然"轻工贱商"积习深重，官商隔阂已久，各督抚为使官商联络一气，不拘例章奏调、札委乡望素服、熟稔商情而又擅长兴利的绅士到局当差办事，众多绅士由此跻身实业、交通行政管理。绅商阶层乘势崛起，权势日隆。他们或独资兴业，或合伙组织公司，或参与商会、农会等社会团体，以不同的身份活跃于政商各界，盘踞要津，威权能量愈积愈大，权位日趋显要，一定程度上弱化了原来作为行政主体的司道的功能，同时也加速分化重组"士农工商"四民社会结构，王朝统治的社会根基发生微妙变动。

人间世事往往事与愿违。有些绅士将实业、交通界视为啖饭营利之地，挟官权压商民，腋削盘剥，假公济私，损人利己，既有碍劝农惠工通商，又扰害商民，虚靡经费，时人怒而讥讽，绅权渗入实业界，"无事能食绅士之福"。① 更为甚者，农工商矿各局在体制外繁兴，"譬如满地散钱无所串贯"，② 督抚的实业、交通行政权积大成势，渐有脱离朝廷把控之象。商部成立后，收束督抚实业、交通管理大权几乎成为开部要旨，渐次推出设商会、商务议员、矿务议员和路务议员等举措，试图"上下贯通"，然成效不彰。职官体系内外实业、交通行政沟通衔接问题关系着王朝兴利事业的成败。

兴利生财急切，绅商权势崛起，督抚实业、交通行政管理权膨胀，各种关系纵横交错，越来越迫切要求清廷调整固有的直省行政体制，构建符合自身利益需求的省级实业、交通行政管理秩序，使"兴利"在可控、有序、稳定的发展轨道上健康良性运行。劝业道在此背景下孕育而生。

既往研究或从"兴利"的角度，或借"近代化""结构功能"等外在理论框架条理劝业道创设建制，与事实多有悬隔，对清廷创设劝业道与治理绅商和职官体系变动之间复杂关系的梳理挖掘相对不足，劝业道机构的渊源、创制、发展及流变的相关史实仍然模糊不清。本书拟在广泛占有文献资料的基础上，探究清廷为"兴利"而"牧民"，构建直省实业、交通行政管理体系的历程及其深远影响。

于清季社会大变动的整体脉络中全景式审视劝业道的建制和运作，可见清末财政困局和绅商权势崛起以及督抚实业、交通行政管理权膨胀与劝业道创设之间的内在联系，以及清末民初直省实业、交通行政机构沿革的轨迹，并可在此过程中探寻劝业道的建制和运作与人事、政情、权限划分之间的复杂面相，进而把握其在王朝官制体系中的地位和功能。同时，考察劝业道在清季的建制和运作状况，还能更深入了解清末官制改革及新政和宪政的相关历史，认识清季实业、交通知识与制度转

---

① 《论绅权》，《申报》1907 年 2 月 23 日。
② 《徐花农侍郎奏请添设商部衙门折》，《申报》1901 年 11 月 1 日。

型发展产生的影响，进而把握我国传统"重农抑商"观念和"士农工商"社会结构在清末嬗变的动因和历程。

<h1 style="text-align:center">二</h1>

温故知新，先因而后创，充分认识和把握劝业道研究的现状，是本书接续深入探讨的前提和基础。

劝业道在清季存世时间较短，长者五六年，短者仅八个月，其影响似乎没引起民国学人的足够重视。不过，学界在探讨近代中国省级实业、交通行政滥觞时，往往追溯清季创设的劝业道。其中较为详细介绍清季设立劝业道的当数郭冠杰。1931 年，郭氏依据官制章程条文在《清朝地方官制之略述》中对清廷设立劝业道做了简要介绍。[1] 1936 年，刘锦藻编纂的《清朝续文献通考》一书出版，其中职官考、秩禄考、邮传考、实业考中收入了有关劝业道的部分上谕、奏折等文献，学人借此可大概了解清季劝业道的设立情况。尤为可贵的是，刘锦藻在书中指出，"巡警、劝业均辖全省，应称司不称道，惟司属三品，非部曹应升之阶，抑之为道，可以简放，改官制专为京员谋出路，可议者此其一端也"。[2] 这一论断明确地指出了清廷议设劝业道时先"司"后"道"的变化过程所蕴含的丰富信息，对后进者颇具提示之意，惜后来研究者多习焉不察，沿用此说不免有以讹传讹之嫌。揆诸史实，劝业道并非专由京官出任，"可议者"实有多端，颇值深究。

如果说民国时期对劝业道的研究略有触及，那么 20 世纪 70 年代后，劝业道的研究才算真正起步，呈现出研究范围逐渐扩展、深度不断

[1] 郭冠杰：《清朝地方官制之略述》，《社会科学论丛》第 3 卷第 11、12 期合刊，1931 年，第 155 页。
[2] 刘锦藻：《清朝续文献通考》卷一三四，职官二十，浙江古籍出版社影印本，1988，第 2 册，第 894 页。

增加的态势。具体情况体现在以下三个方面。

（一）有关制度史研究

清季民国时期，"中国的知识与制度体系发生了重大变动，使得中国人的精神世界与行为规范前后截然两分"，① 创于明朝景泰年间的"道"制在这一时期就发生了明显变动，而表现形式之一就是劝业道的创设。由于劝业道创设于近代中国社会剧烈变动的时代，尤其是中国在世界激烈的"商战"中屡遭挫败的情况下，朝野人士疾呼要振兴实业，实现富国强兵，以应对西力的冲击，这就不免让后人产生清廷创设劝业道是为了实现"经济现代化"的思维定式。1972 年，李国祁在《明清两代地方行政制度中道的功能及其演变》一文中系统梳理了明清两代"道"的功能和演变，注意到"道"具有因时应变的特殊功能，因而当清廷需要发展实业时，便在各省设立了劝业道，将"昔日道所兼管的业务如驿传水利河工屯田垦殖茶马等均归并属之"，其根本精神仍在："成立新机构，实力推广现代化的各种农工商矿交通新事业，故其设立是因应西力冲击下的产物，此与地方行政机构趋向于专业化的情形相同。"② 1982年，李氏又以"政治现代化"的理论分析闽浙台地区的近代化，提出劝业机构的设置亦是向"政治现代化"的方向进行，是政治革新的表现，具有绝对的现代化意义。③ 受"现代化"观念影响，其他学人在提及劝业道的相关史实时，也往往借用"现代化"的理论理解诠释。④

---

① 桑兵：《晚清民国的知识与制度体系转型》，《中山大学学报》（社会科学版）2004 年第 6 期。
② 李国祁：《明清两代地方行政制度中道的功能及其演变》，《中央研究院近代史研究所集刊》第 3 期上册，1972 年，第 170—171 页。
③ 李国祁：《中国现代化的区域研究：闽浙台地区（1860—1916）》，台北：中研院近代史研究所，1982，第 167—168 页。
④ 如张玉法《中国现代化的区域研究：山东省（1860—1916）》，台北：中研院近代史研究所专刊（43），1982；苏云峰《中国现代化的区域研究：湖北省（1860—1916）》，台北：中研院近代史研究所，1987；王家俭《晚清地方行政现代化的探讨（1838—1911 年）》，《中国近代现代史论集·清季立宪与改制》第 16 编，台北：台湾商务印书馆，1986。

与东西洋列国相比，清朝的确积贫积弱，用先进与落后、现代与传统、新制与旧制之类的二元对立的解释框架来认识清廷创设劝业道，确实耳目一新，对后来学人的影响也显而易见。1988 年，阮忠仁修订出版其硕士学位论文《清末民初农工商机构的设立——政府与经济现代化关系之检讨（1903—1916)》，该书可视为最早探讨清末民初设立农工商管理机构的专著。作者承袭李国祁、王家俭等人的"现代化"研究范式，并借用"结构功能"的分析方法，考察了清末民初农工商机构设立的情况，以及政府与经济现代化之间的关系，认为劝业道是"因应实业发展之需要"而设，"道"的"专业化"功能趋向明显，并注意到劝业道与农工商矿局的区别及联系，指出：农工商矿局为非正式机构，劝业道为正式机构，1908 年后农工商矿各局逐渐归并于劝业道；农工商矿局与商部的关系是"非正式的"，劝业道与农工商部的关系是"正式的"。① 作者关注到农工商矿各局与劝业道的渊源及异同，的确推进了劝业道相关史实的研究。但必须承认，这类研究是用后来的、外在的观念简单地与清季劝业道的历史相比附，将农工商矿各局至劝业道的演变过程简单地用"专业化"或"正式的、非正式的"等概念来条理，看似明快清晰，实则忽略了制度产生、发展、演变的内在理路，更与清人设官的真正本意大相径庭。回归当时语境，清人议设劝业道并未谈论"现代化""专业化"的问题。以此路径认识劝业道，所认识的史实恐怕并非清人心中的劝业道。

要想真正了解历史语境中的劝业道，应当回归历史现场，看当时人的言与行。就此而言，自 20 世纪 80 年代以来，有关劝业道的研究有所深入。1988 年，刘子扬的《清代地方官制考》一书出版。他注意到清政府在谋求改革的前夕各省农工商矿各局等管理机构出现，绅商直接参与地方行政管理等一系列变动，"当时中国社会经济成分与社会结构已发生重大变化，地方绅商势力的迅速扩展，已迫使清封建政府不得不考

---

① 阮忠仁：《清末民初农工商机构的设立——政府与经济现代化关系之检讨（1903—1916)》，台北：台湾师范大学历史研究所，1988，第 178—187 页。

虑他们的利益，容允他们的某些政治要求”，“这时的清朝政府，已不得不希望借助这股新生的力量，来维护自己的统治，或进一步谋求'振兴'”。此外，该书还据相关章程条文对劝业道的职掌、机构等情况做了简要介绍。① 与用“现代化”等理论框架解释清季劝业道的历史相比，此论断更切合历史本原。

2000 年以来，中国近代政治制度史研究取得了显著进展，劝业道的研究在某些方面也取得了突破。2000 年，关晓红的力作《晚清学部研究》② 出版，论及直省提学使与劝业道有关实业教育权的权限划分问题，首次触及劝业道的权限纠葛，不仅对笔者注意实业教育权的权限划分问题极具启发意义，而且也提示笔者认真梳理劝业道与其他司道权限划分的史实。其后虽有学人论及提学使和劝业道的实业教育权问题，但不出关著之右。③ 继《晚清学部研究》之后，作者潜心钻研，深入探究清季外官改制的相关史实，发表了系列论文，这些成果无论是在拓展思路上还是在理论方法上均对笔者有很大启发。如 2006 年发表的《清季督抚文案与文案处考略》④ 和《晚清督抚衙门房科结构管窥》⑤ 两文，细致入微地再现了清末督抚衙门房科变化与社会政情变动的互动关系，对认识督抚衙署外农工商矿各局的设立以及改制后督抚衙署内设立农工商科的历史甚有助益。是年，《从幕府到职官——清季外官改革中的幕职分科治事》一文虽然未论及劝业道的分科治事问题，但探讨了外官改制中幕职职官化、衙署内的幕职与衙署外的局所对督抚行政的影响等问题，⑥ 对理解清廷改造整合督抚衙署外的农工商矿各局、设立劝业

① 刘子扬编著《清代地方官制考》，紫禁城出版社，1988，第 48—50、125—130 页。
② 关晓红：《晚清学部研究》，广东教育出版社，2000。
③ 吴玉伦：《清末实业教育制度研究》，博士学位论文，华中师范大学，2006。
④ 关晓红：《清季督抚文案与文案处考略》，《近代史研究》2006 年第 3 期。
⑤ 关晓红：《晚清督抚衙门房科结构管窥》，《中山大学学报》（社会科学版）2006 年第 3 期。
⑥ 关晓红：《从幕府到职官——清季外官改革中的幕职分科治事》，《历史研究》2006 年第 5 期。

道、建置劝业公所实行分科治事等史实具有启示意义。2007 年,《历史研究》第 6 期发表了关晓红的《独断与合议:清末直省会议厅的设置及运作》① 一文,有助于了解劝业道参与督抚会议厅的运作及其与督抚、谘议局的关系。同年,关晓红又在《种瓜得豆:清季外官改制的舆论及方案选择》② 一文中系统梳理了清季外官改制的始末,深入分析了改制方案演变的过程及其深层次原因。这些研究成果既昭示了制度史研究的广阔天地和无穷魅力,又启发笔者务必遵循轨辙——不仅要看到章程条文的制定过程及用意,而且要深究具体落实之间的变化,以及实际运作及其效果。这样的制度史研究不会生搬硬套章程条文,而是致力于从繁复的史料中连缀出制度演变发展的脉络。

这一时期其他学人对劝业道的研究也多有涉足,并有了专题研究。2004 年,四川大学敖天颖的硕士学位论文《清季劝业道及劝业员初探》以报刊、南充县和巴县档案为基础,首次以劝业道为研究对象,指出劝业道是在清廷发展农工商矿各业的背景下设立的,并根据各省设立劝业道的奏折勾勒了清季设立劝业道的大致情况,还分析论述了各省劝业公所的分科情况及职能,相关史实的梳理为本书深入探讨奠定了基础。③ 2007 年,首都师范大学潘鸣的硕士学位论文《清末省级行政机构改革研究 (1906 年—1911 年)》,对劝业道设立过程中的人事任用、督抚和中央部院的关系做了简要论述,并利用国家图书馆收藏的《浙江省劝业公所第一届成绩报告书》梳理了浙江劝业公所的机构设立和属员的概况。④ 不过,受问题意识所限,作者对劝业道相关史实的探讨较简略,有关问题尚需深入探讨。

2008 年,王奎在其博士学位论文的基础上修订出版了《清末商部

① 关晓红:《独断与合议:清末直省会议厅的设置与运作》,《历史研究》2007 年第 6 期。
② 关晓红:《种瓜得豆:清季外官改制的舆论及方案选择》,《近代史研究》2007 年第 6 期。
③ 参见敖天颖《清季劝业道及劝业员初探》,硕士学位论文,四川大学,2004。作者在此论文基础上修订出版了《近代地方官方经济管理开端研究:以劝业道和劝业员为中心的研讨》(电子科技大学出版社,2014)。
④ 参见潘鸣《清末省级行政机构改革研究 (1906 年—1911 年)》,硕士学位论文,首都师范大学,2007。

研究》一书，涉及劝业道相关史实。该书从朝廷加强中央集权角度立论，比较劝业道与商部时期的商务议员归属权问题，指出"商务议员的实际权力操纵在地方督抚手里；而劝业道的实际权力明显的向中央转向了，虽然劝业道也实行督抚和农工商部的双重管理，但实际情况已与商务议员的双重管理有了实质性的变化"。① 清季直省实业行政权力确实有向中央转移的倾向，然"劝业道的实际权力明显的向中央转向了"的论断仍有探讨的空间。实际上，清末两次议改官制，农工商部、邮传部乃至朝廷的确想使劝业道与部直接对接，削弱督抚的实业、交通行政管理权，但是因受多方面因素的影响，始终难以定议。

近 10 年来，司道制度的研究明显受到关注，相关问题的探讨逐渐深入。2010 年，周勇进在其博士学位论文中较系统地梳理了清代道制的流变，注意到清末外官改制否定省府间"道制"这一行政层级的迹象，各省添设巡警、劝业两道，保留部分专业道，裁撤介于省下府上的守巡道，恢复原来的省、府（直隶州、厅）、县（州、厅）三级行政层级，"所保留的专业道，也不再涉及地方行政事务管理，这是使道往省属专业职官的方向发展的表现"。② 清代外省官制体系中没有设置管理农工商矿事务的专门职官，甲午战后各督抚在衙署外设立商③、农、工、矿各局以应变局，但也产生了很多问题，不得不在内外官制改革时一并规整。④ 道的废留问题，确实是时人讨论外官改制的一大热点，⑤ 司道制度的设置甚至成了整个官制改革的一大重点和难点，⑥ 改制后新司道设置运作效果如何，尚有诸多探索空间。

① 王奎：《清末商部研究》，人民出版社，2008，第 135 页。
② 周勇进：《清代地方道制研究》，博士学位论文，南开大学，2010，第 294 页。
③ 曲霞：《清末直省商政机构的确立与运作》，《学术研究》2012 年第 11 期。
④ 参见拙文《清末直省农工商矿交通诸局由倡设至规整变迁考察》，《澳门理工学报》（人文社会科学版）2014 年第 4 期。
⑤ 参见拙文《由"司"至"道"：清季劝业道之议设》，《学术研究》2010 年第 11 期。
⑥ 参见拙文《变差为缺与裁旧立新：清季直省实业、交通行政制度嬗递考察——以添置劝业道为中心》，《学术研究》2013 年第 9 期。

（二）有关实业发展的研究

清季实业发展问题一直受到学界的重视，有关研究也触及劝业道的相关史实。1985 年，康复在《清末甘肃劝业道述评》一文中对甘肃劝业道的成立过程、所辖局厂的基本情况做了简要介绍，并对劝业道的历史地位和作用做了评述。[①] 1988 年，谢贤章在《广东近代高等农业教育起始考》一文中追溯了广东近代高等农业教育起源于劝业道陈望曾设置的广东全省农事试验场的史实，论述了广东全省农事试验场设置的过程及其对广东近代高等农业教育的影响。[②] 后徐丽飞又结合新史料，对陈望曾推动清末广东农业教育进行了深化研究。[③] 1988 年，郭厚安、吴廷祯主编的《悠久的甘肃历史》收录了关连吉《甘肃劝业道始末》一文，对甘肃劝业道的由来、所办实业和甘肃近代工业发展的情况做了简要介绍和评价，[④] 大体反映了闭塞落后的甘肃在清末发展实业中的成绩和地位。衣保中的《清末东北农业试验机构的兴办及近代农业技术的引进》对清末东北农业试验机构的兴办及近代农业技术的引进进行了考察，涉及奉天、吉林两省劝业道兴办农业试验场和改良农业的相关史实。[⑤] 2000 年，刘世龙在日本广岛大学获博士学位，其学位论文《中国的工业化与清末的产业行政：以商部、农工商部的产业振兴为中心》[⑥] 于 2002 年在日本出版。此书利用农工商部档案、报刊、文集、资料汇编等资料，对商部、农工商部的基本史实做了较为扎实的重建工作。由于该书主要着力于商部、农工商部的研究，仅在终章"今后的课题"一节中对劝业道的研究做了展望性的提示，指出了劝业道的基本职能。

① 康复：《清末甘肃劝业道述评》，《兰州学刊》1985 年第 3 期。
② 谢贤章：《广东近代高等农业教育起始考》，《中国农史》1988 年第 2 期。
③ 徐丽飞：《陈望曾与清末广东农业教育》，《岭南文史》2013 年第 3 期。
④ 郭厚安、吴廷祯主编《悠久的甘肃历史》，甘肃人民出版社，1988。
⑤ 衣保中：《清末东北农业试验机构的兴办及近代农业技术的引进》，《中国农史》1988 年第 4 期。
⑥ 劉世龍『中国の工業化と清末の産業行政：商部・農工商部の産業振興を中心に』溪水社，2002。

2001 年，王笛从"社会近代化""公共空间""市民社会"等角度研究长江上游的区域社会，涉及四川劝业道在农业、商业、赛会等方面的活动。① 2002 年，李玉在《晚清公司制度建设研究》一书中分析论述了甲午战后官方加大劝业力度的动因、劝兴实业的主要措施，在"对晚清官方劝业行为的检讨"一节中触及了劝业道的部分史实。②

总体而言，这类研究或多或少地受"现代化"理论观念的影响，将劝业道推动农工商矿各业发展的措施与经济发展结合起来，置于晚清社会变革的宏大历史背景下进行分析评价，虽有"先有定见"之嫌，但有助于从多个角度审视劝业道，拓展思路，推动研究。实际上，考察劝业道推动实业发展的措施及影响，理想的取径是看当时亲历其事者或旁观者如何言说及如何做，相互比勘互校，或许能最大限度地减少主观，呈现出历史的本来样貌。

（三）其他方面的研究

由于劝业道管理的事务杂，涉及的领域广，相关研究往往提及有关劝业道的人或事。如在周善培幕中滚打多年的黄遂生写的《周善培的一生》一文，对周善培试署四川劝业道的因由做了简介；③ 光绪末年王公度在甘肃劝业道彭英甲创办的矿务学堂读书，与陕甘总督升允的儿子吉彰同为甲班学生，课余和教员比利时人贺尔慈接触较多，对甘肃"新政"多有了解，所写的《清末彭英甲举办甘肃洋务实业的一些情况》有助于了解彭英甲创办的劝工局厂、洋蜡胰子厂等官业。④ 日本学者小羽田诚治利用《成都日报》《四川官报》等报章，参用地方志、小说和档案等资料，考察了清末成都劝业场设立的背景、过程及其所具有

---

① 王笛：《跨出封闭的世界——长江上游区域社会研究（1644—1911）》，中华书局，2001。
② 李玉：《晚清公司制度建设研究》，人民出版社，2002，第 251—269 页。
③ 中国人民政治协商会议四川省委员会、四川省省志编辑委员会编《四川文史资料选辑》第 13 辑，四川省省志编辑委员会，1964，第 177—186 页。
④ 王公度：《清末彭英甲举办甘肃洋务实业的一些情况》，中国人民政治协商会议甘肃省委员会文史资料研究委员会编《甘肃文史资料选辑》第 4 辑，甘肃人民出版社，1987，第 142—147 页。

的新式商业空间的意义，其中提及四川劝业道组织赛会的活动。① 这些研究虽未对相关史实做精密考证，但也蕴含了一些历史细节，对了解和认识劝业道不无参考价值。

回顾学术史，先行研究对这一领域已有开垦，但受问题意识和研究路数所限，清末劝业道的基本史实仍显模糊笼统，所留空间较大，尚待探讨之处甚多。某些研究甚至以外在、后来观念研读史料，有意无意间又割断了制度演进的内在理路和忽视了机构运作过程中的诸多细节，或凭章程条文揣度机构实际运作，穿凿附会之处在所难免；尤为重要的是，所用文献资料虽然包括档案、政书、报刊、文集、资料汇编等，但利用的情况与解读的效果不尽如人意，与劝业道本身蕴含的丰富历史不成比例。搜括、整理、比勘新旧史料，重建劝业道建制与运作的史实至为切要。

三

认识了前人所知，以及如此这般认知的缘由，如能尽力搜集各类史料，在解读与利用以及研究方法上又能保持足够警惕和自觉，回归本源，以历史发展时序全面考察劝业道的渊源，及其在不同时空中建制、运作、演进和所产生的各种效应，揭示劝业行政机构发展演变的内在联系，并从上下左右的行政关系中认识劝业道在官制体系中的位置、功能与作用，进而把握其在清季政治和社会经济变革中的历史地位，当别有一番景致。

与部臣疆吏相比，劝业道仅为四品之官，又属新缺，在清季存世时间又短，留存资料不仅相对较少，而且分布零散，难以搜求，这恐怕是前人难以深入探究劝业道历史的要因之一。竭力搜括档案、政书、报纸杂志、文集、日记、笔记等各类史料，是突破资料既少又散瓶颈的关

① 小羽田誠治「清末成都における勧業場の設立」『史学雑誌』112 編 6 号、2003 年。

键，也是深入研究的开端和前提。

从档案、政书类资料来看，已刊的《光绪宣统两朝上谕档》《宫中档光绪朝奏折》《清末筹备立宪档案史料》《清末筹备立宪档案史料补遗》《清代军机处电报档汇编》等档案虽收录了有关劝业道的上谕、奏折、章程以及讨论官制改革的函电等史料，但欲知劝业道制度沿革流变等史实，仅依靠这些档案远远不够，还必须参用已刊、未刊的其他档案，如已刊的《辛亥革命前后·盛宣怀档案资料选辑之一》《天津商会档案汇编（1903—1911）》《四川保路运动档案选编》等，未刊的吉林劝业道全宗云南劝业道档案全宗以及清廷相关部院的档案。当然，《大清会典》《大清会典事例》《清实录》《东华录》等官修政书也不容忽视。不过，这类文献中大多是枢府部臣、封疆大吏的官样文章，知晓这些官样文章如何产生、目的何在则更为关键，因此，须连贯补充其他的史料才可能知其然亦知其所以然。

劝业道作为督抚属官，职掌全省农工商矿各业和各项交通事务，几乎每日都要与督抚司道和府州县官打交道，或会面研商，或通过批、呈、详、札、函等各类公文上传下达处理政务。有关劝业道的各类政务信息不仅刊布于本省官报，而且多被其他省份的官报转载报道，信息量非常大，对了解各省劝业道的相关史实有难以估量的价值。新闻记者更是各显神通，纷纷追踪探询信息，揭露内幕隐情，从不同立场或角度报道有关劝业道的人或事，为全面深入细致解读有关史料、重建史实提供了弥足珍贵的线索和依据。"若将不同背景的报刊互相比勘，并与其他类型的资料彼此参证，则可以补充连续性活动和细节记述的不足，并且测量社会的反应。更为重要的是，通过阅报，能够逐渐回到历史现场，与近人感同身受，从而对当时的人与事具有了解之同情。"① 鉴于既有研究对报刊史料利用不够，甚有错用误判的情况，本书尤注重搜集不同

---

① 桑兵：《晚近史的史料边际与史学的整体性——兼论相关史料的编辑出版》，《历史研究》2008 年第 4 期，第 170 页。

背景的报刊资料，相互比勘互对，留心言说者的立场和意图，以期较准确地还原历史全貌。

"道台，贵品也，官场所企望，民间所尊重也。"① 劝业道在清季官场中不仅与督抚司道关系独厚，而且善于结纳绅富名流权贵，周旋于官绅商民之间，相关人物的文集、日记、书信、笔记、回忆录等资料会披露一些有关劝业道活动的信息。但这类资料不仅分布零散，而且撰著者的言说对象往往有所指，遣词用字曲折隐晦，扑朔迷离，解读起来有相当难度，以致研究者难免裹足不前，既往研究对这类资料的利用几近阙如。就本人目力所及，劝业道本身留下的这类资料甚少，但是与劝业道交往密切的督抚、布政使、按察使、巡警道、府州县官，以及劝业公所内的属员，乃至从事实业或交通事业的绅商士民的文集、日记、年谱、传记等资料内会留存一些蛛丝马迹，研究中竭力发掘此类资料，琢磨体会，与其他类资料相互比勘对照，对了解历史表象背后的联系助益匪浅。

除上述资料外，各种资料汇编内也偶尔夹杂一些有关清季劝业道的资料，如较早出版的各省财政说明书、《中国近代农业史资料》《中国近代工业史资料》《中国近代航运史资料》《辛亥革命》以及各省出版的文史资料等；近年出版的《清代稿抄本》《清末民初宪政史料辑刊》《清末民国财政史料辑刊》《辛亥革命史料新编》《清代（未刊）上谕、奏疏、公牍、电文汇编》《中国近代邮政史料》等，均为本书提供了丰富的史料来源。

有关劝业道的资料繁复零散，不仅为搜罗资料带来一定困难，而且对如何解读利用到手的资料也提出了更高要求。如果不对零碎的资料排比、参证，前后左右无限贯通，势必使问题意识湮没于浩瀚而又驳杂的史料中，只见树木不见森林，看不出事实发展的内在逻辑。

为解决这一难题，本书在排比史料的基础上做出资料长编，融会贯

---

① 《闲评》，《大公报》1907 年 10 月 4 日。

通，于异同中找出劝业道在不同时空中建制与运作的具体样式，及其彼此间的相互联系及影响，力避快刀斩乱麻而无视事实自身联系的切割。如此，才可能达到"具有统系与不涉傅会"① 之鹄的。这正是本书撰写过程中始终谨守的戒律。

清季直省实业、交通行政管理体系的构建不仅仅是省级层面的问题，还与农工商部和邮传部等中央部院以及府州县发生种种联系，更不是某一省的改制问题，而是全国范围内的建制，彼此之间互有联系而又有差别，这种建制的共同性、多样性和差异性客观上要求研究者必须具有整体的观念和眼界，审视清末劝业道的建制与运作，追寻其无限延续的人和事，探察其时空演变的过程与形态。因此，本书将劝业道的渊源、建制、演变和消亡的过程置于清季社会剧烈变动的背景下考察，既不愿自囿于政治史、经济史、社会史的框架结构内，更不希望拘泥于某一省之区域以局部看整体，而是拓宽视野，冲破分门别类的专题研究的狭隘，依据历史的本来面目，充分考察劝业道产生、变迁、传衍的过程及其与晚清政情变动的互相关系，审视劝业道制度下各省的具体表现形式及其原因，即如钱穆所言："融贯空间诸相，通透时间诸相而综合一视之。"②

以上所言，正是研习过程中时刻警示和努力追求的方向，但完稿之际仍心生忐忑，愿各位方家不吝指正。

---

① 陈寅恪：《吾国学术之现状及清华之职责》，陈美延编《陈寅恪集·金明馆丛稿二编》，三联书店，2001，第 361 页。
② 钱穆：《中国今日所需之新史学与新史学家》，《思想与时代》第 18 期，1943 年 1 月。

第一章

议设劝业道

清末直省添设劝业道,学界已有探讨,[①] 但多从"近代化"或"兴利"的视角剖析解读,揆诸史实,劝业道的酝酿产生不仅与兴实业、解财困有关,还与甲午战后督抚举办农工商矿各局坐大实业行政管理权、绅商群体崛起加速社会结构变动密切相连。而且劝业设官,初拟设"司",后改为"道",其议设过程曲折复杂。以时序探究,可知劝业道产生的渊源,及其先"司"后"道"的演变过程。

第一节　商战败局与求变

清代前中期内外官行政架构中没有管理农工商矿各业和各项交通事务的专职机构,这类事务主要由其他行政机构来兼管。

从清代内官机构设置来看,户部、工部和内务府兼管部分农工商矿事务。户部"掌天下之地政与其版籍,以赞上养万民,凡赋税征课之

---

① 具有代表性的研究有:李国祁《明清两代地方行政制度中道的功能及其演变》,《中央研究院近代史研究所集刊》第 3 期上册,1972 年;阮忠仁《清末民初农工商机构的设立——政府与经济现代化关系之检讨(1903—1916)》;敖天颖《近代地方官方经济管理开端研究:以劝业道和劝业员为中心的研讨》。

则，俸饷颁给之制，仓库出纳之数，川陆转运之宜，百司以达于部"。①也就是说，全国疆土、田亩、户口、财谷之政令皆由其出。户部内设十四个清吏司，按地区分掌各省钱粮收支数目，同时又兼管不属本省之事，如全国民数、谷数由浙江清吏司兼管；各地麦禾收成分数由四川清吏司兼管；矿政、钱法（币制）及内仓之出纳，由广西清吏司兼管。②可见，户部兼管田亩、矿政等事，要在征收赋税。

工部职掌"天下造作之政令与其经费，以赞上奠万民"，③凡土木兴建工程、水利工程、各种器物制作工程，皆由其管理。其内设营缮、虞衡、都水、屯田四清吏司。其中虞衡清吏司掌制造各项器物，下设都吏科、军器科、窑冶科、柜科、杂科等，负责制备权、量，颁行全国各地使用；制备官用器物，如铜锡器、铁器、陶器、木器、竹苇、藤草器、骨角器及毡、皮、麻、丝等器，供各衙门领用；制备军装、军火和旗帜等物，供在京军营及近京旗营领用。都水清吏司则主要掌管江海河渠修防工程及造船事务。实际上，工部职掌大型工程建设的督察，为皇室、官府制备各项日用器具。

内务府"掌上三旗包衣之政令与宫禁之治，凡府属吏户礼兵刑工之事，皆掌焉"。④其机构内所设七司中的广储司、会计司、营造司、都虞司，三院中的武备院等，分掌宫室内的部分工商事务。可见，内务府因承办皇家衣食住行所需，亦兼管涉及皇室供应的工农业、工程建造及工艺制造等事务。

就交通事务而言，兵部所辖车驾司管理邮驿事务。《钦定大清会典》载，兵部之车驾司"掌颁天下之马政以裕戎备，凡邮驿皆掌之"。⑤在邮传部设立前，"我国交通行政向无最高之专辖机关，如船政之招商

① 光绪《钦定大清会典》卷一三，《大清五朝会典》第16册，线装书局，2006，第108页。
② 张德泽：《清代国家机关考略》，学苑出版社，2001，第45页。
③ 光绪《钦定大清会典》卷五八，《大清五朝会典》第17册，第537—538页。
④ 光绪《钦定大清会典》卷八九，《大清五朝会典》第17册，第809页。
⑤ 光绪《钦定大清会典》卷五十，《大清五朝会典》第16册，第453页。

局附属于北洋大臣，内地商船附属于旧时之工部，邮政附属于总税务司，路电两项虽特派大臣督办，而未设专官，视同差使"，① 中央始终未设专门行政机构管理交通事务。

在行省，总督为统辖一省或数省的封疆大吏，其所辖巡抚、提督、司道以下文武官员均受其节制，是该管地方最高军政长官。《清朝通典》载：总督"掌总治军民，统辖文武，考核官吏，修饬封疆"，综理所辖该省一切政务。巡抚地位仅次于总督，"掌宣布德意，抚安齐民，修明政刑，兴革利弊；考群吏之治，会总督以诏废置；三年大计，献贤武之书，则监临之；其武科则主考试"。② 清沿明制，督抚仍有特别派遣性质，其衙门内照例不设属员，农工商矿事务主要由布政使和道员兼管。

布政使兴于明，掌一省行政，向各府州县宣布国家政令。清沿明制而设布政使，品级仅次于巡抚，总司全省钱谷出纳，并承宣政令，考核所属州县。具体职掌有五：承宣政令；管理属官；掌全省财赋；三年宾兴，提调考试事；参议阖省政务。③ 实际上布政使并非管理农工商矿事务的专门人员，只因征收赋税而间接与之发生联系。

"道"始于明朝景泰年间，初为布政使、按察使的辅佐官，属布政使者为参政，属按察使者为副使佥事。清代守巡道制度是对明制的继承和发展。《钦定大清会典事例》载："国初，定各省设布政使，左右参政参议曰守道，设按察使副使佥事曰巡道，有兼辖全省者，有分辖三四府州县者，或兼兵备，或兼河务，或兼水利，或兼提学，或兼茶马屯田，或兼粮储盐法，各以职事设立，无定员。"顺治十六年（1679），清廷谕令，除授升转各道员，"不得拘地方坐定职衔，着以布、按二司衔，通融兼带，永着为例"。康熙六年（1667），"裁各省守巡道一百有八人"。④ 后

① 本部统计处编辑《邮传部总务沿革概略》，上海图书馆藏《邮传部交通统计表》第1卷，总务，第3页。
② 《清朝通典》卷三三，职官十一，浙江古籍出版社影印本，1988，第2205页。
③ 刘子扬编著《清代地方官制考》，第81—82页。
④ 《钦定大清会典事例》卷二五《吏部·各省道员》，台北：文海出版社，1991，第312页。

又逐渐复置。此时守巡道仍为差事官，皆因事因地而时设时裁。乾隆十八年（1753），裁守巡道所带藩臬二司参政、参议、副使、佥事等衔，定守巡各道为正四品，道才成为实官。这样，清代院司之下、府县之上便多一级"道"。

从"道"的沿革看，其职掌较为繁复，大体而言，守道掌管收纳钱粮诸事，巡道则管刑名诉讼诸事。凡守巡道加兵备衔者，节制辖区都司、守备、千总、把总等武职，成为地方文武长官。各分守、分巡道员亦兼管其他事项，如水利、关务、驿传、屯田等；也有粮储、盐法各专职事务道，统辖全省，而兼分守、分巡之责。另外，守巡各道亦具监察府州县之责，而有"监司"之称。因此，"分守、分巡及粮储、盐法各道，或兼兵备，或兼河务，或兼水利，或兼学政，或兼茶马屯田，或以粮盐兼分巡之事，皆掌佐藩臬，核官吏、课农桑、兴贤能、砺风俗、简军实、固封守，以率所属而廉察其政治"。[①] 清廷设"道"有深意。在其官制体系中，督抚原是中央派往各地的差遣官，而布政使、按察使则是处理直省政务的主要行政官员，然中国疆域辽阔，人口众多，仅靠布政使、按察使统驭地方不免鞭长莫及，于是在冲要之地设分守、分巡道震慑地方，并监督府州县，至为必要，正所谓"其所以承流而宣化，整纲而饬纪者"。[②]

不过，就农工商矿和交通行政而言，无论是分守、分巡道，抑或专门的粮储、盐法事务道，虽然兼管农桑、水利、盐、茶、驿传等事务，与农工商矿或交通事务发生联系，但其主要功能是掌佐藩臬两司处理政务，而非严格意义上的近代农工商矿或交通行政管理机关。

综上所述，清代行政体制中没有综管农工商矿各业和交通事务的专职机构，直省司道兼管农工商矿要在征收赋税，而且管理职能交叉，权责不明，从中央到地方没有垂直完备的农工商矿行政管理体系。如此这

---

① 《清朝通典》卷三四，职官十二，第2209—2210页。
② 《变通官制刍言》，《申报》1901年8月9日。

般，主要是因为清廷实行中央集权体制，"士农工商"观念根深蒂固，中国自古以农立国，农业稳则天下安，农业兴则基础牢。当然，随着农业的发展，商贸活动日渐频繁，商业也就逐渐繁盛。但自汉而后，历代王朝愈加强化"崇本抑末""重农抑商"政策引领，目的是："一则政治上削除豪强势力，以避免危及皇权。一则经济上避免垄断专利，以便国家经济趋于稳定（如盐铁公营，即在杜绝私人垄断）。一则社会上有平均财富之功用，使不至有敌国之巨富，以及贫富之悬殊。"① 清代也不例外，为加强中央集权，巩固"士农工商"四民社会结构，工、商、矿各业在清前中期仍被贱视，遑论铁路、电报、电话、航路等交通事务的发展。

鸦片战争冲击，太平天国震荡，进口洋货日增月盛，出口土货年减一年，利权大量外溢，中国被拖入激烈的世界商战，"西学""西制"如潮水般涌入，不仅"重农抑商"观念发生转变，农工商矿和交通行政管理机构也应运而生。

19世纪60—80年代，洋务运动催生出大批近代军事和民用工业，如江南制造总局、轮船招商局、天津机器制造局、兰州织呢局、上海机器织布局、开平矿务局、蚕桑局、屯田局、工艺局等。这些局所为适应洋务新政而设，多以"官督商办"或"官商合办"的形式出现，由各督抚委派司道或候补官员监督生产经营，不受户部、工部管辖，若有要务，则由负责新政事务的总理衙门统管。

值得注意的是，这些机构属性多介于生产和行政官僚机构之间，不具完全意义上的行政管理职能。但洋务运动不仅开通了社会风气，而且为有识之士开眼看世界，认识和了解近代农工商矿和交通行政机构及其职能提供了窗口。

有机会走出国门的人敏锐地觉察到东西各国设立商政机构与国家强弱的关系。1890年，首批留欧学生中的马建忠注意到西方列强无不

---

① 王尔敏：《中国近代思想史论》，社会科学文献出版社，2003，第199—200页。

以通商致富，且有专门机构劝导、保护，以致倾销大量商品使中国损失惨重。他认为致富之道是使出口货的数量多于进口货，但发展外贸首先要花钱，当上下交困之时，国与民皆无力创此大功，建议仿西国于中央设商务衙门，以统于海军，外官由南北洋大臣兼治，另简干练通晓商务者驻通商总口，与南北洋大臣专理其事。在马建忠的设计中，商务衙门为官方筹款机构，先向外洋各国贷款二三千万，再与商民立还本付息契据，举办开矿、织布、丝茶等事，"总以商人纠股设立公司为根本，取具殷实资本保结，而后以借款相假，岁取其息以还洋款"。① 如此可解股商裹足、融资困难的问题，假以数年，即可富民强国。

与马建忠类似，出使英、法、意、比四国的薛福成也提出中国商政改革的设想。1891 年 2 月，薛福成在日记中写道："观各国设官之意，颇有与中国暗合者。如英、法、义、比等国办事，亦各分厥部，每部设一尚书。有内部、户部、学部、兵部、刑部、工部、藩部等尚书。……又户部之外有农部，颇见重农之意。外部之外有商部，殆犹中国之通商大臣，惟在内在外之不同耳。"② 薛看到了中西官制的异同，但内心似仍以中国官制为佳。但薛福成到日本后，思想发生了巨大转变。他发觉，中国出口锐减"良由中国但听商人之自为，而国家不为经理"，而日本有农商务省管摄、保护农商务，其署有官房，有总务局、农务局、商务局、交务局、水产局、山林局、地质局、矿山局、专卖局、特许局、会计局、丛林局、制丝局、制线局；其官员自大官以迄技手，有条不紊，秩然井然；仿造各种洋货，精益求精，使外洋不能贩货而来，并贩卖仿造者出口，"是以能扩充利益，商务日兴"。③ 日本完备的经济行政机构和殖产兴业政策令薛福成颇为震撼。不久，他提出中国振兴商务

---

① 马建忠：《富民说》，《适可斋记言记行》，赵靖、易梦虹主编《中国近代经济思想资料选辑》中册，中华书局，1982，第 38 页。
② 薛福成：《出使英法义比四国日记》卷六，岳麓书社，1985，第 289 页。
③ 薛福成：《出使日记续刻》卷一，岳麓书社，1985，第 357 页。

八策，首条便是仿照西洋各国设立专官，"有商部尚书以综核贸易之盈亏，又有商务委员以稽查工作之良窳是也"。① 显然，域外的农工商矿行政制度对他产生了重大影响。不过，薛福成建议设立商部尚书和商务委员目的是促进出口，扭转中国贸易逆差局面。

与走出国门的人相比，国内新式学堂的学生虽不能目睹域外农工商矿或交通行政管理机构，但也近水楼台先得月。由麦华陀、傅兰雅、唐廷枢等中外人士共同创立的上海格致书院是一个了解世界的窗口，在此就读的一些学生也提出一些中国商政改革的建议。如柯来泰认为，中国因"商情涣散"而受病于洋商，欲治此症，"非朝廷仿行洋法特设专官统筹全局，妥立章程不可"。他明确指出，中国应创设商务官员，"经理商贾、制货、运货、出入交易、开拓市埠各事，而统之以通商大臣"，并申明"此乃以今师古，非用夷变夏"，如此"则物产之盈虚、销路之通塞、市情之衰旺，皆有所稽核"，利当兴则兴，弊当革则革，十年竭力经营，风气必大变，"西国见我办事合彼西法，自然不敢轻视，且商盛则国富，国富则兵强"，"此乃振国之纲"。② 柯来泰虽未指明如何设商务专官，但指出了商务机构诸多职能及其与国家强弱的关系，观点令人耳目一新。与柯来泰相似，书院彭寿人也注意到中外贸易中中国不设专官则提倡无人，建议朝廷宜仿西制，"特派商务委员考察各种工艺，何者宜创造，何者宜仿行，有利皆兴，无弊不革。工艺自日有起色矣!"③

上述人士或目睹，或从西学书籍以及传教士口中了解外国农工商矿行政管理体制，并与清朝固有制度相比较，针对中外贸易衰败的现实提出建立商政制度的方案，在当时思想界产生了重大影响。不过，他们建议设立商政机构的目的是促出口、抵洋货，因此他们所认识的商政机构

---

① 薛福成:《出使日记续刻》卷五，第 599 页。
② 柯来泰:《救商十议》，陈忠倚辑《皇朝经世文三编》，台北:文海出版社，1966，第481 页。
③ 《格致书院课艺》第 9 册，第 46—47 页，转引自郝秉键《19 世纪晚期中国民间知识分子的重商思想——以上海格致书院为例》，《史苑》2007 年第 13 期。

的功能较为单一，对于如何建制设官较为模糊，还没有从官制体系的整体上考虑和认识。

与上述人士相比，郑观应对中外商政制度的认识相对全面深刻，所提建议更明确具体。他提出的各省设立商务局，并由绅董在局任事的建议影响较大。1893 年，任职于洋行数十年、曾在多家洋务企业供职的郑观应出版了《盛世危言》，封面题"首为商战鼓与呼"，版本多达二十种。他在首版五卷本中提出"商战"论，认为：国家"切勿薄视商工"，应"特设商部大臣总其成，兼理工艺事宜"，商部大臣"务取其平日公忠体国、廉洁自持、长于理财、无身家之念者方胜厥任"。另外，应通饬各省督抚，"札谕各府、州、县官绅及各处领事，仿西法由各艺各商中公举殷商及巧工设为董事，可随时禀报商务大臣。或商务大臣不公，有循私自利之心，准各省商务局绅董禀呈军机转奏，庶下情上达，不至为一人壅蔽也"。① 这是目前所见最早提出设立商务局者。不过，郑观应在《商战》中对商务局的功能未多做交代，仅强调商务局沟通商情的作用。

与《商战》篇同时刊列于五卷本的还有《商务》篇，郑观应在《商务》篇中详细阐述了商政建制方案，进一步阐明如何设立商务局。他首先分析世界商战局势，东西各国均设有较为完备的商政机构，所以才"国势日强，民生日富"，相形而言，中国则深受商战之害。中国之所以在世界商战中一败涂地，"病在讲求商务之无人耳。推原其故，上在官而下在商"，解决之道，必于六部之外特设商部，兼辖南北洋通商事宜，南北洋在各省水陆通衢分设商务局，"由地方官公举素有声望之绅商为局董，凡有所求，力为保护"，商务局兼设商学分门别类教授殷商子弟，再由各府、州、县札饬各工商设商务公所。商董每月定期开会，同业咸集，"借以探本业之隆替，市面之赢绌，与目前盛衰之故，日后消长之机"。并仿外国发行商务工艺报刊，每年每季分发同业各

---

① 郑观应：《盛世危言》，王贻梁评注，中州古籍出版社，1998，第 294 页。

户，"俾考市廛之大局，知趋避之所宜。夫而后百货通，百废举矣"。
"商务局凡有所见，咨禀于南、北洋通商大臣。倘遇抑不通，即径达商部，一年一次汇禀情形。商部统计盈虚，上达天听。"如是，"上下之情通，官商之势合，利无不兴，害无不革"。[①]

甲午之后，郑观应又增补五卷本《盛世危言》，出版十四卷、八卷等版本，增补《商战》而成《商战一》《商战二》，并将五卷本的《商务》篇稍做增改后作为《商务三》，另增写《商务一》《商务二》《商务四》《商务五》。在增补版本中，郑观应进一步明确商务局建制和功能。比如十四卷版本中，郑观应在《商务一》中说："今朝廷欲振兴商务，各督抚大臣果能上体宸衷，下体商情，莫若奏请朝廷增设商部，以熟识商务，曾环游地球，兼通中、西言语文字之大臣总司其事，并准各直省创设商务总局。总局设于省会，分局即令各处行商择地自设。总局则令各处行商，每年公举老成练达、有声望之殷商一人为总办。由总办聘一公正廉明、熟识商务之绅士常川驻局，一切商情准其面商，当道随时保护。（日本业已效法泰西，虽一介商民，有运土货出售外洋者，欲见某官，商务局董即赐函交其面呈使臣，为通介绍，毫无费用。中国如能是乎？——原文如此）如有要务，亦准其径达商部大臣代奏，请旨准行。而后商情自不壅蔽于上闻矣！夫如是，则胥吏无阻扰之弊，官宦无侵夺之权，厘剔弊端，百废可举。……使货物翻新销流畅旺，上以仰承国家之要需，下以杜绝外洋之厄漏，安见商富而国不富耶？"[②] 与五卷本《商务》篇相比，《商务一》指出各省省会应设商务总局，各地行商择地设立商务分局。在人事上，郑观应原来提出由地方官公举素有声望之绅商为局董，而《商务一》则改为"总局则令各处行商，每年公举老成练达、有声望之殷商一人为总办。由总办聘一公正廉明、熟识商务之绅士常川驻局"。在十四卷本《商务二》中，郑观应重点介绍了日

---

① 郑观应：《盛世危言》，第309—311页。
② 郑观应：《盛世危言》，第300—301页。

本设立商务局与中国无商务局的差别："日本自设商务局后，如有洋商买卖不公，即告知商务局，集众联盟，不与交易。华商人心涣散，各自怀私挟诈，致使外人乘瑕蹈隙，坐收渔利。若茶价跌，则说货不对样，非退则大割价，所磅斤两吃亏尤多。凡华商买洋商之货，无不先银后货；洋商买华商之货，则先货后银。竟有延至日久不清者。商务种种吃亏，皆由人心不齐，亦地方官无以鼓励之所致也。事无大小，情同一辙。"[①] 不仅如此，郑观应还在《商务四》中强调，设商部、立商务局是振兴商务的"揣本之道"。[②] 这些商政建制方案对后来官制改革不无影响。

1894年，曾游历沿海商埠及香港、澳门等地的陈炽也提出设立商政机构的看法。他在《庸书》中不仅明确指出，中国宜仿泰西各国"增设商部，管以大臣"，而且针对列强把持中国海关的问题，建议"渐撤西人税务司，增立内地商政局，主持稽核"。[③]

以上所述大体反映了19世纪90年代初期先知先觉者探索建立商政机构的历程。随着对东西洋各国商政制度了解和认识的深入，他们愈加认清中国"商战"惨败的现实，在对比和反思中外商政管理差异中不约而同地认识到商政机构的设立关系着国富民强，吁请速设商政机构。其中，郑观应所提方案成熟，思路清晰，操作性强。就直省商政机构而言，他不仅提出在直省设立商务局，而且从商务局的功能、人事、职权等方面提出了具体建议。然而，当时国内社会变化还没有产生设立专门商政机构的客观需求。因此，上述官绅的认识和建议还不足以引起当权者足够重视，但甲午战争全面检视洋务新政，如何真正富国强兵成为朝野上下关注的焦点，实业行政改革被正式提上议事日程。

---

① 郑观应：《盛世危言》，第305页。
② 郑观应：《盛世危言》，第315页。
③ 赵树贵、曾丽雅编《陈炽集》，中华书局，1997，第80页。

第二节　筹饷之本：甲午庚子间农工商矿各局初兴

甲午战败，清廷割地赔款，外国列强在华通商口岸设厂制造，中国民族经济危机空前严重。巨耻奇辱，国人痛定思痛，纷纷反思自省，探索民富国强之路。在直省设立实业行政管理机构，发展农工商矿各业成为时人关注的一大焦点。

戊戌时期实业行政机构的改革历程曲折复杂。它一方面与挽救民族经济危机密切相连，另一方面又受到固有体制以及整个政体变革进程的束缚和制约。甲午战败，积极推动直省设立商务局者当为两江总督张之洞的幕僚郑孝胥。

1891 年，郑孝胥经出使日本大臣李经方奏调东渡，先后任日本筑地副领事、神户兼大阪领事。甲午战起，下旗归国，捐同知。两江总督张之洞激赏其才，遂邀之入幕。郑孝胥在日三年，"考究富强之术，及变法次第，至为详审"。① 1894 年底，清军在中日战场上节节失利，溃不成军。郑孝胥风闻清廷拟派邵友濂、张荫桓赴日议和，痛心疾首，认为赴日议和必"括天下之膏血以偿邻敌"，若再战数月，"倭必自困"，"如屈意乞和，苟求目前之安"，中国惨败"可立待也"。②

郑孝胥对清廷的腐败无能极为愤慨，望振刷精神，"内修吏治，外讲商务，寓兵于商"，③ 以至富国强兵。他还表示"若朝廷能因此役翻然改图，更新政令，变易纪纲，造铁路，讲吏治，修商务，修战具"，愿赴日"与之罢战修睦"，"必能折其气而发其衷矣"。④ 但事与愿违，

---

① 叶参、陈邦直、党庠周合编《郑孝胥传》，"满日文化协会"，1938，第 2 页。
② 中国国家博物馆编，劳祖德整理《郑孝胥日记》，中华书局，1993，第 455 页。
③ 《郑孝胥日记》，第 459 页。
④ 《郑孝胥日记》，第 463 页。

1895 年 4 月 17 日，清廷与日本签订了丧权辱国的《马关条约》。郑孝胥闻和约已成，"心胆欲腐"，愤言："中国岂能皆狗彘耶？遂为机上之肉！"① 如此奇耻大辱使郑孝胥痛感非变法无以救亡。5 月 3 日，郑孝胥"自作说帖"，② 提出开饷源、造铁路、练陆军、设商务局于江宁和奏请招商局归南洋督办的富民强国之策。郑孝胥议设商务局由此肇端。

国难当头，张之洞力拒《马关条约》，联衔其他督抚恳请光绪帝"毁约"。5 月 6 日晚，张之洞急召幕宾征询废约、救亡之策。郑氏乘机推介"自作说帖"，力陈务必兴商、练兵，当务之急是在江宁设商务局，破除习气，振兴商务，商业盛，则"饷源自裕"。张之洞对此"极首肯"。③ 5 月 8 日，张之洞致电总理衙门，沥陈《马关条约》允许日本在华通商口岸制造土货的危害，称此举将"一网打尽"，使中国"工商生路尽矣"，且各国效尤日本在华制造土物的关税政策，关税去，厘金亏，利权所失，难以数计，后果不堪设想。工商生路断绝则民贫，民贫则生乱，"厘款去则无饷，陆师海军永不能练"，终将造成"中国外无自强之望，内无剿匪之力"，④ 再恳朝廷废约。

弱国无外交，是日《马关条约》正式生效。张之洞不得不将救亡策略由废约转向富国强兵。5 月 11 日夜，张之洞再问幕僚："今有何策可以补救？"郑孝胥除提出造铁路、广游历、练陆军外，再次强烈建议创设商务局。⑤ 6 月 24 日晚，张之洞召郑孝胥入署拟折，建议朝廷改弦更张，力行新政，富国强兵。郑草拟至晚上十二点始脱稿，陈八事，曰巡幸、铁路、陆军、海军、商务、学堂、制造、游历，二千余言，内容涉及政治、经济、教育、军事多个领域。张之洞对此稿颇为嘉许，令总

① 《郑孝胥日记》，第 482 页。
② 《郑孝胥日记》，第 488 页。
③ 《郑孝胥日记》，第 489—490 页。
④ 朱寿朋编，张静庐点校《光绪朝东华录》第 4 册，中华书局，1958，总第 3587—3588 页。
⑤ 《郑孝胥日记》，第 491 页。

文案沈瑜庆"增易其语气",① 以进呈皇上。7 月 9 日,又授意郑孝胥再加酌改,郑当晚"删增至三鼓"才脱稿。② 7 月 12 日,张之洞又要求郑孝胥在折中增入"宜讲求工政"专条,请设工政局,合为九条。③ 这道由郑孝胥草拟的奏折,就是后来被誉为张之洞新政总纲的《吁请修备储才折》。④

郑孝胥在折中详述设立商务局的迫切性与必要性。该折首先分析道:"此次和约,其割地、驻兵之害,如猛虎在门,动思吞噬;赔款之害,如人受重伤,气血大损;通商之害,如鸩酒止渴,毒在脏腑",通商之害与割地赔款相比有过之无不及。而减轻"通商之害"的要途在"速讲商务"。因此,他建议清廷"今宜于各省设商务局,令就各项商务悉举董事,随时会议,专取便商利民之举,酌剂轻重,而官为疏通之,勿使倾轧坏业,勿使作伪败名。凡能集巨资多股设一大公司者,奏请朝廷奖之;借招股坑骗者,重治其罪,勿以瞻徇而宽之。并准其各派董事,出洋学习,由使馆代为照料",另外,"尤须令出使大臣将各国商务情形随时考究,知照总署及各省督抚,以便随时细心筹画"。⑤ 该折使光绪帝颇为震动。

光绪帝迅速谕令各军机大臣和各省将军、督抚:当此危急存亡之

① 《郑孝胥日记》,第 499、500 页。
② 《郑孝胥日记》,第 501 页。
③ 《郑孝胥日记》,第 503 页。
④ 苑书义认为《吁请修备储才折》是由张謇的《代鄂督条陈立国自强疏》修改而成。详见苑书义《吁请修备储才折》,《河北师范大学学报》(哲学社会科学版)1999 年第 1 期。笔者对此不敢苟同。比照《代鄂督条陈立国自强疏》(张謇研究中心、南通市图书馆编《张謇全集》第 1 卷,江苏古籍出版社,1994,第 29—41 页)和《吁请修备储才折》(苑书义等编《张之洞全集》第 2 册,河北人民出版社,1998,第 989—1001 页),内容相同,且疏中有"代鄂督"三字,不免让研究者认为该折由张謇所拟。征诸史实,此为"郑冠张戴"。首先,该折上奏的时间是 1895 年 7 月 19 日,当时张之洞是两江总督,而非湖广总督,何来"代鄂督条陈"?其次,郑孝胥在其日记中详细记录了其草拟"翻约图强折稿"、增删并最终由张之洞酌改的全过程(详见《郑孝胥日记》,第 499—503 页)。故笔者以为《吁请修备储才折》的草拟者是郑孝胥,而非张謇。
⑤ 《吁请修备储才折》,苑书义等编《张之洞全集》第 2 册,第 989—998 页。

际，"惟以蠲除积习力行实政为先……大约以筹饷练兵为急务，以恤商惠工为本源，此应及时举办"。① 这样，"恤商惠工"成了朝廷的燃眉之急和重要国策。但各省设立商务局的建议能否落地实施，仍要看时势的发展。

《马关条约》生效令光绪帝甚为焦虑，他 7 月 5 日下旨："日本约内改造土货一节关系最重，江浙等省如丝斤、花布可否于出产处先抽厘金，方准运出？"并明确要求立即招商，"多设织布、织绸等局，广为制造。……以收利权"，着两江总督张之洞、江苏巡抚奎俊、浙江巡抚廖寿丰"妥速筹商复奏"。② 7 月 22 日，清廷再次督催张之洞、奎俊、赵舒翘、廖寿丰就"日本约内改造土货一节"筹议补救之策，迅速复奏。③ 如何应对列强在苏州、杭州、重庆、沙市新开口岸改造土货，稳固利权成为燃眉之急。

如何在战后财政困绌之际筹资广设织布、织绸等局，令张之洞等督抚大员颇为头疼。为妥筹善策，张之洞煞费苦心，一面和郑孝胥斟酌，一面致函上海绅商严信厚等广为询访，又让叶大庄遍商上海洋货机器业叶成忠、洋布业许春荣、丝业徐棣山、纱业杨松岩、招商局郑观应等各大商董，妥速筹议。④ 从苏沪绅商的反馈可知，"空言劝道恐无益"，必须"官助以本，方易集事"。⑤ 集资难成为设厂的拦路虎。

面对集资举步维艰，张之洞和郑孝胥商议，邀请正在守制的张謇赴江宁磋商。1895 年 8 月 8 日，张謇抵江宁，驻留 18 天，与张之洞三次晤面，每次均长谈，所谈事务又多为商务。⑥ 郑孝胥和张謇私交深厚，几乎每日必见，筹设商务局自是其密谈的题中之义。8 月 21 日，张之

---

① 朱寿朋编，张静庐点校《光绪朝东华录》第 4 册，总第 3631 页。
② 《德宗景皇帝实录》卷三六九，光绪二十一年闰五月癸五，中华书局影印本，1987，第 830 页。
③ 《总署来电》，苑书义等编《张之洞全集》第 3 册，第 2075 页。
④ 参见《致上海经道、严道信厚》和《致上海叶令大庄》，苑书义等编《张之洞全集》第 8 册，第 6499、6533 页。
⑤ 《致总署》，苑书义等编《张之洞全集》第 3 册，第 2082 页。
⑥ 《张謇全集》第 6 卷，第 372—373 页。

洞召郑孝胥和张謇"论开商务局事",并令郑"作商务局公启"。① 目前虽难知晓三人筹设商务局的具体细节,但从张之洞给江苏巡抚赵舒翘、藩司邓华熙等人的电文中可见蛛丝马迹。

1895 年 9 月 2 日,张之洞致电江苏巡抚赵舒翘、藩司邓华熙,询问振兴商务办法及各官绅意见。其中提到振兴商务有"大举"和"小就"两法。"大举"就是举借洋债,振兴商务,虽然便捷,但他深知借洋债必遭列强盘剥,利权必失,不但户部不允,且绅商担承甚重,恐遭反对,事不易办,还可能获"好借洋款"的恶名。② 权衡之下,唯有息借商款开商务局,"或尚可行",③ 也即"小就"之法。

具体方法是:将江苏在甲午战争期间为筹措战争经费而向商民举借的 226 万"息借商款"转借商务局,作为招商设厂的资本,"按期将利银仍给借户,其本银即转借与商务局,令绅商公同承领,出具保结,并邀殷实钱庄、当店二十家作保",凡有意开办机器仿制洋货者,可向商务局申请不超过十万元的贷款,不足部分由绅商自筹,官不参股。④ 此举得到总理衙门、江苏官绅的同意,但是原"息借商款"的借户极力反对,不愿将息借款转借商务局,执意要求如期还本付息,所幸尚有"大半冀息借归还以作股本"者。⑤ 张之洞等人将计就计,直接将借户的息借款作为设厂股本,借户即为股东,商务局不参与设厂贸易等事,只负责按期还给借户利息。⑥ 在官权大于商权的情况下,商民对当权者"强令入股"的做法虽不情愿,但也无可奈何。

1895 年 10 月 9 日,张之洞致函江苏巡抚赵舒翘,商议将商务局分设于苏州、上海、江宁三处,"既取贯通,亦专责成"。在人事上委派

---

① 《郑孝胥日记》,第 511 页。
② 《致总署》,苑书义等编《张之洞全集》第 3 册,第 2086—2087 页。
③ 《致苏州赵抚台、邓藩台》,苑书义等编《张之洞全集》第 8 册,第 6598 页。
④ 《致总署》,苑书义等编《张之洞全集》第 3 册,第 2082—2083 页。
⑤ 《陆、朱道来电》,苑书义等编《张之洞全集》第 8 册,第 6688 页。
⑥ 《致上海黄道台、津海关盛道台、上海县黄令、委员叶丞、招商局沈道台、电报局经守》,苑书义等编《张之洞全集》第 8 册,第 6804 页。

素有商务经验的朱之榛和陆元鼎两道员为苏州商务局总办；上海商务局委派上海道黄祖络和"现办上海制造局，素来廉谨"的阮祖棠为总办；宁局虽然事少，但督署"左右须有一局，方便于指授转行耳"，① 因此由张之洞的得力幕僚桂嵩庆和郑孝胥任督办。② 1896 年 2 月 17 日，张之洞奏《筹设商务局片》，正式于苏州、上海、江宁设立商务局，除委派上述道员"总司劝导督饬办理外"，另选乡望素孚、商民信服的绅董沟通官商。由在籍绅士、前国子监祭酒陆润庠经理苏州商务局，在籍绅士、前礼科给事中丁立瀛经理镇江一带商务局，在籍绅士、前翰林院修撰张謇经理通、海一带商务局，"各绅由各局给予照会，均会商地方官，相机鼓舞，设法振兴，以期华商华民生计日有起色"。③ 该折很快得到朝廷允准，绅士也由此进入商务行政管理体系。

首批三个商务局的成立，在近代史上具有重要意义。它与此前洋务官员兴办的多具生产属性的局所不同，本质上是一种商务行政机构，且"官助商力"的色彩更浓。不过，该"官助"也并非真正的"官本"，实际是从商民手里募集的"息借商款"，因此，有学者将其比喻为"金融公司"④ 不无道理。即便如此，它的成立毕竟意味着马建忠、薛福成、郑观应等人吁请设立商务机构的设想付诸实践，赢得舆论的好评。《申报》探知商务局即将成立，赞誉道："我知内地商务从此日上蒸蒸，迨至日商步我后尘，而诸华商早已利权独揽，彼日商尚有何利之可图乎！……不特日人当自弗如，即泰西亦可永塞漏卮。"⑤ 商务局成立后，该报又刊发论说鼓舞士气曰："中国商务将渐有转机，深为可喜。此等局厂皆足与洋人争利，而并不与我华人争利，中国多设一厂一局，即多

① 《致苏州赵抚台》，苑书义等编《张之洞全集》第 8 册，第 6656 页。
② 《郑孝胥日记》，第 545 页。
③ 《筹设商务局片》，苑书义等编《张之洞全集》第 2 册，第 1144 页。
④ 〔美〕陈锦江：《清末现代企业与官商关系》，王笛、张箭译，中国社会科学出版社，1997，第 216 页。
⑤ 《华人长于商务论》，《申报》1896 年 1 月 20 日。

获一厂一局之益，正宜设法愈推愈广，多多益善。"① 舆论虽有鼓吹溢美之嫌，但首批三个商务局的问世对此后同类机构的创设毕竟具有示范和启示意义。

郑孝胥继襄助张之洞设立商务局后，又借进京之机，将设立商务局的主张上奏光绪帝，以期清廷自上而下推动经济行政变革。

为了解京城政界动态，帮助张之洞实现请练陆军的计划，② 郑孝胥于 1895 年 10 月 11 日离开江宁前往京城，次年 1 月 6 日由京南返，居京 67 天。在此期间，郑孝胥在完成张之洞交代的任务之余，积极推介其振兴商务的思想。

据《郑孝胥日记》载，郑在京 67 天，与丁立钧、沈曾植、沈曾桐、文廷式等帝党人士来往最多。11 月 20 日，在丁立钧的引荐下，郑孝胥晋谒翁同龢，并与翁共进午餐。席间，郑孝胥提出明赏罚、收利权、劝工商、务战守四条富国强兵要务。翁同龢嘉许道："能见其大，亦为透辟。"③ 并在日记中记下对郑孝胥的印象："其人识力议论皆好，较叔衡、子培为伉爽。"④ 几日后，翁同龢又向陈炽称赞"郑某通达非常"，⑤ 还向郭春榆打探郑离京时间，"欲更一见"。⑥ 这次饭局，郑孝胥不仅博得翁同龢的信任和赏识，而且疏通了其变法思想上达天听的管道。

翁同龢的热情召见和对其识见的揄扬，使郑孝胥备受鼓舞，变法热情大涨。郑孝胥草拟《论商务疏》，准备托王鹏运上奏。郑孝胥之所以想到托王鹏运上奏讲求商务折，主要是因为两人均擅长辞章之学，酒阵文场，惺惺相惜，交情不浅，而且政治上同盟，都力主变法维新，更重要的是王鹏运遇事敢言，与维新志士过从甚密，并多次代康有为呈递奏

---

① 《维持商务说》，《申报》1896 年 3 月 9 日。
② 参见汤志钧《戊戌时期的郑孝胥及其〈日记〉》，《近代史研究》1996 年第 1 期。
③ 《郑孝胥日记》，第 526 页。
④ 陈义杰整理《翁同龢日记》第 5 册，中华书局，1997，第 2852 页。
⑤ 《郑孝胥日记》，第 528 页。
⑥ 《郑孝胥日记》，第 530 页。

章，累积了一定的人脉，在朝中颇有影响。12 月 27 日，郑孝胥誊录《论商务疏》，次日便转交王鹏运。王鹏运谦让道："吾于商务毫无考究，今既以此发端，诚恐无以为继，子当助我，随时以所宜知者见寄，吾为天下揖子矣。"[1]郑孝胥即刻答应。于是，王鹏运于 1896 年 1 月 1 日上奏了《外患日深请讲求商务折》。时人或后世研究者论及王鹏运的讲求商务折时，习焉不察此中细节，以为该折即为王鹏运所拟，实则由郑孝胥一手主导。

郑孝胥折首先指出中外强弱要因"皆在于商务之讲与不讲而已"，为今之计，"惟有急饬内外大小臣工，合力讲求护商便民之策"，于沿海各省城设立商务局，"责令督抚专政，局中派提调一员，必择精敏朴勤、不染官场习气者，驻局办事，将该省各项商业悉令公举董事一人，随时来局，将该商情况和利病情形与提调妥商补救整顿之法，禀督抚而行之，事关重大者，督抚即行具奏请旨办理"。此折还谨慎地恳请光绪帝"明降谕旨使内外大小臣工合力考究，或于京师亦立一商务公所，使天下言商务者，果有良策，皆可以上达圣聪"。[2]郑孝胥意在恳请朝廷纳商务行政入职官体系，京师设商务公所，直省立商务局，形成上下贯注的商务管理体系。光绪帝对此折极为重视，面谕军机大臣将该折交总理衙门议奏。

表面观之，该折未触动原户部、工部及总理衙门的利益，实则另立一套商务行政管理系统。郑孝胥建议借鉴行业公所旧制，在京师设"商务公所"，而非"商部"，意在规避各方反对。而且，郑孝胥也未提谁管理商务公所的问题，既试探了朝廷态度，又规避了因触动旧制而引发震荡的风险，从而赢取既得利益集团的妥协让步或默许。

兴立商政机构虽属"新事新设"，与旧体制冲突较小，但"重农抑商""士农工商"观念依然牢固，且总理衙门又兼管通商事务，所以在

---

[1] 《郑孝胥日记》，第 534 页。

[2] 张正吾、蓝少成、谭志峰编《王鹏运研究资料》，漓江出版社，1996，第 124—125 页。

讨论如何设立新机构的问题上仍意见纷歧，难以折中。直到 1896 年 2 月 7 日，历时月余讨论方有定论。总理衙门大臣虽承认各省设商务局"诚为当务之急"，但对督抚派提调驻局办事不以为然，认为此乃"以官府之体而亲闾阎之业，终难透辟"，"不如官为设局，一切仍听商办，以联其情"，建议朝廷饬下各督抚，"于省会设立商务局，由各商公举一殷实稳练、素有声望之绅商，派充局董，驻局办事"，各府州县于水陆通衢之处设立通商公所，"各举分董，以联指臂，所有各该处物产价值涨落、市面消长盈虚，即由各分董按季具报省局，汇总造册，仿照总税务司贸易总册式样，年终由督抚咨送臣衙门以备参考"；"该局所遇有禀官之事，无论大小衙门，均不得勒索规费。各局所地方长吏，月或一二至，轻骑减从，实心谘访"，"至通商事务，向由臣衙门办理，该御史请在京师设立商务公所，与臣衙门无甚表异，自应毋庸置议"。得旨"如所议行"。①

可见，总理衙门大臣已意识到京师设立商务公所将损其利益，内心并不想改变旧制，只是为应对变局，照张之洞在江宁、上海、江苏设立商务局的成例，准各省设局，绅商办事。此举确立了绅商参与直省实业行政管理的合法地位，为绅商权势崛起提供了千载难逢之机。

不过，在官商隔阂甚深的情况下，时人并不看好商董入局任事。陈炽对此评说道："刻总署议准各省设商务局，选举商董，求通下情。然地方官吏，大都一笑置之。即便实见施行，亦惟以一纸官文奉行故事，而于商人奚益也？而于商务奚裨也？盖中国之官商相去悬绝，不设专官以隶之，不设专律以防之，不定地方官吏之考成功罪以警之，而欲恤商情、振商务、保商权，是犹缘木求鱼，欲南辕而北其辙也，其必不可得已。"② 陈炽此说切中肯綮。多数督抚对清廷谕令设立商务局置若罔闻，似仅有四川、山西两省开设了商务局。

① 朱寿朋编，张静庐点校《光绪朝东华录》第 4 册，总第 3722—3724 页。
② 《创立商部说》，赵树贵、曾丽雅编《陈炽集》，第 233—234 页。

重庆作为《马关条约》要求新开的通商口岸，堵塞漏卮任务艰巨。四川总督鹿传霖在光绪帝的督催下，于1896年5月30日在重庆设立通商局，选派候补郎中李本方和刑部候补主事乔树枏经理局务，并由李、乔二人选举绅士入局办理，联络商人，"设法议立公司，以期推行尽利"。① 强学会解散后，翰林院编修张百熙奏保在强学会任"都讲"的宋育仁回川办理商务和矿务。宋抵川后，鹿传霖于1897年6月10日奏请宋育仁入通商局与李本方、乔树枏总办商务，通商局遂改名为商务总局。② 不久，宋育仁在《渝报》第一期发表《学报序例》，倡兴新学，力主"劝业"——"凡种植畜牧、制造贸易，取其能出新法，周知利益"皆应讲求。③ 这是目前所见近代文献中较早提出的"劝业"概念。

山西虽地处内陆，但巡抚胡聘之较趋新，于1896年7月8日奏调候补郎中曹中裕、候选道冀以龢、候选知府刘笃康等绅士在太原设立商务总局，就本省土货利于行销者"先行集资试办"，如有可兴之利再随时推广，譬若开矿招商集股事宜，"亦可派令经理"。④ 可见，山西商务局被赋予了兴办实业的职能。

不过，在乡绅刘大鹏看来，与其名曰山西商务局，不如称为山西招商局，因当事者兴商办事难以筹资，"遂将甲午年借款作为招商本银"，总办曹中裕"欲将晋省富民本银归于招商局，难免人怨"。⑤ 可见，与张之洞所设江苏、上海、江宁商务局类似，山西商务局最初更像是集股募资机构。令这些士绅入局任事，主要看中他们声望较高，与商人联系密切，组织活动能力强，可为兴商办厂筹集资金。

---

① 《宫中档光绪朝奏折》第9辑，1974，第853页。
② 《宫中档光绪朝奏折》第10辑，1974，第901—902页。
③ 宋育仁：《学报序例》，《渝报》第1册，光绪二十三年十月上旬，姜亚沙、经莉、陈湛绮主编《晚清珍稀期刊汇编》第19册，全国图书馆文献缩微复制中心，2009，第19页。
④ 朱寿朋编，张静庐点校《光绪朝东华录》第4册，总第3803—3804页。
⑤ 刘大鹏：《退想斋日记》，乔志强标注，山西人民出版社，1990，第66—67页。

除上述省份外，其他督抚多对设立商务局冷眼旁观，无动于衷。这种局面与国人渴求振兴商务，实现富国强兵的心理需求相差甚远。随着维新运动的开展，商政改革不断走向深入。

1898 年 1 月 29 日，康有为《请大誓臣工开制度新政局折》全面提出变革内外官制的主张，直省农工商政变革位列其中。他建议清廷内设十二局，其中关涉农工商矿交通事务者就有农商、工务、矿政、铁路和邮政等八局，比一半还多；主张变外官藩、臬、道、府全部为差，各省有道六七十，每道设一新政局，凡农工、商业、山林、渔产及其他政务皆归其督办。① 该方案不仅使中央六部架构名存实亡，而且几乎颠覆外官体系中的司道府制，重新确立起新的直省行政体系。

朝廷中枢意识到如此变革官制，风险太大，"于是百般阻扰、压制、拖延"。② 总理衙门历时半年才议复此折，近乎全盘否定，仅同意特派大臣总理"铁路、矿务两项"事务，外官改制因"别开生面，全紊定章，亦未必有实效"，"毋庸置议"。③ 对此，康有为自言："我折似无一语驳者，似无一条不行者，上亦无以难之，虽奉旨允行，而此折又皆成为虚文矣。"④

继康有为之后，1898 年 5 月，侍郎荣惠也奏请朝廷在直省设立商务、矿务官员。总理衙门当即予以驳回，认为此议与王鹏运奏请各省设立商务局主张相同，"似无庸另设大员督办，徒拥虚名，仍无实济"。⑤ 光绪帝依总署之议于 1898 年 6 月 12 日降旨，仍照总理衙门前议，于各省会设立商务局，公举殷实绅商派充局董，详定章程，实力遵行，"即着各督抚督率员绅认真讲求，妥速筹办。总期联络商情，上下一气，毋

① 姜义华、张荣华编校《康有为全集》第 4 集，中国人民大学出版社，2007，第 14—15 页。
② 关晓红：《晚清学部研究》，第 36 页。
③ 国家档案局明清档案馆编《戊戌变法档案史料》，中华书局，1958，第 9 页。
④ 蒋贵麟主编《康南海先生自编年谱》，宏业书局，1987，第 58—59 页。
⑤ 朱寿朋编，张静庐点校《光绪朝东华录》第 4 册，总第 4095 页。

得虚应故事，并将办理情形迅速具奏"。① 可见由督抚督率绅商开办商务局已成朝廷振兴商务的基本政策。

全面改革官制受挫后，康有为调整了策略，分步实施，逐个突破。就商政而言，7 月 23 日，康有为上奏《请立商政以开利源而杜漏折》，认为朝廷谕令设立商务局两年来，多未施行，"顷虽再下明诏，疆臣亦惟置若罔闻"，朝廷若不在总理衙门之下设立商部，"令各省皆设立商务局，皆直隶总理衙门，由商人公举殷实谙练之才数人办理，或仿照广东爱育堂商董轮办章程办理。……仍是徒托空言，难期成效"。考虑到"上海为天下商务总汇"，应先在上海试办商务局，"令其立商学、商报、商会，并仿日本立劝工场及农务学堂，讲求工艺、农学"，两月内制定商务局章程，"恭进御览酌定，诏令各省次第仿照推行"。② 与康有为先前提出的商政改革方案相比，该改革建议明显趋于缓和，阻力势必减小，各省商务局也可与总理衙门对应衔接，防各督抚藐视皇权，不奉维新之令。

受此影响，光绪帝快速回应，7 月 25 日谕令各省："振兴商务，为目前切要之图"，虽多次令各省认真整顿，而办理尚无头绪，中国地大物博，百货浩穰，"果能就地取材，讲求制造，自可以暗塞漏卮，不致利归外溢"。要求两江总督刘坤一、湖广总督张之洞拣派通达商务、明白公正之员绅试办商务局，"先就沿海、沿江如上海、汉口一带查明各该省所出物产，设厂兴工，果使制造精良，自能销路畅旺，日起有功。应如何设立商学、商报、商会各端暨某省所出之物产、某货所宜之制造，并着饬令切实讲求，务使利源日辟，不令货弃于地，以期逐渐推广，驯至富强"。③ 此上谕显然是根据康有为折所发布，不过，光绪帝此时对改革官制还相当谨慎，并没有采纳康有为提出的总理衙门之下设

① 《德宗景皇帝实录》卷四一八，光绪二十四年四月丙午，第 483 页。
② 康有为：《请立商政以开利源而杜漏折》，姜义华、张荣华编校《康有为全集》第 4
集，第 335—336 页。
③ 《德宗景皇帝实录》卷四二一，光绪二十四年六月己丑，第 517 页。

立商部的建议。

不过，七日后（8月2日），光绪帝再次谕令各省推行实业交通行政，强调"通商惠工，务材训农，古之善政"，方今力图富强，"图治之法，以农为体，以工商为用"，要求各省督抚"认真劝导绅民，兼采中西各法，讲求利弊"，"所有颁行农学章程及制造新器新艺"，颁发专利给奖，各督抚设立商务局，"选派员绅开办各节，皆当实力推广，俾收成效"。① 同日，光绪帝在京师设立了矿务铁路总局，统辖"所有各省开矿筑路一切公司事宜"。② 这正是康有为在《请大誓臣工开制度新政局折》中所提建议。

光绪帝选择在京师设立矿务铁路总局，与其说是依总理衙门所议对顽固派做出让步，毋宁视为维新派的投石问路之策，另布一局。在此前一日，光绪帝已密令孙家鼐、胡燏芬饬令直隶霸昌道端方迅速回京，预备召见。③ 康有为注意到反对矿务铁路总局成立的声音较小，就于8月18日上奏了《请开农学堂地质局以兴农殖民而富国本折》，提出"古者有大农官，唐、宋有劝农使，外国皆有农商部；可否立农商局于京师，而立分局于各省以统率之"的建议。④ 三日后（8月21日），光绪帝依其所奏，于京师设立农工商总局，派直隶霸昌道端方，直隶候补道徐建寅、吴懋鼎为督理，并赏他们三品卿衔，"一切事件，准其随时具奏"。各督抚奏设分局，遴派通达时务、公正廉明之绅士二三员"总司其事"，而且可先行电奏"所有各局开办日期及派出办理之员"。⑤ 看似天衣无缝的背后隐藏着光绪帝和康有为的默契配合。⑥

① 《德宗景皇帝实录》卷四二一，光绪二十四年六月丁酉，第525页。
② 《德宗景皇帝实录》卷四二一，光绪二十四年六月丁酉，第525页。
③ 《德宗景皇帝实录》卷四二一，光绪二十四年六月丙申，第524页。
④ 康有为：《请开农学堂地质局以兴农殖民而富国本折》，姜义华、张荣华编校《康有为全集》第4集，第384页。
⑤ 《德宗景皇帝实录》卷四二三，光绪二十四年七月丙辰，第540页。
⑥ 尚小明探讨了端方与康有为的关系，详见尚小明《戊戌时期的端方》，王晓秋主编《戊戌维新与近代中国的改革——戊戌维新一百周年国际学术讨论会论文集》，社会科学文献出版社，2000，第765—769页。

光绪帝还在 8 月 21 日上谕中要求："各省府州县，皆立农务学堂，广开农会，刊农报，购农器，由绅富之有田业者试办，以为之率。其工学、商学各事宜，亦着一体认真举办，统归督办。农工商总局大臣随时考察。"① 农工商总局作为统率全国农工商业发展的专门行政机构，在近代经济史上具有标志性意义，它的设立宣告了户部兼管农工商以及总理衙门兼管通商事务的历史的结束。

然言者谆谆，听者藐藐。即使是体制外的变动，各督抚也多视若具文，与光绪帝推动改革的期望相差甚远。1898 年 8 月 26 日，光绪帝怒发严旨，斥责"受恩深重，久膺疆寄"之两江总督刘坤一、两广总督谭钟麟和直隶总督荣禄对新政因循玩愒，置若罔闻，意存观望，要求各省督抚振刷精神，从速筹办，"毋得迟玩，致干咎戾"。② 时人认为此谕"虽明责刘、谭，实则深恶荣禄而宣其罪"。③ 这个敲山震虎的上谕说明多数督抚对变法观望不前、犹豫不决。

为切实推进改革，1898 年 8 月 30 日，光绪帝在维新派的呼吁下，痛下决心，实行官制改革，谕令各省督抚裁撤"不办运务之粮道"和"向无盐场，仅管疏销之盐道"，各局所冗员"一律裁撤净尽"，限一月内办完，以期"库款渐裕，得以宏拓新规"。④ 发展农工商务为兴利谋富、挽救利权的切要之图，攸关国计民生，光绪帝严旨下发后，刘坤一、张之洞和荣禄等纷纷筹设农工商务局（或称商务局）。

光绪帝敲山震虎直指位高权重的直隶总督荣禄，荣一改敷衍之态，很快在天津设立农工商务分局。不过，荣禄仍未严遵上谕设局。他反对商董总司局务，认为农工商务分局"若仅责之绅士，恐故见自封，难期倡率，自非由官督绅办不足以广开风气"；在设局地点上，他考虑到

---

① 《德宗景皇帝实录》卷四二三，光绪二十四年七月丙辰，第 540 页。
② 《德宗景皇帝实录》卷四二三，光绪二十四年七月辛酉，第 549 页。
③ 中国史学会主编《戊戌变法》第 2 册，上海人民出版社、上海书店出版社，2000，第 61 页。
④ 《德宗景皇帝实录》卷四二四，光绪二十四年七月乙丑，第 557—558 页。

"天津为通商总汇，南北要冲，就此先设分局，民间易资观感"，① 而未在省城保定设局。9 月 1 日，荣禄选派直隶布政使裕长、署长芦盐运使方恭钊等总司局务，督率绅商办公。与此前其他督抚设立的商务局相比，荣禄开了在任司道兼任农工商务局职务，与"绅"同局任事的先例。

与荣禄不同，刘坤一、张之洞则依旨筹设商务局。据说，两江总督刘坤一此前敷衍维新变革，要因是其反对维新派推行的资产阶级民主政治及其"快变、大变与全变"的变革方式。② 但光绪帝点名要在上海设立商务局，他也不敢一味怠慢。1898 年 9 月 6 日，刘坤一致电总埋衙门汇报筹设上海商务总局方案——选派张謇会同分发湖北候补道刘世珩经理其事，"并派江西候补道恽祖祁、江苏候补道蒯光典，分办江南、皖北商政"，负责"联络绅富，鼓励商民，讲求物土之宜，仿办制造之事"，沿江沿海之地"亦令其选举朴诚明白之商董数人，量设分局，协同办理"，使其合群兴业，"以辟利源"。③ 旋即，刘坤一按光绪帝裁撤局所的谕令，将张之洞署两江总督任内设立的金陵、上海两商务局归并于新立的上海商务总局，"以免重复而一事权"。④ 10 月 22 日，上海商务总局开局办事。⑤

较为趋新的张之洞行动也较快。1898 年 9 月 3 日，张之洞致电总理衙门呈报筹办汉口商务局办法：拟委派道员王秉恩会同江苏候补道程仪洛总理其事，"并选殷实诚信、通晓时势之商董数人为总董，会同商酌"。⑥ 同日，张之洞还致电总理衙门，恳请皇上允其奏调江苏候补道

① 《直隶总督荣禄折》，《戊戌变法档案史料》，第 394 页。
② 崔运武：《中国早期现代化中的地方督抚：刘坤一个案研究》，中国社会科学出版社，1998，第 202—203 页。
③ 《致总署》，中国科学院历史研究所第三所主编《刘坤一遗集》第 3 册，中华书局，1959，第 1413 页。
④ 《裁并办公各局折》，《刘坤一遗集》第 3 册，第 1056 页。
⑤ 《张謇全集》第 6 卷，第 415 页。
⑥ 《致总署》，苑书义等编《张之洞全集》第 3 册，第 2130 页。

程仪洛赴鄂筹办商务局。[①] 两日后，光绪帝即颁上谕，同意张之洞奏调程仪洛赴鄂筹设商务局，并赞张之洞"遵设汉口商务局，办理迅速，筹画周详，深堪嘉尚"。[②] 9 月 23 日，张之洞奏设汉口商务局，"以鼓舞联络上游川、陕、河南、云、贵、湘、粤等处工商为要义"，至于商学、商报、商会及讲求工厂制作、商货销路等事，上海、汉口两商务局各自筹办，"遇有应行联络通贯或应互相协助之处，随时知照，会商办理，虽分为两局，仍联为一气"，拟定了启发、倡导、合力、塞漏、祛习、保护、体恤、奖励八项应办事宜。[③] 10 月 14 日，光绪帝允准设立汉口商务局，冀其"督率在事各员加意讲求，认真经理，随时会商刘坤一，与上海局联络一气，务期中外流通，确有成效，不得徒饰空言，致负朝廷力图振作至意"。[④] 设立汉口商务局后，张之洞还整合了具有生产性质的原蚕桑局、工艺局，归蚕桑局于农务学堂，并工艺局于工艺学堂，"以免分歧而专责成"，两学堂均由商务局总办程仪洛管理，每月由善后局支给程仪洛薪水银一百两、夫马银五十两。[⑤] 商务局所需经费由北牙厘局在牙帖项下拨用。[⑥] 汉口商务局具有管理全省农工商事务的职能。

张之洞、刘坤一筹设商务局基本遵照谕旨行事。在人事上，督抚选派绅士经理局务；职能上，范围更广，包括办商学、商报、商会，研求工厂制作、商货销路，调查土货生产、分布等情况；经费方面，督抚就地筹款，保障其正常运转。

与上述各省不同，云南设局是先裁撤粮储道，再设农工商务总局。

① 《致总署》，苑书义等编《张之洞全集》第 3 册，第 2131 页。
② 《德宗景皇帝实录》卷四二五，光绪二十四年七月辛未，第 568 页。
③ 《汉口试办商务局酌议办法折》，苑书义等编《张之洞全集》第 2 册，第 1326—1329 页。
④ 《德宗景皇帝实录》卷四二九，光绪二十四年八月庚戌，第 625 页。
⑤ 《札委程仪洛总办商务局及农务、工艺两学堂》，苑书义等编《张之洞全集》第 5 册，第 3703 页。
⑥ 《札北牙厘局议复整顿牙帖款分拨商务局暨该局应用》，苑书义等编《张之洞全集》第 5 册，第 3751 页。

1898 年 9 月 18 日，云贵总督上奏，云南粮储道向无运务，照旨裁撤，"将粮储道管理之通省粮储、屯田事件归并藩司兼管，其管辖云、武两属地方及驿堡、水利事务，即归并通省盐法道兼管"，将粮储道衙署改设农工商务总局，"借省经费而免旷废"。9 月 20 日朱批："着归入议裁湖北等省巡抚各缺案内妥议具奏。"① 但好景不长，政变发生，几乎一切规复如旧。云南粮储道恢复旧职，农工商务总局因所办事务为兴利要项而幸存。不过，裁撤事务废弛的道缺，腾出经费，添新官办新事的改革思路已被广大开明官绅接受，俟时机成熟，会再被提及。

慈禧太后认为，设立农工商务局虽为富强之术，"呕宜实力整顿"，但总局设在京城"文牍往还，事多隔膜，一切未能灵通"，"着即裁撤"，仍责成各督抚在省设局，"分门别类，详加考核，庶有实际。着直隶总督选派妥员督率办理，以为各省之倡"。② 在慈禧太后眼里，固有政治体制万万不容改变，有关国计民生的农工商诸务仍由各督抚就地兴办。

为消除内外大小臣工的疑虑，1898 年 11 月 16 日，慈禧重申，兵农工商诸务只要能致富强，确有明效，"苟能择善而从，次第举办，自可日起有功"，进而又说，"兴利除弊，责在疆臣；指陈得失，责在言路"，"凡有益于国计民生者，切实陈奏，以备采择施行，毋得徒以空言塞责，致负殷殷求治之意"，③ 摆出一副广纳谏言、支持自强救时的姿态。12 月 30 日，她再次谕令各省速筹练兵、积谷及兴办农工商等切要之事，"其已经复奏者，即行认真举办，未经复奏者，将筹办情形于奉到此旨后，限一个月内迅速具奏，仍将办理成效如何随时奏闻，以便派员考察"。④

在慈禧三令五申之下，各督抚举办新政有了明确的方向，农工商各局在戊戌政变后如雨后春笋般涌现，具体情况见表 1-1。

---

① 《宫中档光绪朝奏折》第 12 辑，1974，第 161 页。
② 《戊戌变法》第 2 册，第 109 页。
③ 朱寿朋编，张静庐点校《光绪朝东华录》第 4 册，总第 4256—4257 页。
④ 朱寿朋编，张静庐点校《光绪朝东华录》第 4 册，总第 4281 页。

表 1-1 1896、1898、1899 年各省设立农工商矿各局一览

年份	省份	督抚	名称	局内人员设置情况
1896	江苏	张之洞 奎俊	苏州商务局 江宁商务局 通州、上海商务局	前国子监祭酒陆润庠、前礼科给事中丁立瀛、前翰林院修撰张謇
	四川	鹿传霖	通商局（旋即改为商务局）	候补郎中李本方、刑部候补主事乔树枏
	山西	胡聘之	商务局	刑部候补郎中曹中裕、候选道冀以龢、候选知府刘笃康
1898	直隶	荣禄	农工商务局	藩司裕长、署长芦盐运使方恭钊等
	湖北	张之洞	汉口商务局	道员王秉恩、江苏候补道程仪洛
	江苏	刘坤一	上海商务局（由原上海商务总局改设）	翰林院修撰张謇、湖北候补道刘世珩
	云南	崧蕃	农工商务总局	
	浙江	刘树棠	农工商务局	藩司恽祖翼、巡道陈道员任督办；候补知府徐承礼为总办；候补知县陈廷勖为帮办；丁燮为总理文案；候补州判万参军兼发文移；西文翻译陈志瀛，东文翻译张二尹
1899	安徽	邓华熙	商务总局 芜湖县设立商务分局	委道员总理局务，徽宁池太广道就近兼办，酌派提调等员
	广东	谭钟麟	农工商务总局	候补知府周德溥驻局经理
	湖南	俞廉三	农工商务局	盐法长宝道、候补道蔡乃煌
	福建	许应骙	厦门保商局	绅董
	湖北	张之洞	农务局	候选同知延忠

资料来源：据《光绪朝东华录》《宫中档光绪朝奏折》《申报》等相关资料汇辑而成。

从表 1-1 可知，1898—1899 年，设立的农工商各局主要分布在沿江、沿海一带，任事人员以绅为主，个别局中委派藩司或道员任督办，督率绅士办事。

总体而言，这段时期督抚在衙署外设立农工商各局承担起管理实业

的职责，朝廷将发展和管理农工商诸务的权力责成于督抚，督抚再授权于拥有资财、权势和威望的绅商。如此可不动官款、不设专官而享其成，又不损固有体制，便能推动农工商业发展，[1] 不能不说是历史的进步。但是，随着农工商矿各业的日趋繁兴，农工商各局迅速扩张，使本已坐大的督抚权势进一步扩增，加速了"外重内轻"统治格局的变动，绅商乘势崛起也促使"士农工商"社会结构发生裂变，外官改制的一个重要潜因也就此埋下。

第二节 农工商矿各局的勃兴及其影响

庚子事变后，巨额赔款和推行新政的庞大费用使朝廷难堪重负，各疆臣陈奏章疏，莫不忧库款奇绌，赔款难筹，百事掣肘。著名的《江楚会奏三折》反响最大，力陈修农政、兴商务、劝工艺刻不容缓。[2] 振兴农工商矿、发展各项交通事务、开拓利源渐成时人共识，农工商矿各局顺时而设。

1901 年，汪康年指出时势危迫之际，举办新政"应仍从前之形式而暗将政体更变"，设新局办新事，"外交则归洋务局，财政则属之善后局，兵政则设营务处而专任之，巡警则属之保甲局，工商及农务则设农工商局而专任之，他事莫不如此"，"务使全省之事皆一律一线，如此则事事顺手矣"。在人事安排方面，汪氏建议，"每局必派一总办，如本省适无名位相当之人，则可遴选一明白道员为总办，而另聘专门之人为提调或坐办，所有局中事宜皆由此人主持，而总办受其成。如其

---

① 据统计，甲午后中国第一次民间投资设厂热潮期间，商办厂矿数字和资本总额均超过了以往二十多年的总数，并开始领先于官办或官督商办企业，居于主要地位。参见马敏《官商之间——社会剧变中的近代绅商》，华中师范大学出版社，2003，第180—181 页。

② 《遵旨筹议变法谨拟采用西法十一条》，苑书义等编《张之洞全集》第 2 册，第1436—1441 页。

人实有不合之处，亦可由总办禀商撤换"。另外，各省"应设邮部，凡铁路、电线、驿务及水陆事宜，皆归其主持，今邮局、电局虽已有人管理，仍归局中稽察，宜另设一局为之"。[①] 此言道出了庚子后各省设新局办新政的实情。

就农工商矿各局而言，1900—1907 年，此类局所急遽膨胀，有农务局、工艺局、商务局、矿务局、农工局、保商局、农工商务局，一事一局，名目繁多，不胜枚举。侍郎徐琪以"譬如满地散钱无所贯串"来形容不无道理。[②]

但是，也不容忽视其对开辟利源发挥的积极作用。有学者指出，到 20 世纪初年，民间资本较以前发展迅速，出现了第二次投资热潮。1901 年新设立的民间工矿企业 16 家，1902 年为 21 家，1903 年为 8 家，1904 年为 31 家，1905 年多达 43 家。这段时期不仅开设厂数和投资数额大大增加，且投资领域更为广泛，除原有缫丝业、棉纺业、火柴业外，电灯、肥皂、烟草、玻璃、锅炉、化妆品、农林、交通等行业也出现了民间投资工厂。[③] 20 世纪初，农工商矿各业的发展与农工商矿各局的设立不无关系。

就此而论，在不改变外官制的前提下，在督抚衙署外增设农工商矿各局发展农工商矿各业，开拓利源，并无不可。然而利弊常相随而生，农工商矿各局兴利的同时也滋生了不少弊端，主要表现如下。

第一，权责不明，虚靡经费。兴利事繁责重，农工商矿各局内除总办、会办、帮办、提调、文案、收发员、校对员、翻译以及杂役等职位外，有的还以布政使、按察使、提学使、盐运使或守巡道为督办，权限不明，遇事难免推诿扯皮。比如，绍兴绅商向商部申请自办沪绍航线，

---

① 汪诒年编《汪穰卿（康年）先生传记遗文》，台北：文海出版社，1938，第 123—127 页。
② 《徐花农侍郎奏请添设商部衙门折》，《申报》1901 年 11 月 1 日。
③ 汪敬虞编《中国近代工业史资料》第 2 辑下册，转引自马敏《官商之间——社会剧变中的近代绅商》，第 181 页。

未予批准，究其原因并非商部不允，"实由藩司主持"，以致浙省洋务、商务两局"均不敢为政"。① 浙江巡抚增韫洞察其因，晓谕各司、道、局、处、所曰："要知各局、处、所督办、总办，事权本属统一，不过督办有各该管衙门公事，未能常川驻差，故须总办略予分劳，非谓督办即不负责成也。"② 可见，局务人员权责不明、敷衍塞责、效率低下的情况并不少见，以致时人痛斥道："内而六部九卿之泄沓如故，外而督抚之争权，各局所之总办、督办、会办等名目仍如故，素餐尸位，不以为非，盛气相凌，各是其是。"③

另外，随着兴利事务日渐冗杂，文牍益繁，农工商矿各局需增加人手，官场增多了谋差的机会。钻营之士"当其到省之时，大率持显者之信函，借要津之请托，思得一差一缺，为富贵骄人之资"，各督抚鉴于人情世故，不得不"借整齐公事之名，暗以施位置私人之计"，"此固各省督抚之所同而如出一辙者"。④ 农工商矿各局私人充斥，虚糜经费，既败坏吏治，又降低办事效率，影响官风、世风不浅。

第二，病商扰民。设立农工商矿各局意在振兴实业，开拓利源，但实际往往与此相违。1900 年，两广总督李鸿章为筹措巡警经费，令商务局开征房捐，提充军饷。⑤ 安徽巡抚为筹集庚款，札委皖南商务局总办许鼎霖在芜湖设立筹议公所，每年筹捐三十万两。⑥ 山东农工商务局遇有农工商因财涉讼者，业经该局断结，即抽一成作为公费，"人皆怨之"。⑦ 苏州农务局设立八载，"未役一农夫，未犁一寸土，徒以城内民地之遗失契据与有契据而远出迟报及妇孺小民之畏懦不报者，一概强压

---

① 聂宝璋、朱荫贵编《中国近代航运史资料》第 2 辑下册，中国社会科学出版社，2002，第 1310 页。
② 撷华书局编《宣统己酉大政记》卷二，纪事二，台北：文海出版社，1976，第 383 页。
③ 《论中国改革官制宜分定权限》，《申报》1905 年 2 月 24 日。
④ 《书护赣抚奏裁并局所折后》，《申报》1903 年 3 月 27 日。
⑤ 《房捐重叠》，《申报》1900 年 7 月 14 日。
⑥ 参见拙文《清末安徽商务局创设与职能探析》，《安庆师范学院学报》（社会科学版）2015 年第 6 期，第 105 页。
⑦ 《啧有烦言》，《大公报》1903 年 3 月 28 日。

充公，招人价领，阳假兴利之美名，阴肆厉民之虐政"，① 民怨沸腾已非朝夕，以致江苏士绅王同愈致电巡抚裁撤农务局，除此虐政。

凡此种种，不胜枚举。事实说明，有些农工商矿局不仅没有尽到兴利之责，反而病商扰民，罗掘民间有限之脂膏以供冗员挥霍，激化了社会矛盾。正如时人所言："至于各省所设商务局，主之者皆系监司大员，其司案牍、供差遣之流大半系同通州县之听鼓多年者，百计钻刺，谋得此差，但知一入局中即可滥支薪水，于应办公事非特茫无所知，抑且不暇计及，间有因关涉商务而前往请托者，必系商而已近于官；若果系闾阎中人，虽有万分为难之事，安敢贸然向之申诉？即申诉矣，彼堂高廉远者安能俯察下情，一言以为之剖决？往往有一事焉，在外尚可料理，一经商局而转致层层勒索受累不堪者。是则局虽设，非特不能保商，且将病商。夫亦何必多此一举，以耗费无穷之公款哉！"②

第三，扩张督抚权势。各督抚为广辟财源，通过奏调、奏留等形式延揽精通农工商矿各业发展的人才在局任事，扩张了人事权，而且局中大小事务均由督抚裁夺施行，事情重大者才由督抚奏请办理，其权势愈加增重。在经费上，农工商矿各局各尽所能，就地筹款，还冲击着中央财政。自咸同以后，坐大成势的督抚随着农工商矿各局的不断衍生，权势与日俱增，这是清廷鼓励督抚在衙署外设立农工商矿各局始料不及的。1903 年商部成立后，要想收直省实业、交通行政大权于中央，难度之大、阻力之多，犹如攻石。

1903 年，商部甫一成立，就试图加强中央集权，建立与直省对应衔接的行政系统。该部上奏朝廷，开宗明义地指出："臣部办理一切首在破除积习，以期上下相符，事权归一"，"否则以管辖之权虽在臣部，而所办农工路矿诸务无非地方大吏之责成，如或内外隔阂，未能合力振

---

① 《王太史电请裁撤农务局》，《申报》1907 年 5 月 11 日。
② 《保商说》，《申报》1904 年 1 月 8 日。

兴，势将无所措手"。为此，奏请在各省设立铁路、矿务、农务、工艺各项公司，以资统辖，并请皇帝饬令各省将军、督抚，对商部所设各项公司"务须会同筹画，赞助维持，一面严饬各该管道、府、州、县尽力保护，毋稍漠视"，如果各省自行筹办各项公司，需将办理情形随时报部，"借资查核"。至于商部派出考察商务之人员，"应与地方官彼此接洽，俾得呼应灵通"。① 商部集权之意图昭然若揭。

但是，商部刚刚成立尚无力开办此等公司，至于委派考察商务人员和各省筹办公司须知照该部，只不过徒具其名，商部难以插手各省农工商矿事务。难怪外人评论说："商部新立，应办之事甚多，乃自创设以来，每阅旬日必上一条陈，请降明谕，责令各省大吏或兴办某事或整顿某事，皆系委任外省，责成于人，而本部则一事不办，今已四五次矣。何竟专设一部，专对空策，敷衍欺饰，即以为能事毕乎？② 抨击之声不绝于耳。有人甚至说，商部设立以来"并未兴办一事"，"其所条奏者皆系各省承办之事，而该部坐享其成，实于初创宗旨不符，当此筹款维艰之际，正宜格外节省经费"，不如暂行裁撤该部，"其所筹得之款借作练兵之用"。③ 此论别有用心之处暂且不论，但道出了商部无所事事的尴尬，也反映出商部缺乏与直省对应衔接的行政机构，只能挟皇权之威责令督抚司道遵办，这正是商部诞生不久的无奈之处。

备受指摘的商部为了免遭被裁，从多方力图振作，第一要务是构建与直省上下衔接的沟通系统，强权扩能。

倡设商会是商部沟通直省的首要举措。先前研究多强调商会沟通官商的作用，倘若仔细研读《商部奏定商会简明章程》，不难发现商部筹设商会另有深意。该章程第二款规定，各省原设商务公所、商务

---

① 《商部奏请旨饬下各省将军督抚会同筹画商部所设公司事宜片》，《大公报》1903 年 10 月 3 日。
② 《西人评论商部》，《大公报》1903 年 12 月 28 日。
③ 《传说裁撤商部》，《大公报》1904 年 1 月 9 日。

公会等名目"应即遵照现定部章一律改为商会，以归画一"，未设立商会之处应"体察商务繁简酌筹举办"，原官立保商各局"应由督抚酌量留撤"。①不仅如此，商会的总、协理均由商部"札委"，并颁给"关防"，其地位不可谓不高。可见，商部试图建立垂直的商会网络以联直省，取代商务局。但是，各督抚均不愿裁撤苦心经营的商务各局。商部试图广设商会来集权，效果微乎其微。

继奏设商会后，商部又先后奏议在直省设立商务议员、矿务议员和路务议员，强化直省实业交通行政管理。1904年，商部堂官深感内外不能合力，兴办实业"难于措手"，若任各省商务各局散而无纪、漫无稽察，"诚恐要政所关，有名无实，殊非朝廷整饬百度之至意"，力主各省必须有讲求商学之人隶属该部，"专任其事，俾得随时谘访，遇事商榷，始克挈领提纲，巨细毕举"，建议朝廷饬下各省将军、督抚，"嗣后所有商务局、保商局及农工商等局总办一差"，必须"选谙习商学、通达政治之员派充"，且应出具考语，将其履历清册报给该部，才能"酌量加札"，成为商部商务议员。在职能上，商务议员可直报商部，商部如有商办事件，"仍分谘各省督抚妥筹办理"，但寻常调查之件可径行札知商务议员核复。不仅如此，商部还要求，商务议员是否称职，应由该部"随时察核"。如此，商部才与各省"办事较为联络"，"而情形亦借易考察，实于商政有裨"。奉旨，"依议"。②这为商部在直省设立准直属机构迈出的重要一步。

商部制定的《各省商务议员章程》明确规定了商务议员的资格、选任、职责、权限等，并强调"商务议员与本部有直接之关系，尤宜详稽功过，其有留心商政、考究详尽、见诸施行者，如果三年始终其事，由本部奏奖一次。如有敷衍塞责、漠不关心者，亦由本部奏明议处"。③商部此举加强了对直省实业行政的领导权。截至1907年底，商

---

① 《商部奏定商会简明章程》，《大公报》1904年3月5日。
② 《商部奏请各省商务局员酌充议员折》，《东方杂志》第1卷第11号，1904年12月31日。
③ 《商部议派各省商务议员章程》，《东方杂志》第1卷第11号，1904年12月31日。

部累计札派商务议员 41 员（详见附表 5—8）。① 不过，各省商务局总办均由督抚札派委任，仍为督抚私人，听命于督抚。

商部札委商务议员并不能解决所有问题。商务议员是差而非官，对振兴实业虽有倡导、稽查之责，但行政权力有限，商部颁布的政令仍难在地方贯彻执行。1905 年 6 月，商部发觉，其发交地方审查的江西丰豫亨、山东合德号、江宁大德庄等商事词讼案件，"各该地方官有阅六七月未复者，有阅四五月未复者"，即使"文牍交催"，"仍复任意迟延，案悬未结，实疲玩已极"，"违背定例"；又如路政、矿务、航业、农务、土货、制造、工艺各项事宜"均为国家要政，刻不容缓之图"，迭次通行各省切实督催，招商设立公司兴办，除南北洋、河南、广东各省筹办外，"其余往往视若具文，屡催罔应"；至于保护回籍华商一事，谕令颁发一年有余，"惟两广总督抄录保商局章程咨送到部，此外各省并无只字声复，即福建省保商局曾否改定章程办理，有无成效，亦未据奏咨有案"。② 商部对此颇为气愤，要因是直省没有与之对应的官制体系，责成无属，呼应不畅。

矿务管理也如此。1906 年，为调查各属矿产，商部奏准将各省矿政局改为矿政调查局，通咨各省督抚遴选能胜任矿局总协理及矿师者，"开具详细履历，加具切实考语"，③ 由商部加札作为商部矿务议员，加强各省矿务管理。但各矿务议员唯督抚马首是瞻。按照矿章规定，凡领取开矿执照者，各地方官必须设法保护，但是商部发现，"各省遇有本部所发矿照及保商文件多以弁髦视之"。④ 为寻求应对之策，商部各堂官私议，通过编订电报密码与各省矿务议员商办矿务，"以免泄露而昭慎重"。⑤ 此策难以实施，商部各堂官不过发发牢骚、怏怏口舌而已。

---

① 《农工商部统计表（光绪三十四年）》，国家图书馆编《近代统计资料丛刊》第 26 册，北京燕山出版社，2007，第 619—628 页。
② 《商部整顿商务折》，《申报》1905 年 6 月 5 日。
③ 《商部慎选矿务议员》，《大公报》1906 年 1 月 5 日。
④ 《咨饬实力保护矿》，《大公报》1906 年 6 月 15 日。
⑤ 《颁发电报密码》，《大公报》1906 年 6 月 14 日。

设立商务议员、矿务议员未引起督抚强烈反对，但1905年10月商部拟设立路务议员，加强直省路政管理，却招致袁世凯的极力反对。商部认为欧美各国路政均归中央部臣直辖，订立一切办事章程，"是以有利必兴，无弊不革"，而中国兴造铁路将及二十年，"规制既未整齐，情形尤隔阂"，亟须整顿。但如果仍按设立商务议员和矿务议员的办法，"仅恃循例咨报，终难得其要领"，唯有设立路务议员直隶商部，一切办路事务由路务议员径报商部核办，或由商部与该管铁路大臣及办路地方督抚酌办，才能"内外合力维持"，以收实效，并拟订路务议员办事章程十二条请朝廷核夺。①

袁世凯对设立路务议员大为反对。他明确指责商部设立路务议员，意在侵夺督抚和办路大臣之权。折上后，清廷谕令政务处议奏。政务处居中调和，商部不得不将原章程第二、第三、第五、第十一条等条删改后颁行各省。商部还辩称设立路务议员并非侵夺督抚办路之权，"意在通内外上下之情"，"其大要均在化隔为通，初不致有侵犯权限之弊"。②商部虽竭力辩解未有夺权之意，但司马昭之心，路人皆知。改订后的路务议员章程与商部原拟章程相比，路务议员的权限大大缩小，只具有形式上的监督之责，各省路政大权仍操控于各办路大臣和该管督抚手中。

袁世凯虽保住了路政大权，但对动议设立路务议员的商部右丞王清穆衔恨在心，认为欲削商部权，"先去王某，则彼部栋桡本实拔矣"。③在袁世凯的运作下，王清穆于1906年8月3日被外调为直隶按察使。④王的仕途遂黯淡难卜。

汪大燮私下指出，商部设立路务议员必与督抚冲突，"不冲突大有关系，冲突亦有一种大关系"。⑤汪又言，"商部办事琐碎则有之，何至

① 《商部奏拟订路务议员办事章程》，《四川官报》丙午闰四月中旬，第12册。
② 朱寿朋编，张静庐点校《光绪朝东华录》第5册，总第5544页。
③ 《崇明王丹揆先生传》，卞孝萱、唐文权编《民国人物碑传集》卷一三，团结出版社，1995，第902页。
④ 朱寿朋编，张静庐点校《光绪朝东华录》第5册，总第5556页。
⑤ 上海图书馆编《汪康年师友书札》（一），上海古籍出版社，1986，第854—855页。

见恶于枢译？"矿务议员办法，固未尽善，然袁之驳之，非驳商部也，直不认政府行政权耳！"① 商部难以撼动督抚实业、交通行政权由此可见一斑。清廷欲构建"指臂相连"的行政体系因督抚权势显赫而受阻。

无论是设立商会，还是札委商务议员、矿务议员，抑或路务议员，虽形式上均与商部有直接关系，但开展各项事务均绕不开督抚，而且这些衙署外的机构均不在正式官制体系内，缺乏制度的约束和监督，督抚的权力愈来愈大，导致直省实业、交通行政有超脱朝廷控制的风险。因此，清廷若欲有效控驭直省实业、交通行政，首要之务是建立上下贯注、权责分明的省级行政机构，整合归并农工商矿各局，厘清部臣和督抚的权限关系。

此外，"士农工商"四民社会结构加速重构，也亟须设立行政机构来治理新兴社会群体。随着农工商诸务的繁兴，绅商群体崛起，其权势、地位不断上升，对清廷兴利裕财产生深远影响。沪南商学会会员自豪地演说道："我们经商的人，生在这西历一千九百余年，叫什么二十世纪实业竞争的时代，也真算尊贵得很了。……天下最有活泼的精神，最有发达的能力，能够做人类的总机关，除了商，别的再也没有这种价值。"② 郑观应更预言商业繁荣对四民社会的影响："士无商则格致之学不宏，农无商则种植之类不广，工无商则制造之物不能销，是商贾具生财之大道，而握四民之纲领也。"③ 这些言论虽不免夸张，但流露出新兴社会群体的自信和抱负，求利、致富理念渐入人心。绅和商迅速融合化生，使传统社会结构发生裂变的同时，也产生了某些不利的因素。④ 时论指出，绅士一握政权，"则其言论皆袭官场之气派，宗旨多以官场为依归，气概煊赫不可一世"，地方财政、实业付诸若辈之手，"而绅士之权力乃益张，绅士之气焰遂不可向迩矣"，他们呼朋引伴，窟穴其

① 《汪康年师友书札》（一），第 862 页。
② 《经商要言》，《辛亥革命前十年间时论选集》，三联书店，1960，第 890 页。
③ 郑观应：《盛世危言》，第 303 页。
④ 马敏：《官商之间——社会剧变中的近代绅商》，第 80—81 页。

中，"试问他日尚有敢投巨资以图营业者乎？"① 甚至有人悲观地说，绅权渗入实业界，"无事能食绅士之福"。② 于清廷言，设立职能部门管理绅商，以至生财有序，不仅是一项关系国计民生的要事，也是在动荡变局中维持王朝统治的必然选择。

一言以蔽之，面对"外重内轻"格局的变化、赔款与新政兴利的迫切需要，以及社会结构的变动，清廷通过调整官制，建立上下贯注的实业、交通行政管理体制已势在必行。

第四节　先"司"后"道"

与督抚增设临时性农工商矿各局不同，有识之士自戊戌维新以来就提议添设正式职官管理农工商矿诸务。但此议自提出至实施一波三折，个中因缘耐人寻味。

一　裁局增缺之初议

戊戌维新时期，蔡镇藩上《奏请审官定职以成新政折》，提出外官改制的思路。他认为，道与同知、通判在顺治、康熙时"屡裁屡复，时并时分，大都视其事之繁简，非有定也"，咸丰以来时事日变，政务益繁，有一事即设一局，"续兴一事又添一局，遂使天下之官争以求差为务"，官场沦为宦途营利之地，"数十年来，所以日讲富强而无效也"。欲求富强，须于南、北洋设立商务道两员，以商务同知、通判副之，"分理所属轮船、招商、制货局厂，及稽察电报、邮政、银行、铁路一切通商事宜"；福建设船政道两员，以同、通副之，并复设江南船政同知，添通判，"均管厂坞，督造兵商轮船"；矿藏丰富之地，酌设

---

① 《论绅权》，《申报》1908 年 2 月 22 日。

② 《论绅权》，《申报》1907 年 2 月 23 日。

矿务道，"仍随矿利之盛衰为裁置"。同时，蔡还提出新设各缺选人、用人之策，嗣后"各省候补道员、同、通，令专归一项候补"，除候补地方员缺外，其他专管事务员缺仍分班候补，"先在所候各缺上行走，以资历练，不准另派委员"，如此，才使候补人员不至闲旷，"朝廷亦得实用，且不至用违所长，而奔竞之风不禁自息，一举数善之法"。①这是较早根据道和同、通的官制特点，结合各地情势，提出在直省添置相应道缺管理农工商矿诸务的改制思路，然当政者未采纳该建议。

与蔡镇藩主张略异，维新人士袁昶于1898年9月14日建议清廷，应根据各地实际裁并道缺，因事设官。他指出，"国家因事设官，断无其事已废而官犹不裁者"，"各省巡道无兵而有备兵之名，最赘瘤无用"，亟宜裁撤，"免致公牍上行下行，多一牵掣，多一积压，省官省事，节费清心之道，莫先于此"。②据此，清廷应裁道添缺，管理农工商矿诸务。类似想法，其他维新人士也多提及。但如此变革官制，势必重新分配权力，牵一发而动全身，阻力甚大。光绪帝采稳妥之策，避重就轻，谕令裁撤事务废弛的粮道和盐道，限一月内办清。对于农工商矿事务，仍是谕令各省督抚设立农工商各局，整顿振兴。即使光绪帝采取这种变制幅度较小的策略，但多数督抚仍敷衍观望。不久政变发生，官制改革之议陷入沉寂。

庚子后，新政复行，振兴实业、开拓利源被视为富国强兵的根本所在，各省添置专官管理农工商矿事务，官制改革再次受到时人的关注。宗室教习陶镛在《请定官制书》中一针见血地指出外官之弊："外则各部之事上萃一督抚，藩臬不过仰成，下责一州县，府道且多牵制，不胜旧弊，遑论新机"，若论新机，"设局委员，省自为政，究碍定制，所神实稀，是谓有官无法"。他认为政务处议行新政，"有议者必有行者，今矿路虽命大臣，尚无分秩；农商最为要政，未设专官；邮政尚领于洋

① 蔡镇藩：《奏请审官定职以成新政折》，《戊戌变法》第2册，第382—390页。
② 袁昶：《议复寄谕事件条陈》，《戊戌变法》第2册，第451页。

员，工艺仍侪于末伎"，应将道府皆升为使，裁撤分守、分巡道，各使之职掌与中央之部院相对应，"或专或兼亦视部，总督纠察焉而不节制"。[①] 该建议立足固有官制，切中时弊，兼顾内外，易于推行。但此时改革官制的意向尚不明朗，且戊戌维新之际提出改革官制的官员多受打击，变革官制的声音还相当微弱，难以产生效应。不过，此后司道体制改革与此如出一辙。

预备立宪为外官改制提供了名正言顺之机，增设管理农工商矿和交通事务的机构成为议改外官制的热点，但是在设"司"与设"道"问题上纷见迭呈。1906 年 5 月 17 日，《申报》消息称：某大臣条陈要政，"请增改官制，拟将各省巡抚一律改为总督，所有各分巡道一律裁去"，增设商务使、劝农使和邮便使等十使司。[②] 6 月 12 日，《时报》又报道：中国官制即将改革，"迩来正与张之洞、袁世凯、岑春煊、周馥及赵尔巽等往复商议，大约俟出洋五大臣归国后，即发布新官制"，外官拟添设"工商道"等六道和"输转司"等六司，"悉归地方长官统辖，全废知府、知县以外各官，所谓地方长官者即用向来之巡抚，其总督、将军等则转任内阁及各衙门"。[③] 媒体纷纷报道官制改革消息，但如何改革外官制，分歧较大，"尚未折衷一是"。[④] 要因是各方自怀其意，权限难以协调分配。

有意思的是，此时有关商部拟裁商务局的传闻不胫而走，掀起轩然大波，使部院和督抚争夺实业行政权的矛盾由隐而显。1906 年 5 月，媒体报道，商部拟将各省郡"旧设之商务局一并裁撤"，[⑤] 以整顿商权。此说空穴来风，未必无因。当时正热议改革官制，商部试图借机收回直

① 《陶在东请定官制书》（1902 年 9 月 1 日、16 日），经济丛编社编辑《经济丛编》第 12—13 册，华北书局，1902。
② 《条陈改外省官制》，《申报》1906 年 5 月 17 日。
③ 《改革官制之先声》，《时报》1906 年 6 月 12 日。
④ 《议改外省官制纪闻》，《大公报》1906 年 6 月 17 日。
⑤ 《商部咨裁商务局》，《申报》1906 年 5 月 26 日；《拟裁各省商务局》，《大公报》1906 年 5 月 22 日。

省商政大权。该部认为，"各省商务局大半以道员为总办，而又未必熟悉商务"，拟派员接替此项局长，或将商务局总办改为商务使。① 此议立即引起朝野关注，各省商务局唯恐既得利益受损，异常警觉。安庆商会动作最大，联名各业商董致电商部说："皖商周蔽，甲于各处，赖官主持渐有进步，安庆商会仍非官维护不可，而官无局不能办事，皖局请暂缓裁。"商部见裁撤商务局震动较大，随即辟谣说："各省商务局裁归商会，本部并无此议。该总理等遽信报章谣传，发电请暂缓裁，殊欠斟酌，仰即传谕各业董，毋得轻信浮言。"② 商部经此波折，不得不暂且收束整顿直省商权之心，以待时机。

尽管裁局添官一时较难，但督抚衙署外局处所无节制膨胀所滋生的弊端已到非革不可的程度。1907 年 1 月 25 日，御史史履晋上奏说，自新政以来，"此处加一捐，彼处增一税，非取之州县乎？今日设一局，明日设一所，非优给薪水乎？"各省局所林立，吏治败坏，亟宜"撤局所而专责成"。③ 该折发人深思，触动朝廷，但如何整改局所恰是外官改制的难题。

此时已形成了强大的官制改革舆论，媒体也寄予厚望，给出药方。1906 年 7 月 18 日，《时报》称改革官制有"裁各省之大官"和"改要差为实缺"两大要端。④ 但究竟裁直省中哪些"大官"，改哪些"要差"为实缺，则见仁见智。

立场不同则态度互异。位高权重的两江总督周馥向刚归国的端方、戴鸿慈两位考政大臣建议，改革官制既要统筹兼顾免遇阻力，又要注意轻重缓急，在财政困绌之际，"应先设治民之官"，兴学、振兴工商诸

① 《派员调查商务局》，《申报》1906 年 6 月 9 日。
② 《商部饬裁各省商务之不确》，《申报》1906 年 6 月 13 日。
③ 《御史史履晋奏请外省撤局所裁幕友折》，故宫博物院明清档案部编《清末筹备立宪档案史料》上册，中华书局，1979，第 488—490 页。
④ 《敬陈所望于考政大臣》，《时报》1906 年 7 月 18 日。

事"必须诱掖提倡，徒用压力挤迫必难奏效"。① 但他未明言如何添官管理工商诸事，似在提醒改官制宜慎之又慎。张百熙则主张外省巡抚改为总督，下设七司，与主改官制的袁世凯和端方之意相同，② 建议"裁府留道，升知县品级"。③ 另有人提议：每省设总督一人，总理一切，下设察吏、财政、刑政、兵政、提学、内务、外务、农工商八司，受制于总督而可自达于各部，俱裁盐、粮、兵备道，"以省繁冗而节经费"；各府设知府一人，下设财政、刑政、学务、农工商、庶务各课；各县设一知县，其下分设税务、裁判、学务、庶务、农工商各局，如此一来，"有分职之官，有总理之官，划然整齐，事无不举矣"。④ 以此方案，直省农工商司既受总督节制，又可自达于京部，其精意在于使直省农工商诸事集权于中央，又能广辟财源。

出洋考政大臣载泽的用意更明，密奏要在直省添设各司，集权中央。他站在朝廷的立场，忧虑道："今日督抚之力，足以指挥属吏奔走。庶僚而论，其实权则内制于六部，外分于两司，朝命一下，拱手受约束惟谨，何者积威约之渐也。"建议朝廷，"今且议添设各司，责成州县，采中央集权之主义，行地方自治之制度。此制一立，疆寄益轻，但虑其威令之不行，不当复忧其事权之太重。且以中国幅员之广、户口之繁，伏莽潜滋，强邻环伺，非有亲信大臣以为镇抚，断难收长驾远驭之规。若禁防过密、督察过严，使内外稍有猜疑，恐非国家之福"，"自昔权奸窃柄，藩镇拥兵，皆在暗弱之朝，积衰之世，如果乾纲独揽，变法图强，断无魁柄下移之虑"。⑤ 载泽密奏的主旨不仅与中央部院改制意愿相通，且恰合圣意。

① 《端戴二大臣致各省总督商议立宪电》，《时报》1906年8月13日；《江督周复端戴两钦使商榷要政电》，《时报》1906年8月2日。
② 《京师近信》，《时报》1906年8月28日。
③ 《京师近信》，《时报》1906年8月30日。
④ 《论立宪先改官制之方针（续）》，《时报》1906年8月30日。
⑤ 《厘订官制密陈管见折》（代厘定官制大臣泽公拟），杨寿枏：《云在山房类稿》卷上，中山大学图书馆藏，第6—7页。

　　戴鸿慈、端方对比中外官制，权衡各方意见，于 1906 年 8 月 25 日
提出官制改革总体方案。他们明确指出，管理农工商矿和各项交通事务
应设"司"而不宜设"道"。理由是：中国地方官制层级太多，除盐、
粮、关、河诸道各有专责不必议裁外，"宜将守道及知府、直辖州两级
悉行裁去，而以州县直辖于督抚，实行省、州县、乡市三级之制"，
"庶几繁简得宜"。督抚之下置民政、执法、财务、提学、巡警、军政、
外交、邮递八司管理各项政务，除执法、军政两司直隶中央，"其余六
司皆为督抚之最高辅佐官"，其中，"民政司如日本之民政长官，监督
全省州县及乡市之行政，察其举职与否、越权与否，而农工商　切劝励
保护之策皆出焉"；邮递司管理各项交通事务。如此改制，不仅可减少
行政层级，又能改变外官无辅佐官，"事多丛脞"的弊病，"为督抚者
总其大纲，如挈裘而振领，全省自无不举之事"。① 编制局随即根据端、
戴所奏，出台了《拟定官制大纲》。② 但该大纲能否被各方接受则充满
变数。

　　《拟定官制大纲》刚披露便引起时人热议，官员针对外官添改司
道、归并局所的方案纷纷发抒意见。御史江春霖奏请改官制要革除内外
官兼差之弊，剑指内之大臣、各部司务和外省局差。③ 出使德国大臣杨
晟建议，各省督抚宜作为国务大臣，下设民政兼巡警、学政、军政、财
政兼商务四司，"旧日司道悉应裁撤，并入四司"，令诸司分事而治，
以收权限明确之效。④ 翰林院撰文李传元认为改革官制宜先裁冗员，缓
设新官，主张外省各司应以藩、学、臬三司兼领，"所有各司即可缓
设"。⑤ 江西道监察御史叶芾棠以"款不易筹"为由，反对添设八司，
希望藩、学、臬三司不变，"其余各司之事，可设为局，分隶于各司

① 《出使各国考察政治大臣戴鸿慈等奏请改定全国官制以为立宪预备折》，《清末筹备立
　宪档案史料》上册，第 376—377 页。
② 《拟定官制大纲》，《大公报》1906 年 9 月 21 日、22 日、23 日。
③ 《清末筹备立宪档案史料》上册，第 386 页。
④ 《清末筹备立宪档案史料》上册，第 398—399 页。
⑤ 《清末筹备立宪档案史料》上册，第 411 页。

道，则事举而所费亦省"。① 也有人打探到，外官改制拟不论总督、巡抚，有一省即设一总督，"藩改财政司，臬改法司"，另设提学、巡警、盐务、军政、察吏各司，府、厅、州县均直隶于各司。② 据说，此议乃袁世凯主见。袁氏恐朝廷集权于中央，督抚"权力大去"，力主实行责任内阁，"无如其跋扈之形迹太露，猜疑已启"。③ 孙宝琦私下说，如果按照京官草案参定外官制，以期内外相应，"窃恐无好结果"。④ 汪大燮则悲观预言："立宪问题，本是难事，阻力必大"，而改官制"疑必成为大专制办法，又疑将收括民财，以供官之挥霍，则大害成矣"。⑤ 可见，裁撤农工商矿等局，添司管理农工商矿或交通事务虽是大势所趋，但阻力甚大。

二　外官改制的方案分歧

内官制编定后，1906 年 11 月，编制局据《拟定官制大纲》，制定了两套省城院司各官改制方案，向各督抚征求意见。第一套方案按照西方近代科层制精神，仿照各边省将军衙署分设户、礼、兵、刑、工各司办法，合并藩、臬以外司道局所，分设各司；各司设曹，实行合署办公。第二套方案系按照现行官制量为变通，"督抚径管外务、军政，兼监督一切行政、司法"，农工商事务由主管民政的布政使兼管，交通事务由新设财政司兼管，各司均酌设属官，"学、盐、粮、关、河各司道仍旧制"，"以上司道均按主管事务禀承督抚办理，并监督各该局所"。⑥ 若按第一套方案改革，能做到内有一部、外有一司，上下贯注，就实

① 《清末筹备立宪档案史料》上册，第 447 页。
② 陈旭麓、顾廷龙、汪熙主编《辛亥革命前后·盛宣怀档案资料选辑之一》，上海人民出版社，1979，第 27 页。
③ 陈旭麓、顾廷龙、汪熙主编《辛亥革命前后·盛宣怀档案资料选辑之一》，第 30 页。
④ 王尔敏、吴伦霓霞编《盛宣怀实业朋僚函稿》，台北：中研院近代史研究所，1997，第 1435 页。
⑤ 《汪康年师友书札》（一），第 874 页。
⑥ 侯宜杰整理《清末督抚答复厘定地方官制电稿》，《近代史资料》总第 76 号，第 51—59 页。

业、交通行政机构而言，应设立相应的司与中央的农工商部和邮传部相对应。若照第二套方案，则由布政司兼管农工商，财政司兼管交通事务。显然，厘定官制大臣拟裁道设司管理实业和交通事务的态度较为坚决。

两套方案涉及督抚权限及相关利益的调整，各督抚依违之间，莫衷一是。从各督抚复电来看，"大抵主第二层办法者多于第一层，主第二层办法而请缓行者多于速行，以编制局两层办法为是而以财力不足、程度未及为言者尤居多数"。① 在各督抚的复电中，张之洞的意见分量至重。他痛驳两套方案，认为：各省道员以不裁为妥，各省巡道"人率以兵备为主"，其办理军务、教案等事多因"官阶较崇，调遣武营较易"，至于有人虑司下府上添道员"徒多层折重复"，实则是其"未知外官例章、职守道府各有取义也"，如湖北之襄阳道、新设之施鹤道均关系边防教案至重，即如湖南镇箪、江南徐州、河南南汝光、四川建昌、安徽庐凤颍，"此数处皆非粮、盐、关、河，然岂可无道员镇守？"改革官制似不应与立宪关涉，宜就现有各衙门认真考核，从容整理，"旧制暂勿多改"，目前民生困穷，动辄思乱，应少取于民，多兴实业。② 张之洞力主"旧制暂勿多改"，目的是维护督抚固有权势，反对各省增置各司，集权中央。该观点表达了多数督抚的心声，如两广总督周馥以"呼应不灵"为由，反对"专留盐、粮、关、河各道而偏裁巡道"，又以"廉俸难筹"为辞，拒绝外省添司，希望仍沿旧制，以各局所任事，事相联属者可由藩、臬各司兼摄，"不必遽开生面，徒费无益"。③

与张之洞、周馥等督抚意见相反，舆论多主张裁"道"。有人指出："今事权属诸督抚，庶政责诸府县，道员虱乎其间，无所事事。其

---

① 《编改外省官制办法及各疆臣之意见》，《东方杂志临时增刊·宪政初纲》，光绪三十二年十二月出版。
② 《致军机处厘定官制大臣》，苑书义等编《张之洞全集》第 11 册，第 9561—9562 页。
③ 侯宜杰整理《清末督抚答复厘定地方官制电稿》，《近代史资料》总第 76 号，第 89 页。

职名为承上起下，而察其所事，不过转行文书而已"，"故道员者，官场之骄子也，今举而裁之，其有益治道甚大"。① 也有人直接驳斥张之洞裁留道府的论调，力持"京师有一部，外省即有一司"，告诫改官制不可"筑室道谋，百无一是"。② 以此而言，保留道缺已无意义。然张之洞位崇权大，复电不仅令"都下主张改官制者莫不哗然"，③ 两宫亦为其言所动，"颇有不欲轻于改革之势"。④ 有消息称，外官改制大约以张之洞复电为准的，"本初（代指袁世凯——引者注）条陈未必能合"。总之，此次更改官制"实是敷衍之局"，张之洞侃侃而谈，甚合"内中意旨"。⑤ 外官添设八司恐难实行，⑥ 张之洞力持"外官少改"似成定局。加之此时中央官制尚未更改就绪，"而排挤倾轧、援用私人之弊已见"，⑦ 内廷颇不以遽改外官制为然。

眼看外官改制要胎死腹中，厘定官制大臣遂以退为进，另辟蹊径。1907 年 2 月 19 日和 3 月 9 日，《盛京时报》分别登载《编制局拟设督抚衙门幕职说帖》《编制局裁并道府说帖》两文，披露编制局的变通计划。前者指出：各省督抚对第一层办法决然议行者，"惟滇督一人，其余皆未认可，若强以所难，必至各省纷歧不一，或废而勿举，又使良法沮格不行"。两者相权，唯有将第一层办法寓于幕职之中，"以先为之导"，迨数年后，纲纪具备，财用稍充，再分设各司或有可行之日。原有布、学、按三司应仍其旧，现有各局所听督抚量为裁并。⑧ 若按编制局所拟方案，督抚衙署内设秘书官一人为长，余皆分曹治事，如外务曹、吏曹、民政曹、度支曹、礼曹兼学曹、军曹、法曹、农工商曹、邮

---

① 《改府县官制私议》，《时报》1906 年 10 月 19 日。
② 《厘定官制平议》，《大公报》1907 年 1 月 28 日。
③ 《拟复官制改定方针》，《盛京时报》1907 年 2 月 5 日。
④ 《外省议员今春出京》，《盛京时报》1907 年 2 月 19 日。
⑤ 《齐东野语》，陈旭麓、顾廷龙、汪熙主编《辛亥革命前后·盛宣怀档案资料选辑之一》，第 30 页。
⑥ 《外省官制述要》，《申报》1906 年 11 月 14 日。
⑦ 《外官制未入奏》，《大公报》1907 年 2 月 28 日。
⑧ 《编制局拟设督抚衙门幕职说帖》，《盛京时报》1907 年 2 月 19 日。

传曹，每曹设参事官一人，其事简不能备官者，听其酌量兼摄。这样，督抚衙署内有了管理农工商务和交通事务的专职辅佐官，但是，此辅佐官"有职衔而无确定官阶……而非中央各部的下属"。①

至于裁并道府问题，编制局吸取张之洞等疆臣的建议，在《裁并道府说帖》中指出：外官存在"管官官多，管民官少"的弊病，督抚复电多主裁道留府，但张之洞又主道缺似不裁为妥，斟酌折中，"拟将所有守巡道一律裁撤"，务使管官之官减少，削减行政层级。鉴于盐、粮、关、河各道责任綦重，应解去兼守巡道之职，专管一务，"其盐道无督销之责者，粮道无押运之责者"，本可归地方官兼理，"应由各该督抚酌量情形分别裁并"。②

从上述两个说帖来看，直省农工商、交通行政官员如何添置未做交代。耐人寻味的是，编制局根据两说帖精神制定的《厘定各省官制总则草案》却做如下规定：各省置布政、提学、提法三司，布政使受本管督抚节制，管理该省财赋，考核该省地方官吏。布政使司置副使（秩正四品，以原设道员酌改）一员或二员，受本管督抚节制，分理该省民政、农工商务及邮传事宜，其所属经历、理问、都事、照磨、库大使、仓大使等官应仿照提学司属员分科治事章程，由吏部会同民政等部另订职掌，酌量改置。三司之外，各省视地方情形酌设盐运司、盐法道或盐茶道（盐法道有兼驿传字样者一律撤去）、督粮道或粮储道、关道、河道。以上司道除主管事务外，不得兼管地方行政事宜。除以上各司道外，所有管理地方的守道、巡道一律裁撤。各省原设各项局所应视事务繁简酌量裁并，由各省督抚核议具奏办理。③ 显然，编制局拟在各省设布政使副使一员或二员，统管民政、农工商和交通行政，受到了张之洞、周馥等督抚意见的影响。如此变通反映出枢臣已向督抚妥协让步。

① 关晓红：《从幕府到职官：清季外官制改革中的幕职分科治事》，《历史研究》2006年第5期，第96—97页。
② 《编制局裁并道府说帖》，《盛京时报》1907年3月9日。
③ 《厘定各省官制总则草案》，《盛京时报》1907年3月5日、6日。

但是，枢臣、部院向督抚妥协让权实不甘心，他们又盘算，于布政、按察、提学三司之外，"增设警察使，归民政部节制；设劝业使，归农工商部节制"。① 此举表明，枢机故技重演，又改变了在直省设布政使副使统管民政、农工商和交通事务的主张，力争实现设司集权的初衷，并吸取山东巡抚杨士骧的建议，将交通事务交劝业司兼管。② 编制局此时恨不得快刀斩乱麻，希望奕劻、孙家鼐和瞿鸿禨尽快核定外官制。

就在新外官制即将宣布之际，御史赵启霖以"各省荒歉已成，民情惶惧"为由奏请缓改官制，认为设巡警、劝业两司，"添无数之员，筹无数之费"，应俟年岁丰穰，民情安帖，"然后将外省官制酌议损益"。③ 1907 年 3 月 26 日《时报》《论赵启霖奏请缓改外官制》透露，赵折乃鄂督张之洞授意而为。④ 尽管编制局已刻意迁就督抚利益，仅在藩、学、臬三司之外添设两司，但张之洞、赵启霖泼的冷水令朝廷顾虑重重。慈禧谕令考察政治馆将赵折分行各衙门阅看，以察风向。政治馆对赵折所论不以为然，力辩各省添设劝业、巡警两司甚合时宜："盖农业不修，豫防之法不讲，是以有荒歉；警政不举，救济之策不备，是以有劫夺、荒歉之屡告。劫夺之频仍，正吏治之坏有以致之，而吏治之所以坏，原于官制者什之三，原于官人之法者什之七"，"今各省除三司之外，官立局所，大省多至数十，小省亦不下十余，俾以候补道员领之，名虽为差，实与官缺无异。盖闲冗过多，势不得不借是以为位置之地，一岁所费动盈巨万。此外实缺守巡各道终年闲散，无所事事者又什而八九，一加综核，均可裁并。……此次外省官制草案于各省原设诸局所及分守、分巡诸道均议裁撤，所拟新增者不过巡警、劝业两司，彼此相较，所增者尚不逮所裁者之什二"。另外，州县添设佐治员属"必不

---

① 《京师近信》，《时报》1907 年 3 月 26 日；《外省官制草案已定》，《广州总商会报》1907 年 4 月 5 日。

② 侯宜杰整理《清末督抚答复厘定地方官制电稿》，《近代史资料》总第 76 号，第 75 页。

③ 《奏请缓议外省官制》，《申报》1907 年 3 月 28 日。

④ 《论赵启霖奏请缓改外官制》，《时报》1907 年 3 月 26 日。

可无之职"，① 力请朝廷不为浮说所摇，推行改制。而清廷出于慎重，仍令缓议外官改制，劝业设"司"因之延宕。消息灵通的记者报道说："前议添设警务、劝业二司，以外省筹款为艰，添设大员经费更无所出，拟一并从缓举办。"②

三 劝业设官先"司"后"道"

尽管外官改制暂从缓议，但是改革督抚司道衙署机构与归并整合体制外局处所已是大势所趋，力倡改革官制者看外官改制势成画饼，力陈万不可缓，积极争取早日实施。

有御史奏称，"外官制既经议定，若因内官制多滋流弊，致将议定外官制延而不宣布，不惟贻笑于外人，实亦失信于全国"，"折上留中"。③ 载泽暗中鼓动奕劻说，外官改制延展，"实有阻碍新政进步"，希望奏请朝廷，简派通达政治大臣随带熟谙各省情形之员迅赴各省详细调查，回京再由政府决定办法。④ 汪大钧奏称，"外官制断不可缓，若必因噎废食，不惟深负士民之望，且启外人轻我之心"。⑤ 直隶总督袁世凯会同两江总督端方更是联衔奏请速即发表外省官制。⑥ 1907 年 6 月 10 日，岑春煊上折，力言亟宜添设劝业、巡警两司。他申辩说：外省官制以第一层办法为佳，应毅然行之。至于有论者称添设劝业司、巡警司经费无所出，"殊不知现在各省局所林立，大省经费不下数十万，小省亦不下数万。臣核草案所拟，如督抚幕僚及布政五使（布政、提学、提法、巡警、劝业五使——引者注），下而至佐治各员，添官均非甚

---

① 《论赵启霖请缓改外省官制折》，汪荣宝：《金薤琳琅斋丛稿》，台北：文海出版社，1966，第 84—88 页。
② 《枢廷政见》，《盛京时报》1907 年 4 月 13 日。也见《外省添设警察、劝业两司作罢》，《申报》1907 年 4 月 15 日。
③ 《侍御请速发布外省官制》，《申报》1907 年 4 月 6 日。
④ 《陈请派员调查外省官制》，《盛京时报》1907 年 4 月 18 日。
⑤ 《汪大臣缓改官制之抗议》，《盛京时报》1907 年 4 月 23 日。
⑥ 《奏请发表外省官制》，《广州总商会报》1907 年 4 月 23 日。

多。若以各省局所经费及州县延宾幕者移为此用，似未见其不敷也"。如官制果行，任用得人，各项新政无一不举，水旱盗贼自可设法补救，"此断不可缓者也"。①

政府枢臣为力倡改革者的积极呼吁所动，斟酌权衡，拟以东三省改制作为外官改制模范，"如果确有把握，毫无流弊，再行推广各省"。②与此同时，农工商行政机构设"司"抑或设"道"再度成为焦点。1907年4月底，徐世昌与军机大臣会议外官改革时表示，改革外官制"先从东三省办起"，"拟裁各省分巡、分守道，添设巡警道、商政道各一缺"。③5月4日，徐世昌向两宫汇报东三省筹议改制情况，又改变了添设商政道的原意，拟先设商务、财政、民政等五司。据说，此议深得两宫认可。④5月11日，《神州日报》又言："政府诸公欲以东三省所改官制为各省模范，拟用政务处去年所拟各省官制第一层办法，裁去司道，设立十司"，此十司不必"奉旨简放"，可"径由督抚奏署奏补"。⑤由于东三省原有八旗驻防制，与各行省体制迥异，最终东三省督抚鉴于历史与现实的需要，奏请于三省公署内分设交涉、旗务、民政、提学、度支、劝业、蒙务七司，酌量归并原有局署，但七司均由东三省督抚奏署奏补。⑥由商政道至商务司而劝业司的变化，说明东三省兴利机构的讨论并非停留在名称上，而是督抚力争奏署奏补权。

出台东三省改制方案加速了外官改制进程。慈禧对徐世昌赞许有加，明示"如果办理妥善"，各省均可仿行。⑦外官制草案遂进入最后审核阶段。1907年6月10日，媒体披露：外省官制草案已定，"奉旨

① 《岑春煊文集》，何平、李露点注，丙编卷一，广西人民出版社，1995，第438—439页。
② 《议先改变东三省官制》，《盛京时报》1907年4月20日。
③ 《专电一》，《申报》1907年4月30日。
④ 《徐菊帅奏准先设五司》，《大公报》1907年5月4日。
⑤ 《外官改制由东三省先办续闻》，《神州日报》1907年5月11日。
⑥ 《东三省总督徐世昌等奏为遵议东三省设立职司官制及督抚办事要纲事宜事》（光绪三十三年四月十一日），中国第一历史档案馆藏军机处录副奏折，档案号：03-5095-014。
⑦ 《东省官制将为各省倡》，《大公报》1907年5月30日。

着交孙家鼐阅看酌核，闻其大纲无甚更动，仅裁道缺及河工各缺、佐杂闲曹等缺"。① 外官改制纷纷扰扰，终要诞生。

直省官制草案经孙家鼐、瞿鸿禨酌改后，② 1907 年 7 月 7 日，总司核定官制大臣奕劻等奏请：于直省布政司、提学司、按察司之外，添设巡警、劝业两道，劝业道掌管全省农工商业及各项交通事务，并将按察司旧管驿传事务改归该道兼管。各直隶州、直隶厅及各州县应酌设警务长、视学员、劝业员、典狱等佐治官各一员，其中劝业员掌理该州厅县农工商务及交通事宜。③ 同日，朝廷颁布上谕：此次所定直省官制，"着由东三省先行开办，如实有与各省情形不同者，准由该督抚酌量变通，奏明请旨。此外直隶、江苏两省，风气渐开，亦应择地先为试办，俟著有成效，逐渐推广。其余各省，均由该督抚体察情形，分年分地请旨办理，统限十五年一律通行"。④ 至此，劝业道正式诞生。

清季劝业设"司"至设"道"的变化，过程曲折复杂，后人难悉其隐，穿凿附会者不在少数。民国学人刘锦藻说："巡警、劝业均辖全省，应称司不称道，惟司属三品，非部曹应升之阶，抑之为道，可以简放，改官制专为京员谋出路，可议者此其一端也。"⑤ 后来学者普遍沿用此说。⑥ 其实，刘锦藻之说虽有道理，但并不尽然。有学者甚至用"现代化"的概念解析，恐距事实本相更远。

照清制，内、外官互用本有成例。顺治十二年九月，吏部奉谕：

① 《外官制草案已定》，《盛京时报》1907 年 6 月 13 日。也见《电报一》，《时报》1907 年 6 月 9 日。
② 《丁未五月初四日京了陈丞来电》，《张之洞存各处来电稿》第 2 函，所藏档甲 182 – 445，转引自李细珠《张之洞与清末新政研究》，上海书店出版社，2003，第 314 页。
③ 《总司核定官制大臣奕劻等续订各直省官制情形折》，《清末筹备立宪档案史料》上册，第 504—509 页。
④ 《各直省官制先由东三省开办俟有成效逐渐推广谕》，《清末筹备立宪档案史料》上册，第 510—511 页。
⑤ 刘锦藻：《清朝续文献通考》卷一三四，职官二十，第 8945 页。
⑥ 姜文奎说，"巡警、劝业二道均辖全省，应不称道而称司，惟司属三品，时以道员为部曹应升之阶，遂予抑之，此则新官制因为京官谋出路，而未重政制也"。见姜文奎《中国历代政制考》，台北："国立"编译馆，1988，第 891 页。

"国家官员，原当内外互用"，"其在外司道等官，品行著闻、政治卓越者，确察实迹，遇缺内转。务使内外得人，职事修举"。① 这一内外互用的做法后被沿用。这次外官改制，若设巡警、劝业两司，势必减少京官外转机会，设巡警、劝业两道，似有为京官谋出路的考量。但督抚多先人一步奏署劝业道，首批劝业道鲜有京官外转者（后文详述）。

其实，"抑为道"在《厘定各省官制总则草案》出台时就已提出，其时称为"布政使副使"，直接由裁撤道员改设，秩正四品。而外官制正式出台，提出设立"劝业道"，则与军机大臣世续密切相关。1907年7月10日，即清廷颁布直省官制上谕的第三天，《顺天时报》登载一条外官制改订内情的消息，透露出清廷设立劝业、巡警两道的内幕。消息称："外官制原议设九司，分理庶政，统照东三省办理。嗣经世中堂奏，各省地方辽阔，各司督抚同驻省城，而又裁撤分守、分巡道缺，未免鞭长莫及，不如设巡警、劝业道缺，或驻省城，或驻各府，较为得力。至兵备道缺，现值匪乱纷起，应仍酌留，俟一律安谧，民安匪敛，再议裁撤不迟。"② 有报道称：世续所奏，"至发表时，竟以此议取决"。③ 总司核定官制大臣采纳了世续的建议，每省设劝业、巡警两道，均驻省城。由此可见，劝业设官先"司"后"道"的变化，世续所奏至关重要，此建议恰好暂且缓解了督抚和部院在劝业、巡警添缺问题上的矛盾分歧。

概而言之，清廷原议添设各司，与中央各部直接对接，以收督抚之权，但多数督抚以经费难筹、人才难得等理由反对，希望稳固旧制，维护其与藩、学、臬三司及各局所形成的利益格局，双方博弈伴随议改官制始终。劝业由设"司"至设"道"的变化反映了清廷迁延旧制的过程。司、道在体制上差别较大，以人事权言，司必须奉旨简放，而道可

---

① 《清朝文献通考》卷五五《选举九》，商务印书馆，1936，第5368页。
② 《外官制改订之内情》，《顺天时报》1907年7月10日。也见《外官改制之障碍》，《神州日报》1907年7月15日。
③ 《外官改制之障碍》，《广州总商会报》1907年7月26日。

由督抚奏署奏补，若劝业、巡警均为司，分别与中央农工商、邮传及民政部直接对接，势必缩小督抚在直省既有的实业、交通和民政大权。这些事务本由督抚设局委员办理，权操自我，清廷遽然设司管理，集权中央，督抚借口反对可以想见。然而，若劝业、巡警设"道"，督抚权势则几无变化，一如其旧，因为督抚可奏署奏补两道。人与事相关，有人则可任事，此恰合张之洞等疆臣反复强调"外官少改"的深意。可见政体改革，最困难者在于突破既有人事与利益格局的束缚。因此，简单地用后来的外在概念看待清季劝业设官，不仅不能准确地认识制度沿革的脉络，还难以把握政体转型的曲折复杂面相。

第二章

朝廷望“速”与整体行“迟”

虽然清廷考虑到各省情形迥异，难令全国一盘棋变革官制，宽限十五年完成，但各项新政、宪政渐次铺开，项巨期迫，民穷财困，枢臣又改变初意，催设劝业道，广辟利源。然而，各省劝业设官并非以清廷期望的速度推进，有急于兴利而速设者，有揽权夺利抢设者，有经费难筹观望者，也有因官制细则未颁无所遵依而观望拖延者，各种因素纠缠交织，致使整体改制进程缓慢，不尽如人意。劝业一官兼两政，又造成农工商部和邮传部争权夺利，使厘定劝业道官制细则一波三折。为加快设官进度，农、邮两部暂且搁置争议，迁就分歧，但欲速则不达，相关权限归属模糊给实业、交通行政的实际运作带来诸多困惑与麻烦。各省劝业道设置进程和官制细则的出台过程反映了朝廷、部院、疆臣、社会各方对劝业设官的不同认知和态度。考察这一实态，可以认识朝廷期望速设劝业道和直省落实之间的反差，进而把握各省政治、经济、人事、历史传统、政情民意等因素与改制间的复杂关系，同时也可全面了解清季直省实业、交通行政转型的历程。

第一节　赶设劝业道

一　东三省难成“样板”

东三省为清朝的龙兴之地，被赋予诸多特权，外官改制也先行一步，希望能成为样本。然而，其所树立的“模范”不但其他省份难以效仿，反而招来一片质疑和訾议。《各省官制通则》颁布前，东北正处在满铁利权斗争的旋涡之中，日本和沙俄分别在南满、北满肆意横行，抢夺利权，经常发生外交纠纷，百姓怨声载道。刚上任的东三省总督徐世昌即会同奉天巡抚唐绍仪等奏准，于东三省改革官制，设立劝业、交涉、民政等七司。官制通则颁布后，徐世昌奏称，“劝业有保商之责，巡警为安民之官”，应遵照此次懿旨，将原奏劝业司改为劝业道，增设巡警道，裁撤奉天分巡道，并将农工商各局所归并，提纲挈领，“与之更始”。①奉天交涉、旗务、度支、提学、蒙务五司和巡警、劝业两道应运而生。

吉林、黑龙江两省虽与奉天同属东北，但劝业道的设置情形却差异较大。1907 年 8 月，吉林巡抚朱家宝致电徐世昌，拟在吉林也设“五司两道”。②徐世昌为筹商改革官制事宜，还专程巡视吉、黑两省，要求两省“必仿照奉省官制改设五司两道，以归画一”，万不可以财政支绌，有“中辍改革官制之理”。③东三省总督徐世昌和吉林巡抚朱家宝遂奏称：吉林乃朝廷根本重地，居东三省之中，“文化久开，民生较富。长春一府又绾南北要冲，交通既繁，形势尤为扼要，比之江省各事，俱有规模。比之奉天，地方亦尚为完善，徒以

---

① 《请派署奉省司道各缺并遵旨增改官缺折》，徐世昌：《退耕堂政书》卷九，奏议九，台北：文海出版社，1976，第 488—489 页。
② 《吉林改订官制之确闻》，《盛京时报》1907 年 8 月 18 日。
③ 《江吉改革官制必见实行》，《盛京时报》1907 年 12 月 11 日。

官吏不能整顿，积弊丛滋"，且日俄觊觎利源，外患已形，"不能不急图治理"。① 吉林很快也设立了劝业道。在东三省经营多年此时略有失意的赵尔巽对吉林速改官制大为嘉许：吉林居荒远之地，"当开创之初，内治多迹，外交甚棘，当先就整顿吏治、培植人材、振兴实业入手"，现已奏设民政、交涉、度支三司和劝业道一缺，"允为切实关键"。②

相对奉天和吉林而言，黑龙江较为偏僻，不仅风气开通较迟，实业基础也薄弱，财政尤为支绌，总督徐世昌与黑龙江巡抚程德全会奏道："劝业在江省最为切要，而诸务并无萌芽，拟亦不设道缺，暂由提学司经理。"③ 更为重要的是，提学使兼任劝业道，"以节公费"，④较合黑龙江省情。后来虽然黑龙江实业渐多，学务日繁，提学使势难兼顾，周树模和农工商部也先后提议设立劝业道，但仍因经费难筹而作罢。在东三省革命浪潮山雨欲来之际，1911 年 4 月 22 日，清廷任命赵尔巽为东三省总督。赵到任后，于当年 10 月再次筹议黑龙江添设劝业道，"以专责成"。⑤ 但不久清廷覆亡，黑龙江劝业道在清季一直由提学使兼任。

东三省地位特殊，徐世昌借改官制之机揽权，位置私人，引起时人诟病。有人评议说：徐氏治东，"内政可名为形式的官僚政治"。⑥ 御史胡思敬则痛斥道：东三省合计不过十二府七州四十县，总督徐世昌于奉天省会一隅之地，就滥设大小官吏至二百余员之多，"一王之治而离奇若此，牵率无数年少浮躁喜事之徒，坐拥一城，临压三十余州县，臃肿

① 《东三省总督徐世昌署吉林巡抚朱家宝奏吉省请设司道各缺派员试署折》，《政治官报》1908 年 1 月 11 日。
② 中国第一历史档案馆藏《赵尔巽档案全宗》，档案号：45 - 4 - 260。
③ 《黑龙江派员试署司缺并陈变通情形折》，徐世昌：《退耕堂政书》卷九，奏议九，第 615 页。也见《东三省总督徐世昌等奏请设司缺派员试署并陈变通办法折》，《政治官报》1907 年 12 月 18 日。
④ 《江省提学使兼劝业道》，《盛京时报》1908 年 4 月 25 日。
⑤ 《黑省添设劝业道之先声》，《新闻报》1911 年 10 月 7 日。
⑥ 沃丘仲子：《徐世昌》，台北：文海出版社，1967，第 15 页。

怪孰甚焉!"①

东三省因体制特殊难成改制"样板",开风气之先的直隶、江苏并未成为改制"天下先",反而落后于其他省份。耐人寻味的是,最初痛驳外官改制的张之洞却在湖北抢先设立了劝业道,成为多省仿行的对象。

二　鄂鲁抢设,多省仿行

湖北是继奉天之后第二个设立劝业道的省份,甚至走在吉林、黑龙江两省之前。奉天改制先人一步,为了掌握其改制消息,湖广总督张之洞特派候补知府陈作楫驻扎奉省,"坐探一切,随时电告"。② 然而,清廷不久以明升暗降之计,将张之洞内调为军机大臣。面对突如其来的内调,张之洞立即与护理总督李岷琛约定六事,其一便是安排人事——"道府委差署缺各事须电京商办"。③ 也就是说,湖北官场人事变动要向其请示。尽管有此"约定",但张氏仍担心人走茶凉,后事难控,对于新设劝业道、巡警道更是放心不下。为稳妥起见,张之洞赴京前专折力荐两道人选,力主心腹刘保林堪胜劝业道之任,援照东三省例先行试署,"以收人地相宜之效",全一切详细办法,待其抵京后另行条奏,"将办事机宜面谕,两道遵照"。④ 显然,张之洞抢先设立劝业道,意在入京后仍能遥控湖北实业、交通行政大权。张奏曰:振兴实业,"此治安之本源,即富强之至计","湖北地处南北之冲,带江包汉,山泽相参。汉口尤为商务荟萃之区,实业、交通均为最要之义,劝业专官自以及早设立为宜"。⑤

① 《议驳东三省新定官制疏》,胡思敬:《退庐全集·疏稿》卷三,台北:文海出版社,1973,第1068—1069页。
② 《鄂督派员坐探东事》,《盛京时报》1907年8月23日。
③ 《张中堂与李护督约定六事》,《申报》1907年8月27日。
④ 《张中堂奏保巡警道与劝业道》,《时报》1907年9月15日。
⑤ 《京报》(邸报),第153册,第328—329页。也见《前鄂督张奏新设劝业道缺遴员补授折》,《时报》1907年9月27日。

不仅如此，张之洞进京后，还和袁世凯密切配合，积极推动两道的设立。1907年12月，张之洞、袁世凯两军机强调，"各省实业、巡警尚未一律兴办，实于国计强弱有关"，特请旨廷寄各省督抚，谕令速行筹办，在云南、贵州、新疆、甘肃、福建等省的廷寄中"更有若不切实兴办，粉饰具文，一经觉察，惟该督抚等是问，决不再宽等语"。①廷寄严催下，山东、湖南、安徽、贵州、云南五省很快设立劝业道，但新疆、甘肃、福建三省则纹丝不动。

与湖北类似，山东抢设劝业道也与督抚变动密切相关。直隶总督袁世凯内入军机，心腹山东巡抚杨士骧补授直隶总督。袁世凯与奕劻私谊甚密，而杨士骧又深得袁世凯信赖，此次陞升直隶总督兼北洋大臣，为山东候补道夤缘奔竞提供了千载难逢之机。杨士骧借进京之机，设法为山东农工商务局总办萧应椿运动，令其补署山东劝业道。果然，吴廷斌到任山东巡抚后不久，即筹商添设劝业道。1908年1月，恰值山东粮道周开铭因病出缺，吴廷斌便致电军机处，商议裁撤粮道事宜。吴认为，山东粮道经管漕粮及德常临仓各事宜，仅"经收山东漕折仓款"，"事甚清简，拟援照湖北、陕西成案，裁去粮道，所有漕折仓款统归藩司兼管，即以该道入款，作为添设劝业、巡警两道之费，化私为公，顺而易举"。②军机处会商议决：粮道虚设，"自应裁撤，以其经费分设劝业、巡警两道缺，办法甚是"。③1908年初，巡抚吴廷斌便奏设了山东劝业道。④

除上述省份较早设劝业道外，至1908年底，湖南、安徽、贵州、云南等省先后奏设劝业道。这些督抚多体认到添设劝业道对振兴实业、发展交通的重要性。

① 《廷寄各省兴办实业巡警》，《申报》1907年12月22日。
② 《收山东巡抚吴廷斌电》，中国第一历史档案馆编《清代军机处电报档汇编》第31册，中国人民大学出版社，2005，第249—250页。
③ 《为裁粮道并驻防斟酌办理事》，《清代军机处电报档汇编》第3册，第201页。
④ 《署山东巡抚吴廷斌奏裁撤山东督粮道增设巡警劝业两道缺折》，《政治官报》1908年1月20日。

湖南巡抚岑春蓂对设立劝业道较为积极。他奏称,"湖南上通黔粤,下达汉江,山岭丛杂,矿产富饶,常德湘潭各埠尤为商务荟萃之区。近年绅商讲求实业,民智日开,自应设立劝业专官,以资督率而收实效"。①

贵州虽地处西南,风气开通较迟,但巡抚庞鸿书极力支持设立劝业道。他强调"实业为富强之基础",需建官设署"综理而督率之",先前虽设农工商诸局"各司其事",又派总办以董其成,"然差局每同传舍,各员亦鲜固志,终无成效之可期",况且黔省多山,民族杂处,"杼轴早已告空,俗尚素安简陋,巡警、劝业两道各设专员,尤为当务之急"。②

安徽巡抚冯煦对设立劝业道也较踊跃。1907年11月,他上奏裁设皖省道缺,认为安徽宁池太广道、庐凤颍道和安庐滁和道三个巡道中,前两个道缺均兼关防,皆为兵备道,按新官制,"无庸议裁者也"。唯安庐滁和道与院司同城,"责任较轻,事务亦简,虽有照例勘转之案件,类皆随同画诺之具文,奉行故事,无裨实政",必须裁撤,照章添设劝业道。得旨交吏部议奏。③吏部随后同意了冯煦裁设道缺方案。1908年4月29日,冯煦正式奏请设立安徽劝业道,认为"劝业道之设,其要义在务才训农,通商惠工,为民生衣食之大源,即为国家富强之本计",皖省虽次第设立商务、工艺、垦牧树艺各局所,"而无专官以总其纲领,终有散而无纪之虞",④应尽早设官董理。

僻处西南边陲的云南速设劝业道与边防吃紧、维护矿权关系至密。1908年6月,滇兵越界滋事,清廷鉴于云南边防事急,"既恐外人窥

---

① 《湖南巡抚岑春蓂遵旨增设劝业道缺请遴员试署折》,《政治官报》1908年3月25日。
② 《贵州巡抚庞鸿书奏请将粮储道贵西道裁改为巡警劝业两道折》,《政治官报》1908年5月16日。
③ 《皖省道缺遵章分别裁设以裨要政折》,冯煦:《蒿盦奏稿》卷二,台北:文海出版社,1966,第1962—1963页。
④ 《安徽巡抚冯煦奏请以童祥熊试署劝业道折》,《政治官报》1908年5月2日。

伺，又恐党人假此深入"，① 特饬云贵总督锡良加以防范。陆军部代递补用道崔祥奎条陈云南要政，建议云南亟宜添设劝业道，督率矿务公司，"广招商股，官任保护，商任经营"，并广兴农林，"俾与矿业相辅而行，庶足民即以裕国，兴利即以实边，为固圉兴商之一助"，同时广兴铁路。7 月 5 日，朝廷谕令军机大臣会同外务部、度支部、陆军部、农工商部、邮传部立即妥议具奏。军机处、农工商部、邮传部等部院认为崔祥奎所陈甚好："开矿大要，在于运路便，销路广，路政与矿政二者本相为表里者也"，亟应添设劝业道，"遴选熟悉矿务、素有声望人员，请旨简放，使之倡率保护"，以达"治安能保，商愿出途，实业徐图振兴，外人不敢窥伺"的目的，"此固西南大局安危所系"，② 不仅云南一省受益。云贵总督锡良也意识到添设官缺的紧迫性和重要性，决定参用新官制，添设正治、佐治、司法、商务、劝业、巡警各官治边，但又担心诸事并举"需费颇巨"，"拟择其最重且要者先行试办"，于是召司道会商核议。藩、臬等司道于是提出五条建议，其一便是，"垦荒、辟矿、通商、惠工为善后重要政策，宜添设大小劝业专官"。③ 锡良将此条陈密送军机处、资政院，俟核准后实行。为保云南矿权，农工商部尚书溥颋也致电云贵总督锡良，加快添设劝业道，急筹开矿办法。④ 矿务危机之下，云贵总督锡良于 1908 年 7 月奏设了云南劝业道。

从上述省份来看，赶设劝业道原因多样，东三省因被朝廷列为外官改制样板而先设劝业道，湖北和山东两省因督抚调动布局人事而抢设劝业道，云南因边务吃紧维护矿权而速设劝业道，湘、黔、皖三省巡抚认为劝业设官乃富强之基，行动也较积极。与之相比，其他省份则动作迟

---

① 《边防新政策》，《时报》1908 年 6 月 22 日。
② 《军机处等会奏议复道员崔祥奎条陈云南要政折》，邮传部编《邮传部奏议类编续编》，台北：文海出版社，1967，第 927、930—931 页。
③ 《滇省将改用新官制》，《神州日报》1908 年 7 月 8 日。
④ 《电请速开滇矿》，《大公报》1908 年 7 月 28 日。

缓。究其原因，虽与经费难筹、地方偏僻等因素有关，但也与劝业道官制细则迟迟未出、设官无所遵依而翘首观望有关。

劝业道官制细则难产，不仅影响设官进程，而且令已设劝业道省份的相关人事安排、裁改道缺、归并局所等事宜不知所措。如山东虽被朝廷允准设立劝业道，但巡抚吴廷斌奏请萧应椿试署劝业道时，吏部却以农工商部和邮传部没有商定劝业道官制章程为由而叫停，明示 "拣员奏补之处应暂从缓"。① 湖广总督赵尔巽甚至致电民政部、农工商部、张之洞等，湖北已奏设巡警、劝业两道，"现在诸务待治孔殷，亟应速饬到任，以专责成"，但两道行政权限及常年经费等问题均未明确，询问该当如何筹划。②

尴尬的是，新官上任，权限尚未理清，矛盾已现。1908 年 1 月 13 日，湖北劝业道刘保林接篆视事，本以为既名劝业，"则凡关于农工商各界实业均应隶属"，而且 "又羡汉口商务局出息之优"，遂谒总督赵尔巽说，"该局之事应隶于劝业道者甚多，请将权限划定"，力主裁撤商务局。赵尔巽颇感为难，嘱其自与商务局总办孙泰圻商定。次日，刘向孙面述赵尔巽之谕，孙不以为然，两人大起冲突，相率面诉于赵尔巽，"刘讦孙不遵帅谕，孙谓商局可裁则裁，实无事划给"。双方大动肝火，互不相让，赵尔巽调和说："现在部章尚未颁到，俟电询京部再议。"并令道员李坚居间调停。由于双方争执不下，只有暂将汉口商业学堂划归劝业道管辖，"其余均俟后议"。③ 但利益未平衡，矛盾自然难消。1908 年 3 月，总督赵尔巽干脆饬令裁撤商务局，将一切文卷款项移交劝业道，原领关防即行缴销，"至所有员司人等应如何拨归劝业道委用，或销差候委，均饬刘道核议禀复酌夺"。④ 这样，才平息劝业道与商务局的争权夺利风波。因此，农工商部和邮

① 《巡警劝业道缺须从缓补员》，《盛京时报》1908 年 2 月 11 日。
② 《电商巡警、劝业二道事宜》，《时报》1907 年 10 月 29 日。
③ 《孙刘两道争权》，《中外日报》1908 年 2 月 6 日。
④ 《湖北通信》，《时报》1908 年 3 月 25 日。

传部尽快厘定劝业道官制细则，使各省添设劝业道有所遵循已迫在眉睫。

第二节　速定规制　使有所遵

清廷颁布外官改制上谕后，农工商部和邮传部按谕令要求，筹谋厘定劝业道官制细则，[①] 但劝业道一官摄两政，职务杂、权限广、利益多，又处实业、交通行政职官体系的枢纽之位，下连州县，上承督抚、部院（农工商部和邮传部），政出多门。与民政部单独制定直省巡警道官制细则相比，督抚及两部的责、权、利扞格难通，以致协定劝业道官制细则一波三折、迁延难定。

起初，农、邮两部力主平均分科，互不统属，各自考成。1907 年 7 月 7 日，清廷发布的《各省官制通则》明确规定，劝业道酌设属官，实行分科治事。[②] 是年 10 月，宪政编查馆要求农、邮两部迅速拟定劝业道设属员分科治事章程，[③] 以便各省有所遵依。农工商部尚书溥颋遂饬司员参照提学使属员章程从速厘定。[④]

但是农、邮两部仅仿其形，而失其本。学部按照近代组织机构科层制精神，将直省学务公所分设总务、专门、普通、实业、图书、会计六科，实行分科治事，内部分工明确、有机统一。反观农工商部和邮传部拟订的劝业公所六科，分别是农务、工艺、商务、航业、铁路、邮电，

---

① 《各直省官制先由东三省开办俟有成效逐渐推广谕》，《清末筹备立宪档案史料》上册，第 510—511 页。
② 《总司核定官制大臣奕劻等奏续订各直省官制情形折（附清单）》，《清末筹备立宪档案史料》上册，第 507—508 页。
③ 《外省官制之大略》，《盛京时报》1907 年 10 月 14 日。也见《咨请妥议外省官制划一办法》，《大公报》1907 年 11 月 7 日；《外官制办法四端》，《神州日报》1907 年 11 月 27 日。
④ 《议订劝业道章程》，《顺天时报》1907 年 12 月 12 日。

基本上是根据两部所管事务分疆划界，农、工、商三科考成归农工商部，航业、铁路、邮电三科考成归邮传部，[①] 全然不顾行政组织内各科分工协作及整体效能。设科谈判一度陷入僵局。

不仅如此，邮传部还企图借机扩权争利，致使两部矛盾不断升级。《大公报》透露，劝业公所分科又拟先设农、工、商及轮、路、邮、电七科。[②] 将"邮电科"一拆为二，显然是邮传部所为。设科的表象背后关乎人、事、权、钱的划分，并直接牵涉内部谁来主导劝业行政的问题。如何分科，两部势不两立，互不妥协。

鉴于权限一时难以厘清，两部退而求其次，暂时搁置争议。1907年底，农、邮两部草草拟定了九条《劝业道各科暂定章程》：（1）各科科长、副科长由劝业道择定合格人员申部奏补，如无合格之员也可择曾办实业、著有成效者申部试署一年，期满补授；（2）将来理船厅归邮传部管辖后，增设艺师1—2人，秩正五品，专任测量海线和制造灯台、灯塔等事，非沿海省份不受此限；（3）将来驿站事宜归邮传部管辖时，凡有驿站各省，此项事务归邮电科办理；（4）科长以下月支薪水费数目由各省督抚奏定支给；（5）科员以下应设司事、书记等员，皆开支薪工，不作缺底，根据事之繁简酌定人数，每年所用额费由劝业道申请督抚汇奏、汇咨一次；（6）每年中，劝业道必须派遣属员调查各属轮、路、电、邮状况，其有必须亲往考察者，即由该道申报日期，轻骑简从前往，勿任地方供应；（7）各省兴办劝业银行及分设支店时，劝业道有提倡、稽查之责；（8）劝业公署内日行办事详细规则，由各该道申请核定；（9）以上各条为暂拟章程，如有增添删改，再随时请旨办理。[③]

---

① 《会议劝业道官制》，《盛京时报》1907年12月8日。另见《邮商两部会议劝业道官制》，《申报》1907年12月18日。
② 《会议设立劝业道之组织》，《大公报》1907年12月30日。
③ 《劝业道各科暂定章程》，《北洋官报》1907年12月30日。也见《劝业道各科暂定章程》，《盛京时报》1908年1月5日。

显见，《劝业道各科暂定章程》较为粗放混乱，分科不明，权限不清，未尽事宜甚多，比如劝业公所人员的选任、薪水、人数等方面的约定有较大自由度，有关劝业道的选任、考成、薪俸、各省旧有相关局所裁留等改制要点、难点均无操作指引，且九条章程涉及较多的是邮传部所管事务，甚少关注农工商部所辖事务。尽管如此，邮传部仍心有疑虑，担心权力旁落，又专门制定劝业公所邮电科权限，规定该科：（1）掌全国邮政、电政的调查统计，按季造表呈部存案；（2）筹度邮政电话的分局、子局，履添设推广之责；（3）稽查民间信局，筹划与官局联络事宜；（4）提倡电灯、电机制造各公司集款开办事宜；（5）承邮传部之命，筹议邮电价目增减及邮便储金办法等事。① 以此而言，邮电科权势绝不亚于劝业道，两部明争暗斗之激烈由此可见一斑。

其实，分科争议只是农、邮两部互撕的冰山一角，更多暗斗隐于冰下。为加快劝业道设官进度，农、邮两部不得不再次回避矛盾，搁置争议，1908 年 6 月 7 日会奏了《拟订劝业道职掌任用章程折》。若从 1907 年 7 月 7 日《各省官制通则》颁布算起，至该折上奏，历时近一年之久。

《拟订劝业道职掌任用章程折》上奏后，《时报》发表评论，言语中对劝业道兼摄实业、交通两政不无嘲讽：西人谓中国候补道"皆具有万能之智力"，过去闻其言，"以为是特彼族嘲讽之辞耳"。今观各省设劝业道，"而始信其言也"。振兴实业是一事，规划交通又一事；实业有农工商之分，交通则有船路邮电之别，"其规模至宏大，其学术至精深。西人之专门名家者，尝合数十人之才力、数十年之经验而不足以尽其蕴奥者，吾国乃以道员一人，综理之而有余。此非万能全智之才，曷克胜任而愉快耶！"中国实业之荒、交通之阻，"谓非政府放弃之咎，而殊咎耶！""今使一人而主持全省农工商之事业，懋迁有无之术，既所不谙胼胝袯襫之勤，益所不习上下之分"，若由此而变成政府干涉商

_____

① 《劝业道邮电科之权限》，《申报》1908 年 1 月 1 日。

民自由贸易和交通，则适得其反，难道设劝业道，"殆为将来筹款计乎？则非记者所敢言矣"。①

可见，劝业道的选任、考成、旧有局所裁留归并等建制关键问题依然悬而未决，不免令旁观者嘲讽、忧虑。

面对官制细则难定的僵局，农、邮两部玩起了"踢皮球"的官术。农、邮两部为劝业官制细则久谈无果开脱说，"劝业道有振兴实业、规画交通之责，非明定画一之职掌，无以为督率考察之资"，但各省情形繁简不同，"分科办事详章殊难预订"，虽往返商酌，仍无共识，"惟有提纲挈领，拟订简章十四条，俾创办之初有所遵守"。全于劝业公所分科问题交各省自办，由两部咨行各省督抚饬令劝业道各就该省情形酌拟办事细则，"送部核订，以期周妥而便施行"。裁留归并原设实业、交通类局所问题更是拖泥带水，区别对待，对各省农工商矿各局予以裁并，至于招商、铁路、电报、邮政等局及商办铁路公司则可留存，且劝业道还应与其会同筹商，督饬保护，并将办理情形随时调查汇报邮传部。不仅如此，如将来各省因交通事务特设专局，"章程载明由劝业道兼辖者，该道应按照定章切实筹办"。关于劝业道考成等未尽事宜"仍由臣等会商修改，奏明办理"。最后该折说，"请饬下宪政编查馆详细复核，请旨施行"。奉旨"依议"。②

农、邮两部制定的十四条《劝业道职掌任用章程》与此前拟定的《劝业道各科暂定章程》相比虽有进步，但宪政编查馆并不满意。该馆复核道：原奏所拟各条，胪举大纲，均属切实可行，但未叙明劝业道办事分科细则，"若由各省自行拟设，恐不足以昭划一"，新官制必须设立办事公所，分科治事，"以专责成而资佐理"。为此，宪政编查馆在原拟章程内增设三条，按劝业道所管事务分设总务、农务、工艺、商务、矿务、邮传六科，各科设科长、副科长各一员，视事务繁简分设科

---

① 《农工商部奏设劝业道章程折书后》，《时报》1908 年 6 月 22 日。
② 《农工商部会奏拟订劝业道职掌任用章程折》，《政治官报》1908 年 6 月 9 日。

员二三员或四五员，均由该道遴选合格人员禀准督抚分别任用，其余各条参照巡警道官制体例增改删并。至于原奏未列劝业道考核详细办法的问题，也由宪政编查馆查照巡警道官制细则酌定，"以期法制渐归统一"。1908 年 8 月 1 日，"奉旨依议"。根据《直省劝业道官制细则》，劝业道归本省督抚统属，秉承农工商部、邮传部及本省督抚之命管理全省农工商矿及各项交通事务；劝业道可由督抚奏请简放或先行试署，农、邮两部遇有缺出，亦可开单内简；劝业道除受本省督抚节制考核外，仍由农、邮两部随时分别考察，如有不称职者，可据实奏参。① 至此，《直省劝业道官制细则》才正式出台。

纵观《直省劝业道官制细则》，具有以下特点。第一，农、邮两部议而未决的劝业公所分科和劝业道考核问题由宪政编查馆参照巡警道官制体例核定，并吸纳了农工商矿各局分科的合理部分。在劝业道设立前，有些农工商矿局已实行了分科治事，如福建商政局内分设保惠、货殖、艺术、会计、陈列、调查六所，② 吉林农工商局内设农务、工务、商务、庶务四科，设局长、副局长各一员，局长、副局长可遴选科员、考察员若干名。③ 劝业道分科治事的组织形式与此类似，这样有利于新旧制承接转换。

第二，新官制具有较规范的组织结构标准和行为准则。《直省劝业道官制细则》规定：劝业道设劝业公所，内设总务、农务、工艺、商务、矿务、邮传六科，每日督率所属各员准时入所办事。每科设科长、副科长各一员，劝业道根据事务繁简确定科员数额，但总务、邮传两科不得超五员，其余各科不得超三员；科长秩六品，副科长秩七品，科员秩八品；此项人员均以中外高等、中等实业或路电等学堂毕业生及曾办实业

---

① 《宪政编查馆奏考核直省劝业道官制细则酌加增改折并单》，《政治官报》1908 年 8 月 4 日。
② 《署闽浙总督李奏闽省筹办商务设局派员办理情形折》，《东方杂志》第 1 卷第 3 号，1904 年 5 月 10 日。
③ 《吉林将军达桂奏请试办全省农工商局折》，《申报》1907 年 6 月 11 日。

或交通事务确有经验者优先，由劝业道禀准督抚分别任用，以确保办事人员的专业素质。考虑到此项人员较为匮乏，开办之初可不拘原官品级酌量差委，但须将各员履历申报督抚，分别咨明农工商部、邮传部备案。这种分科治事、权责清晰、层级分明、对人员素质要求较高的情况，与过往局所林立、冗员充斥、虚糜经费的情况相比，具有进步意义。

第三，建立了直省与州县间的实业、交通行政管理体系。按照《各省官制通则》要求，各厅州县设劝业员一人，其受劝业道及该地方官指挥监督，掌理该厅州县实业及交通事宜。《直省劝业道官制细则》规定，劝业员需参用本地士绅，由各该地方官选取舆论素孚、廉能公正者详请督抚照章考取委用。清廷借此加强与地方官绅的联系，发挥绅士自治功能，以收州县实业、交通行政上下联动之效。

第四，改变了原农工商矿各局散而无统、九龙治水的局面。《直省劝业道官制细则》规定，各省原设农工商矿各局所，待劝业道简放到任后，一律归该道管理。如劝业道设立之初一时不能周悉各项实业，农工商矿各局所不便概行裁并，应将该道擅长的事务进行归并，原局所任事得力的总办可仍旧分任局所事务，改为会办、坐办，并由该道总司考察办理。各省添设劝业道之后，农工商矿各局多被裁撤，所留存的各类所、厂、堂、场成了劝业道所辖的生产类单位，但交通类局所依旧运行，呈现出新制取代旧制不彻底的一面。①

总之，劝业道"一官摄两政"看似可收执简驭繁之效，实际上外官改制上谕一颁布，农工商部和邮传部就围绕《直省劝业道官制细则》的制定开始了近一年之久的设官分职权限争夺战。劝业道作为督抚属官，统摄实业、交通两政，对应于中央的农工商部和邮传部，虽具备了内外官制上下贯注、职司有专的雏形，但其并未真正实现"内有一部、外有一司""上下相维""指臂相联"的改制目的。机构运作过程中，

---

① 参见拙文《变差为缺与裁旧立新：清季直省实业、交通行政制度嬗递考察——以添置劝业道为中心》，《学术研究》2013 年第 9 期。

实业、交通两政撕扯拉锯问题也就在所难免。

从爬梳该细则的出台过程可见，仅从劝业道官制细则章程条文实难看出制度衍生发展的脉络，梳理其时代语境中形成过程的细枝末节才能深入把握历史的复杂与真相。

第三节　朝廷督催与成效

一　难为无米之炊，抑或另有隐情

1907 年底，军机大臣张之洞、袁世凯虽曾咨行各省督抚筹设劝业、巡警两道，但各省多以款项难筹为由未能遵办。《直省劝业道官制细则》出台后，设立劝业道有章可依，枢府便加紧督催各省督抚设法设立劝业道。为保障新官添设经费，1908 年 5 月，枢臣商议，各省设巡警、劝业两道时应先奏裁繁冗道缺，腾出费用，并咨行各督抚查明本省应裁何道，"迅即声复，以便核议"。[①] 但揆诸史实，有些省份设官艰难既与原道缺难裁、财力不济相关，似也与督抚反对宪政、新政不无关系，今人牵强附会的解读均显苍白无力，唯有竭力"同情"其人其事，才更能体味外官改制的艰难历程。广东添设劝业道为考察这一鲜活历史提供了一个视角。

表面观之，广东因经费难筹未及早添设劝业道，但这实际只是其中一端。此时的两广总督张人骏以端重老成著称，不随波逐流，迎合风气，行事保守沉稳，是清季反对宪政的少数督抚之一。[②] 他在河南巡抚任上回复厘定官制大臣外官改制意见时，就明确指出：添官必先增加费用，"多一官多一需索，其弊更甚于书差，于地方不惟无益而有损矣。

---

① 《会议酌改道缺》，《大公报》1908 年 5 月 17 日。
② 参见李振武《预备立宪时期督抚对立宪的认识及态度》，《广东社会科学》2018 年第 5 期，第 156—157 页。

此项新增之费为数甚巨，取之于公，则空虚之余无此财力；取之于民，则宪法未备，民智未开，苛敛适以召乱"。① 可见，张人骏极力反对外官改制。1907 年 7 月，张人骏实授两广总督兼南洋大臣，对外官改制持消极态度。其接到改革外官制谕旨后，便召集司道各局筹议外官改制事宜。众司道大员见主官偏于保守，多附和其道：广东设广肇罗、惠湖嘉、高雷阳、南韶连、钦廉、琼崖六道缺，惠、钦、琼三道统辖兵权，有兵备责任，南韶连道又办理边务，兼理太平关，均未便裁撤，仅剩广肇罗、高雷阳两道可酌量拟裁。"劝业为兴办工商要政机关，尤宜赶设专缺，俾重责任而资振兴"，将全省农、工、商、矿、邮、电、路、轮各政一律统带管办，但需款浩繁，"拟俟农工商部将劝业道官制办事权限详细章程奏定颁行，即遵照实行"。② 老练的张人骏将司道筹议改制情况于 1908 年 2 月电告清廷。此时《直省劝业道官制细则》尚未出台，清廷未予回应，广东添设劝业道似被"合乎情理"地拖延了下来。

但形势比人强，不久，邮传部计划振兴船政，拟派专员赴各省及外洋调查船政，令各省新设劝业道综理其事，并特意咨行广东迅速筹设劝业道。可是，总督张人骏又故伎重施说：广东为南疆门户，与外洋相接，中外商轮往来如织，官商正积极筹办推广船政各事，设立统一机关，"管理现行及筹设大小商轮各事，方足以资调理而谋振兴"，无疑是当务之急，但粤省财政支绌，添设劝业道需款浩巨，"迭经饬由司局筹议，均以款项难筹，未即实行组办"，而且广东路政、轮船各项事务日渐繁多，"断非各分局所能兼理"，至于如何特派专员暂设局所经理，抑或须添置劝业道管理，均当由司局妥筹定议。③ 但筹议约四个月没有下文。张人骏在家书中袒露了对宪政和变革官制的心迹："近日改革政

---

① 侯宜杰整理《清末督抚答复厘定地方官制电稿》，《近代史资料》总第 76 号，第 61—63 页。

② 《酌筹遵改外官制详情》，《时报》1908 年 2 月 25 日。

③ 《广州通信》，《时报》1908 年 4 月 26 日。

治，日新月异，不察民情，不体国势，不计财力之盈绌，不论人才之短长。发言盈庭，要皆道听途说，而朝廷视为奇谋秘略。一事未成，一事又出，大臣借以固宠，小臣借以希荣。而此不中不外、不古不今之世界，初尚中国人不以然，近则各外国亦多非笑。民力已竭而不知，人心已去而不知，袭康梁之谬论，堕东洋之狡谋，而欲期以此为治安之计，恐无是理也。"① 加上张人骏总督两广，棘手之事较多，遂萌生离粤之心，认为"久处于此，实为危险，身败犹可，名裂则万不能甘"，② 对添设新官自然冷淡。不过，张人骏虽有保守的一面，但他对财力不济的担忧也不无道理。③

面对财政难支，各事难办的困境，清廷对添设劝业、巡警两道不得不向督抚妥协，指出：劝业、巡警两缺关系重要，"亟须筹设"，"如不能筹款之省，即以各实缺道员试署或兼办，毋庸另设专缺，亦不加给经费。俟办有成效，即由督抚予以奖励，以资鼓舞"，并咨请两广总督张人骏查照办理。④ 显然，张人骏在与枢臣集权的博弈中为督抚们扳回了一局。得此小胜，看似保守而又务实的张人骏很快奏设广东劝业道。⑤ 在他看来，筹备宪政应"删其可缓，致力所急"，重要之端，"不外饬吏治、兴实业二者"，正所谓"吏治修，则民志安；实业兴，则民生厚。内讧不起，外患可弭"。⑥ 1908 年 8 月 9 日，清廷谕令广州府知府陈望曾补授广东劝业道。⑦

添设新官，经费难筹固属实情，但枢臣对督抚们为念兹在兹的实

---

① 《致张允言等》（1908 年 6 月 16 日），张守中编《张人骏家书日记》，中国文史出版社，1993，第 121 页。

② 《致张允言等》（1908 年 12 月 29 日），张守中编《张人骏家书日记》，第 135 页。

③ 参见李细珠《张人骏其人及其对新政的态度》，《河北广播电视大学学报》2012 年第 4 期，第 4—5 页。

④ 《办劝业、巡警道》，《半星期报》第 12 期，1908 年 8 月 4 日。

⑤ 《两广总督张人骏奏报陈望曾补授劝业道折》，《政治官报》1908 年 8 月 13 日。

⑥ 《各省督抚筹商要政电》，《国风报》第 1 年第 26 号，1910 年 9 月 1 日。

⑦ 中国第一历史档案馆编《光绪宣统两朝上谕档》第 34 册，广西师范大学出版社，1996，第 160 页。

业、交通行政用人权、奏事权而打的如意算盘心知肚明，如何破解督抚以财力支绌为由消极改制成了一大难题。1908 年 8 月，军机大臣会议，直指外官改制的矛盾之处：东三省改定官制之后，不但不撙节用度，所耗经费反而为数过巨，"若各省一律实行，所有常年经费尤难按数措筹"。为避免各省 "临事踌躇"，拟饬度支部，将各省官制改办以后，"其如何筹济款项之法，通盘核计，以便限定日期奏请，通饬遵照改制"。① 但是，除四川于 1908 年 10 月奏设劝业道外，② 其他省份多纹丝不动，与朝廷劝业设官、开辟财源的期望相去甚远。

军机处急不可耐，1908 年 11 月中旬再次强调，"巡警、劝业两道实为保护治安、振兴实业之重要机关，现在各省未经设立者尚属多数"，拟饬各督抚无论如何筹措经费，"统限于年内一律设齐"。③ 欲速则不达，这个罔顾直省实情、操切急进的计划似乎还没来得及通知各省，光绪、慈禧相继离世，举国哀丧，视线转移，枢廷拟于 1908 年内一律设齐巡警、劝业两道的计划竟成了泡影。

二　摄政王再催："官制不定，庶政无由而兴"

载沣当政，在加强中央集权的同时，严令推行新官制，因劝业、巡警两道，一关国家兴利大政，一系治安要政，对添设两缺格外重视。1909 年 1 月 11 日，政务处会议，应电催未设巡警、劝业两道的各省督抚通筹设立办法，以资各省保卫治安、振兴商业，并当即议定，面奏摄政王。④ 摄政王当场通饬各省："官制不定，庶政无由而兴"，各督抚应迅即遵章设立巡警、劝业两道，"以归　律"。⑤ 不久，载沣又谕令各枢

---

①　《外省官制之难以实行》，《中外日报》1908 年 8 月 22 日。

②　《四川总督赵尔巽奏拟裁分巡道缺增改巡警劝业两道折》，《政治官报》1908 年 10 月 24 日。

③　《催设巡警劝业道》，《大公报》1908 年 11 月 14 日。

④　《饬各省设巡警劝业两道》，《顺天时报》1909 年 1 月 12 日。

⑤　《摄政王催行新官制》，《大公报》1909 年 1 月 12 日。

臣，"中国素为务农之国，农业不振，则利源不广，各事均形棘手"，①"应于农商两项实力提倡，以辟利源"。② 在摄政王的催促下，枢臣通咨各省督抚：巡警、劝业两道"所办各政均系地方新政之要务"，刻不容缓，应"速行筹措经费，以备设立"。③

尽管有载沣严谕，但迅速行动者仅江西和陕西两省。江西护理巡抚沈瑜庆早在1908年9月就奏保傅春官、张检分别试署江西劝业、巡警两道，朱批："傅春官、张检均着交军机处存记。"④ 朝廷之所以没有即刻允准沈瑜庆的上奏，主要是因为沈没有将裁并江西道缺的问题筹议允当。摄政王通饬各省督抚速设巡警、劝业两道的政令颁布之后，江西巡抚冯汝骙新官上任，急于表现，于1909年1月21日奏请裁撤江西督粮道，将该道办公经费匀给巡警、劝业两道，不仅该项经费"有赢无绌"，而且将督粮道、盐道衙署分别作为劝业、巡警两道衙署，无须另建，一转移间，"添设额缺，要政各有专责，经费毋庸另筹。粮务归并藩司，事权专一，呼应更灵，实属有利无弊"。朝廷对此甚为满意，当日下旨，"江西巡警道员缺着张检补授，劝业道员缺着傅春官补授"。⑤

陕西奏设劝业道较为曲折，与巡抚恩寿的观念不无关系。1907年底，张之洞和袁世凯廷寄中曾明令陕西等省不得借故缓设巡警、劝业两道，否则严究。陕抚恩寿与两广总督张人骏一样，都极力反对宪政，谨防伤及固有权益，也令藩、学、臬三司筹议增改司道办法，但上有所向，下必附之，布政使颜钟骥等筹议后认为：增设巡警、劝业各员，管理全省警政、实业诸务，"当此预备立宪之初，行政机关理宜及早设施，力求整顿"，然察度陕西情形，"一时有不能并设之势"，因为现存之陕安道、延榆绥道、潼商道、凤邠西乾鄜道四缺皆不可裁撤，如新增

---

① 《摄政王注意农政》，《大公报》1909年2月3日。
② 《注意农商》，《陕西官报》第2年第2期，宣统己酉二月上旬。
③ 《京师近事》，《申报》1909年3月22日。
④ 《又奏保候补道傅春官等片》，《政治官报》1908年9月18日。
⑤ 《宣统政纪》卷五，光绪三十四年十二月辛巳，第107页。

道缺，"则又困于财力，一时不及兼营"。移缓就急，巡警为地方自治之基，"陕省警政规模略具，未尽推行，若不议设专官，不能提纲挈领，无以振各属之精神"，宜将省垣"类多照例详转"的盐巡道改为巡警道，兼理盐法、水利事务。至于劝业道，"查泰西各项实业，必先有普通之知识，然后进业于专门"，而陕省风气迟开，近年已于省会筹设农工商矿总局，"即以劝兴工艺、推广种植、取炼石油等事属之。此外凡有关实业者，节经由局通饬各属切实调查，止在次第劝办，竟业未能刻期。拟将此项道缺暂请缓设，仍由该局通饬各属认真催办，俟实业见有成效，再请增设专官"。① 设立陕西劝业道因此推宕。1908 年下半年，军机处虽多次催设，恩寿都无动于衷。

摄政王严令速设两道，恩寿态度大转。1909 年 2 月，恩寿奏设劝业道，折曰："劝业职任至烦且重，其要义在务材训农，通商惠工。即于此建经国富民之先基，自应添设专官，庶几提纲挈领，规画交通，经制悉归于尽善。"陕省近年风气渐开，次第劝办工艺，日有起色，"商务已设总会，延长石油矿脉甚旺，现当集款议修运路，以利销售而保利源。而南北山幅员宽广，地瘠民贫，荒芜待理，审时度势，则劝业一缺亟须添设，未容视为缓图"。陕西原奏裁撤粮道一缺，"今请改为劝业道，尤属名实相符，以专责成。即以现设之农工商及石油等局暨劝业各事宜悉归该道专理，遴员分科治事，用符定章"。②

除江西、陕西两省行动较快外，其他各省仍改制迟缓，但农工商部和邮传部已按宪政编查馆要求，制定了分年筹备事项，需各省劝业道依时贯彻落实实业交通事项，而且随着各项新政的铺开，财政开支浩繁，帑藏日匮，百事待兴，急需广开财源。朝廷中枢和相关部院对劝业设道，开辟财源非常心切。

尤为重要的是，原有的农工商务各局已经难以应对繁重的兴利要

---

① 《陕西巡抚恩寿奏请改盐巡道为巡警道折》，《政治官报》1908 年 5 月 26 日。
② 《陕西巡抚恩寿奏遵设劝业道遴员请简折》，《政治官报》1909 年 2 月 27 日。

务，弊端日显。1910年1月8日，江南商务局召开商务行政研究会，
所议议题暴露了该局难堪重任、运转不灵的问题。会员苏锡岱、陆
溁、徐焘向该会呈请了一份关于将江南商务局改建为农工商局的议
题，指出："自京师设立商部，各省始设商局，自商部归并工部，改
为农工商部，各省又改农工商局。近年江南督垦局裁撤后，本局承上
启下之事实已包举农工商三项"，商务局已名实不副，行政未能划一，
提议将该局改为江南农工商局，拟定章程，"分科办事，以专责成而
利进行"。苏锡岱进一步解释说，将该局更名为农工商局，"分科办
事，较有秩序"，农工商诸政易于进行。陆溁则直言，"方今筹备宪
政，各省均已设劝业道，或以旧有之商务局改建农工商局，江南农工
商应办之事甚多，本局正名一事，实不可缓。且近来庶政繁兴，文牍
一科几于心腕俱瘁，亦非分科办事不足以专责成而资研究"。最后议
决，先函询苏州农工商局办事章程，"再行核议"。另一议题是关于
该局筹备宪政遇到的难题。该会会员指出：本会研究事项多从调查入
手，但会员耳目所及仅在省城一隅，省垣以外调查事件虽经抚宪转饬
各属商务总分会之附设商务研究会随时调查报告，但始终未见实行，
要因是"机关不备，进行维艰"，另如填报农林渔牧等表及调查各属
度量权衡旧器之事，"迄今一年有余，尚未办竣"，是其明证，而农
工商部筹备宪政事宜"事尤繁重"，若不健全机关，必有碍宪政前
途。最后，该会公决，由商务局详请两江总督通饬各属，"凡未设商
会之州县一律赶设，并一面派会员敦劝其已设商会之处，先由商务总
会设立研究会，以为各属倡"。①

　　从江南商务局会议可见，直省先前所建的局所实业管理体系已难堪
重负，机关不备、运转不灵已经严重影响和制约了宪政和新政的推进，
亟宜划一官制，改变直省农工商务各局与劝业道并存的局面。1909年9
月25日，《申报》指出，直省劝业、巡警两道，或设专官，或由督抚

---

① 《本局商务行政研究会议案》，《南洋商报》第3期，宣统元年，第67—69页。

设立总局，"于劝业之中划为农工商三局，又或合三为一"，商业殷繁之地又专设商务局，"与省垣之局政权相均，此亦官制不一之证也"，"若巡警、劝业二道普设于各行省，俾相齐一，所辖以一省为限，凡局所之职务不齐者均设立定制，以相损益，则警政、实业之进步势必日异而岁不同"。①

推行实业、交通新政需要上下贯注的机构统筹落实，设立劝业道已刻不容缓。政务处会同农工商部筹备分年筹备宪政事宜时，农工商部尚书溥颋直言不讳："该部预订筹备各项要政，多与各省劝业道相为表里，共担责任。惟现在甘肃等省劝业道尚未设置，未免难昭画一，必致呼应不灵，应请迅速奏简。"② 政务处颇为理解同情，随即分电山西、河南、江苏、甘肃、福建、浙江、广西、新疆各督抚，速行筹措公费，请旨简放巡警、劝业两道。③ 非但如此，溥颋还直接与直督杨士骧说："本部奏定各省劝业道一缺，多与预备宪政有关，直隶为全国模范，至今尚未设立，殊为缺点，应请赶早设立，以期完善。"杨士骧"深为允可"。④ 杨氏迅速筹议，但直到遽归道山，直隶也未设立劝业道，内中原因至为复杂，后文详述，此先探究政务处通电的几个省份。

此次催设督办后，各省按照响应速迟程度大体可分为三批：第一批次是浙江、河南两省，第二批次是广西、福建、直隶、江苏四省，第三批次为甘肃、山西、新疆三省。

第一批次中，地处东南沿海的浙江反应较为迅速。据媒体报道，在此之前，浙江前抚冯汝骙拟奏保"某某两观察才堪胜任"劝业道，"惟辗转数月，迄未实行"，⑤ 原因是经费无着，"踌躇未决"。⑥ 1908 年 5

---

① 《论官制亟宜划一》，《申报》1909 年 9 月 25 日。
② 《京师近事》，《申报》1909 年 4 月 21 日。也见《议设甘肃劝业道》，《盛京时报》1909 年 4 月 17 日。
③ 《筹设巡警劝业道》，《大公报》1909 年 4 月 24 日。
④ 《直隶将设劝业道》，《大公报》1909 年 4 月 23 日。
⑤ 《劝业道权限规章》，《申报》1908 年 11 月 18 日。
⑥ 《议设劝业巡警道》，《中外日报》1908 年 5 月 14 日。

月，农工商部再次咨催设立劝业道，冯汝骙拟奏保商务局总办王省三试署劝业道缺也无果。不久，冯汝骙任江西巡抚，增韫接任浙江巡抚。增韫认为，浙江各道缺尽管难以裁撤，仍要尽快添设劝业道，振兴实业，于是在 1909 年 4 月 21 日奏设劝业道。①

与浙江类似，河南添设劝业道同样历经两任巡抚才得以实现。起初，河南巡抚林绍年曾与司道多次筹设裁改道缺，唯河南道缺均兼兵备衔，一时难以裁改，② 迟迟未设劝业道。1909 年 9 月，河南巡抚吴重熹在朝廷的催促下才奏设劝业道。③

第二批次的广西、福建、直隶、江宁四省延至宣统二年（1910）才奏设劝业道。广西迟设劝业道主因是巡抚张鸣岐认为没有得力之人。1907 年，广西巡抚张鸣岐苦于缺乏人才，拟派道员黄锡铨赴日考察实业，待其回国后，即奏保黄出任广西劝业道。④ 然此事后来不了了之。1909 年底，农、邮两部将逐年筹备事宜清单咨行到桂，实业、交通诸政亟须次第开办，"事务日益繁重"，且朝廷又电催速设劝业道，张鸣岐才奏设劝业道。他在折中解释广西迟设劝业道的原因是："广西僻处边陲，民贫地瘠，论交通则诸形阻滞，论实业则甫在萌芽，求其易阻滞为灵通，由萌芽而发达，尤非得有熟悉商情、勤求民事、实心实力之员不能胜任。臣比年以来，因骤无相当之人，是以审慎迟回，未敢贸然请设。"⑤

僻处东南的福建迟设劝业道，与性情迂执、老耆昏庸的闽浙总督松寿密切相关。朝廷屡催福建添设劝业道，但屡催罔应，摄政王的严催才让松寿稍有所动。1909 年 4 月，有消息称，福建粮道之缺最优，"年有二万余金，所管辖只收各府州县所解之米前来陆续储仓，以备按月发给

① 《浙江巡抚增韫奏增设劝业道请以董元亮试署折》，《政治官报》1909 年 4 月 25 日。
② 《河南通信》，《时报》1908 年 3 月 3 日。
③ 《河南巡抚吴重熹奏拟裁粮盐道缺增设巡警劝业两道折》，《政治官报》1909 年 9 月 5 日。
④ 《桂省大兴实业之先声》，《盛京时报》1907 年 9 月 7 日。
⑤ 《抚部院会奏遵章新设劝业道缺遴员请旨试署折》，《广西官报》1910 年 1 月 16 日。

八旗协领及旗民兵丁口粮，以至年荒发行平粜各事，缺优事简"，似可裁撤。① 但直到 6 月，松寿才与布政、提学、按察三司会商添设劝业、巡警两道事宜。初拟先设巡警道，裁撤粮储道，其事务归藩司兼管，衙门改为巡警道署，以实任粮道缺张星炳试署，但松寿议而不行。后又拟同时奏设劝业、巡警两道，以张星炳补授劝业道，然踌躇而无定议。② 福建谘议局对松寿敷衍新政甚为愤慨，1909 年底，副议长刘崇佑提议裁撤粮储道，改为劝业道，而且枢臣也不满松寿敷衍新政，谓该督莅任有年，"政绩无一可观，殊非慎重封圻之道"，③ 拟将其调动。1910 年 4 月，摄政王询及闽省各新政及禁烟事宜，诸大老咸谓 "该省政绩实较各省为尤劣"，颇有怒意，与那桐熟商另行简员接替。④ 类似消息不胫而走，松寿坐立不安，不得不有点实际行动。他说："各省设有劝业道，而闽省独付阙如，未免缺点"，且藩司、提学使、按察使也会详请设劝业道，"以重实业而专责成"，⑤ 添设劝业道实属切要之举。为保禄位，1910 年 5 月，松寿奏设了劝业道。他指出："警政保地方之治安，实业兴民生之利赖，朝廷既设民政部、农工商部、邮传部主持于上，外省一律设立专官，内外相维，冀收画一整齐之效。其有员缺不甚重要，自当酌量裁并，以资挹注，木实事求是之心，为因时制宜之计。"⑥ 1910 年 5 月 11 日，朝廷朱批允准其裁撤福建粮道，增设巡警、劝业两道。尽管如此，松寿还是遭到参劾。⑦《大公报》报道说：闽督松寿烟疾未尽，"恭邸早有参劾之意"，其对各项新政亦皆不能措置裕如，"政府久欲将其更动，而该督至今仍安如泰山"。探其原因，"缘松督有近戚现时正掌大权，故种种之劣迹皆赖其戚极力刷洗，得以幸免。然据内

---

① 《增设巡警矿务道》，《闽报》1909 年 4 月 1 日。
② 《会议添设司道》，《大公报》1909 年 6 月 11 日。
③ 《京师近事》，《申报》1909 年 8 月 12 日。
④ 《闽督有闲缺之耗》，《大公报》1910 年 4 月 9 日。
⑤ 《松督决计奏简劝业道》，《闽报》1910 年 2 月 19 日。
⑥ 《闽浙总督松寿奏请裁粮道增设巡警劝业两道缺折》，《政治官报》1910 年 5 月 16 日。
⑦ 《闽督参案交鄂督查复》，《大公报》1910 年 5 月 12 日。

廷人云，该督仍不能久安于闽，有调京委以开缺之确息"。① 但是，松寿一直久安于闽直至清廷覆亡，朝中近戚护持之力由此可见。

在添设劝业道的省份中，直隶和江苏两省较为特殊。两省因被朝廷定为先行试行新官制之省而备受关注，但迟至 1910 年才设立劝业道。其中曲折，颇值玩味。

以直隶而言，若按袁世凯在直省官制改革前极力主张"急改"的态度看，直隶理应先行新官制，但结果并非如此。《各省官制通则》颁布后，直隶总督袁世凯即征询各司道对实行新官制的意见，并致电清廷汇报改制计划。② 然而，正在筹划间，清廷一项重大人事变动发生了。1907 年 9 月 4 日，清廷谕令袁世凯补授外务部尚书，与张之洞一起升为军机大臣。与张之洞不同，袁世凯没有在进京前抢设劝业道，而是专注于下任直隶总督人选和新官制改革。在袁世凯看来，只要直隶总督一缺恰得其人，直隶官制改革自然操之裕如。其实，在清廷下旨将袁世凯内调之前，袁已知自己即将内用，便秘密奏保山东巡抚杨士骧堪胜北洋大臣。《盛京时报》指出，杨士骧既受奕劻器重，"又与袁军机最相亲善"，如杨署理直隶总督，"尔后百般施政皆受袁宫保之指导，则事无梗塞，袁犹仍在直督矣"。③ 又有消息看好杨履职直隶，谓杨士骧系袁世凯旧部下，又有师生之谊，且前在直隶藩司任内，各种新政创办多经其手，"此时继任北洋，自当一切规随"。袁世凯赴京之前与杨士骧约定："一、各项新政须尽力举办，为各省倡；二、历年办理北洋新政多无的款，大抵挖肉补疮，由各局所暂行提拨，所有亏累到任后应一力担任，设法弥补。"④ 由此可见，袁世凯实为直隶改制的幕后操手。

与其他督抚不同，袁世凯并没有把重心放在裁改道缺上，而是力主

① 《朝中有人好做官》，《大公报》1910 年 8 月 15 日。
② 《直督电商外官裁缺办法》，《申报》1907 年 8 月 8 日。
③ 《杨莲帅署直督原因》，《盛京时报》1907 年 9 月 10 日。
④ 《袁宫保电约杨署督三事》，《盛京时报》1907 年 9 月 22 日。

各省州县应先设佐治官，"以通民隐"，增加州具廉俸，"俾得实心办事"。① 于是授意杨士骧在天津设立官制会议处，作为直隶官制改革的决策指导机构，并"调查各州县进款预算出入经费"，"考验现任候补各官，备行宪政资格"。②

杨士骧依袁世凯指示，在天津设立官制会议处，由司道公举南和县知县姒锡章、任丘县知县胡商彝、本任武邑县知县李绮青、候补直隶州陆维忻四人筹议官制，于1907年9月28日在学务公所开第一次会议。参加会议的除上述四位议员外，还有直隶布政使增韫、提学使卢木齐、都转周缉之、道员梁孟亭、太守齐霈嵩。会议讨论了提学使卢木齐拟订的官制草案以及佐治如何增设、冗员如何裁改、各州县出入款项等问题，却没有把增设劝业道提上议事日程。此议是醉翁之意不在酒，袁世凯和杨士骧原来是想通过改革官制，"将各属陋规，全化私为公"，将县分为三等，头等县每年津贴一万二千两、二等县一万两、三等县八千两，"所有佐杂津贴年皆逾千"。时人痛斥道，此策于官可谓优待，"但地方新政踵兴，胥索之民，则民力枯竭为可虑"。③ 直省绅士对此颇不满意，拟邀求改订。显然，杨士骧改官制的目的还是为袁世凯"设法弥补"财政亏空。

《申报》发文痛斥道：直隶改官制，"其思想、其目的仍不外以利之一字为开宗明义、第一紧要问题，而于其大者、远者反置之脑后也"，既然将改官制与筹款混为一途，"又以改官制为罗掘之机会，其入手办法如此，则主持改官制者之识见可知，而将来改制之效果亦大可知……是上先以鱼肉裖吾民。而所谓分等给费之州县官，必更于提去之陋规外，设法以充私囊，是直借改官制一说，使吾民多供一分养官费也，岂不重可叹耶！要而言之，天下无论若何美政，一经卑劣龌龊之手，则其所能见到者，只有财利一门。至于官制若何而始良国利民生，

① 《直督条陈要政之内容》，《申报》1907年8月5日。
② 《派员会议官制》，《盛京时报》1907年9月28日。
③ 《新官制津贴过厚》，《盛京时报》1907年10月21日。

若何而始有益，均可以不问，此官场所以成一弊薮，而中国所以不可为也"。① 此论一针见血，直击要害。袁世凯、杨士骧心怀鬼胎，改官制方案自然难以征信各方，新官制难产乃情理之中。②

劝业在于开利源、植富强之基，直隶被清廷列为改制先行先试省，但杨士骧犹抱琵琶半遮面，令舆论非议不断。清廷饬各省速行筹款设立劝业道，袁世凯不得不有所表示，电催直督杨士骧和两江总督端方迅速改制，③ 然直隶添设劝业道仍敷衍因循。

1908 年 8、9 月，杨士骧进京与政务处王大臣会商直隶政务改革事宜，会商六次仍无定议，某军机（极可能是袁世凯——引者注）甚至暗授计议：改革政务须由下而上，开办谘议局及自治局，"创设劝业道，振兴商务，以裕财源"。④ 杨深以为然，拟回津后推行。据媒体报道，杨士骧与枢臣所议改制方案，包括在直隶增设交通司和巡警、劝业两道，裁去天津、清河两道，但又担心"改革以上各官动需巨款"，唯有先择要增设，鉴于轮、路、邮、电各政尚未扩充，交通司暂可从缓，"而北洋巡警刻已有成效"，俟巡警道到任后，"一切官制规则组织完备，然后再奏请简放劝业道"，"凡交通司应办各事亦暂归劝业道兼理"，⑤ 并拟奏保候补道何炳莹试署劝业道。⑥ 又有消息称，杨拟于工艺局督办孙多森、农务局总办王树善两人中酌选一人奏请试署劝业道。⑦ 从这些消息可见，无论是直隶添设劝业道的方案选择，还是人员选任，

① 《论外官改制不应从清查中饱入手》，《申报》1907 年 11 月 14 日。
② 据 1907 年 10 月 26 日《申报》刊载的《直省议定新官制》，直隶新官制定稿共分四章："一章调查、二章考验，由李大令绮青、如大令锡章、直牧维忻会同主稿。三章裁改、四章增设，由前幕任丘县胡大令商彝一人主稿。"也见《直隶官制草案脱稿》，《神州日报》1907 年 10 月 26 日。
③ 《电催直江两督开办新官制》，《大公报》1908 年 4 月 30 日。
④ 《直督会商政务就绪》，《神州日报》1908 年 9 月 2 日。也见《内外官制之纷议·直隶改革官制》，《时报》1908 年 9 月 2 日。
⑤ 《会议直隶新官制概略》，《盛京时报》1908 年 9 月 6 日。
⑥ 《直隶改办新官制》，《申报》1908 年 9 月 10 日。也见《直隶新官制与地方自治》，《神州日报》1908 年 9 月 11 日。
⑦ 《直隶将设劝业道》，《神州日报》1909 年 2 月 28 日。

杨士骧均瞻前顾后，举棋不定。

1908 年 10 月 18 日，《申报》披露枢廷再催直隶试行新官制的原因：南北洋迟迟未试行，"实属因循"，军机袁世凯拟通谕各省从速试办，世续则谓南北洋尚未实行，"则偏僻省分之为难情形可想而知，不若先饬北洋速行，俾各省有所仿效"。奕劻颇赞其议，"遂请旨寄谕直督杨士骧从速试办新官制，不得再延，致阻新机"。① 开拓利源既是新政要项，又关系宪政进程，农工商部尚书溥颋直接会商直隶总督杨士骧，要求其速设劝业道："本部奏定各省劝业道一缺多与预备宪政有关，直隶为全国模范，至今尚未设立，殊为缺点，应请赶早设立，以期完善。"杨士骧"深为允可"。② 但直到光绪、慈禧离世，直隶劝业道也未设立。

摄政王掌政，将炙手可热势绝伦的袁世凯驱逐回籍，杨士骧权势因之受损。1909 年 5 月，摄政王载沣特召杨士骧进京，面谕其速办宪政和新政，"为各省模范"，杨士骧用尽敷衍之能事，对称："直省咫尺皇都，开通较早，各项新政尚易兴办，足慰宸廑。惟需款孔多，人才难觅，此为近来各省之通病，直隶虽有各省协款，拮据仍所难免。"摄政王复谕道："行政日兴，用款日多，惟在力加撙节至要，不浪费，即是撙节，切戒过于铺张。"③

面对摄政王的严谕，杨士骧不敢再一味延宕。1909 年 6 月 20 日，杨士骧拟奏请简放直隶劝业、巡警两道，每道拟奏保两人，一正一陪，劝业道"拟以工艺局督办孙道（孙多森）为正，印花税局督办洪道（洪恩广）为陪"。④ 从此次密保的劝业道人选来看，杨士骧意在让孙多森简任，而将印花税局督办洪道作为陪衬，舍弃了一年前拟让何炳莹道员任劝业道的计划。然而，七日后，杨士骧因突中风而一命呜呼，设立

① 《廷寄直督试办新官制原因》，《申报》1908 年 10 月 18 日。
② 《直隶将设劝业道》，《大公报》1909 年 4 月 23 日。也见《催设直隶劝业道》，《中外日报》1909 年 4 月 18 日。
③ 《京师近事》，《申报》1909 年 5 月 2 日。
④ 《京师近事》，《申报》1909 年 6 月 20 日。

劝业道之议遽然中辍。

继杨士骧后，端方补授直隶总督，清廷议决，一俟端督到京即商奏设立劝业道办法，并拟俟直隶设立后，"顺天尚须另设"劝业道。① 端方到京后，向摄政王奏明举办南洋劝业会办法及意义，摄政王颇为嘉许，并谕令北洋亦宜举办，"以开风气而立全国博览会之基础"。但直隶虽为各省表率，"而劝业道久经筹议，迄未设立"，实属不该，而且南洋开办劝业会，"直省仅设一出品协会，又无劝业道以提倡之，殊于振兴实业甚有阻碍"。端方倍感压力之大，遂与农工商部尚书溥颋会商，"决定筹措此项经费，以便奏请实行添设"，并在每日传见各司道时，"即注意此缺人员"。② 另外，载沣还面谕端方到任后，"查看故督杨文敬公密保之某某两道员是否能胜巡警、劝业之任事，俟复奏再行简授"。③ 此处所指某某两道员应是叶嵩质和孙多森。

据媒体报道，1909年8、9月，端方与枢府往复会商设立劝业、巡警两道事宜，但始终纠结两道人选问题，端方拟"以保府工巡局总办叶嵩质补充劝业道，以天津营务处总办徐某补充巡警道"。④ 前督杨士骧中意的劝业道人选孙多森不被端方看好，内中原因恐怕是端方与孙多森的关系不甚融洽。客观而论，端方让叶嵩质试署劝业道，实属不尽合宜，因为叶在保定府工巡局当差，熟悉治安事务，若将其补授巡警道，可谓轻车熟路，名实相副。所幸此议未成现实。不久，端方即被罢官，直隶奏设劝业道之议再次搁浅。

政随人变，延至陈夔龙总督直隶，增设劝业、巡警两道很快提上日程，但多方各执一词，有关改制方案和选人纷议一时成为热点。直隶为京师门户，地域辽阔，有人再次提议，直隶仅设巡警、劝业两道"恐兼顾难周"，应将顺天府二十四州县划出，"另行建设"；也有人建言，

---

① 《拟设直隶劝业道》，《大公报》1909年7月23日。
② 《直隶决设劝业道》，《盛京时报》1909年8月26日。
③ 《京师近事》，《申报》1909年8月20日。
④ 《端午帅变通直隶官制》，《申报》1909年11月4日。

直隶"西北数府,实业、警察均未完善,拟将来该两道即驻扎宣化,以资治理而俾振兴"。① 军机处也认为,"顺属为畿辅重地,得人不易,拟即以霸昌、通永两道充任斯职"。② 众说纷纭中,有人称,陈夔龙已与政府王大臣会商,拟设立民政、交涉、劝业司道等缺,让孙多森补劝业道缺,待王大臣核准后,即由陈择期入奏。③ 由此可见,直隶增设巡警、劝业两道一时成为舆论焦点。权衡之后,陈夔龙认为,直隶宜先行添改劝业道,年给津贴一万两,分科各员津贴等费每年约需十万金,至于巡警道一缺拟稍行从缓,"请枢府核示遵办",④ 枢府准如所请。1910年4月,清廷谕令孙多森任直隶劝业道。全此,姗姗来迟的直隶劝业道才正式设立。

江苏和直隶一样,也没有如《各省官制通则》中所要求的率先实行新官制。有研究者注意到江宁之所以直到1910年才设立劝业道,可能与江苏士绅反对苏、宁两属分设巡警、劝业两道有关。⑤ 仔细爬梳史料,劝业道不设于江苏而设于江宁,不仅与士绅反对有关,还与江苏、江宁固有特殊体制以及谘议局制衡密不可分。

江苏与江宁同省而分治,设官分职与其他省略有差别,这种差别也直接影响到官制改革。《各省官制通则》颁布后不久,两江总督端方致电江苏巡抚陈夔龙,商议江苏官制改革事宜,"俾早会衔奏复"。⑥ 陈夔龙与藩、学、臬三司会商两月后致电端方说:江苏情形与他省有不同之处,实行新官制有三难:"宁、苏虽一省而两属,从前因地制宜,自有深意。今若照一省定制,则院、司、道三等衙门均须裁并,此一难也。

---

① 《议设直隶巡警劝业两道》,《大公报》1909年12月22日。
② 《京师近事》,《申报》1910年1月7日。
③ 《北洋新官制之添设》,《盛京时报》1910年1月5日。
④ 《直督电请先设劝业道》,《申报》1910年1月15日。也见《直督请先设劝业道》,《神州日报》1910年1月15日。
⑤ 敖天颖:《近代地方官方经济管理开端研究:以劝业道和劝业员为中心的研讨》,第29页。
⑥ 《江督电请速议外省官制》,《申报》1907年8月11日。

若将司道一概分设，显区为二，则一省幅员仅辖三十余州县，规模太觉不宏，且以总督本管省分划为兼辖省分，尤属无此办法，又一难也。倘以苏、皖、赣三省援东三省为比例，亦觉似是而非，况东三省现订官制尚未可据为典要，又一难也。"有此三难，江苏实行新官制必须"酌量变通，期其易举"。陈夔龙建议，"督抚办事权限一切仍旧，藩、学两司照常分设，其劝业、巡警二道，宁、苏本各自设局，似亦可分设员缺"，并认为"本省道缺无可裁汰"。按照陈夔龙的这个建议，应仿照布政使、提学使分设之例，沿袭两省各自设立农工商局的旧制，于江宁、江苏分设巡警、劝业两道。端方复电曰："其劝业、巡警两道以农工商局及巡警局改设，易差为缺，奉行原不甚难。第此时各州县实业未兴，财多弃地；警察惟省城略具规模，仍多缺点，出省门一步，则乡镇警察固未开办，各属虚张徽帜，亦多具文。省中此时增设两道缺，恐于实政未有影响，而立衙署、置曹案先多靡费。循译谕旨，重在择地试办。窃意择地二字，自当从一州一邑始，而一州一邑之组织，又当从地方自治始，如能于宁、苏首郡先立地方议会及市政公会，讲求自治，俟基础成立，试行有效，然后推之各属，增设专官，似不失步步为营之法。如尊意谓然，拟俟各绅等赴日本考查市政公会及地方自治规则回省，逐渐试行。"[1] 由是观之，端方并不急于添设巡警、劝业两道，而是志在推行地方自治，待条件成熟后再添设劝业、巡警两道。于是，端方和陈夔龙以江南库款支绌，应设巡警、劝业两道一切建筑及支给官俸，日前实无力筹措为由会衔奏请缓办。

五个月后，端方有感于奉天、湖北、江西等省已添设巡警、劝业两道，江宁为南方数省表率，"未便因陋就简"，遂致电清廷，"拟即变通江南官制，将江安督粮道改为劝业道，江南盐巡道改为巡警道，名目既立，款项又无须另筹，实为一举两得"。[2] 不久，《时报》报道称，江督

---

① 《苏省督抚商改外官制情形》，《顺天时报》1907 年 11 月 23 日。
② 《江督电告筹设巡警劝业两道之详闻》，《大公报》1908 年 4 月 2 日。也见《江督筹设巡警劝业两道述闻》，《中外日报》1908 年 3 月 7 日。

端方和江苏巡抚陈夔龙拟奏保何宵雅试署江苏劝业道。① 但是，该计划
又被搁置数月。由于一些省份纷纷奏设劝业道，江苏风气开通较早，又
被朝廷视为实行新官制 "模范" 之区，端方深感应及早奏设，"以归一
律"，并与直隶总督杨士骧筹商设置办法，"俾得南北洋同时奏设"，但
江苏、江宁两属是否分设，拟或援照臬司之例只设一缺，端方与新任江
苏巡抚陈启泰 "往返商榷"，② 仍举棋不定。以此而论，苏、宁两署是
否分设巡警、劝业两道成了江苏改官制的难题。然此事还另有他因，
有媒体称江宁缓设巡警、劝业两道是因两江总督端方认为各省巡警、
劝业两道或即就巡粮各道奏改，但 "宁省巡道、粮道各有责成，非闲
散可比"，巡道又兼金陵关务，更不便改任他事，"如另行添设，则
财政适当困绌之时，且省城本有商务总局可以办理全省劝业事件。巡
警一职，又为警察总局之专务。增设两道尚可从缓，拟俟财力稍裕，
再行奏办"。③ 此后，江苏添设劝业道陷入沉寂，直到 1910 年初才有
转机。

1910 年春，清廷催促江苏改订官制说："兹届筹办宪政之始，首重
议改官制，不容稍缓，以备各省统一事权。"并建议速改农工商局为劝
业道。江苏巡抚对此 "颇为注意"，④ 拟参照议改，仍计划让何宵雅升
补劝业道。⑤ 张人骏任两江总督后，也明确提出，江宁劝业、巡警两道
应尽快设立，拟将粮道改为劝业道，盐巡道改为巡警道，粮道所管漕
粮，盐巡道所管水利、盐务暨金陵关税统归江宁藩司管理，"以符统辖
财政之议"。⑥

1910 年筹办南洋劝业会加速了江宁劝业道设立的进程。南洋劝业
会因会期紧迫，事务纷繁，必设专员才能统筹组织。张人骏深感责艰任

① 《奏保何宵雅试署劝业道》，《时报》1908 年 6 月 18 日。
② 《江南议设巡警道》，《盛京时报》1908 年 9 月 9 日。
③ 《南京进事录要·缓设巡警劝业道之原因》，《中外日报》1908 年 6 月 14 日。
④ 《苏垣政界要闻》，《时报》1910 年 3 月 10 日。
⑤ 《苏省新官制之先声》，《时报》1910 年 3 月 11 日。
⑥ 《宁省劝业巡警两道将次设立》，《新闻报》1910 年 2 月 29 日。

重，非添设劝业道难以筹办。他在奏设江宁劝业道的折中说：前督臣屡议建设，"因遴选尚未得人，致未办理"，"江南当南洋首冲，南洋劝业会会期又迫，中外商贾云集，各埠华侨亦多辇货前来，非专员经理不可"，江宁、江苏虽然不分省界，但辖境宽广，属县繁多，藩、学两司向系分设，劝业道缺自应援照藩、学二司之例，"宁、苏各设一员，除江苏应设之缺容俟遴选得人，另行酌拟奏请补署外"，① 将江宁劝业道缺援照各省奏补成案，先行拣员请补。此举引起士绅及谘议局强烈反对。

江宁、江苏两属士绅分别推举黄思永、唐文治为领袖，要求督抚及宪政编查馆代奏，只设一缺。唐文治在请宪政编查馆代奏的折中分析说：江苏虽然分属而治，但是全省不可再析。"江苏督抚虽不同城，要非各自为省。江苏藩司虽设二缺，要以财赋甲于各省，特别增设，他省俱无此例。旧时官制，藩臬并重，江苏臬司向只一缺，仍与他省无所出入。即将来改设提法使，度亦不复析增。至提学使之分缺为二事，在外省官制奏定以前，劝业与巡警道系新章添设之缺，自宜遵照通则，每省各设一员。按之江苏情形，未必迥异于他省，而该两道所管之事务，本应综全省而统筹，职有专司，斯地无分治，不必各存畛域，转生隔阂。即以统驭之形势论之，宁苏地甚密迩，呼应本灵，淮徐稍远，而不久即水陆交通，亦无虑鞭长莫及，此就政权分合言之，为不宜宁苏并设者一也。又查各省设劝业、巡警道，多照章以粮道或守巡各道裁改，故一转移间，款不虚糜，而事已毕举。江苏道缺凡七，无论苏垣粮储，宁垣盐法，以及沪镇两关，淮扬及徐州各道，现在概仍其旧。即江安粮道一缺，久无所事，经端前督请裁而未果，今亦无人置议。目前试署之劝（业）、巡警两道，全系增添，而无所裁并，所需经费，虽未规定，但照浙省办法。两道俸廉公费与夫调查出巡等款，岁需银三万余两，加以劝业、警

---

① 《两江总督张人骏江苏巡抚宝棻奏请以李哲濬补授江宁劝业道事》（宣统二年三月十三日），中国第一历史档案馆藏宫中档朱批奏折，档案号：04-01-12-0684-039。

务两公所员薪工食、额支活支等项，又不下六万九千余两，计共每年需费银十万两。江苏定案时，或尚不止此数。向者本馆奏核巡警道官制原折，固尝虑及应裁者尚未尽裁，而应设者先行遍设，各省财力拮据，有所不支。何况应裁者无一议裁，而已设者更须添设，民力竭矣，又安得有此财力乎？其实该两道之职任，不过督率提倡综其大纲而已，至于实力奉行，全在各属官绅团体。现时各厅州县实业、警务，类多无力举办，而徒临之以官，空言倡导，已觉难期成绩，若再各增一缺，恐夺民间自治教养之力而上耗于员司，并举公家九年筹备之资而半糜于冗食，此就财用出入言之，尤不宜宁苏并设者二也。"[1] 唐文治奏请江苏、江宁不必并设巡警、劝业两道不无道理，闻枢臣见此呈稿，"亦甚表同情"。[2]

随后，江宁、江苏士绅通过谘议局再次伸张，反对苏宁并设劝业、巡警两道。1910 年 11 月 4 日，江苏谘议局议决，应裁撤事务废弛的江南盐巡道和督粮道，将其所管事务酌量裁并，腾出经费添设劝业、巡警两道，[3] 并建议江苏设劝业、巡警两道，毋庸宁、苏各设一缺。谘议局认为：劝业、巡警两道上禀部章，下颁省令，作为疆臣佐治官，"省各一人，无虞不给"，"江苏地不加大，事不加繁"，不必仿照旧设藩司之例，两属并设劝业、巡警两道，以"糜永久之国帑"。如果并设两劝业道，"徒多移会往复之烦，而终不免事势牵掣之虑"。建议扩充巡警、劝业两道职权至全省，"俾各以全省为限"。立废江苏、江宁两属并设计划，"实于政体、民艰两俱大有裨益"。[4] 最终，两江总督接受谘议局建议，在江宁设立劝业道，江苏设立巡警道，各统辖全省本管事务。

在第三批次中，甘肃和山西是清季设立劝业道最晚的两个省份，新疆直到清廷灭亡也未设立劝业道。自外官制颁布后，清廷屡次督催各省

---

① 《前农工商部侍郎唐文治咨请宪政编查馆代奏文》，《国风报》1910 年 9 月 24 日。
② 《陆吴两大臣注意江苏官制》，《申报》1910 年 8 月 14 日。
③ 《江苏谘议局呈报议决陈请建议裁撤江南盐巡道暨江安督粮道两缺案》，《时报》1910 年 11 月 13 日。
④ 《议决本省巡警劝业两道无庸宁苏各设一缺案》，《北京日报》1910 年 11 月 21 日。也见《江苏巡劝两道无庸分设之建议》，《申报》1910 年 11 月 6 日。

速设劝业道，但甘肃、山西、新疆三省受种种原因影响，迟迟未设。1910 年 6 月，枢垣商议，甘肃、新疆、山西三省实业当从速整顿，特电饬三抚速行设法筹措经费，"奏请简放劝业道，事事劝业"。①

甘肃缓设劝业道虽与经济落后、经费难筹、风气开通较晚等因素有关，但要因是陕甘总督升允反对立宪、新政。升允极力反对立宪，媒体评价他是"二十一行省督抚中著名顽固不化之人"，"其对于新政一切措施，种种荒谬不可枚举"。升允甚至专折入奏："立宪为时会所趋，非两宫之本意"，"陕甘地方与他省不同，风气未开，民情朴实，办理新政种种不宜"。载沣阅后，"于立宪为时会所趋二语旁批'殊不可解'四字，并不许其来京"。② 其实，内廷早已打算将倚老卖老、顽固性成的升允开缺，但"屡由某邸及某相国竭力斡旋，始获保全其位"。"此次所递奏陈立宪利弊折内语多激刺。摄政王阅毕，怒形于外，词色甚厉，决意将其开缺，诸大老无敢救援，亦莫赞一词，遂拟旨呈请监国钤章矣。"③ 升允开缺后，载沣令长庚署理陕甘总督，希望长庚能够举办甘肃一切新政事宜，巩固西北边防。长庚审度甘肃各道缺，"均难议改"，如增设新缺，"衙署之建立，廉费之开支"，需款甚巨，但甘省"实属无款可筹"。权衡之下，拟由省垣兰州道兼理劝业道，将该道原管屯田、茶马、盐务改归劝业道管理，亦名实相副。兰州道所管农工商等局、金矿各厂及旧管之兰州府并屯田、茶马、盐务、驿传等事务，按照续定官制细则，均归其管理，"庶可以利交通而符定章"。且该道"应支廉俸等项仍照兰州道旧例，暂不更订，以省靡费"。④ 1911 年 1 月 29 日，朝廷谕令兰州道一缺即行裁撤，改设劝业道。

山西在谘议局的督催下才设立劝业道，也是清季设立劝业道最晚的

① 《甘新晋劝业道将出现》，《神州日报》1910 年 6 月 24 日。
② 《京师近事》，《申报》1909 年 5 月 11 日。
③ 《升吉甫开缺余闻》，《大公报》1909 年 6 月 26 日。
④ 《陕甘总督长庚奏甘肃应设劝业道拟以兰州道监理折》，《商务官报》第 30 期，1910 年 12 月 16 日。

省份。山西矿产资源丰富，各项实业有待开发。在朝廷多次催促下，山西巡抚宝棻与司道筹议，本拟以雁平道改设巡警道，冀宁道改设劝业道，但嗣后又考虑到"巡警与地方有直接之关系"，故先行奏设巡警道，劝业道因旧有局所分隶司道，一时未能归并，故暂从缓议。① 1910年12月2日，山西谘议局提议，"以冀宁道本驻省城，所司多例行公事，不如裁撤，改设劝业道，实为一举两得"。全体议员赞成，并"拟定质问说帖呈诸晋抚"。② 在朝廷和谘议局的督催下，1911年2月，巡抚丁宝铨奏设劝业道。丁在奏折中称：原来省城农工商各局分隶各司道，一时难以归并而缓设劝业道，"现省城农工商工艺等局业已一律归并，由冀宁道管理，应照奏定官制将冀宁道裁撤，改设劝业道"，而且自近年官绅竭力提倡，晋省各项实业逐渐发达，"正值宪政缩短期限，督促进行，劝业道有振兴实业、规划交通之责，自应及时筹设，以专责成而图实效"。③ 清季最后一个劝业道终于诞生，此时距离武昌起义爆发还有八个月，山西劝业道成为清季历史上最短命的劝业道。

三　屡催难设

新疆直到清廷灭亡也未设立劝业道。新疆僻处边陲，地旷人稀，多民族聚居，各族人民在历史传统、风俗习惯、社会状况等方面差异较大，各项实业鲜有讲求，清廷虽多次催促速设劝业道，均因交通不便、财力困绌等由而作罢。媒体评议，新官制颁布初期，新疆巡抚联魁昏庸疲懦，于新政多无建树。袁大化抚新后，力图振兴，屡次恳请度支部拨款，振兴实业，但均被度支部拒绝。无奈之下，袁大化奏请缓设巡警、劝业两道："新省地瘠人稀，设官分职向从简便。近年财力益绌，一切新政只能酌量筹办，万难遽求完备。即提法使一缺，原系独立机关，现暂由镇迪道兼摄，无力添设专官，艰窘可想而知。"现正督饬司道调查

① 《山西巡抚丁宝铨奏裁冀宁道改劝业道请简折》，《政治官报》1911年2月4日。
② 《议设劝业道之先声》，《大公报》1910年12月2日。
③ 《山西巡抚丁宝铨奏裁冀宁道改劝业道请简折》，《政治官报》1911年2月4日。

实业，设法推广，"凡有可兴之利无不竭力图维，期有实济……念边省瘠苦，无力添官，准将巡警、劝业两道暂从缓议，俟财力稍裕，再察酌情形奏请添设"。1911 年 8 月 25 日，奉朱批，"着照所请，内阁知道"。①

但是，新疆增设劝业道，殖产兴业，开辟财源，实为惠绅民、固边疆之急需，袁大化很快转变缓设劝业道的态度。1911 年 9 月初，袁大化上密折，沥陈治理新疆之难，而出路首在振实业辟财源。他说：治理新疆"紧要治法有三大端，以铁路为命脉，以实业为急务，而尤须先从清理财政入手。俟人聚地辟，货财充裕，以次及于军政、学务、巡警、审判、选举自治各要政"。② 并分别致电农工商部和邮传部，"详述该省实业、交通各要政进行迟滞情形，请速向阁提议，赶即增设劝业道，以期统筹一切"，③ 两部商定将原电送阁预备核议。然此时已是1911 年 9 月，清廷风雨飘摇，危机四伏，没等新疆添设劝业道，清王朝就轰然倒塌了。

第四节　新旧制交替过渡

行政制度改革的关键在于新旧制度如何交替衔接，划分职能，安排人事，以及落实经费来源，等等，这些问题的处理周妥与否直接影响新机构运作效果。就此而论，清季添设劝业道还算较为成功。

1907 年底至 1911 年初，在朝廷和舆论的催促下，各省督抚陆续奏设劝业道。由于各省历史传统不同、政治经济发展程度不一，各省设立劝业道的具体情况也有差别。据笔者所见档案和文献资料，

---

① 《新疆巡抚袁大化奏边省瘠苦请缓设巡警劝业两道片》，《内阁官报》1911 年 9 月 10 日。
② 《袁大化治理新疆之政见》，《申报》1911 年 9 月 4 日。
③ 《新疆请设劝业道》，《大公报》1911 年 9 月 5 日。

在 21 个添设劝业道的省份中，除黑龙江由提学使兼劝业道外，由原道缺裁改的有 12 个，直接添设的有 8 个。原有农工商矿各局归并劝业道，新疆因未设立劝业道，农工商矿各局依旧运作。其具体情况见表 2-1。

表 2-1 清季各省设立劝业道情况一览

省份	时间	主持者	裁改道缺	归并局所情况
奉 天	1907 年 8 月 20 日	总督徐世昌	无	农工商局、垦务局等
湖 北	1907 年 9 月	总督张之洞	无	商务局、农务局、工艺局
黑龙江	1907 年 12 月	总督徐世昌 巡抚程德全	无	无
吉 林	1908 年 1 月 9 日	总督徐世昌 巡抚朱家宝	无	农工商局、林业局、荒务局、蚕桑局、官输局、电报局
山 东	1908 年 1 月 18 日	巡抚吴廷斌	督粮道	垦务总局
湖 南	1908 年 3 月 23 日	巡抚岑春蓂	粮道	农工商局
安 徽	1908 年 4 月 29 日	巡抚冯煦	安庐滁和道	商务、垦牧树艺各局
贵 州	1908 年 5 月 15 日	巡抚庞鸿书	粮储道	农工商总局
云 南	1908 年 7 月 27 日	总督锡良	无	农工商局
广 东	1908 年 8 月 9 日	总督张人骏	无	农工商总局
四 川	1908 年 10 月 21 日	总督赵尔巽	成绵龙茂道	农工商矿各局
江 西	1909 年 1 月 21 日	巡抚冯汝骙	督粮道	农工商务、矿政调查局
陕 西	1909 年 2 月 20 日	巡抚恩寿	粮道	农工商矿总局
浙 江	1909 年 4 月 21 日	巡抚增韫	无	农工商局
河 南	1909 年 9 月 1 日	巡抚吴重憙	粮盐道	商务局、农工局、
广 西	1909 年 12 月 9 日	巡抚张鸣岐	无	农工商局、矿政调查局
直 隶	1910 年 4 月 5 日	总督陈夔龙	无	矿政调查局、工艺局等
江 宁	1910 年 4 月 22 日	总督张人骏	盐巡道	归并裕宁官银钱局、商务局、电灯官厂及公园等，江南矿政局、宁省铁路管理处，南洋印刷官厂仍留
福 建	1910 年 5 月 11 日	总督松寿	粮道	农工商局及矿政局
甘 肃	1911 年 1 月 29 日	总督长庚	兰州道	农工商矿总局
山 西	1911 年 2 月	巡抚丁宝铨	冀宁道	农工局、商务局、工艺局等

资料来源：根据《政治官报》《光绪朝朱批奏折》《宣统政纪》等相关资料归纳整理。

将上述各省奏设劝业道的过程与《各省官制通则》和宪政编查馆奏定的《直省劝业道官制细则》相对照，新旧制交替变革具有以下特点。

第一，裁旧立新，董正官制。各省添设劝业道过程中裁并了固有道缺和农工商矿等局。就固有道缺裁改而言，大体可分为裁撤和未裁撤两种类型，由固有道缺裁改的省份有安徽、贵州、湖南、四川、山东、江西、陕西、河南、江宁、福建、甘肃、山西 12 省，未裁固有道缺而直接添设劝业道省份有奉天、吉林、湖北、云南、广东、浙江、广西、直隶 8 省，黑龙江情况特殊，由提学使兼任劝业道。固有道缺改设的省份中，由粮道或盐道改设劝业道的有山东、湖南、贵州、江西、陕西、河南、江宁、福建 8 省，占旧有道缺裁改省份的多数，安徽、四川、甘肃、山西 4 省则由守道或巡道改设。这些被裁道缺具有共性，即多与院司同驻省城或距省城较近，责任既轻，事务又简。比如，驻德州的山东督粮道事务废弛而被裁撤，其所管钱粮事务改归藩司经理。贵州省城粮储道虽兼兵备衔，但徒有虚名，故将其裁撤，所管钱粮事务划归布政使，刑名词讼改归按察使核办，省事实多。安徽安庐滁和道因"虽有照例勘转之案，类皆随同画诺之具文，奉行故事，无裨实政"而被裁，[1] 其所管词讼事务归并臬司管理。四川分巡成绵龙茂道近在省垣，虽兼管兵备、水利事务，但事多承转，且水利宜归劝业，兵事应责诸疆臣，因而也被裁撤。如此革新，既厘清了直省固有司道的权责，又减去了承转之烦，可谓一举数善。对于直接添设劝业道的省份而言，多因该省固有道缺责任重大，一时难裁。需要说明的是，东三省官制因其特殊性，新立劝业道与旧制承转和关内省份还略有不同，如吉林将原工司的部分职能划归劝业道管理。[2]

就农工商矿各局归并情况而言，各省基本按照宪政编查馆奏定的

---

① 《安徽巡抚冯煦奏皖省道缺分别裁设折》，《政治官报》1907 年 11 月 26 日。
② 《吉省应行要政措施大概情形折》，徐世昌：《退耕堂政书》卷九，奏议九，第 643 页。

《直省劝业道官制细则》执行。农工商矿类局所陆续裁归劝业道管理，但招商、铁路、电报、邮政等交通类局所依旧留存，也有个别省份裁并局所较为彻底，如吉林省将农工商局、林业局、蚕桑局、荒务局、官输局、电报局等实业交通类各局一并裁归劝业道管理，将荒务局抽收荒价职能仍交度支司负责，各局所关防呈交劝业道。[①] 有些局所一时难以裁撤，则将其总办改为会办，归劝业道管理。后来随着各省清理财政的进行，进一步裁并农工商矿等局所，留存的各类局、所、厂、场成为劝业道所属的生产性单位，但交通类局所直到清朝覆亡也未完全裁并。

可见，通过对固有道缺和农工商矿各局裁撤归并整合，直省散而无统的实业、交通行政体制得到了董正，较好地适应了日益变动的社会管理需要，较为妥善地调整了固有司道、局所与新制的政治关系，有助于清廷加强实业、交通行政管理。

第二，旧人任新职，分流转岗安置顺利。从各省奏补劝业道情况看，有些农工商矿局的总办摇身变为劝业道，有些实缺道转岗为劝业道。在劝业公所人员安排方面，原在农工商矿各局和被裁道缺的任事人员，就其所长，部分分流到劝业道署或劝业公所内任职，实现了新旧制的平稳过渡（后文详述）。

第三，经费自筹，规制不一。关于劝业道的薪费，《各省官制通则》没有提及，宪政编查馆颁布的《直省劝业道官制细则》也仅规定，农工商部和邮传部按照各省大小每年拨给劝业道调查费不得超过两千两，以资办公，其俸禄、养廉、公费等项标准均未明确，而且农工商部和邮传部许诺的所谓调查费也仅是官样文章，因而各省劝业道及其衙门所需各项经费均是各省酌定，自筹自支。但各省劝业道薪费标准和来源大体依循旧制而定——由旧有道缺裁改者，则直接按被裁道缺例章办理；直接添设劝业道的省份，或参照本省其他道缺成案，或仿行他省劝

---

① 《劝业权限》，《大公报》1908 年 4 月 13 日。

业道成案执行。但无论哪种情况，裁撤之农工商矿各局的各项经费均移归劝业道支配。比如，江宁劝业道比照江南盐巡道缺，每年支养廉银三千两，折给八成；俸工银三百三十九两，由宁藩司库支发；每年公费银一万二千两、丁随小费银一千二百两，由江南财政局按月支发。江南商务局改为劝业公所，所需薪费等项由商务局原有经费悉数充支，如有不敷，再于裕宁官银钱局盈余项下拨补。① 湖北劝业道每年于商捐经费项下拨银一万两作为办公经费，其廉俸、吏役、工食各项照施鹤道成案由藩库开支，② 每年支俸银四十二两，养廉银四千两。③ 浙江直接添设劝业道，没有裁撤道缺，劝业道养廉、俸禄、公费各项则是参酌例章，并仿照他省成案办理。④ 陕西省劝业道按照巡警道之例每年拨养廉银两千两，公费银五百两，吏书口食银五百两，均在耗羡款内动支；又支俸薪银五十三两，各役工食年支银二百三十四两，四成半帮贴银四百五十两，加增吏书口食公费银五十两，均每季由藩司拨付；同时，每月另筹公费银三百两，在地租项下动支。陕西劝业公所经费每月支银一千四百两，开办费银四百两，均在厘金项下动支。⑤ 甘肃劝业道廉俸等项照被裁兰州道旧例支给，"以省靡费"。⑥ 山西劝业道即以裁撤之冀宁道所支公费、养廉等项支领。显见，各省劝业道设立情况不同，其各项费用渊源有自，不仅名目有别，数额也悬殊，或丰或菲，未有通行准则，但这种因袭旧制、移缓就急的做法，毕竟有助于改制的平稳推进。

上述史实说明，各省设立劝业道，既是清廷建立直省实业、交通行

---

① 《两江总督张人骏奏为江宁新设劝业道缺酌拟应支公费银数并请颁关防事》（宣统二年五月二十九日），中国第一历史档案馆藏宫中档朱批奏折，档案号：04-01-01-1105-049。

② 《指拨巡警劝业两道公费》，《时报》1908 年 1 月 3 日。

③ 《奏定新设道缺廉俸数目》，《时报》1908 年 2 月 6 日。

④ 《度支部奏议复浙抚奏新设巡警劝业二道应支廉俸公费暨设立公所等项银两折》，《政治官报》1909 年 12 月 9 日。

⑤ 《又奏筹给劝业道廉俸公费片》，《政治官报》1910 年 2 月 3 日。

⑥ 《陕甘总督长庚奏甘肃应设劝业道拟以兰州道监理折》，《商务官报》第 30 期，1910 年 12 月 16 日。

政管理体系的过程，也是对农工商矿诸局和相关道缺系统化整合的过程。尽管制度的转承不够彻底，甚至还沿袭了省自为政的情形，但它确实推动了近代直省实业、交通行政制度的演进，赢得多数督抚的认可和支持。两广总督张人骏尽管反对宪政，但是仍然赞成广东设立劝业道，奏曰：广东地居岭南，负山滨海，物殖殷阜，矿产富饶，"大利莫兴"，近年虽然督饬地方司道加意讲求，设立农工商局力为提倡，"而无专官以资董率，仍恐实效难期"。① 贵州巡抚庞鸿书称裁撤省城粮储道，改设劝业道"省事多矣"，如此转移既裨实业，又"于各属例转案件亦无偏废"。② 四川总督赵尔巽在奏章中谈及裁撤成绵龙茂道，将其兼管的警政事务归巡警道办理，驿传和水利事务归劝业道兼管，以及归并农工商矿各局和巡警总局后的清爽，不禁感慨："如此转移，庶责成既专，则图治更切。"③ 河南巡抚吴重憙奏称，裁撤该省粮盐道，将其所管水利事务归并劝业道，粮盐事宜归并藩司管理，归并商务、农工、矿政调查各局，"既一事权，亦符名实"。④ 山西原农工商矿各局因分隶各司道，利益纠葛，一时难以归并，添设劝业道一缓再缓，千方百计才消除改制阻力，将各局所归并于冀宁道，取得裁撤冀宁道而设劝业道的主动权，巡抚丁宝铨不胜欣喜，奏称："如此裁旧改新，款项无俟另筹，事务亦无偏废。而全省关于实业及交通事件，如局、厂、学堂、公司等项均归劝业道调查督察，提纲挈领得以从长筹计，切实改良，洵足振社会之精神，而策富强之实效。"⑤

　　概而言之，清季添设劝业道对构建近代省级实业、交通行政管理体制具有重要意义。劝业道的设立意在整合直省农工商矿和招商、铁路、

① 《两广总督张人骏奏报陈望曾补授劝业道折》，《政治官报》1908 年 8 月 13 日。
② 《贵州巡抚庞鸿书奏请将粮储道贵西道裁改为巡警劝业两道折》，《政治官报》1908 年 5 月 16 日。
③ 《四川总督赵尔巽奏拟裁分巡道缺增改巡警劝业两道折》，《政治官报》1908 年 10 月 24 日。
④ 《河南巡抚吴重憙奏拟裁粮盐道缺增设巡警劝业两道折》，《政治官报》1909 年 9 月 5 日。
⑤ 《山西巡抚丁宝铨奏裁冀宁道改劝业道请简折》，《政治官报》1911 年 2 月 4 日。

电报、邮政等局，改变其散而无统、九龙治水的局面，重构中央农工商部和邮传部与直省上下贯注的官制秩序，进而有效管理新兴社会群体绅商，兴劝利导，以辟财源。但在改制过程中，由于实业类和交通类局所各有所属，统一整合于劝业道，农、邮两部权益纷争在所难免，难以平衡之下，双方唯有遵照既有秩序，分类处理，以致交通类局所照旧留存，未能完全实现变差为缺的改制预期，为日后劝业道和交通类局所权限纷争埋下了隐忧。裁撤事简责轻的分守、分巡等道，既能削减外官行政层级，省却文牍承转之繁，又为添置劝业道筹措薪费、提供衙署等带来诸多便利，可谓苫筹周详，一举多得。然而，这一裁旧立新的改制方案因受制于固有道缺一时难以裁改而未能在各省普遍落实，未实施该方案的省份或依本省司道成例，或参他省成案酌情立制，取法有自，其果互异；部分省份即使实施了裁旧立新的方案，但是受旧制影响，所立新制貌似划一实则有异。这些事实说明，清季劝业道脱胎于旧制，旧制的影响和制约导致改制的效果与预期存在较大落差。但也正是因为清廷充分尊重旧制及固有利益格局，化繁为简，依类进行，并根据各省客观实际予以调整，才顺遂督抚心意，使制度递嬗平稳顺利。

第三章

选任与考核

　　前文述及民国学人刘锦藻曾谓劝业、巡警两道"应称司不称道"，抑之为道是"专为京员谋出路"，学界多沿用此说，然按诸史实，情况并不尽然。就劝业道官制而言，坐大成势的督抚往往先发制人，不拘常格拣员奏保，农、邮两部既想谋求选任权集于中央，又想权操自我、各自为政，不愿听命于吏部，吏部虽职司铨选，欲借外官改制整饬取人选官秩序，重塑经略用人威权，但权势式微，力所不逮，难以适应"人地相宜"的取才需求，以致京官简放劝业道者屈指可数。官员选任与考绩相辅而行方能择优汰劣，激浊扬清，但劝业道多为督抚私人，对其试署期满的甄别和俸满三年的考核往往因督抚频繁更换和配套考核监督体系欠缺而难以推行，流于形式。探讨劝业道选任与考核的相关史实，既可了解认识督抚、部院、朝廷各方取才观及各方争夺劝业道选任权的曲折历程，又能观察清季建构直省实业、交通行政官制与铨选制度变动之间的关系，从而考察清廷任人选能、黜陟奖赏、整饬吏治的努力与效果。

第一节　外补抑或内简

　　国以人兴，政以才治，为政之道，首重得人。劝业道肩兴利、牧民重任，上接督抚，下领府厅州县，又与其他司道相连，处在内外行政体系枢纽位置，其得人与否直接关系该省农工商矿各业和各项交通事务的兴衰，因而职官任用权至为重要。围绕督抚分权和中央集权的博弈较量，该缺的外补、内简之争由此上演。

清代铨选制度号称完备，但咸同以降，特别是庚子后固有的选贤用能体制愈发不能适应变政用人之需，外务部、学部、商部、练兵处及各省局所等新设机构面对所办新政，需才孔亟，纷纷通过保举、捐纳、奏调等途径选用所需人才，屡破铨选规制。尤其是 1905 年科举停废后，面对学堂未广、捐纳未止、保举尚多的尴尬之局，清廷试图利用官制改革机会，构建预备立宪下取才与任官的新秩序，停捐纳、限保举、兴学堂一时成为新旧铨选制度过渡转型的基调和方向。为给学堂奖励实官人员入仕腾出空间，清廷在宣布官制改革后，明令禁止捐纳，此举推动咸同军兴以来形成的科举、保举、捐纳为主的"三途并进"体系变动达到高潮，"保举成为学堂之外最主要的铨选路径，深受时人重视"，[1]"举国上下日日以保荐真才、破除资格为口号"。[2] 新设的邮传部、民政部和农工商部等部院及东三省等督抚挟新政之急需谋求用人自主权，"撇开职司铨选的吏部，从不同渠道、不同地域频繁奏调官员与留学生，举官之权大有下移之势"，[3] 拥有厚资者也纷纷走此捷径，营求保举，以致破格保举益盛益滥，漫无限制。此时的吏部日渐式微，逐步被边缘化，对京师各部院强调行新政用专才而揽权的情形颇感无奈，被裁之声四起。[4] 外官改制上谕颁布后不久，为防大权旁落下移，限制保举冒滥，澄清吏治，吏部尚书陆润庠试图利用外官改制之机重振吏部威

---

① 参见林浩彬《清季捐纳、科举停废与保举走向》，《中山大学学报》（社会科学版）2019 年第 2 期，第 85—86 页。

② 《论中国宜定举主赏罚法》，《新闻报》1907 年 1 月 28 日。

③ 参见关晓红《清季引入近代文官考试的酝酿与尝试》，《近代史研究》2015 年第 6 期，第 42 页。

④ 参见张季《清季官制改革中吏部裁撤历程考》，《山西师大学报》（社会科学版）2014 年第 2 期，第 103 页。

权，明示规则，强调："嗣后凡道府两次部选之缺，无论何项缺出，统归内选一次，外补一次，勿再更章，以资疏通而示体恤。"① 此议恰合朝廷中枢改制集权、整饬仕途深意。中枢大臣商议，拟饬各省督抚：新设"道缺最关紧要"，应即随时考察实缺道员，"如果有才堪胜任者，准其据实密保，以备将来改制后量材调补要缺。其有才具平常，即行分别参撤，不得敷衍迁就，以重名实"②。不过，此时中央官制尚在调整，无暇顾及劝业道的选任，该筹议暂时被搁置了起来。

1907 年 7 月 7 日，清廷颁布《各省官制通则》，令各省添设劝业道。③ 虽未订立该缺铨选办法，但慈禧同日降旨曰，外官改制"应即次第施行"，"着由东三省先行开办，如实有与各省情形不同者，准由该督抚酌量变通，奏明请旨"。④ 有此皇令，有些督抚开始先发制人奏补劝业道，一度掌控了改制初期劝业道缺的选任权。

奉天、吉林两省率先奏设劝业道，开保举劝业道先例。东三省总督徐世昌、奉天巡抚唐绍仪奏保候补道黄开文试署奉天劝业道。黄开文，广东梅县人，毕业于北洋电报学堂，"旋入电报界服务，具有特殊之天才、坚忍之性格"，曾任北京电报局总办、北京电话局总办、东三省电报局总办等职，"成绩斐然"。⑤ 唐绍仪赞其"勤明耐事，强干有为"，堪以试署劝业道，俟后"仍由臣等随时察看，如能胜任，再行请旨简授"。⑥ 总督徐世昌、署吉林巡抚朱家宝奏保徐鼎康试署吉林劝业道，与奉省如出一辙，谓徐"心细才长，安详谨慎，讲求实务，识议开

---

① 《部咨道府选缺定章》，《大公报》1907 年 8 月 8 日。

② 《议饬各省考察实缺道员》，《申报》1907 年 9 月 5 日。

③ 《总司核定官制大臣奕劻等奏续订各直省官制情形折附清单》，《清末筹备立宪档案史料》上册，第 507—508 页。

④ 《各直省官制先由东三省开办俟有成效逐渐推广谕》，《清末筹备立宪档案史料》上册，第 510—511 页。

⑤ 《人文志：黄开文》，《正风》第 12 期，1936 年。

⑥ 《请派署奉省司道各缺并遵旨增改官缺折》，徐世昌：《退耕堂政书》卷九，奏议九，第 489—490 页。

通"，试署劝业道后，"仍由臣等察看，如能胜任，再行请旨简授"。①

东三省改制具有特殊性。徐世昌上任前即获得用人权，即行省公署承宣厅可秉承督抚之命，"考核用人及省内、省外四品以下官员升调补署"，② 因而其他省份难以效法。相比而言，湖广总督张之洞进京前奏保沙市商务局总办刘保林试署湖北劝业道则成了各省奏保劝业道的样板。张之洞认为，劝业道专管全省农工商业及各项交通事务，"实为工商人民生计所关，且系创设之官，非有精明干练、通达民情商务之员不克胜任"，"由各督抚察度情形，请旨设置，自非慎选得人不可"，乃于湖北道员中"详加遴选"，查有特用道刘保林堪胜此任。折中除详细介绍该员籍贯、年龄、履历外，着重强调其品性和政绩，称"该员守洁才优，办事精细"，委其充任湖北省城纱、布、丝、麻四局总办多年，"和而不贪，勤而不扰，商情悦服，商利畅旺，鄂省共见共闻，洵属著有成效"，后又委该道署理安襄郧荆道，"甚能尽心民事，措置裕如"。该道以特旨道员分派到省，"于今十有八年，资格最深，历练最久。且于民情、商情均能接洽，以之请补劝业道缺，洵堪胜任"。并声明，"该员以特旨道员请补道员，衔缺相当，业经引见到省，人员毋庸再行送部引见"，"所有遴员请补劝业道缘由，除将该员履历咨送吏部外，理合恭折具奏"。奉朱批："着照所请，该部知道。"③

从张之洞荐举可见，劝业选人已不同于先前考核外官的"四格"评叙法（即操守、才学、政绩、年龄），更看重被保人办理农工商矿和各项交通事务的经历与实绩，强调"人地相宜"，补授者须熟悉本省实业、交通、民情，与绅商关系融洽，以期综理兴利要政。这一奏保劝业道模式被此后山东、湖南、安徽、贵州等省所效法，这些督抚于候补或

---

① 《东三省总督徐世昌署吉林巡抚朱家宝奏吉省请设司道各缺派员试署折》，《政治官报》第 78 号，1908 年 1 月 11 日。

② 《拟定东三省职司官制及督抚办事要纲折（附单）》，徐世昌：《退耕堂政书》卷八，奏议八，第 457 页。

③ 《京报》（邸报），第 153 册，第 328—329 页。也见《升任湖广总督张奏新设劝业道缺遴员补授折》，《东方杂志》第 5 卷第 2 号，1908 年 3 月 27 日。

实缺道府中遴选一员先行试署，而且不用送吏部引见，仅需在吏部备案其履历，待一年后察看成绩，再行奏请实授。

继湖北之后，1908年1月18日，署山东巡抚吴廷斌奏请裁撤督粮道增设巡警、劝业两道，向清廷提出两缺选人方案："巡警、劝业两道既系创设，自应为地择人，非熟悉东省情形不足以收实效。拟由臣遴选人地相宜之员，不拘常格，先行奏请简补一次，以后出缺，再遵部章办理。"朝廷对这个权宜办法朱批道："着照所请，该部知道。"① 得到朝廷允准后，吴廷斌便援湖北成案奏补劝业道，甚至还在折中引用张之洞所言，劝业道一缺责任綦重，"非有精明干练、通达民情商务之员不克胜任"，经在山东道员中"详加遴选"，查有存记道萧应椿堪胜劝业道缺。该员53岁，云南昆明人，由监生郎中职衔于光绪十八年报捐同知，分发试用，"旋在山东河工抢险出力，奏保免补同知，以知府仍分省补用"，二十七年又报捐道员，会办山东商务局事宜，二十九年奉旨"着以道员发往山东使用"，又获奏准"免其回避经商省分"，一路扶摇直上。三十二年因劝募直隶公债赏加二品衔，被农工商部派充陈列所名誉赞助员，办理青岛交涉事务获德国赠送冠冕，赏三等宝星。三十三年二月办理农工商局及矿政局事务，被农工商部派充商务议员和矿务议员，"因历办商政、矿政、交涉，极为得力，奏保奉旨：交军机处存记"。总之，此人"学识俱优，廉明精干，在东省多年，熟悉地方情形。现在办理农工商务日有进步，群情悦服，裨益良多，以之请补劝业道缺，实堪胜任"，② 同时将其履历咨送吏部。此奏得到朝廷的同意。

吏部对湖广总督张之洞奏保劝业道侵夺其铨选之权的咄咄逼人之势衔恨在心、有苦难言，当山东援湖北成案奏补劝业道再次以"人地相宜"为由强调自行遴选并得到朝廷首肯时，更觉大权旁落、无可奈何。《盛京时报》报道，吏部此时拟叫停劝业、巡警两道补缺，俟议定官制

① 《署山东巡抚吴廷斌奏裁撤山东督粮道增设巡警劝业两道缺折》，《政治官报》1908年1月20日。

② 《署抚帅吴奏请以萧应椿补劝业道折》，《山东官报》第3期，1908年。

细则后再行具奏，"所拟简员奏补之处应暂从缓"。① 此消息不过是虚张声势罢了，吏部大员虽不满督抚奏保劝业道缺，但形势比人强，劝业设官已箭在弦上，不得不发。

湖南自维新之后，"风气之开，几为各行省冠"，② 加上此时岑春蓂抚湘，有其父岑毓英、兄岑春煊和老师张之洞的支持，推行新官制较其他诸省较早，选人也更直截了当。3 月，岑抚直接引湖北成例奏称，劝业道所管农工商业及各项交通事务"所关非细"，创设之始，"非有稳练勤恳、通达治体之员难期胜任"，湖南道员中有军机处存记道沈祖燕，47 岁，浙江萧山县人，光绪己丑科会试贡士，以内阁中书用，后捐升道员，指分湖南试用，在湘历任矿务公司总监督、官矿处及官钱局等差，"该员学裕才优，廉明笃实，任事勤奋，劳瘁不辞，于民生利弊、商务工业均能因地因时留心研究，以之请署劝业道缺，洵堪胜任"，而且该员系军机处存记候补道员，试署道篆，"衔缺相当，毋庸送部引见，俟一年后察看成效可观，再行奏请实授"。③

与湘抚岑春蓂相比，安徽巡抚冯煦奏补劝业道缺则较谨慎。对皖抚冯煦而言，虽有湖北成案在先，但他还是在 1907 年 11 月的皖省道缺分别裁设折中向朝廷试探劝业道选任权的问题——皖省照章添设巡警、劝业道两缺，"可否援照湖北成案，遴员先行试署之处，伏候圣裁"。④ 朱批交吏部议奏。有意思的是，冯煦迟迟得不到吏部议复和朝廷的确认，只好于 1908 年 4 月 29 日奏请以童祥熊试署劝业道。冯煦认为："皖省襟江带淮，土产较饶，交通亦便，设官董理未容视为缓图"，该缺应"慎选精明谙练、留心民事之员先行试署"。经在通省道员中详加遴选，"查有军机处存记试用道童祥熊，识略宏通，操履廉静，精于财政，实业盈虚消息确有心得"。该员署理凤颍六泗道，"办理皖北牙厘及现办

———————————

① 《巡警劝业道缺须从缓补员》，《盛京时报》1908 年 2 月 11 日。
② 蔡尚思、方行编《谭嗣同全集》增订本，中华书局，1981，第 269 页。
③ 《湖南巡抚岑春蓂遵旨增设劝业道缺请遴员试署折》，《政治官报》1908 年 3 月 25 日。
④ 《安徽巡抚冯煦奏皖省道缺分别裁设折》，《政治官报》1907 年 11 月 26 日。

土税，均能条理秩然，不苟不纵"，"以之试署劝业道，洵堪胜任"，俟一年期满，"察其成绩可观，再行请旨实授"，并声明，该员系由试用道员请署道员，"衔缺相当，毋庸送部引见"。奉朱批："着照所请，该部知道。"①

然而，两日后（即5月2日），吏部会同农工商部、邮传部的议奏才姗姗来迟，声言：劝业道管理全省农工商业及交通事宜，责任繁重，"该省既请添设专缺，应由该抚遴选合格人员，出具切实考语，送部会商考核，请旨记名简放"，奉旨，"依议"。② 但木已成舟，难以改变。

5月，贵州巡抚庞鸿书奏调署理按察使篆务严僎熙请补授劝业道。庞鸿书奏称，"治事首贵得人，任官尤宜责实"，贵州僻处西南，风气未开，辨物产、识土宜，举办实业，"正需才孔殷之际，自应甚加遴选，为地择人"，朝廷"破格用人，不拘常例"，已准山东择人地相宜之员"先行奏请简补一次，以后出缺，再遵部章办理"，黔省也不拘一格，荐举署理按察使、准补贵东道严僎熙试署劝业道。他解释说，严僎熙虽年届71岁，但其历署贵阳府知府、贵东道、贵西道、护理按察使等缺，两次大计获卓异，"老练明敏，办事具有实力实心。在黔四十余年，熟习汉苗情形。前充农工商局总办，于农田水利及蚕桑矿厂等事，卓著精勤。以之调补贵州劝业道，于地方必大有裨益"。③ 俟一年后察看成绩，再请实授，朝廷准其所请。

上述各省督抚抓住上谕赋予的"酌量变通，奏明请旨"办理的大权，纷纷于本省道员中拣员奏补劝业道缺，强调"人地相宜"和以被举者的实绩作为选人依据，而且只保一员，不给部院、中枢插手的机会，确保所保之人得缺。在缺乏制度性规范和约束，无明确而具体的任

---

① 《安徽巡抚冯煦奏请以童祥熊试署劝业道折》，《政治官报》1908年5月2日。
② 《吏部等会奏议复安徽道缺分别裁改折》，《政治官报》1908年5月17日。
③ 《贵州巡抚庞鸿书奏请以贺国昌试署巡警道严僎熙调补劝业道折》，《政治官报》1908年5月17日。

职标准情况下，诸省添设劝业道几乎全凭督抚印象和好恶选干任能。此举不仅令职司铨选的吏部大为不满，而且引起了农工商部和邮传部的高度警觉，长此以往，实业、交通行政用人权下移，劝业道官僚群体参差不齐在所难免。吏部、宪政编查馆督催农、邮两部加紧制定劝业道职掌任用章程，尽快确定劝业道铨选之法。

前文述及农、邮两部因争权夺利，迟迟难以厘定劝业道官制细则，1908 年 6 月 7 日，两部权宜之下推出了《劝业道职掌任用章程》，以使各省添官暂有所遵。其中规定：如遇新设劝业道缺或原有劝业道出缺，"应由该省督抚在实缺道府暨本省候补道员内遴保二三员，出具切实考语，奏请简放或先行试署。农工商部、邮传部亦可会同，就所知堪胜此项人员胪列事实，预保存记，遇有缺出，由军机处开单一并进呈，恭候简用"。至于此项人员选任资格，"应就衔缺相当以及京外应升人员遴选，或曾充农工商矿各差及办理交涉事务经理得宜，或提倡公司局厂著有成效，或曾在农工商部、邮传部供差公事娴习，以及讲求实业交通诸政素有心得者方为合格"。①

显然，《劝业道职掌任用章程》收缩了督抚对劝业道的选任权，不再准其仅保一人，而是由督抚从实缺道府暨本省候补道员中遴选二三员，奏请朝廷定夺取舍，确定简放人员或先行试署，同时，农工商部和邮传部也力争扩张用人权，两部可会同预保存记，一旦遇有缺出，可由军机处开单一并进呈，听候朝廷简用。但是，无论"外补"抑或"内选"，吏部几被架空。

据报道：农工商部和邮传部制定该章程时，"本有各该省督抚酌保一二员"等语，邮传部尚书陈璧认为这样规定"与宪政编查馆官制章程十二条语意两歧"，又致函农工商部堂官"再删改数语，以便施行无碍"。同样，民政部所定巡警道官制章程也规定，该部"亦可预保"各省巡警道缺。显然，自改官制后，"凡关涉各部有权可揽者，无不预为

---

① 《农工商部会奏拟订劝业道职掌任用章程折》，《政治官报》1908 年 6 月 9 日。

地步"。① 劝业道缺由该省督抚"酌保一二员"变成"遴保二三员"也就不难理解了，此举无疑限制了督抚奏保权限。随后，宪政编查馆在此基础上制定了《直省劝业道官制细则》，② 吸纳了农、邮两部制定的劝业道选任方式，朝廷也同意了两部收束督抚实业、交通人事权的做法。不可否认，朝廷的目的无非是冀望通过人事的影响，推动中央实业、交通政令在直省贯彻执行。劝业道缺一次外补、一次内简的选任格局由此奠定。

《劝业道职掌任用章程》颁布后，云贵总督锡良开举荐三人内简劝业道缺先例。当时正值云南边防吃紧，外人觊觎矿权，清廷令云贵总督锡良尽快添设劝业道，以专责成，保固矿权。1908 年 7 月 23 日，军机处致电锡良："现本处会同各部奏准设云南劝业道缺，希由尊处于道府班内，无论本省外省，择其曾办实业、著有成效，或熟悉矿务者，酌保数员电达本处，以备请简。"③ 7 月 26 日，锡良致电军机处，举荐方宏纶、赵鸿猷、刘孝祚三人堪胜劝业道之任。刘孝祚虽位列保单末位，但锡良强调刘最熟悉矿务，在川办理矿厂已著成绩，"到滇后，总办矿政调查局，亲历周咨，于全省矿产之优劣旺衰、矿务之利弊得失，罔不悉心考核，洞彻本原，识见既属明通，思虑亦能缜密"，与其会商各项制度，"设法整旧开新，颇资得力"。④ 刘孝祚办理矿政的阅历和能力正合圣意，清廷于 1908 年 7 月 27 日谕令云南补用道刘孝祚补授劝业道缺。⑤

《直省劝业道官制细则》虽然明确了劝业道选任采取督抚与农、邮两部轮流坐庄操盘的方式，但督抚、农工商部、邮传部三方依然心存芥蒂，力主权操自我，互不妥协，劝业道的补缺争议一时成为枢臣头疼的

---

① 《陈尚书商改巡警劝业道官制》，《申报》1908 年 6 月 9 日。
② 《宪政编查馆奏考核直省劝业道官制细则酌加增改折并单》，《政治官报》1908 年 8 月 4 日。
③ 《为劝业道缺希由熟悉矿务者酌保事》，《清代军机处电报档汇编》第 3 册，第 234 页。
④ 《收云贵总督锡良电》，《清代军机处电报档汇编》第 32 册，第 78—79 页。
⑤ 《光绪宣统两朝上谕档》第 34 册，第 150 页。

难题，颇受舆论关注。8 月 14 日，《申报》报道，度支部尚书载泽与邮传部尚书陈璧讨论各省添设劝业道员缺事宜时说：各省劝业道准各省督抚酌保数员奏请简放，也应准农工商部、邮传部酌保熟悉各项实业之员，"由枢垣开单请简"，而且军机处、外务部先前均已奏准，"当差已满八年，素称得力之员得奏保以道员记名简放"。农、邮二部郎中员缺较多，"京察员数各有定章，保荐丞参势又不能尽取本部司员，各该员出路较狭，难资鼓励，不如仿照军机、外部办法，将资深得力之员择尤酌保，以劝业道记名简放，庶于鼓舞之中又庆得人之效。且农工商部开办时诸事本仿照外部办理，此事亦应归于一律，俾免向隅"。陈璧"甚以为然"，"拟不日即当会同出奏请旨遵行"。① 载泽意在鼓励邮传部和农工商部力争劝业道选任权，为本部郎中外转补授劝业道争取机会，挤压督抚简任劝业道的权力。

次日，《时报》又报道，军机大臣商议各省劝业道补缺办法时，张之洞建议，首次归本省督抚保荐，二次由农工商部拣选请保，三次出缺归邮传部人员请简，"拟俟改订新官制再议施行"。② 劝业道选任权由督抚一方独大逐步向督抚、农工商部、邮传部三方均衡分权的格局演变。接下来的问题是，三方轮流坐庄的方案能否顺利实现取决于督抚与部院、部院与部院之间能否有效运转、协调一致，三方如不能建立消除隔阂、解决分歧、加强合作、共商用人大计的重要机制，劝业道补缺之途仍坎坷崎岖。

前有云贵督抚奏保三人之先例，又有部院、枢府要臣力请内简之呼声，劝业道选任权上移渐趋明朗，但实际执行过程并非一帆风顺。

务实老练的两广总督张人骏此前屡以经费难筹为由拖延添设劝业道，此时察觉到朝中风向变化，立即援案拣员奏请试署广东劝业道缺。奏称：劝业道官缺既属创设，各地情形不同，"非有通达民情、熟悉商

① 《农邮两部拟保劝业道员》，《申报》1908 年 8 月 14 日。
② 《政府用人之一斑》，《时报》1908 年 8 月 15 日。

务、精明干练之员未能措施"，在宪政编查馆将劝业道缺官制细则咨行
到粤前，湖北、湖南、山东、安徽、贵州等省均已拣员奏请补署，"广
东事同一律"，拟援照办理。结果，张人骏依然奏保一人试署劝业道
缺。经其遴选，认为时年54岁的二品顶戴、军机处存记广东候补道陈
望曾可补。陈望曾，福建台湾县人，改籍侯官县，多次委署广州府知
府，先后被总督德寿、岑春煊及巡抚李兴锐保准送部引见，并交军机处
存记，传旨嘉奖。该员"通达民情，有为有守。三权首郡，卓著循声。
历供要差，最为得力，举凡民生利病、工商实业，靡不加意讲求，如开
办官银钱局，创设蚕业、工艺各学堂及劝工陈列所、自来水公司均能措
置裕如，条理精密，以之请补新设劝业道缺，洵堪胜任"。① 1908 年 8
月 9 日，清廷谕令广州府知府陈望曾补授广东劝业道。②

政因人兴，事在人举。劝业道的选任直接关系到日后实业、交通行
政的兴利效果，朝野非常警惕督抚奏保私人问题。此时恰好发生了湖南
劝业道沈祖燕刚上任就被参的案子，这触动了朝廷和部院的敏感神经，
劝业道缺的外补和内简之争再掀波澜。据媒体报道，沈祖燕刚接篆印即
被参革，降为通判，缘于受巡抚岑春蓂参案牵连，湖南绅界纷纷向湖广
总督赵尔巽控告沈受岑指使把持矿务，压抑绅权，见怒于赵尔巽（后
文详述）。此事正好给了朝廷借题发挥的机会。

1908 年 9 月 12 日，《大公报》报道，清廷以劝业道任重事繁、"非
简派得人不足以资得力"为由，要求各督抚、农工商部和邮传部，简
放劝业道必须注重实绩，俟后应随时调查京外人员，"如有曾经办理
农、工、商、矿及轮、路、邮、电各差著有成绩，或曾办理公司、局、
厂并各项实业等政确属可观，或于部差娴熟，尤于各项要政素具心得
者，遇有应行添设劝业道省分，即将各该员办事成绩具折奏请，请旨简
放，以裨要政"。③

———————

①　《两广总督张人骏奏保陈望曾补授劝业道折》，《政治官报》1908 年 8 月 13 日。
②　《光绪宣统两朝上谕档》第 34 册，第 160 页。
③　《预储劝业道人才》，《大公报》1908 年 9 月 12 日。

　　但是，各省督抚毕竟拥有朝廷赋予的奏请设缺"酌量变通"权和近水楼台便利遴员的优势，在奏保试署问题上几无退让之意。就以湖南首任劝业道萧应椿被参革后的补缺而言，按照部院、枢要设想的"一次外补、一次内简"机制，理应轮流至内简，但难以意料的是，湖南巡抚岑春蓂居然奏保年届69岁的道员唐步瀛试署劝业道，称该员"稳练沉毅，廉明有为，仕湘四十余年，情形极熟，所至地方，于民生利病均能切实讲求，措理裕如，政声卓著。虽年近七旬，两耳微有重听，而精神强固，于察言理事均无妨碍，以之请补，洵堪胜任"。①《大公报》以《龙钟而且精明之道员》为题不无讽刺曰，"所幸精神强固尚无妨碍"。② 1908年9月5日，朱批："知道了。"③

　　9月15日，护理江西巡抚沈瑜庆拣员奏请试署劝业道。他认为，唯有"熟悉地方土宜物产、风俗民情，并于此事讲求有素者"，方能胜任劝业道，因此推举该省候补道傅春官试署劝业道。该员"才猷博达，器局恢宏"，"办理农工商矿局有年，创办试验场、陈列所著有成效，兼办赣州铜矿局，于矿务阅历尤深"。④ 朝廷先朱批将该员交军机处存记，不久就谕令其试署江西劝业道缺。

　　川督赵尔巽奏称："任官必求人地相宜，经始尤赖事情素悉"，"扩张利权非劝业无以助其发达"，经查，现署成绵龙茂道、农工商部议员、军机处存记周善培，二品衔，浙江诸暨人，由举人知府保升道员，"勇于任事，精力弥满，熟悉通省情形"，任商矿劝工等局总办，"皆能措置裕如，成效渐著"，而且"委任各事，见其任劳任怨，力果心精，思虑周详，不同流俗"，"以之试署四川劝业道必能于劝业事宜尽心诱导，推广利源"。⑤ 1908年10月21日，朝廷准其所请。

① 《唐步瀛补湖南劝业道》，《神州日报》1908年7月8日。
② 《龙钟而且精明之道员》，《大公报》1908年7月17日。
③ 《又奏饬劝业道唐步瀛赴新任片》，《政治官报》1908年9月8日。
④ 《又奏保候补道傅春官等片》，《政治官报》1908年9月18日。
⑤ 《四川总督赵尔巽奏请以高增爵试署巡警道周善培试署劝业道折》，《政治官报》1908年10月24日。

督抚奏保劝业道缺简直到了随心所欲的地步，且势头愈演愈烈。吏部尚书陆润庠心急如焚，发誓一定要限制要缺外补，改变"部中虽有铨选之名而无其实"的局面，"再行申明旧章，严定限制，以保本部之权而杜流弊"。①

此时，农、邮两部也想顺势而为，抢占内简先机，于是开始两手准备。其一是拉拢民政部，与其合作，壮大声势，合谋嗣后各省添设劝业、巡警两道，"应由三部公同核议，拣择干员，请旨简放"。②试图完全收回督抚的劝业、巡警两道的用人权，但事有专属，三部共同核议因不具现实操作性无果而终。其二是未雨绸缪，两部将劝业道人才储备工作提上议事日程。在这方面，农工商部尚书溥颋行动略显迅速，他要求各堂官随时察看本部人员，"如果资格较深、办事得力者即行奏保，以劝业道记名，遇有缺出，开单请简，以资得力"。③

面对各方争夺用人权，吏部尚书陆润庠无奈感慨道："本部虽未裁撤，而奄奄一息，仅存形势。各部院缺分，竟一律自行奏补，吏部仅司其册籍。而外省督抚于增设各缺，亦纷纷效尤，奏留外补，三年内吏部必致无事可办。"④

1908 年 11 月 14 日、15 日，光绪、慈禧相继去世，载沣摄政，少壮派权贵展开强势集权，不断侵蚀督抚用人权，导致蛰伏已久的内简、外补矛盾更加激化。

耐人寻味的是，1909 年 2 月，曾大力反对外官改制的陕西巡抚恩寿按照《直省劝业道官制细则》遴保三人奏请简放。内中原因或许是摄政王监国严令各省速设劝业道，陕西巡抚恩寿作为封疆大吏中的满蒙权贵，怀着强烈的族际情感，尽忠效主，遂按照劝业道官制细则第

① 《限制要缺外补》，《大公报》1908 年 9 月 5 日。
② 《请简劝业道办法》，《大公报》1908 年 11 月 15 日。
③ 《预备劝业道人才》，《大公报》1908 年 12 月 25 日。也见《农工商部预储劝业道人才》，《并州官报》第 24 期，1908 年。
④ 《吏部尚书之感慨》，《甘肃官报》第 41 册第 3 期，1908 年 8 月。

三条"劝业之任用由各该省督抚在实缺道府暨本省候补道内遴保二三员，出具切实考语奏请简放"的规定办理。他奏保张毅、张守正、光昭三人堪胜此任，认为：军机处记名简放、发陕委用道张毅"才识明通，操履廉洁，精于理财，经业综核是其所长"；军机处存记、陕西候补道张守正"心细才长，恤商爱民，办事精密卓异"；在任候升道、西安府知府光昭"恺悌慈祥，周知民隐"，熟悉陕西省情。20日，清廷"着光昭试署"。① 陕西是继云南之后通过内简方式补首任劝业道缺的省份。

除陕西外，此后添设劝业道的省份依然如故，仍多由督抚奏保一人试署此缺。1909年4月，浙江巡抚增韫拣员奏保试署劝业道缺，认为胜任此缺者必"熟悉商情、勤求民事、实心实力、劳勋素著之员"，于是举荐花翎二品衔、奏留浙江试用道董元亮试署此缺。他在折中详述其履历，赞其"器识闳深，才猷隽达"，在奉天任事多年，"讲求实业有素"，总办商埠局，"经营擘画，动协机宜"，在民政司佥事任内，"赞画新政，纲举目张，筹设奉省贫民习艺所，尤为井井有条"，尤其到浙江后，派委巡抚衙门总文案，"遇事咨商，深达大体"，对浙省预备立宪事宜"悉心赞助，次第具举"，兼办官银钱局暨谘议局筹办处，"与绅界、商界均堪浃洽"。"当此要政待兴，人材难得，如该道董元亮洵为监司中拔萃之选。"希望该员先行试署，一年后察看成绩可观，再行奏请补授。21日，朝廷准奏。②

从这些督抚奏保劝业道来看，随着外官改制的推进和缘于朝廷急行新政、宪政的客观需要，朝廷为选出堪胜兴利的奇才异能之士，"殷殷以延揽人材为先务，既不责以全材，复不拘以资格"。③ 但不可否认的是，在此过程中，督抚用人权在新的配套铨选制度尚未建立的情况下不但没有削弱，反而愈加扩张，几乎等同于督抚"说了算"。整饬重建外

---

① 《陕西巡抚恩寿奏遴设劝业道遴员请简折》，《政治官报》1909年2月27日。
② 《浙江巡抚增韫奏增设劝业道请以董元亮试署折》，《政治官报》1909年4月25日。
③ 《御史侔寿奏请开设储材馆折》，《清末筹备立宪档案史料》上册，第520页。

官铨选秩序已是改革所迫、形势所需。

1909 年 4 月，吏部尚书陆润庠欲借政务处、宪政编查馆续订文官任用章程契机，将政务处先前拟订的各省道府统归内选一次，再由各该省留补一次等章程再行酌改。① 有枢臣甚至与吏部计商，"拟将道府任用章程一律改为内选，所有升补等一切旧例概行废止"。② 矛头所向就是督抚不断扩增的道府奏保权。但是文官任用章程非一朝一夕所能厘定，缓不济急的情况下，督抚仍有可能我行我素，再破选人常格。河南巡抚吴重憙奏请被裁粮盐道王维翰试署劝业道缺即为明证。

王维翰原为河南粮盐道，既无实业办理经验，也未经理过交通事务，更不熟农、邮两部部务，却被奏请试署劝业道缺。吴重憙为其辩解说：王维翰虽未办理过农工商矿各项实业及交通事务，但历署藩臬篆务，"措置裕如，现会办清理财政事宜，任事勤恳"。该员稳练老成，"资劳卓著，在豫年久，熟悉地方情形"，堪胜劝业道之任。如此破格，朝廷还是于 1909 年 9 月 1 日朱批，"着照所请，该部知道"。③

自外官改制以来，各督抚以"人地相宜""不拘常格"之名破格用人，观其所保之员，尽管其中不乏实心任事的能员干吏，但讨好夤缘、行贿幸进、任用私人者也并不少见，为设法防范，以杜流弊，政务处枢要提出整饬之道。他们认为，自督抚以下外省新文官，所有度支、交涉、民政、提法、提学各司以及巡警、劝业各道等缺一直由外省预保，中央度支、外务、民政、邮传、农工商、法、学各部亦应照例访查当差合格各员预先列保，以便请旨特简，因此请各部将预保熟悉各要政合格人员和特保在部供差娴习之合格丞参人员，以及外省督抚"特保访查曾充各要政专差，卓著成效，衔缺相当人员"和"酌保本省实缺候补道府合格应调应升人员"，"均汇归军机处存记，届三年任满及设置新

① 《吏部拟改道府补选章程》，《时报》1909 年 4 月 19 日。
② 《道府议改内选消息》，《舆论时事报》1909 年 5 月 10 日。
③ 《河南巡抚吴重憙奏请以特用道蒋桢熙等试署巡警劝业两道折》，《政治官报》1909 年 9 月 5 日。

缺时开单请旨，合行分别升调简任一次"。① 显然，政务处欲将部院和督抚预保和特保人员均汇归军机处存记，待有缺出，即由军机处请旨简放。这种化解中央部院与外省督抚用人权矛盾、平息争端的做法，颇有鹬蚌相持、军机处得利的意味，各督抚和中央部院均不愿接受。纷纷攘攘的劝业道选任权外补、内简之争再次回归到一次外补、一次内简的老路上，但农工商部力争内简劝业道并未停歇。1909 年 11 月，尚书溥颐甚至打算"将劝业道缺专为农工商部郎中之升阶，遇有缺出即由部请简"，② 但苦于对各省地方情形不熟，又缺乏办理实业专才，一直难以插足，直省新设劝业道缺仍以督抚奏请外补为主。

1910 年 1 月 1 日，广西巡抚张鸣岐遴员奏请试署劝业道。他奏称，由于广西地处边陲，缺乏"熟悉商情、勤求民事、实心实力"之员，"未敢贸然请设"劝业道，但农、邮两部逐年筹备宪政事宜已咨行到省，路矿农林垦牧诸要政需次第举办，"事繁任重，端赖得人"。镇安府知府胡铭槃"守洁才长，心精力果"，担任广西农工商局提调期间，"于全省实业振兴擘画，措置裕如"；办理富贺煤矿，委以总理，"经营布置，悉协机宜"；后又充任巡抚衙署秘书员，"遇事谘商，多所赞助"；"现兼充桂全铁路局总办，于测勘路线、订章招股，一切事宜均能纲举目张，有条不紊"。历加考验，该员"洵属才猷卓著，为桂省不可多得之员"。并援照前湖广总督张之洞奏请以补用知府冯启钧试署湖北巡警道，贵州巡抚庞鸿书奏请以都匀府知府王玉麟、截取知府贺国昌分别试署劝巡两道的成案，恳请朝廷"念边省人才难得，准以镇安府知府胡铭槃试署新设劝业道员缺，以资得力。仍俟一年期满，察其成绩果有可观，再行请旨补授"。③ 此奏也得到朝廷允准。

客观而言，农工商部、邮传部力争内简劝业道缺也并非良法，正如是年春（即 1910 年 3 月 9 日），御史胡思敬《力陈官制殽乱请厘定任

① 《咨商改定文武新缺任用办法》，《申报》1909 年 10 月 5 日。
② 《劝业道之升阶》，《大公报》1909 年 11 月 20 日。
③ 《抚部院会奏遵章新设劝业道缺遴员请旨试署折》，《广西官报》1910 年 1 月 16 日。

用章程严杜幸进折》所言，各部调用司曹，破坏铨选旧制，危害甚大。他抨击道：丙午改制以来，学部之保提学使，民政部之保巡警道，农工商部之保劝业道，难言尽出于公。即使出于公，"以朝廷用人大柄尽诿诸臣下之手，尾大不掉"，亦非防微杜渐之道。如各部院奏保直省司道，将使吏部铨选权"分之数部"，"转使政出多门，为害滋甚"。如此用人，党附攀缘，"百僚济济，尽成私室家臣，天子孤立于上，环顾内外无一亲信可恃之人"。各省布政、提学、提法三司和巡警、劝业两道已各树一帜，"内倚部臣为援，无论崇卑，不相统辖一省之中，已成华离破碎之象。上之则督抚号令不行，下之则州县疲于奔命。数年之后，官史允塞，必无一安居乐业之民可决而知也"。各部安置私人，夺取地方部分事权，"内外直达"，乃"守法之官駸駸干于行政，欲堕坏行省规制，而侵天子用人之权"。拟请厘定新官任用章程，"劝业、巡警二道一次归外拣补，一次请旨简放"，"其业经保荐记名人员，自学使以下应否撤销请旨办理"。① 此折言辞犀利，给力主集权的中央部院当头一棒。

胡思敬折之后，直隶、江苏、福建、甘肃、山西五省新设劝业道缺仍由督抚奏保，而且仅直隶一省以内简方式请旨简授，其余省份依然奏保一人。

陈夔龙总督直隶，承袭故督杨士骧之议，遴保孙多森和洪恩广两员简放劝业道。《时报》报道，摄政王亲自与军机大臣商量直隶劝业道的人选，起初颇不以孙多森和洪恩广二人为然，命农工商部查取简放劝业道名单。尴尬的是，农工商部名单中并未有预保劝业道人员，摄政王便问："孙多森为何人？"军机答曰："人虽见过，不知何如，但知其系孙家鼐之孙。"② 于是载沣便特简孙为直隶劝业道。1910 年 4 月 5 日，"奉

<hr>

① 《力陈官制殽乱请厘定任用章程严杜幸进折》，胡思敬：《退庐全集·疏稿》，第830—850 页。
② 《京师近信》，《时报》1909 年 5 月 2 日。

朱批，另有旨"。① 随后，清廷谕令孙多森试署直隶劝业道。同单被保的洪恩广办捐多年，"挟资颇富"，落选劝业道，异常失望，幸运的是"适值清河道缺出"，② 得以补授。直隶成了清季第三个内简首任劝业道缺的省份。

媒体对孙多森授直隶劝业道称赞有加："（孙多森）乃孙故相之侄孙，在直多年，所有北洋关系实业各局所差使几尽属观察一人所兼充，此次得承劝业，亦意中事也。"③

5月，江苏江宁和福建先后奏请拣员添设劝业道缺。两江总督张人骏、江苏巡抚宝棻于通省候补道员中选得二品顶戴军机处存记、候补班奏留江苏前先补用道李哲濬堪胜此任，该员36岁，"器识明通，才猷卓越，熟悉商务，晓畅民情，一切实业事宜讲求有素，理财尤其所长。到宁以来，委办南洋劝业会事，擘画详审，措置得宜。迄今会场、建筑、布置诸事次第就绪，乃可如期成立，实该员之力为多"。④ 李遂如愿得缺。

闽浙总督松寿奏请福建督粮道张星炳改署劝业道，出具的考语是，该员"操履端洁，实心任事"，其历任各缺，"勤求民隐，政声卓然。且在闽年久，熟悉全省情形。现充农工商局总办，尤能措置裕如，成绩渐著。以之试署福建劝业道，必能于劝业事宜实力推广"。⑤

事不孤起，必有其邻。自设立劝业、巡警两道以来，督抚奏保员缺位置私人引发的丑闻在1910年初接二连三爆发。如湖南劝业道沈祖燕因结党绅商被湖广总督赵尔巽奏参开缺，继任者却是年近七旬、两耳重

---

① 《直隶总督陈夔龙奏增设直隶劝业道缺遴保二员请旨简放折》，《政治官报》1910年4月8日。
② 《直隶政界片片录》，《时报》1909年5月3日。
③ 《北洋政界片片录》，《时报》1909年5月17日。
④ 《两江总督张人骏江苏巡抚宝棻奏筹设江宁劝业道缺遴员请补折》，《政治官报》1910年5月12日。
⑤ 《闽浙总督松寿奏遴员试署巡警劝业两道折》，《政治官报》1910年5月16日。

听的唐步瀛，"于实业新政不甚了了"，[①] 贻误地方，又被巡抚杨文鼎巧施妙计，由其自行禀请开缺调任。同在湖南的巡警道赖承裕因在长沙抢米风潮中处理不力，酿成民乱而被革职。更严重的是，湖北巡警道冯启钧溺职殃民被湖广总督瑞澂奏参革职一案，[②] 让摄政王勃然大怒，认为督抚奏保的巡、劝两道多不称职，严令甄别考核（后文详述）。冯启钧案促使朝廷下决心内简劝业道，收束督抚用人奏保权。

农工商部正好借题发挥，力争内简劝业道。5 月 13 日，《大公报》载，农工商部尚书溥颐称，"嗣后各省应置劝业道，概行由本部人员奏请简放，遇事直接与本部会商，以期统一事权，且叫速收成效"。[③]

6 月 11 日，《时报》以旁观者身份指出，各督抚所保巡警道、劝业道，"大概非取之于首道，即取之于各阔候补道，其中非专门人才者十有八九，且不特非专门人才而已。此辈之得预保，大概非以面子，即以里子，故其不称职者又十有八九。故自冯启钧案发后，二日曾奉特旨，申饬劝业道、巡警道之不尽职"，加快了两道用人权收归中央的步伐。清廷明谕："凡新缺如劝业道、巡警道、提法使皆由各省向该管部院预保，由该管部院记名，以备特简。"[④]

在朝廷的力撑下，农工商部争夺内简劝业道之权更加名正言顺，理直气壮。各堂官会议议决：援民政部预保巡警道成案，"将本部司员当差勤慎、熟习农工商矿者遴保记名，遇有劝业道缺出，即请旨简放"。[⑤] 需要注意的是，农工商部各堂官或许预料到全部收回督抚的奏保权会引起全体督抚反对，阻力太大，故仍按一次外补、一次内简的规定执行，尚未觊觎各省首任劝业道的拣选权。

6 月 27 日，《神州日报》报道，农、邮两部分别拟订了预保人员名

---

① 《劝业道调任之原因》，《申报》1910 年 1 月 18 日。
② 参见彭雪芹《内简与外补之争：清季巡警道员的选任》，《广东社会科学》2017 年第 6 期，第 142 页。
③ 《溥尚书对于劝业道之政见》，《大公报》1910 年 5 月 13 日。
④ 《京师近信》，《时报》1910 年 6 月 11 日。
⑤ 《记名劝业道将出现》，《神州日报》1910 年 6 月 21 日。

单，农工商部保赵从蕃、柏锐、胡翔林、王曾绶四人，邮传部保阮惟和、杨士骢、陆绪声、孟锡玉四人堪胜劝业道缺。① 据《申报》报道，农、邮两部于 6 月 26 日专折会奏，共同预保了四人，分别是农工商部员外郎王曾绶、农工商部郎中赵从蕃、农工商部郎中柏锐和河南候补道胡翔林，"拟为司员稍谋出路"。② 据称，此次预保名单是经农工商部尚书溥颋与邮传部尚书徐世昌多次会议确定的。③ 从两部联保记名的情况看，几乎全是农工商部司员，邮传部预保的名单没在两部专折里，这可能是两部尚书商议的结果，即按照 1908 年 8 月军机大臣商议各省劝业道补缺办法时张之洞的建议方案执行，首次归本省督抚保荐，二次由农工商部拣选请保，三次出缺归邮传部人员请简。限于资料，暂不得其详。

尽管清廷加大了内简劝业道的力度，但位置私人的现象并未改变，这从以下邮传部预保人员一例中即可窥其一斑。7 月 29 日《神州日报》报道，邮传部预保劝业道"不过为运动家辟一终南捷径"，如陆绪声者，前为直隶臬司陆砚香之胞侄，本以书吏世其家，"自陆砚香见任于前直督，陆绪声等亦大动官兴"，曾充仕学馆学生，后随徐世昌至奉天，充支应处总办，管理两年，为徐世昌信用，借玉蝶案而保道员，借延吉边务案而保存记，"其实皆非陆身预其役也"。徐世昌任邮传部尚书，陆随其入关，"以敏捷之手腕施特别之运动，获京奉铁路总办"，"总其一生历史，实无丝毫合于劝业之价值，竟行首举，岂不骇怪？"④

至于孟锡玉、阮惟和也各使招数获得预保。孟锡玉，天津人，翰林出身，系徐世昌八弟徐世襄之舅兄，曾充练兵处文案、江北提督。徐世昌在奉天时，曾委署提学使数月，"一无所表见"。被预保劝业道，外人评论说，"中国人可谓无所不能也"。阮惟和也非等闲之辈，⑤ 曾任邮

---

① 《本馆专电》，《神州日报》1910 年 6 月 27 日。

② 《邮农两部预保劝业道》，《申报》1910 年 7 月 2 日

③ 《会商预保劝业道办法》，《大公报》1910 年 7 月 13 日。

④ 《陆绪声之历史》，《神州日报》1910 年 7 月 29 日。

⑤ 阮惟和，江苏奉贤县人，举人，曾任邮传部路政司郎中。参见清华大学图书馆、科技史暨古文献研究所编《清代缙绅录集成》第 92 册，大象出版社，2008，第 56 页。

传部路政司郎中，后充开徐路总办，"为人险刻，不明事体，然十四人中比较，犹稍胜一筹也"。这些人多为徐世昌所保，时人不禁感叹："预保人员，事至重要，徐相于当今大臣中尚有贤名，而其不可究诘乃若此。"①

湖北巡警道冯启钧案后，内简劝业道的频次增多，一旦劝业道缺出，通常按照一次外补、一次内简的方式轮流补授。在此模式下，农工商部所保四人中除柏锐外，其他三人陆续得缺。湖南被革劝业道沈祖燕运动官复原缺无果后，1910年8月19日清廷降旨，湖南劝业道员缺着于曾绶补授。1911年2月18日，赵从蕃补广西劝业道员缺。② 1911年6月8日，胡翔林补授广西劝业道员缺。③ 从农、邮两部预保人员得缺情况看，农工商部占据一定优势，造成这种状况的原因与邮传部先前保留邮、路、航、电等局所密切相关，此类局所没有完全归并于劝业道，也就难以在新制中有所作为。后来重定官制，邮传部力持直省添设邮传使司，归并交通类局所，也就可想而知。

1911年，尚未奏设劝业道的甘肃、山西两省在朝廷的督促下，参照其他省份奏保劝业道成案，陆续拣选人员试署劝业道缺。1月19日，陕甘总督长庚因财力困绌奏请兰州道兼理劝业道，以省经费而兴实业，且兰州道彭英甲又是农工商部议员，创办各局厂"深资得力"，若令兼理劝业道事务，"可收驾轻就熟之效"。④ 29日，朝廷谕令裁撤兰州道缺，改设劝业道，"着彭英甲补授"。⑤

1月24日，山西巡抚丁宝铨奏请裁撤冀宁道，改设劝业道，以冀宁道翁斌孙补劝业道缺。丁奏称，翁斌孙在山西于农工商等事研究有素，经验丰富，任大同府知府时，"以地居边瘠，小民粒食维艰"，于

① 《孟锡玉阮惟和之历史》，《神州日报》1910年8月1日。
② 《光绪宣统两朝上谕档》第35册，第13页。
③ 《光绪宣统两朝上谕档》第35册，第126页。
④ 《陕甘总督长庚奏甘肃应设劝业道拟以兰州道监理折》，《政治官报》1911年2月9日。
⑤ 见"上谕"栏，《云南官报》第1期，1911年2月上旬。

131

南门外开设农事试验场，设法提倡，内植果木，开池引水，种植稻田，"岁事倍收"。"边氓素习游惰，筹款创设工艺局，召集艺徒，延师授技。学成之后，即令出外营生，另招新班，更蕃肄习，制成各货，远近争购。"另外，又仿西人商团之法，"设商业体操会，借以联络商情，缓急相救，商民交受其益"。该员"器识宏通，才猷练达，讲求实业，夙有心得，若以该员改补劝业道，实属人地相宜"。[①] 翁斌孙遂补山西劝业道缺。

直至清王朝垮塌，除黑龙江省由提学使兼任劝业道、新疆未设劝业道缺外，共有20人被奏保为首任劝业道，其基本情况如表3-1所示。

表3-1 各省首任劝业道基本情况

省份	姓名	出身	原职（差）	籍贯
奉 天	黄开文	北洋电报学堂	北京电报局、电话局总办	广东蕉岭
吉 林	徐鼎康	荫生	直隶候补道	江苏嘉定
黑龙江	张建勋	进士	黑龙江提学使兼任	广西临桂
湖 北	刘保林	监生	沙市保商局总办，湖北纱、布、丝、麻四局总办，署安襄郧荆道	四川华阳
江 宁	李哲濬	附贡	办理南洋劝业会，江南财政、厘金、裕宁等局总稽核	浙江定海
直 隶	孙多森	增贡	协理天津银号、启新洋灰公司、北洋滦州官矿公司，直隶全省渔业公司总办，直隶全省工艺总局总办，京师陈列所名誉赞助员，协理京师自来水公司等	安徽寿州
山 东	萧应椿	监生	农工商务局总办	云南昆明
安 徽	童祥熊	进士	署凤颍六泗道，曾当皖北牙厘、土税等差	浙江鄞县
贵 州	严隽熙	监生	历署贵东道、贵西道、护理按察使、署按察使，农工商局总办	江苏吴县
湖 南	沈祖燕	贡士	矿务公司总监督，曾当官矿处及官钱局等差	浙江萧山
云 南	刘孝祚	举人	矿政调查局总办	福建闽侯

---

① 《山西巡抚丁宝铨奏裁冀宁道改劝业道请简折》，《政治官报》1911年2月4日。

省份	姓名	出身	原职（差）	籍贯
广东	陈望曾	进士	广州府知府,开办官银钱局,创设蚕业、工艺各学堂及劝工陈列所、自来水公司等	福建侯官
浙江	董元亮	举人	商埠局总办、巡抚衙门总文案、兼办官银钱局、谘议局	福建闽县
河南	王维翰	进士	粮盐道	广西林桂
陕西	光昭	监生	西安府知府	满洲正红旗人
福建	张星炳	进士	督粮道、农工商局总办	河南固始
广西	胡铭槃	附贡	镇安府知府、农工商局提调、富贺煤矿总亚、巡抚衙署秘书员、桂全铁路局总办	浙江归安
四川	周善培	举人	商矿、劝工等局总办	浙江诸暨
山西	翁斌孙	进士	冀宁道、工艺局总办	江苏常熟
甘肃	彭英甲	副贡	兰州道、农工商矿总局总办	奉天铁岭
江西	傅春官	廪贡	农工商矿局总办、商务议员	江宁

资料来源：根据《政治官报》《光绪朝朱批奏折》《宣统政纪》等相关资料归纳整理。

从表 3-1 可见，首任劝业道中大多曾在农工商矿类局所供差，或具交通行政经验，资历较深，熟谙地方情形，被看重的还是其实绩。直接由被裁道缺改补劝业道的有河南、福建、甘肃、山西四省，由知府直接升任劝业道的有广西、广东二省。以出身论，绝大多数出身旧学，且以捐纳途径为主，新学知识有限。

综上，清季劝业道的选任与铨选制度的变动紧密相连，继停科举、禁捐纳之后，保举成了选才任能的主要途径。各省督抚利用清廷赋予的"酌量变通"权，以办理实业、规划交通须"人地相宜""熟悉地方"等理由，奏请不拘常格取人，先取得"衔缺相当，毋庸送部引见"，"俟一年后察看实绩可观，再行奏请补授"之成例，使先前农工商矿诸局的用人权得以扩展和制度化。劝业道官制细则颁布后，劝业道缺的选任范围、标准及选任者虽然有了明确规定，但各省督抚谙熟本省吏治实情，拥有为地择人的先发优势，往往视规制如空文，屡破常规保举私人。从首任劝业道员群体来看，保举过宽，标准过泛，造成整个官僚队伍错杂，参差不齐，其中年逾七旬者有之，毫无实业、交通行政经验者有之，不回避本人本地从业经商者有之，难怪时人抨击道："朝廷急于求成，不惜破除成格以鼓励贤豪，而成效未收，弊端百出。"[1]

农工商部、邮传部自身储才不足，缺乏新型配套铨选之法，却又急于收揽督抚选人权，为部员谋求外转出路，试图通过规定督抚必须遴选二三员请旨简放[2]和实行一次外补、一次内简轮流补署的方式达其目的，结果欲速则不达，从清季各省首任劝业道补缺方式来看，仅云南、陕西、直隶三省通过内简方式补缺。摄政王监国集权，虽增加了内简劝业道的频次，但得不偿失，此举不但侵夺了督抚咸同以来不断扩张的用人权，激化了督抚与部院、部院与部院之间的利益和权力矛盾冲突，还加大了督抚对朝廷的离心倾向，与议改官制添设劝业道的初衷相去甚远。后续外官制再次调整以及劝业道们在辛亥革命风潮中的抉择印证了这一史实，其蕴含的启示不可谓不深刻。

第二节　为缺择人与为人择缺

劝业道在清廷实业、交通行政管理体系中处于承上启下的关键位置。中央振兴实业、发展交通的各项政令要靠劝业道督率属员，组织各地方官贯彻执行，各地兴办农工商业和各项交通事务要通过劝业道引导、规划和管理，绅民兴利的意见和愿望需经劝业道反映至上级行政部门。唯有精选人才，做到人缺相当，才能实现设官本意，实业、交通诸务毕举，各督抚、部院枢要大员和最高统治者无不慎重其事，期望各缺得人。但仅从奏保的官样文章中实难把握荐举者是为缺择人还是为人择

---

① 《御史谢远涵奏吏治窳败请严饬整顿折》，《政治官报》1909 年 5 月 14 日。

② 首批劝业道中，仅云南、陕西、直隶三省督抚举荐 2—3 位候选人，其他省份均举荐 1 人。

缺，若进一步爬梳史料，相互连缀补充，可见当政者拣员补缺错综复杂的另一面，更深一层认识清季政治体制变动的历史。

《直省劝业道官制细则》颁布前，因没有统一的选任标准，各督抚奏保劝业道"人情"因素较重。东三省被赋予诸多改制特权，总督徐世昌用人更是延揽亲信。在奉天，黄开文补署劝业道缺看似与其担任过北京电报局、电话局总办有关，实际是徐世昌、袁世凯的运作。据民国沃丘仲子《当代名人小传》载，徐世昌任东三省总督，一时"权贵子弟戚旧、南中游士，麇集奉天，科员、助理员至千余人，倡寮、戏园游客若鲫"，黄开文操办实业，"倾库藏及镑余以供行政费，实业初未兴举，越二年而资已罄，仅造成宏丽之公署"。[①] 锡良任东三省总督后，见各官署建造奢华，"大滋不悦"，怒斥度支司张锡銮曰："赵次帅（赵尔巽——引者注）刻苦节俭，存余六百五十余万，你们接手，又在度支部带来三百余万，还借债千余万，全都讲究这洋式房子。我听说要造洋式房子全是黄开文出的主意，候我细细清查，如涉丝毫浮冒，定行严参追究。"以致奉省各官非常恐慌，"其战栗自危情形，尤以度支司张锡銮、劝业道黄开文二人为甚"。[②]

黄开文其兄黄开甲，系晚清首批留美幼童之一，深受盛宣怀信赖，善办洋务。开文受其兄影响，"亦娴英语文，素受知于唐绍仪，荐诸袁世凯，供职北洋，官至道员"，曾充北京电报局、电话局总办。由于黄开文与袁世凯、徐世昌的关系非同寻常，督办电政大臣袁世凯曾委派黄开文在奉天筹设电报事宜。黄接通日俄战争中被损坏的直隶、奉天间的电报线路，深得袁世凯的信赖。袁世凯与徐世昌更是至交。徐世昌总督东三省，便奏请黄开文为奉天劝业道。黄莅任后，不知实业为何事，"惟多置局所，以置顿私人，所设官牧场、工艺传习所、种树公所，月费几二万，无一成绩可言"。甚至将本属市政管理的公园、游憩场等事

---

① 沃丘仲子：《当代名人小传》卷上，台北：文海出版社，1985，第14—15页。
② 《锡清帅之振作精神》，《广益丛报》第207期，1909年。

务亦视为实业，荐其老乡营造公署，"制购器具，费金四十万，而建筑多未得当，器具则半私家用品，非公署所需者"。锡良接任东三省总督后，知其为庸才，"即严辞责之"，但黄开文犹恋栈并无去意。当时裁员节薪，独减汰劝业道署尤苛，"夙月支万余金，至是减至二千四百金"；有人劝其乞退，黄开文却说："一官补买匪易，奈何言去？"锡良欲重劾之，度支司张锡銮开脱说，"此庸懦材，何足污白简"。锡良解其意，"遂薄弹之，以同知降选"。据说，徐世昌掌理东三省时，支应局总办陆绪声最为受宠，黄开文极力攀缘。一日，黄开文宴请陆绪声，陆"盛夸京师填鸭之美，惜奉所无"，黄开文遂专门自京师聘请养鸭人至奉天，"故沈阳之有填鸭始自劝业道之官牧场"。即使罢官后，黄开文仍得徐世昌和袁世凯的宠幸，办理津浦铁路。辛亥变局，袁世凯督师，荐黄开文为江黄德道，兼江汉关监督，"缺至腴，然是时方经兵燹，公私子然，乃营为公府大礼官，以其娴英语，延接外使"，可巧言善辩。后来袁世凯称帝，黄开文赞助甚力，"事败独免弹治"，[1] 仍担任北洋政府大礼官。由此不难发现黄开文与徐世昌、袁世凯的关系非同一般，其得补劝业道缺也就不难想见。

试署吉林劝业道的徐鼎康也很有来头。徐鼎康，江苏嘉定人，字锡丞，以荫生而道员，指分北洋，历充要差。他是杨士骧、杨士琦的外甥，而杨氏与徐世昌均为北洋系。另外，徐鼎康与吉林巡抚朱家宝的关系不浅。朱家宝是徐鼎康父亲徐致祥的弟子，而朱家宝又是袁世凯得力干将，其补吉林巡抚缺得到袁世凯的力荐，因此朱家宝为报师恩，处处对徐鼎康关照有加，保荐徐鼎康补授吉林劝业道缺。与杨士琦私交至厚的陈瀚一说，后任吉林巡抚陈昭常"于司道中最赏锡丞（徐鼎康——引者注），谓其才气言辩酷肖其两舅"。[2] 沃丘仲子说，"鼎康才气恢张，明敏善辩"，陈昭常任吉抚，"邓邦述筦民政，黄悠愈筦度支，或纨绔，

---

① 沃丘仲子：《当代名人小传》卷上，第 125—126 页。
② 陈瀚一：《新语林》，上海书店出版社，1997，第 71 页。

或俗吏，举无任事才，独鼎康遇事能断，僚吏莫不称其风采"。① 以此而论，徐鼎康堪胜此任。

从奉天和吉林两省情况看，督抚拣员奏保并不完全看重资历、品望和办理实业、交通经验，关系亲疏远近反而更为重要。

山东农工商务局总办萧应椿得以试署劝业道缺堪称费尽心思，多人背后为其运动。听闻山东要设劝业道缺，道员们趋之若鹜，但萧应椿近水楼台。萧出身于盐商世家，财力雄厚，权势广通，在山东与徐世光、朱钟琪、杜秉寅三人被称为"朱萧徐杜四红道"。② 早在1901年袁世凯任山东巡抚时，萧应椿就与袁结下了很深的交情。萧应椿每言及有人中伤其损公肥私，袁世凯均赞其"无纤毫私"，"慰勉有加"，③ 还委派萧为山东农工商务总局会办以避嫌。沉迷于酒色钱财的杨士骧任山东巡抚后，萧应椿投其所好，扶摇直上，升农工商务局总办，"于一切公务靡不研究"。1907年，袁世凯由直隶总督内调军机，力保心腹杨士骧出任直隶总督兼北洋大臣，而杨士骧离鲁之际利用进京之机竭力为萧应椿出任劝业道运动。④ 前期准备工作充分，萧应椿试署劝业道缺恰似水到渠成。吴廷斌任山东巡抚不久后就利用山东粮道周开铭因病出缺的机会，奏请裁撤粮道，奏保萧应椿试署劝业道。

据媒体报道，吴廷斌离任山东巡抚时，劝业道萧应椿、巡警道潘延祖报其补缺之恩，萧从官银号中提公款银六万两，潘从善后局巡警公费中提银八万五千两，合计十四万五千两，送与吴廷斌作为寿仪。此项费用在公费项下报销，被后任巡抚袁树勋查出。⑤ 新抚袁树勋对萧应椿极力运动获补劝业道缺非常不齿，对其甚是不满。萧非常心虚，自知挪用公款不妥，禀请改任他省，但袁树勋以实缺人员从无此例未允所请。又

---

① 沃丘仲子：《当代名人小传》卷上，第126—127页。

② 徐凌霄、徐一士：《凌霄一士随笔》，《民国笔记小说大观》第3辑，山西古籍出版社，1997，第263页。

③ 周一良：《钻石婚杂忆》，三联书店，2002，第218页。

④ 《真除先声》，《大公报》1907年10月19日。

⑤ 《济南通信》，《时报》1908年6月9日。

因萧是著名盐商，在山东开设商店甚多，袁树勋令其回避。萧应椿只得再次施展其运动能力以渡难关。

与其他劝业道相比，湖南劝业道沈祖燕则官运不佳，甫上任即被参革，此案折射出其与督抚和绅商间的错综复杂关系。沈祖燕在湘曾任矿务公司总监督，当官矿处及官钱局等差，[①] 系巡抚岑春蓂举办新政的得力干将，因此得署劝业道缺。但湖广总督赵尔巽却不以为然，奏请将其降为通判，朝廷准其所请，遂将沈祖燕撤任。沈被参原因有二：一是受巡抚岑春蓂参案牵连而招怨，见怒于赵尔巽；二是沈办理官矿处，以岑春蓂授意，"把持矿务"，压抑绅权，导致绅界愤慨，相率告于赵尔巽。对于沈祖燕而言，苦心运作补署劝业道缺，刚到任即被牵连而遭参革，降为通判，"于心实有不甘"，于是多次谒见岑春蓂，要其具奏代为申辩，"请改为革职留任"。岑春蓂知于例不合，遂表面应允，而未行动。沈祖燕知此隐情，遂要挟说，"岑如不代己奏辩，则己必赴都察院呈控"。岑春蓂闻之，"乃具奏代为申辩"，且将折稿先给沈阅，以慰其心。不料折稿到京，"即被某相国阅悉"，因与其不合而暗中抽出，"并未代达御座，且电告岑抚，责其冒昧"；沈祖燕却佯装不知，多次持岑春蓂折稿要求恢复官职。其实，此举不过是掩人耳目罢了。经时人查明，御史李灼华奏参岑春蓂，是湘省矿界某绅士所寄，沈祖燕受牵连缘于其"一切悉禀岑命而行者也"。[②] 所以沈祖燕深感冤抑。

岑春蓂对沈祖燕因己案被参颇为愤怒，"拟俟该道交卸后，或调入幕内供差，或仍令充当官矿处总理，以便徐图开复"。[③] 此举既是安慰沈祖燕，也是为沈祖燕的复出埋下伏笔。

刘孝祚补授云南劝业道缺同样花了不少心思。刘孝祚，福建闽侯人，官至四川知县，后纳资为候选道，锡良任云贵总督，令其管矿政。据沃丘仲子说：刘孝祚无他能，"第治庖厨，频邀权要燕饮，且时以精

---

① 《湖南巡抚岑春蓂遵旨增设劝业道缺请遴员试署折》，《政治官报》1908 年 3 月 25 日。
② 《沈道要挟湘抚之情形》，《神州日报》1908 年 5 月 31 日。
③ 《湘省官事汇志》，《神州日报》1908 年 4 月 30 日。

馔馈沈秉堃",沈秉堃荐其贤于锡良,"因奏补云南劝业道"。李经羲总督云贵,以其庸暗,奏劾开缺,亦有传言李向其索贿不遂,"乃罝弹章,是弗可知,然孝祚实不胜任"。[1] 由此不难得知刘孝祚补劝业道缺背后的因由。耐人寻味的是,机会也眷顾这位道员。前文已述,当时云南边防吃紧,为防止外人觊觎矿权,清廷令云贵总督锡良设法保固矿权。锡良于是举荐方宏纶、赵鸿猷、刘孝祚三人堪任劝业道。刘孝祚虽列奏保名单末位,但还是有幸被圈中,清廷为缺择人的目的是保固云南矿权,所以看重的是其总办矿政调查局的资历。

由上可见,在清廷明确劝业道选才用人标准前,督抚择人权较大,几乎全凭个人好恶、关系亲疏度量,其在奏折中强调的宽泛笼统的"人地相宜""人地相需"用人标准可名正言顺地为被保人美言讳饰,那些所谓的"切实考语"则更多的变成了量缺定制抑或量人定制的溢美之词,增加得缺的权重。缺乏制度性的选才标准和程序,要做到人地相需很大程度上取决于选人者的自觉自律,否则将会造成幸进之门大开,行贿请托恶习大行其道,纲纪废弛,吏治窳败。

《直省劝业道官制细则》的颁布,明确了劝业道应是从衔缺相当及京外应升人员中曾充农工商矿及交通事务各差并办理得宜者中遴选,或提倡公司、局、厂确有成效,或曾在农工商部、邮传部供差,办事娴习以及讲求实业交通诸政素有心得者方为合格。该规制解决了劝业道选人标准从无到有的问题,对约束滥举滥保行为当有裨益,但标准仍然过宽,仅靠这一制度难杜夤缘幸进之弊,而且侧重实绩的导向将进一步助长实业交通行政以能取人、重能轻德的社会风气。

傅春官署理江西劝业道颇能说明问题。傅春官慕羡邮传部尚书盛宣怀势焰,特派人向盛宣怀攀亲,盛以女公子许配给傅的长公子。1910年傅家在赣迎娶,极一时之盛。电灯公司经理龙锺浔将该公司西式楼屋供用,并临湖造"鹊桥","以炫耀其妆奁之富美,婚嫁之

---

[1]　沃丘仲子:《当代名人小传》卷上,第156—157页。

阔绰"。然不久竟成谶语，每年牛郎织女鹊桥会面一次，特不知"此后傅郎能会盛女几度耳？"后傅公子与盛小姐大相反目，盛女倚仗父势，毫无所惧，"已将陪嫁妆奁什物等项携带回京"，傅氏父子无可奈何，"乃以盛女回家看母为遮掩门面之语"。舆论评议说，"傅初求婚于盛，借以示荣，讵知反辱，可谓愚矣"。① 尽管如此，傅春官与权势显赫的盛宣怀攀上姻娅之谊，江西巡抚冯汝骙对傅春官自然厚爱三分。

周善培试署四川劝业道，实现由办警政而办实业的心愿，可谓计议良久，精心布置。据与周善培过从甚密的石体元回忆：周善培任劝业道以前在川开办警政，"因岑春煊倚畀甚深，凡所建议，概予采纳实施"，又果干勇为，毫无顾忌，导致很多守旧官僚"深嫉之"。后来岑春煊去任，锡良督川，谤言更多，周的态度才稍改变，"不似初任之时那种无所畏惧了"。周善培试署劝业道，舆论普遍认为周总办警政时，因果敢自信，"不甚接受同僚中的请托，积成误会，才有调职的结果"。实际则是，周善培认为专做实业建设工作，可以摆脱治安繁巨任务，"可以减少一些应付上的困难，实计之得者"，只是实业属新办事业，"不能如在岑春煊领导下那样可以尽量发挥"。② 这是周善培与石体元晤谈时流露出的想法。可见，周善培私下运动试署劝业道的目的是想摆脱繁重的警务。有意思的是，与周善培同隶绍兴、于其幕中做事多年的黄遂生在《周善培的一生》中也谈到周善培署理劝业道的因由。据黄说，周善培"素性恃才，处事锋利"，办理警政结怨群小，得罪同僚，"均使群情激励，道路侧目"。锡良调任云贵总督，赵尔巽继任川督，赵尔巽到任以前，朝廷命川边大臣赵尔丰护理督篆。赵尔丰因对周善培杖责其轿夫早怀不满，"接护篆后，即调其为商务、劝工两局总办，削其警权"；但赵尔巽素知周善培大名，遂致电赵尔丰重用之，拟待成绵龙茂

① 《赣省官场之新艳史》，《时报》1911 年 8 月 29 日。
② 石体元遗作《周善培从政琐记》，中国人民政治协商会议四川省重庆市委员会、文史资料研究委员会编《重庆文史资料选辑》第 12 辑，1983，第 156—157 页。

道出缺，委其署理。赵尔巽到任后即裁撤成绵龙茂道，奏保周善培试署劝业道。① 从周善培两位朋友的回忆来看，由警政而转实业，其本人和赵尔巽在背后的用力不少。

督抚拣员试署劝业道缺一般从本省衔缺相当或应升人员中遴选，浙江巡抚增韫却从东三省调来旧友、幕僚董元亮试署劝业道，浙人遂送董元亮"野鸡道"称号，不得不说此事是清季劝业道选任史上一大"奇葩"。增韫任浙江巡抚，随带私人二百余，自道员以至监生，无所不有，且薪水丰厚，"为向来原省候补人员所无"。因恐浙省人员不服，增韫下令不入学堂者不委差缺，"以塞原省人员之口，为安顿私人地步"。其实所带来浙人马，不管是未入学堂者，还是无官职者，多盘踞在院幕以至新政各局所、军警各界，"月收重大之薪水、夫马，本省人员十无一二"。② 随增韫来浙人员中，董元亮属佼佼者。有人说，增韫之私人，"权势最大者无过于董元亮，以新捐之试用道得补实缺，援引私党，盘踞要津。内而幕府，外而要差，无一非其荐举。以故为所欲为，毫无顾忌"，增韫实被挟制，"无如何也"。董元亮以下，梁式堂、谷久峰、章樾、署粮道卓某等人权势煊赫，"彼此互为狼狈"，增韫所带二百余私人，"实董、谷、梁、章与靳云鹏之私人居多，非增之直接随带"，统计先后赴浙者不下五六百人，"本省所有之员自然无从位置矣"。③ 巡警、劝业两道一般由本省实缺道府或候补道中擢保，几无从外省候补道中拣选者，唯董元亮有特殊际遇，耐人寻味。

据记载，"光绪末年，各省添设巡警、劝业两道，均归外补；浙省道班中资深应补者多，干练而有奥援的也不少，最低亦应由首府坐升"。浙江劝业道一席，巡抚增韫奏保在东三省时旧友、时在抚幕的闽人董元亮补授，"揭晓之日，不独一般道员群怀怨望，政界亦为哗然"。浙人好谑，"因士燮（巡警道杨士燮——引者注）好打麻将，称为'麻

---

① 黄遂生：《周善培的一生》，《四川文史资料选辑》第 13 辑，第 179 页。
② 《增韫之私人不争气》，《神州日报》1910 年 7 月 18 日。
③ 《浙江官场现形记》，《神州日报》1910 年 7 月 23 日。

雀道'；董元亮原不是分发浙省道员，居然在浙做起官来，称做'野鸡道'。众口一词，沪杭报纸摭为'花边新闻'"。① 1910 年 8 月，浙江官场核减经费，各衙门局所经费均有减少，唯独劝业道署不在其列。② 董元亮在浙江官场中的显赫地位由此可见。

广西镇安府知府胡铭槃升署劝业道和董元亮类似，也与本省巡抚关系至密。胡铭槃既有担任广西农工商局提调的经历，又曾办理富贺煤矿，经营布置措置裕如，任巡抚衙署秘书员，为张鸣岐处理政务"多所赞助"，当差桂全铁路局总办"一切事宜均能纲举目张，有条不紊"，③ 因此得缺。

李哲濬补授江宁劝业道离不开张人骏的一路提携。两广总督张人骏遴选两人奏保试署广东巡警道，其一便是李哲濬，李因没有办理警政经验而落选。④ 张人骏调任两江后，将其奏调至江宁差遣，并奏留江苏补用，向朝廷力荐其才，奉朱批交军机处存记，为其补授要缺铺平道路。在张人骏奏调两江差遣的道员中，李哲濬"颇深信用，内充幕府，外任劝业会及江南财政、金陵厘金、裕宁等局，总稽核各差"，⑤ 深资得力。可见，李哲濬俨然张人骏的左膀右臂，深得信任和依赖，所以当南洋劝业会开幕之际，张人骏也就顺理成章地奏请李哲濬补授江宁劝业道。

当然，有些省份添设劝业道是为了交差，荐人不察，虚应故事，敷衍塞责，以致贻害地方，痛及民生。河南巡抚吴重熹奏请裁撤粮盐道，改设劝业道，令已至暮年的王维翰改署劝业道缺。王维翰"人极暮气，毫无新政知识，到任后对于实业毫不赞助"。有职商梁掌卿、黄玉等人禀请在省城开设面粉厂，王维翰恐饥民滋事，酿成风潮，均予批驳，

① 高拜石：《新编古春风楼琐记》第 1 册，作家出版社，2003，第 201—202 页。
② 《浙官场会议再减经费》，《神州日报》1910 年 8 月 7 日。
③ 《抚部院会奏遵章新设劝业道缺遴员请旨试署折》，《广西官报》1910 年 1 月 16 日。
④ 《两广总督张人骏奏保李哲濬等请简巡警道折》，《政治官报》1908 年 8 月 13 日。
⑤ 《金陵官事一班·李哲濬保授劝业道消息》，《时报》1910 年 1 月 5 日。

"真可谓荒谬绝伦矣"。①《时报》揭露道：王维翰补劝业道缺后，所司盐粮事务一律移归藩司，"其财政上之权利则大为缩小"。虽然将农工商局、矿政调查局等归并劝业道经理，但均是萌芽之新政，殊无利益可言，"故向日赫赫有名、与藩司对抗之道库，今遂一败涂地"。另外，盐粮道改为劝业道后，"并未特添公费，仅令就所司各项中自行筹画，王观察尤觉束手"。② 王维翰履新劝业道，效果可想而知。

福建类同河南，也是任非得人。福建督粮道裁撤后，张星炳道员即改署劝业道缺，闽浙总督松寿本以为该员操履端洁，实心任事，在闽多年，熟悉全省情形，又担任农工商局总办，试署劝业道必能实力推广劝业事宜。③ 但实际情况并非如此。张星炳，河南固始人，进士出身，是同治光绪年间"袁世凯兄弟在北京家塾中读书时的授业老师"，但"官运甚不亨通"，④ 远不如势倾朝野的弟子袁世凯。不过，此时袁世凯已被削权，正在河南老家"养疾"，暂无力帮助老师张星炳。在时人眼中，张星炳腐败透顶。《神州日报》讽刺道，督粮道张星炳"人虽无用，而于银钱颇为认真，近来粮米价值大涨，亦理财之好机会也"。⑤《中外日报》鞭挞福建官场黑暗至极："如松督之昏聩，尚藩司之贪鄙，姚提学之因循，朱其煊之偏袒，鹿学良之糊涂，张星丙之顽固，蜂屯蚁聚，萃于一处。"⑥ 顽固的张星炳试署劝业道让人大跌眼镜。《神州日报》连续揭丑张星炳，有人称其为"专门八股家"，有人送号为"古董先生"，此次试署劝业道，"张遂扬扬得意，闻不久将有提学司希望"。⑦

同样，当时舆论对彭英甲由兰州道改补甘肃劝业道缺也不看好。

---

① 《豫省人物志》，《神州日报》1910 年 12 月 12 日。
② 《豫省政界要闻汇志》，《时报》1909 年 10 月 1 日。
③ 《闽浙总督松寿奏遴员试署巡警劝业两道折》，《政治官报》1910 年 5 月 16 日。
④ 《骆宝善评点袁世凯函牍》，岳麓书社，2005，第 245 页。
⑤ 《闽省官场之现象》，《神州日报》1909 年 8 月 23 日。
⑥ 《纪闽省官场之腐败》，《中外日报》1908 年 7 月 2 日。
⑦ 《福建官场人物志》，《神州日报》1910 年 7 月 16 日。

1910 年 6 月 15 日，《神州日报》揭露道，"兰州道彭英甲号称能办新政，实则粉饰弥缝，一无实际，虚糜款项百数十万，不过饱其私囊耳。前开办窑街（平番县署地名）铜厂，费至二十万金，出铜不足十斤。该道查厂时，委员销融，制钱十千，以掩耳目"，"盖该处矿苗本少，该道受比人林阿德之愚弄，且借此可以于中取利，故甘贻点金成铁之诮"。① 6 月 18 日，《舆论时事报》甚至以《宦海中之怪物》为题抨击这种旧人办新政改头换面的改革。②

概而言之，履职劝业道者多是督抚心腹，系督抚所信赖的兴举实业、交通事务的能员干将，为报知遇之恩，他们莅任后亦颇感奋。如李哲濬试署江宁劝业道深为感激，力誓以振兴实业为己任。江宁劝业公所出版的第一期《江宁实业杂志》"叙例"中道出了总督张人骏与劝业道李哲濬间的主辅官关系："盖公（李哲濬——引者注）夙昔究心实业，为督宪丰润张公所知，诚以江南地大物博，财赋半于天下，水陆汇于中原，非得明敏干练之材，不足以谋国际贸易之扩张，而促社会经济之发达。故张督特奏保公试署，而公亦感激驰驱，毅然以振兴实业为己任，务期上以富国，下以利民，而中以答张公之知遇。公下车伊始，凡有关于实业之进行，与足以扶助实业之兴盛者，罔不竭力维持，思有以发挥而光大之。"③ 山西劝业道翁斌孙厉行新政，"莅事敏决"。④ 不过，凡事利弊相随，在朝廷急行新政、宪政，求贤若渴的情况下，通过保举遴选能人干吏不失为一种便捷的用人方式，但是新制的推行又顾此失彼，缺乏相应的制度性规范和约束，出现为缺择人或为人择缺的现象则不可避免。为补偏救弊，当局又亡羊补牢，强化内简和甄别力度，但此举不免矫枉过正，措置失当，剥夺督抚权力，引发新的冲突和矛盾。

---

① 《甘肃官场之魔鬼》，《神州日报》1910 年 6 月 15 日。
② 《宦海中之怪物》，《舆论时事报》1910 年 6 月 18 日。
③ 《江宁实业杂志》第 1 期，1910 年 8 月 24 日。
④ 卞孝萱、唐文权编《辛亥人物碑传集》卷一四，团结出版社，1991，第 747 页。

第三节　升转与考核

各督抚荐举劝业道虽遵循一定的制度和成法，但所举之员多为私人，督抚变动而劝业道随之更动几成常态，而且人地不宜、人事不合的问题贻误劝业要政，引发官绅不满。为优胜劣汰，奖能罚庸，清廷强化中央部院对劝业道的监督考核权。按照《直省劝业道官制细则》，劝业道自到任之日起，俸满三年为一届，"届时各该省督抚将该道平日所办事宜有无成效，详细咨明农工商部、邮传部，由两部会同查核与平日考验成绩是否相符，分别最殿，胪列奏闻"；同时，劝业道除受该省督抚节制考核外，"仍由农工商部、邮传部分别考查，如有任事日久，实在不能得力者，即行据实奏参"。[①] 这样，农工商部、邮传部以及督抚对劝业道均有考核之责，此举不仅剥夺了吏部的考核权、保举复核权，而且侵蚀了督抚的权力，[②] 各督抚对考核甄别自保之私人多视如具文，虚应故事，缺乏激浊扬清之诚。但清季政局动荡，督抚变动频繁，新督抚为安置新私人，便对旧督抚之私人详加甄别考核，因而直至清廷垮台，鲜有任满三年的劝业道，对劝业道的甄别考核往往发生在新督抚上任初期。深入探究清季劝业道升转和考核的表象及背后，可窥新制创立牵连出的一连串人事利益纠葛的样貌和新旧制兼容调适的过程。

一　但见新人笑，不闻旧人哭

前文述及奉天劝业道黄开文为东三省总督徐世昌所宠信，徐世昌离奉赴京，雷厉风行的锡良任东三省总督，令黄开文如坐针毡。黄开文谋得此缺，花银不少，内心固然不舍，但毕竟"一朝天子一朝臣"，必须

---

① 《宪政编查馆奏稿汇订》，《清末民初宪政史料辑刊》第 2 册，第 684—685 页。
② 参见肖宗志《清季预备立宪时期吏部的裁撤及其主要原因》，《西南大学学报》（社会科学版）2016 年第 4 期，第 169 页。

面对现实。

锡良未到任，查知黄开文行事铺张，靡费甚巨，拟到任后奏参黄开文。此消息传得满城风雨，黄开文惊恐万分，加上其背生一疸，"起居甚为不便，故颇有告退之志"。①《盛京时报》对黄开文颇有几分同情，赞其莅奉"悉心擘画，办理劝业要政，自农商以及其余各项实业，颇有起色"，"然自上月以来，患病颇重，虽延华洋名医悉心调治，而尚未十分痊可。加以该署经费支绌，办事棘手"，徐世昌既奉调他去，"知音更属无人，故退志甚坚，拟即行辞职，携眷南返以养病"。② 也有人安慰道："奉天的官场，自从徐唐两帅督东以来，这司道大员，尽是浙粤苏江的人，所以因情见好。这些员司小官也全是这几省的人最多，东文报上所谓粤浙之奉天是也。今日徐菊帅奉命入邮传部了，这东督奉抚又换了一个铁面无私的锡程两帅，所以这班朋比的官儿，全都捏着把汉（汗），恐怕由了那句一朝天子一朝臣的话儿。"③ 黄开文即是奉天官场上的粤人之一，上任不久，媒体就揭露其不作为："奉天劝业道黄开文自署任后，于商工业毫无布置，仅奔走于督抚两署而已。其所办之事均委之于佥事二三员，如奉省白米、食盐、烟煤三项皆购自日本，劝业道绝不知注意提倡，以塞漏卮，良可叹也。"④ 黄开文有大靠山徐世昌庇护，谅无大碍，但好景不长，锡良的到任使其禄位难保。

果然，锡良刚赴任就厉行裁员简政，参黄开文碌碌无为。折称："劝业道有提倡实业之责，必事事尽心考究，认真督察，方有成绩可期"，奉天劝业道黄开文，"识暗才庸，毫无振作。两年以来，该道署及附属场所开支经费已一百数十万两，而办事模糊敷衍，并无实效。用款浮滥，多涉虚糜，实属不称厥职。相应请旨将该道黄开文开缺，以同知降补；所遗奉天劝业道缺，并请迅赐简放，以重职守"。朱批："另

---

① 《劝业道颇有退志之风说》，《盛京时报》1909 年 2 月 20 日。
② 《劝业道退志之坚》，《盛京时报》1909 年 3 月 4 日。
③ 《奉天官场不必存自危心》，《盛京时报》1909 年 5 月 26 日。
④ 《紧要新闻》，《申报》1907 年 12 月 5 日。

有旨。"① 不久，朝廷开缺黄开文，以同知降补。② 黄开文心灰意冷，整顿行装离奉。有人说黄开文惧宦海风波之险，"将不作出山计"，也有人说黄将回京"面诉不平于某津要"。③

锡良将徐世昌的私人黄开文奏参后，立即着手安置自己的私人。为掩人耳目，锡良暂时令董遇春署理劝业道，接着便援照徐世昌任东三省总督时拥有的考核用人权及省内外四品以下官员升调补署权，上折奏请韩国钧试署奉天劝业道。他称赞韩国钧"学识优长，志行坚定，历任州县，夙著能声，于农、工、商、矿各学，靡不经心研究，游历日本，调查实业，著述甚详。前督臣赵尔巽任内，曾经奏调来奉差委，于东省情形尤为熟悉，以之请补奉天劝业道缺堪期胜"。1909 年 8 月 31 日奉朱批："韩国钧着试署奉天劝业道。"④ 锡良之所以如此倚重韩国钧，是因为韩国钧为锡良之幕僚。据记载，锡良"躯干矮小，髯长及腹，治事以锋厉著"，总督东三省，"罗致知名之士，故幕府人才称盛一时。其中以韩国钧、陶葆廉、王瑚尤见信任，制军尝对客指此三人曰：'韩、王、陶三君，予心目中之退之、右军、渊明也。'"⑤ 韩国钧与锡良过从甚密由此可见一斑。不久，奉天交涉使邓邦述入都陛见，锡良又奏保韩国钧试署奉天交涉使。所遗劝业道缺，锡良和巡抚程德全又奏请云南补用道赵鸿猷试署。

赵鸿猷也是锡良老部下，山西平遥县举人，由内阁中书递捐道员，指分四川试用，复调赴云南，奏留滇省补用，历办四川、云南机器、铜元局，总办四川宁远矿务，代理云南巡警道，1909 年三月奏调东三省委用。锡良在云贵总督任内奏保三人堪胜劝业道之任，赵鸿猷就是其中之一。1909 年，锡良总督东三省，又将其奏调东三省委用，可见赵在

① 《奉天劝业道黄开文开缺以同知降补片》，《锡清弼制军奏稿》卷七，台北：文海出版社，1974，第 944 页。
② 《劝业道更动确信》，《盛京时报》1909 年 9 月 2 日。
③ 《降补之劝业道将离奉》，《盛京时报》1909 年 9 月 12 日。
④ 《密保赵渊韩国钧试署补授司道员缺折》，《锡清弼制军奏稿》卷七，第 945 页。
⑤ 《锡良轶事》，《睇向斋谈往》，上海书店出版社，1998，第 92 页。

锡良心目中的位置。锡良称其"识力深沉，才具干练，讲求实业，勤恳有为，堪以试署奉天劝业道"。1909 年 9 月 19 日，奉朱批，"着照所请，该部知道"。① 俸满一年，锡良奏称，试署奉天劝业道赵鸿猷，"精明干练，洞悉物情，提倡实业，不遗余力"，克称厥职，请朝廷简授劝业道缺，"以重官守"。② 赵鸿猷正式补授此缺。

继锡良之后，赵尔巽总督东三省，奉天劝业道再次调整。新督到来，东三省各署局所迎来又一轮恐慌。赵尔巽为稳定人心，急发要电安抚，借维大局。1911 年 3 月 30 日，奉省度支使因病开缺，劝业道赵鸿猷升署度支使，递遗劝业道缺由奉天府知府、防疫总局提调管凤龢升署。③ 赵尔巽没有更动劝业道，暂时稳定了人心，但不久朝廷就谕令奉天度支使赵鸿猷调补安徽劝业道，安徽劝业道萧应椿任奉天劝业道。赵鸿猷由度支使降为劝业道，显然是因为其失去了靠山锡良。而萧应椿由安徽而奉天的升转是因另一人事关系的调整。

萧应椿补授奉天劝业道较为曲折。萧应椿乃山东著名盐商，资财雄厚，1892 年由监生、郎中职报捐同知，后被奏保免补同知，以知府补用，1901 年又报捐道员，仍发往山东试用，1903 年考取经济特科，于山东集股办理盐务，并入股华德铁路各公司。按规定，捐纳人员应回避经商省份。但时任山东巡抚周馥极力庇护，认为官员回避经商省份系指捐纳人员，萧应椿系"奉特旨"发往山东，与捐纳指省者有别，因而奏请免其回避，建议俟其补缺之日，撤出盐务股份，朝廷另行招商承办，得到朝廷的允准。

朝廷免其回避本省后，萧应椿通过杨士骧的运动、吴廷斌的奏保，顺利试署山东劝业道。吴廷斌离任时，萧应椿和巡警道潘延祖为报答知遇之恩，提取公银 14.5 万两送吴，被新任巡抚袁树勋揭发。袁树勋对

① 《拣员请署劝业道缺折》，《锡清弼制军奏稿》卷七，第 951 页。
② 《试署奉天交涉使韩国钧劝业道赵鸿猷请旨简授折》，《锡清弼制军奏稿》卷七，第 1209 页。
③ 《奉省司道之更动》，《盛京时报》1911 年 4 月 1 日。

萧非常不齿，令其回避本省。萧自知把柄落入别人之手，如惊弓之鸟，不得不再次申明前请，回避经商省份，改调他省。没想到，萧应椿依然一路绿灯，清廷谕令仍按原案办理，莅任后撤出盐务股份，另行招商承办。农工商部支持此举，还强调，"各省盐政向归度支部统辖，与劝业道职掌本属无涉，该道前在东省办理盐务，现经补授道缺，察度情形，自可毋庸回避"。萧应椿为求万全之策，免受指摘，待孙宝琦任山东巡抚时，又请孙代奏，禀请回避。孙宝琦上奏说，该道在山东多年，"历充要差，深资得力，现补今职，尤能讲求实业，提倡扩充，日有进步"，应否准其回避，与邻省道员实缺对调，抑或免其回避，"仍留山东本任，以资熟手之处"，请朝廷圣裁。1910 年 3 月 7 日，奉朱批，"勿庸回避，钦此"。①

纸终归包不住火。1911 年 3 月 23 日，朝廷谕令山东劝业道萧应椿与安徽劝业道童祥熊对调，② 终于揭开冰山一角。

朝廷对调安徽、山东两省劝业道，各媒体相当关注。1911 年 4 月 4 日，《申报》将童祥熊和萧应椿分别比作"祸宝太师"和"送矿专家"，并将两者的历史登诸报端，大白天下。文曰："山东劝业道萧应椿（滇人）在山东因矿产事，大为鲁人所诟詈，以致感情甚恶，不能复安其位，遂极力运动他调。而安徽劝业道童祥熊（浙人）因去岁办理南京劝业会事宜多不得法，常以古董为实业，不知实业为何事。又信用门丁营私舞弊，其劝业道之事权则全付于总务科科长蒋某，以致皖省实业毫无进步，绅民交相怨□。童自知不安于皖，而又坐拥厚资，多财善贾，遂亦运动他调。故前日童调鲁，萧调皖，两人均各如愿以偿焉。闻萧为鲁人不惬之故，因山东沂水县之红石桥地方产生金砂，苗质极佳，前经德人硬行占去设局开采，幸本地土工颇有团体，皆不乐为之用，是以德人未获厚利。嗣经商人孙廷杰联络绅商各界筹备款项，用重

---

① 《山东巡抚孙宝琦奏劝业道萧应椿盐务股份未能撤出应否回避请旨片》，《政治官报》1910 年 3 月 11 日。
② "上谕"，《政治官报》1911 年 3 月 24 日。

价购回，冀挽利权。去春，由邑绅秦升甫、刘心农等集资开办，屡经禀请劝业道萧应椿立案，并请领开采执照，而该道坚执不允，旋竟自派私人何令前往该地招股试办。何倚官挟势，毫无信用，三阅月未获效果，回省后反以该地绅民不乐服从，诉之于萧，萧因是衔之。今正下旬，未知与德人如何勾通。日前忽有德人三数名赴该处探矿，声称系该道所聘至此勘验者。土人闻之，异常惶恐，且并异常愤恨也。"① 当地人"咸谓萧氏引狼入室，实与卖矿无异"。② 萧应椿已臭名昭著，难安其位，运动他调也属无奈之举。

出人意料的是，萧应椿不仅难容于山东，也难栖身于安徽，不久又调至奉天。5月9日，《大公报》评论道："萧应椿不见容于山东，调至安徽，旋又不见容于安徽，调至奉天。一劝业道而两月之间调任三省，岂不宜于山东、安徽者，而独宜于奉天耶？或谓近来奉天人民颇知结合团体，万一援山东、安徽之例再起而抵拒，萧将奈之何？曰是无庸虑，只要有钱运动，不为劝业道，尚可为农工商部丞参，或竟升为司使，彼三省人民又将奈萧何？"③

与其他媒体观点不同，《顺天时报》则对萧应椿补授奉天劝业道给予正面评价。报载，萧应椿勇于任事，众望交推，"乃以不合时宜，宦情久淡。去岁屡请开缺，未能得请。今春再申前议，得调皖省，仍复无意出山"。赵尔巽以陪都任重，赞画需贤，特奏请将其开缺，赴奉天相助，不料朝廷竟有调补奉天劝业道之命，"洵异数也"。"惟九重之眷注虽隆，而亿兆之攀留备切"，在萧应椿即将离开山东之际，烟台、青岛、周村诸大埠商人均拟开会恭送，所制旗牌匾伞，加上济南所制，已有数十种之多，并拟刊碑以志纪念。各绅商均诚心诚意，"非比在任官员尚有献媚之嫌"。④ 由此可见，萧应椿之所以官运亨通，与其资财丰

---

① 《鲁皖劝业道对调之历史》，《申报》1911年4月4日。
② 《萧应椿将断送鲁矿矣》，《大公报》1911年4月10日。
③ 《闲评二》，《大公报》1911年5月9日。
④ 《帝心简任》，《顺天时报》1911年5月24日。

厚和作为绅商的显赫地位不无关系。

吉林劝业道虽然没随督抚调动而频繁更动，但受其他司道升转影响也多有变动。1909 年 6 月 8 日，奉天交涉使陶大均赴京会商交涉事宜一时未归，锡良奏请遴员署理，便调吉林交涉使邓邦述署奉天交涉使，递遗吉林交涉使由吉林劝业道徐鼎康调署，吉林劝业道缺则由吉林府知府张瀛升署。① 次年 2 月 21 日，锡良又奏，因吉林度支使陈玉麟开缺送部引见，根据东三省官制补署章程"三品以上大员，准由督抚奏保堪胜人员请旨简放，或先奏请试署"，请朝廷简授现署吉林交涉使、本任劝业道徐鼎康为度支使。② 递遗劝业道缺由锡良奏保黄悠愈试署。③

在湖南，劝业道调动较为曲折复杂。据《广益丛报》载，湖南首任劝业道沈祖燕"前在湖南日以罗致党人为务，湘省正绅几于一网打尽"，后经赵尔巽奏参，"舆论一时称快"。该革道为开复原官四处运动，无所不用其极，竟然自造孙文假函，暗投某相国交好之门。函中备载，"欲杀某相国与沈祖燕之种种谬说"，以图迷惑某相国，让某相国"以为沈某与己同病也，极力推荐"。该报还给出按语曰："沈祖燕之历史，仅湘人士知之，此外则不见经传。孙文虽愚，断不至以此种毫无价值之人与某相国相提并论。此函之真伪无烦记者表白，谅某相国亦有所觉察，何以竟被其所惑。"④

不过，巡抚岑春蓂还是尽力帮其申辩。1909 年底奉旨，经都察院查明，沈道实系屈抑，并无过误，经吏部带领引见，蒙特旨开复原官。按清制，官员遵旨开复后可咨部入班候选。⑤ 岑春蓂认为沈祖燕向来办事认真，故不避嫌怨，又奏请将其留湖南，照例补用，以资臂助。⑥ 恰

① 《奉天交涉使请以吉林交涉使调署片》，《锡清弼制军奏稿》卷七，第 893 页。

② 《吉林度支使缺请以劝业道徐鼎康升署折》，《锡清弼制军奏稿》卷七，第 1001 页。

③ 《吉林劝业道缺请以黄悠愈试署折》，《锡清弼制军奏稿》卷七，第 1094 页。

④ 《沈祖燕之新奇运动》，《广益丛报》第 207 期，1909 年。

⑤ 刘子扬编著《清代地方官制考》，第 27 页。

⑥ 《又奏开复道员沈祖燕请留湘补用片》，《政治官报》1910 年 2 月 4 日。

巧，巡抚岑春蓂选非得人，继任者唐步瀛难堪劝业道之任，给沈祖燕复出留下了机会。

唐步瀛年近七旬，年衰多病，不谙实业新政，大有退居之志，遂禀督抚两院，自陈年老多病，请予奏请开缺，另简贤员。岑春蓂顺水推舟，允其所请，据情代奏，并随折声叙，请朝廷仍以前署劝业道沈祖燕试署，"俾得补还原缺"。①

环环相扣的事实演进幕后似有人策划或操纵，不免引起舆论关注。1909 年 12 月 27 日，《时报》评论说："沈祖燕曾经湖南人联名奏参，湖南抚台叠次奏保。昔时由劝业道收场，今仍由劝业道开张，湘抚一人之保折效力现矣。不知湘人联名参折之效力又将如何？"②

虽然舆论不希望沈祖燕复出再回原缺，但唐步瀛着实难堪其任。由于唐步瀛不谙南洋劝业会会章及实业、交通等事，在筹办南洋劝业会湖南出品协会时，与协赞会总理龙研仙颇有龃龉。岑春蓂洞悉此事，故将其与衡永郴桂道谭启瑞对调。这次人事调动，一方面是因为唐步瀛老态龙钟，不能胜任劝业道缺；另一方面是缘于衡永郴桂道谭启瑞在京运动，不愿回本任。③ 湖南矿务总局总办廖树蘅说："此公（谭启瑞——引者注）以春间入都，运动不遂，侨居津门数月，近始回省，求抚台活动中锋。"遂将唐步瀛与之对调，"防其扰乱官矿也"。④

系列运作后，1910 年 5 月 25 日，新任湖南巡抚杨文鼎奏准，正任衡永郴桂道、现署劝业道谭启瑞调署盐法道、长宝道兼长沙关监督，所遗劝业道缺委候补道沈祖燕署理。⑤ 沈祖燕终于回到原缺。据媒体报道，谭启瑞极愿在省城谋一优缺，不愿回衡永郴桂道缺，卸任后便极力

---

① 《湘省官事一斑》，《时报》1909 年 12 月 24 日。
② 《时评一·沈祖燕》，《时报》1909 年 12 月 27 日。
③ 《官事丛话》，《神州日报》1910 年 1 月 9 日。
④ 廖树蘅：《珠泉草庐日记》，《历代日记丛抄》第 159 册，学苑出版社，2006，第 617—618 页。
⑤ 《又奏委谭启瑞等署盐法道各缺片》，《政治官报》1910 年 5 月 28 日。

运动，杨文鼎遂札留其在省办理长沙抢米风潮各项善后事宜。①

杨文鼎担心年老龙钟、两耳重听的唐步瀛调署衡永郴桂道，贻误地方，又将其调到省城，拟令其再回劝业道缺。但是，唐步瀛毕竟老成持重，由州县历属大缺，洊至司道，"积蓄甚富，历任督抚皆雅爱之，官运亨通，从无挫折"，交卸衡永郴桂道已回省月余，仍不见巡抚杨文鼎饬其回劝业道本任，不免心生疑虑。据坊间传说，杨文鼎因担心唐年老龙钟，想奏请开缺，令其休致。唐闻之颇不自安，对人曰，"决计自行呈请开缺"，但一直观望而不行动，如自早开缺成真，"徒去一实缺也"。于是，唐每次见杨抚，"故作龙钟状，以示老而愈健之意"，"见者悉鼻笑之"。②

对沈祖燕而言，虽然开复原官，按例补回原缺，但杨文鼎又拟让唐步瀛署劝业道，谣言四起，惴惴不安。不仅如此，此时朝廷已严发上谕，各省督抚奏补巡警、劝业道多不得人，以后须由部奏请简放。加上杨文鼎"与沈之感情本极平常"，不愿承保沈祖燕复缺之重任，沈便极力运动护位，"不知达目的否？"③

令沈祖燕不幸的是，清廷此时正整饬督抚奏保劝业、巡警两道任用私人问题，加强中央集权，落实"一次外补、一次内简"制度，而且农工商部和邮传部早已摩拳擦掌，伺机内简，恨不得把劝业道的奏保权统统收归中央。1910 年 6 月 26 日，农、邮两部专折会奏，预保农工商部员外郎王曾绶、农工商部郎中赵从蕃、农工商部郎中柏锐和河南候补道胡翔林四人堪胜劝业道之任，"拟为司员稍谋出路"。④ 8 月 19 日，清廷简放王曾绶补授湖南劝业道缺。

清季外官改制，督抚用人权不但没有削减，反而有增加之势。沈祖燕护位得不到巡抚杨文鼎的加持，又赶上朝廷集权的关键时点，失败似

---

① 《谭芝云回任之愁闷》，《申报》1911 年 1 月 10 日。

② 《湖南官场现形记》，《神州日报》1910 年 7 月 8 日。

③ 《湘省参案余谈片片》，《神州日报》1910 年 6 月 16 日。

④ 《邮农两部预保劝业道》，《申报》1910 年 7 月 2 日。

是命中注定。可见，司道们若想官运亨通，取得督抚庇护不可或缺。就以湖南官场而言，诸多司道在湘省长沙抢米风潮中未能尽责酿成大乱，巡抚杨文鼎和总督瑞澂事后追责，奏参部分司道时，原署劝业道谭启瑞虽无地方之责，然系同城，理应究其责，但杨文鼎念其同为云贵同乡而免其责。

其实，湖广总督瑞澂对杨文鼎调换湖南司道这波人事操作颇有不满，特致函杨文鼎称："素性颟顸之谭启瑞、刚愎任性之沈祖燕、卑污苟贱之张鸿年何以尽不撤任？"杨文鼎答曰："俟察看三月，再行呈复。"但三个月过后，谭启瑞又调署藩司。按说，杨文鼎本系瑞澂旧属，理应特别具文，照例呈复，但他却"为各司道极力洗刷"。究其原因，杨文鼎为云南人，谭启瑞为贵州人，杨嘱谭查"此间云贵同乡宦者多少"，在湘候补的云贵同乡闻之，"靡不欢欣鼓舞"，均以为杨抚"有同乡感情"。[1] 沈祖燕为浙江萧山县人，护位不成或许与和杨抚没攀上同乡之谊有关。

在河南，巡抚人事调整时，劝业道缺亦进行了一轮调整。1909 年 9 月，经河南巡抚吴重憙奏请，裁缺盐粮道王维翰改署劝业道。吴重憙任河南巡抚，"年老昏庸，用人行政，一切假手于藩司朱寿镛，外间人言啧啧"。[2] 劝业道王维翰更是暮气沉沉，对兴办实业了无兴致，甚至因噎废食，闹出荒唐笑话，正如前文所述，其担心饥民滋闹拒不批准职商开办面粉厂。清廷对河南官场久有所闻，加上该省福公司煤矿交涉案件办理不善，部臣早已议请更换巡抚，以期振刷一新。

巡抚宝棻衔命赴任，当即上奏清廷说：劝业道王维翰到任一年有余，"初无过误，惟查成绩无所表见。窃维实业一途必须讲求有素，方能得其门径；劝业之任尤当联络奖进，始能鼓舞群情。照河南风气未开，商情涣散，殊非循分守辙所能奏效。该道宦豫多年，资格虽深，任

---

① 《湖南官场现形记》，《神州日报》1910 年 7 月 22 日。
② 《大吏更迭纪闻》，《神州日报》1910 年 5 月 25 日。

以此缺实非所宜",另请简任此缺,"以收得人之效"。1910 年 12 月 14
日,奉朱批:"另有旨。"① 该折言辞犀利。次年 1 月 13 日,清廷谕令:
试署河南劝业道王维翰着开缺另补,遗缺着胡鼎彝试署。

　　河南劝业道缺这次人事调整留下的一段轶话深值玩味,它反映出一
次外补、一次内简劝业道缺也不能彻底解决任用私人问题。1910 年 12
月 16 日,《顺天时报》载,王维翰因与绅界不合,"办理诸事难见成
效,已于日前具禀抚院,请假修墓,恳即卸任(按:王观察服官豫省
垂二十年,近虽任劝业,无大表见,然实无可訾议之处,不知宝抚准其
归修否耶)"。②《申报》又说:"劝业道王维翰之溺职本已昭著,其于
劝业道尤不称职。"1910 年宝抚到任已不甚浃洽,因念其"年高任久,
略予优容",但谘议局议员大肆攻击,宝抚亦难为左袒,遂命按察使司
授意王维翰,请速自乞休,若再恋栈,毋谓白简无情。王维翰正准备具
禀告病,呈请开缺,但朝廷忽降谕旨,着其开缺另补。此事或许仍是宝
抚奏参所致。关于新任劝业道人选,宝棻早有心仪之人。据说,新改河
南候补道佛尼音布,乃瑞文庄之子、怀塔布之弟,都中尽呼为佛六爷,
以书匾额见称于时。其与宝棻有旧,过从甚密,宝调赴江苏,遂以道员
往苏。迨宝棻移节中州,又随之同来,颇受倚重。初派为署中文案,继
充豫泉官钱局总办,"忽于前月下旬报捐改省河南候补,缴照禀到"。
官场中佥云,巡警、劝业两道中必有一席为佛所得,此次王维翰开缺一
折,宝抚出奏后即保佛尼音布、黄璟堪胜劝业道之任,二人中一正一
陪,佛为正,黄为陪。但是,出乎宝棻意料的是,照吏部奏定,劝业、
巡警两道须一次外补、一次内简,河南劝业道前次为外补缺,此次应归
内简,"以致宝抚封奏突遂无效果,遗缺为胡鼎彝所得"。③

　　可是,朝廷内简胡鼎彝也非人地相宜。河南官场对胡履新颇不满

---

① 《河南巡抚宝棻奏劝业道王维翰入缺未宜请开缺另补折》,《政治官报》1910 年 12 月
　　18 日。
② 《劝业道禀请卸任》,《顺天时报》1910 年 12 月 16 日。
③ 《劝巡两道开缺之佚话》,《申报》1911 年 1 月 2 日。

意，有人预判，"盖以斯人劝业，则河南之实业前途殊为危险"，并将其履历登诸报端，刨其根底：胡鼎彝，字味笙，陕西榆林府之村学究，向以教蒙馆糊口，烟瘾极大，中八股举人，娶樊增祥的妻妹，由樊荐入前西安将军荣禄府教读。荣禄入政府，胡遂得进士，点翰林，俨然成名。入词林后，谄事赵舒翘，无所不至。庚子年，胡崇拜拳匪，宅中设坛，以大师兄自命，因官未显达，外人不知，实则赵舒翘所主张皆胡鼎彝所主张。壬寅春，以荣禄之力督学湖北，到任后，除需索供张外，一无所知，全靠幕友主持。考其某府经古场，幕友拟题有五大洲字样，胡询五大洲是否见诸金刚经，一时传为笑柄。盖胡每早必诵观音经七遍，除经咒外，毫无学问。考试时，笑柄百出，书不胜言。每考一棚，各州县所办的极坏木器、宫灯、碗盏无不载入省城，以贱价出售，学署几成荒货店。后因署右起火，呼巡警为之搬运木器，巡警弗肯，胡大怒，升坐大堂，缚巡警于堂柱，以刀斫之，几至激变。张之洞、端方已具折欲劾之，经梁鼎芬调停始了。癸卯年乡试，端方因病不能入闱，例应学司充监临，各官哗然，咸请辞职。端方不得已电奏，以臬司岑春萱代办监临，实本朝二百余年创见之事。是年八月，乃更换学政之期，胡到任仅年余，例应留任，张之洞、端方密电政府，请速去胡，以李家驹代之，胡之为人可见一斑。胡回京后，自知名誉扫地，京师无立足之地，呈请以知府分发河南候补。以学政差旋忽改候补知府者，二百年来亦仅胡一人。胡到汴后因受吴重憙赏识，保得特旨道。此次又营钻宝棻的家丁，得密保试署劝业道，"以不知五大洲为何物之人，而居然令其当劝业重任，不禁为河南实业前途悲矣"。又有人说，"陕西人云胡鼎彝最恨洋货，家中陈设无一新物，虽洋布之衣，亦不准穿。有人询以鸦片烟，亦系洋物，何以嗜之。胡以有中国自种之土对，闻者嗤之以鼻"。①

与胡鼎彝一样，山西首任劝业道翁斌孙出缺后，王大贞补授此缺也由朝廷内简而得。1911 年 7 月，山西劝业道翁斌孙升直隶提法使，按

---

① 《河南劝业道之历史谈》，《新闻报》1911 年 1 月 20 日。

照外补一次、内选一次的规则，此次山西劝业道缺出应由部选。7 月 12 日清廷降谕，山西劝业道由农工商部郎中王大贞补授。翁斌孙和王大贞升补既非阁臣奏保，亦未曾记号班次，实皆为监国所特简，"其原因则以翁斌孙为常熟翁相国之孙，王大贞为前次奏派巡视南洋华侨，均系素有声望，挂人齿颊者"。①

王大贞为农工商部员外郎，曾于 1907 年随杨士琦赴南洋考察商务。② 据《晋阳公报》透露："向来简放各省劝业道皆由督抚拣保"，当简派山西劝业道员缺时，由于农工商部和邮传部预保人数不多，总理大臣奕劻遂将农工商部京察人员一并开列，"旋奉朱笔，圈出王大贞"。③ 由此可见，农工商部和邮传部虽然极力争取内简，但其预保人才不足，也实属尴尬。

碌碌无为的云南劝业道刘孝祚也是在督抚变动时被淘汰出局。刘孝祚为锡良所保，才具平庸，上任后徒靡巨款，无所事事。锡良调任东三省总督后，李经羲任云贵总督，刚到任即将刘孝祚参劾开缺。若按"一次外补、一次内简"的定例，云南首任劝业道缺由锡良奏保三人，朝廷内简刘孝祚补授，本次应轮到云贵总督奏补，但李经羲或许慑于摄政王载沣的集权，让出了奏补权，此行为在当时督抚中非常少见。他于是奏保熊希龄和袁玉锡堪胜云南劝业道之任，请旨简放。④ 枢臣知其注重东三省监理财政官熊希龄，但熊品衔较高，已赏三品京堂，断无政派边省道员之事，且熊正在东三省制定预算表，无暇顾及，因而朱笔圈出袁玉锡。⑤

但是，内简的袁玉锡同样令李经羲和云南实业界失望。袁玉锡从贵州兴义府擢保劝业道，"乃到任四阅月，未尝兴一实业"。李经羲伤其

①《翁斌孙王大贞之荷蒙特简》，《大公报》1911 年 7 月 15 日。
②《杨侍郎奏调商部四员随同出洋》，《申报》1907 年 9 月 8 日。
③《王大贞简放劝业道之原因》，《晋阳公报》1911 年 7 月 23 日。
④《云贵总督李经羲奏劝业道刘孝祚才力不称请开缺折》，《政治官报》1910 年 4 月 22 日。
⑤ 详见《云南劝业道改简之由》，《新闻报》1910 年 4 月 29 日；《袁玉锡得劝业道原因》，《神州日报》1910 年 5 月 3 日。

办理官印刷局三月有余，尚未禀复，以致媒体喟叹："其颟顸尤过于刘孝祚也，不图要重之滇省乃有此等之官，哀哉！"① 1919 年底，《新闻报》揭露袁玉锡种种怪状曰："劝业道袁玉锡狂妄尤甚，高视阔步，目中几无全牛，而实未办一事"，"其劝业公所各科员皆中书伴食而已，除义麻雀外，要皆无所事事。即如接办官印局一事，六月奉督部堂札，迅速归并接收，并饬拟具官商印刷章程，禀候核夺，催之再四，本月始经接收，章程仍未拟就。小小一印局在黔调至十一人之多，及考其印刷，腐败犹昔，错误尤多。且往日报纸日出一纸者，今在该局印刷三日始获出一纸。极佳之旬报以章程未定，故遂不能早日出版，闻者惜之。前办官报之学务公所中人乃语于人曰，昔谓我办理不善固矣，今则该局徒用私人，出版迟滞，以今观昔，其谓之何？逆料该道印刷章程，年内必不能拟就，更无改良之可望矣。该道于督院严饬速办之事，延至五阅月始行，又复如是。是殆不畏弹劾乎？滇省多此腐败之官，行将速送此土地于某某两国之手矣。隆兴公司开矿将实行矿政之权，皆随之而去，彼等亦何尝置意哉。滇中大有人在，必当筹对付之道也"。② 由是可见，内简劝业道也并非优于外补劝业道。

广西劝业道胡铭槃的调任既与督抚变动有关，也与其同当地绅商及谘议局关系不洽相连。广西劝业道胡铭槃试署一年后，护理巡抚魏景桐奏请补授实缺，"升迁之速，仕途中羡称之"，但胡犹不惬意，恳求两广总督张鸣岐调其赴广东。张鸣岐遂其所愿，调其赴广东，面商要政。胡铭槃之所以急切运动调离广西，主要是与桂省绅士感情甚恶，尤与谘议局全体议员有隙，更因"通省实业筹办已久，糜费已多，无成绩之可言，虑部员查揭"，而且靠山张鸣岐也已离开广西，故决定"迁地改良"。③

从各省劝业道变动情况来看，凡是督抚更动频繁的省份，劝业道也

---

① 《滇省巡警劝业之现状》，《顺天时报》1910 年 12 月 3 日。
② 《云南巡警劝业怪状续志》，《新闻报》1911 年 1 月 7 日。
③ 《劝业道去桂原因》，《新闻报》1911 年 2 月 19 日。

随之调整，凡是督抚任期较长，如浙江、江西、甘肃等省，劝业道则几无更动，但不管如何变动，各省劝业道仍多是督抚私人。因而时论道："各省每易一新督抚，必有其故旧之信任者，于是旧人去而新人来。所谓新人者亦各有其故旧，于是旧人复去而新人复来。新各有其旧，而旧者遂易为新矣。语云，但见新人笑，不闻旧人哭，其此之谓欤。"①朝廷困于农工商部、邮传部储才不足，简单粗暴式的圈定内简，看似雷厉风行，轰轰烈烈，收缩了督抚权限，但缺乏行之有效的奏保复核监督机制，所简新人背后仍由权要指挥把持，各方希冀的人地相需多是有名无实。

胡思敬将督抚易人现象比喻为"狡兔三窟"，颇能说明问题："载振既罢，溥颋继为商部尚书，谨守旧令尹之政，事皆请命而行，不敢私用一人，亦不敢自定一稿，诸丞参仍奔走贝子私第如故，视溥颋蔑如也。袁世凯内召，亏公帑甚多，保杨士骧为直隶总督，一切授意行之。每岁北洋供其经费不下百万。张之洞于湖北亦然，赵尔巽初莅任，易一财政局总办，之洞以未先关白大怒，即迁四川而改用陈夔龙。故当时言溥颋为载振管家，津、鄂为袁、张外府。所谓狡兔之窟也。然袁、张皆在政府，故能以势力把持。锡良去滇，而李经羲尽反其政。赵尔巽去奉天，而徐世昌尽易其人。是又不可一辙论矣。"②

二　督抚敷衍庇护，甄别考核虎头蛇尾

雍正皇帝曾指出，"道府等官，有表率属员之责，必得贤能谙练之员，于于地方事务不致贻误。朕慎重官方，虽州县等官皆审酌补用，而于道府尤为加意，非审知其人材识足以胜任者，不轻试用"。③为推行新政、宪政，维护统治，清廷急于拣员试署劝业道缺，而疏于"知其才识"，人地不符问题屡有出现，加上督抚频繁更动，劝业道任满三年

① 《时评二·新人旧人》，《时报》1909年10月12日。
② 《要臣兔窟》，胡思敬：《国闻备乘》卷三，重庆出版社，1998，第205页。
③ 《世宗宪皇帝实录》卷四六，雍正四年七月丁酉，第689—690页。

者少之又少，《直省劝业道官制细则》规定的一年试署期满甄别和任满三年的考核多流于形式，难以实施。

1910年3月，御史胡思敬痛斥巡警、劝业两道选任殊为舛谬："各省候补府道中往往有乳臭小儿，既无学问，复无经验，入京运动数日辄补劝业、巡警道以出，其中情节不问可知。长此不改，将来新官制实行，得补官缺者悉皆此辈，国事复何所赖，无怪外间谓我国变法愈变愈坏。"此折上奏后，摄政王留中不发，据说，"摄政王须细加推究"。① 但不久发生的湖广总督瑞澂奏参湖北巡警道冯启钧案，掀起一场巡警、劝业两道全面甄别考核风暴。

湖北巡警道冯启钧由张之洞奏保得缺，深得张之洞信任。该道叱咤湖北官场，利用匪人徐升扰害良民，湖广总督瑞澂嫉视在心，但冯目无一切，不知检束，"反敢代徐升运动京中大老，冀图开脱"。② 瑞澂闻之勃然大怒，遂列款密参，将其革职。冯启钧案发，正好为朝廷提供借题发挥的机会。

1910年5月18日，摄政王闻冯启钧案，声色俱厉，督饬对巡、劝两道严加考核："各省添设巡警、劝业两道缺，所以保卫治安，振兴实业，皆属新政要图。而各省或将裁缺人员改授，或于候补班中按资请补，名为公道。而人不称职，则事多废弛，间阎无以保治安，实业亦无振兴之望。此岂设官本意耶！着各督抚于已补之巡警、劝业两道人员悉心考核，如其不能胜任，或于此缺不宜，即行奏明开缺另补，毋得回护瞻徇。总期为缺择人，不为人择缺，庶于地方有益。"③

媒体争相报道摄政王颁布该上谕的内幕。《大公报》报道：当日摄政王召见枢臣谓，不料湖北巡警道乃腐败至此，"殊为警政前途之阻碍，其各省巡警道中如冯启钧者恐亦不免，应即设法甄查"。某军机奏

---

① 《胡侍御严参各省口道》，《申报》1910年3月19日。
② 《鄂督严参巡警道之影响》，《申报》1910年5月23日。
③ 《宣统政纪》卷三四，宣统二年四月癸未，第613—614页。

对曰，"巡警、劝业两道责任俱重，应请一律甄查"，① 旋蒙嘉纳，故发明谕。《申报》进而引申说："各省设立劝业、巡警两道多以初次设缺，不必循例，故所补诸员类多瞻徇情面位置私人。每易一督抚，又将前补之员奏参，如湖南劝业道沈祖燕之降通判，山西巡警道王为干之降同知，云南劝业道刘孝祚之开缺送引，湖北巡警道冯启钧之革职、永不叙用，四川劝业道周善培之屡被参劾，湖南巡警道赖承裕之酿巨祸，皆彰彰在人耳目。"摄政王与数参议议及此等人员，"颇为震怒，立即亲笔自草谕旨，交军机照发，并未经军机拟稿"。② 可见摄政王甄别巡、劝两道态度之坚决。

其实，时人此前已洞鉴新设提学、巡警、劝业等司道存在徇私滥举、荐擢越格、调用轻率等问题，建议清廷整顿。1909 年初，御史谢远涵上奏，直指吏治荐擢太滥、升迁太速、更调太繁、兼差太多四大弊端，恳请详订文官任用考验章程及官俸章程。朝廷着会议政务处会同吏部议奏。会议政务处和吏部承认官制改革存在问题："新设各署，增官补缺事属创始，当时录用人员原系一时变通办法，利弊相因，诚所难免。"而且清廷于 2 月 7 日降旨纠偏："嗣后各部院堂官及各省督抚奏调各员，均由吏部切实考核官阶、履历，相符方准发往"，不再"徒具存记之名"，必须严加考核；如督抚保举不实及违例保题，"均有例处专条，劣迹昭著、情弊显然者，亦历有严惩举主之案"；外官要缺起初可归酌补，但必须声明人地相需，"期满更调，轮委拔委各有定章，一律限以三年"。至于"升迁太速"，建议应订文官任用章程。会议政务处和吏部认为，"现行章程有厘定京外奏调人员改官一项，有考验外官一项，有限制京官保送一项，有厘定截取京察一项，均经宪政编查馆先后会同具奏，或由吏部专奏有案。近复奏定切实考核奏调、咨调各员办法十条，奉旨允行"。针对谢远涵所说"更调太繁"，"京曹以调部为营

① 《明谕甄别巡警劝业两道之原因》，《大公报》1910 年 5 月 22 日。
② 《严谕甄别巡劝两道之原因》，《申报》1910 年 5 月 28 日。

谋，外省以权差为调剂，州县规避处分，揣量肥瘠，时常对调，为害不可胜言，请饬删定处分之例，实行均缺之法。外而司道、内而尚侍丞参不轻更调，以专责成"的建议，会议政务处和吏部议复道："近年调部员额之多皆由专门人才之少，然亦多在设部之始，未尝见异即迁。旧定处分则例分别公私，私罪无可规避，公罪例准抵销，无所用其规避。将来订定任用考验章程，则凡钱粮、命盗处分自不能不变通办理。……新设提学、巡警、劝业司道各员均须试署三年，考核殿最，亦无轻调之事。"5 月 13 日，奉旨："已录。"① 从政务处和吏部议复来看，清廷驳回谢远涵的大部分建议方案，虽因时制宜制定了相应制度，但制度并未有效落实。

对朝廷严谕甄别巡、劝两道，舆论不抱期望。5 月 20 日，《申报》宽慰各省巡、劝两道毋庸恐慌，各督抚也不必惊恐，仅祈此案能激起巡、劝两道天良，如将此案归咎于冯道运动不精、弥缝无术，"则其人必不救"；"倘各督抚以该道为所保之人而信任不疑，则考核亦仍空言而已"。②

政务处诸大老也恐甄别各省巡警、劝业两道的严谕日久视为具文，仍有敷衍等弊，遂建议朝廷，令民政、农工商两部核定巡、劝两道资格任用章程，经政务处复核后奏请颁行，"以资取缔而昭注重"。③ 因甄别巡、劝两道的上谕由湖北巡警道引发，民政部压力很大，很快制定了巡警道任用章程，但农工商部和邮传部迟迟没有出台劝业道任用章程。甄别劝业道不免雷声大雨点小。湖北因处理冯启钧案各方关系处理欠周，拔出萝卜带出泥，湖北劝业道也未能逃脱。

巡警道冯启钧与署劝业道高松如等其他湖北司道互相勾结，营私舞弊，谋取私利，已非一日，其盘根错节的关系早已形成。革职冯启钧，

---

① 《会议政务处奏议复于是谢远涵奏吏治窳败请严饬整顿折》，《宣统己酉大政记》，第 1885—1887 页。
② 《此后之巡警劝业道》，《申报》1910 年 5 月 20 日。
③ 《拟订巡警劝业两道之资格》，《大公报》1910 年 5 月 22 日。

顺藤摸瓜也把署劝业道高松如、本任劝业道邹履和牵连出来。

　　冯启钧资财雄厚，谘议局对未查抄其家产甚为不满，力主彻查冯案，便秘密调查冯在武汉所置私产，并从冯启钧的账务人处找到一本地皮清册。"综计所置不下一百余万，其契尾所载之人多系警务公所之股员，均可传案质证。且该革道购买地皮，肆其爪牙，多方抑勒，怨谤所积，万口同声，其付钱流水底簿亦查得一二"，呈请瑞澂按清册悉数清查，按律充公。谘议局的追查揭开了湖北官场腐败的冰山一角，因为冯启钧地产多系与开缺藩司李岷琛、现署藩司高凌蔚及各官商合资购置，包括署劝业道高松如在内，"一经查究，多有不便"，但谘议局掌握了冯启钧私置地产的确凿证据，种种腐败昭昭在目，强大的舆论令瑞澂左右为难，彻查抑或掩盖，"颇费踌躇"。①谘议局提议将革道冯启钧所置产业照例充公，但鄂省政界私置产业者，不仅冯道一人，本任劝业道邹履和、陆军统制张彪等也置有房屋地皮，其他府厅州县佐贰所置产业不胜枚举，谘议局决意逐一调查，呈请鄂督援例照办。冯启钧深知此案牵涉整个湖北官场，影响极大，干脆破罐子破摔，威胁瑞澂说："办则均办，不能专责我一人。""语多顶撞。"②

　　摆在瑞澂面前的是，要找出一个折中的方案来弥合各方关系，大事化小，小事化了。瑞澂熟思权衡后，坚定己意——"谘议局所请碍难搁置"，一定彻究到底。瑞澂直接传讯冯启钧至署面询究有地产若干，系与何人合购。冯启钧禀复说，名下地产，在汉口者已押于汉口交通银行，武昌地皮全押在湖北官钱局，所得之款概抵在任公私亏空。瑞澂恐其仍有隐匿，6月3日特札饬藩、学、臬三司和劝业、盐、关三道会同确切查明该革道武汉地皮究有若干，是否尽载谘议局所呈册内，有无遗漏，综计武昌、汉口两处共有地皮若干，原购价值若干，按照时价约值若干，所称已押于交通银行等处之情是否属实，此外有无隐匿，务须调

---

①　《冯启钧将穷于运动矣》，《申报》1910 年 5 月 31 日。
②　《官场私置产业之牵连》，《蜀报》第 1 年第 1 期，1910 年 8 月 19 日。

查清楚，并向交通银行、官钱局调查契据执照件数，一并详细禀复核办，"此事关系重大，幸无徇饰含糊"，"将来调查明确之后，或全数充公，或准抵偿亏款"。舆论对此好评如潮。《申报》以《冯启钧亦有今日耶》为题予以报道。但瑞澂究竟葫芦里卖的什么药，明眼人一看便知，因为瑞澂明知冯革道的地产与该等司道交涉甚多，"委其会查，即命其自相清理之意也"。①

以参革冯启钧为发端，瑞澂撼动了湖北官场结党营私、盘根错节的关系网，司道大员如坐针毡，惶恐不可终日，合谋将瑞澂他调。前湖北臬司梁鼎芬为此联合司道大员集金三十万汇送入都，另谋起用某某督鄂。②谘议局侦获其情，为支持瑞澂查办此案，立即致电鄂籍京官、国会请愿代表团以及京沪报馆，公布梁鼎芬之流的卑劣手段。多数人毕竟有世道人心，庆亲王奕劻等向摄政王面陈瑞澂"整饬吏治不遗余力，官场为之一变"的政绩，不肖官吏谋去该督，造谣惑众，建议清廷下旨实授瑞督，"俾群喙得以稍息"。③摄政王正欲整顿巡警、劝业两道，以肃吏治，于是降旨实授鄂督湘抚。梁鼎芬、冯启钧等司道的鬼蜮伎俩终未得逞。

瑞澂整顿吏治得到朝廷的认可和支持，遂上奏参劾僚属，内列现任司道四人，候补道府八人，府厅州县三十余人，湖北官场"大地震"势将爆发。然军机大臣以瑞澂到任未及三月，于例不应纠参多人为由，将该折留中。时人评议："以督抚参僚属折而留中，为向来未见之举，窃恐系彼辈三十万金之力也。"④虽然瑞澂参劾僚属的奏折留中不发，但媒体纷纷将湖北官场的丑恶嘴脸揭诸报端。1910年6月18日，《申报》评议道：张之洞督鄂二十年，政尚宽大，但吏治废弛，较各省尤甚。赵尔巽莅任后，随员中如朱钟琦、尹良、叶景葵、济禄等日以宿妓

① 《冯启钧亦有今日耶》，《申报》1910年6月4日。
② 《鄂谘议局函述官场谋去瑞督情形》，《申报》1910年6月16日。
③ 《枢臣奏保瑞督之实授》，《大公报》1910年6月16日。
④ 《鄂省官绅对于瑞督之情愫》，《申报》1910年6月20日。

为事，赵又自命开通，故意纵容，于是嫖风大盛。文自冯启钧、桑宝，武自张彪以下，无日不花天酒地，任意挥霍，以至亏空官款，贻害民生，不一而足。自陈夔龙参劾候补道馨龄、试用道萧衡、知县管子才三员之后，官场稍为敛迹。迨杨文鼎（杨系从前嫖党）护理鄂督，于是一班官吏明目张胆，更无忌惮，竟有将妓女接至衙署及半夜呼喊用小火轮迎接妓女，种种举动可骇可怪。瑞澂莅任之始，派人秘密调查，查得文武官员在汉嫖赌者不下数百人，其中最著名者有"十大王""四大金刚""三十六天罡"之称。湖北署劝业道高松如就是"三十六天罡"之一。① 此类新闻在各大媒体转载，成为舆论热点。

据查，冯启钧的地产多系与高松如等司道合资所购，冯道被查，"诸人皆存兔死狐悲之心"，瑞澂参劾属僚折内就有署劝业道高松如、本任劝业道邹履和等人。劝业道邹履和"识字无多，恃酒任性"，候补道高松如管理官钱局，"弊端百出"。② 由于此案牵涉人员多，相关人士大为震恐，结成团体，于是就有了上文所述密谋运三十万金进京运动枢府的伎俩。

湖北官场如署藩司高凌爵、署劝业道高松如、本任劝业道邹履和及其他握要差之道府十数人皆为张之洞督鄂时所倚重，"由末僚拔升今职，文襄暮年吏治不饬，坐镇江表，以致养成今日结党营私之风"。③ 有人不禁问道，若张之洞九泉之下知悉湖北官场大血战如此惨烈，不知是何滋味。《申报》"清谈"栏目甚至将张之洞、赵尔巽和瑞澂三人对比评论："鄂省近日得贤制军三人，曰张襄帅，曰赵次帅，曰瑞莘帅。然而襄帅之死也，官场惜之，开追悼会，立德政碑，甚有泣下沾襟者。次帅之去也，鄂官快甚，鄂之民则喁喁怨甚，至于今，流风余韵且宣传于士夫之口，若甚惜，其去鄂之太速者。莘帅抵鄂，锄奸除戾，鄂民德之，鄂之官则并力以图之，又若莘帅一日不去鄂，吾侪一日不得高枕以

---

① 《瑞督廓清湖北官场败类》，《申报》1910 年 6 月 18 日。
② 《鄂官场将来之大参案》，《神州日报》1910 年 5 月 25 日。
③ 《鄂渚官场之大血战》，《申报》1910 年 6 月 24 日。

就卧者。记者曰：何官与民好恶之不同一至此耶，虽然是，亦足以见三贤之阶级矣。"①

　　面对瑞澂掀起的锄奸除戾风暴，署劝业道高松如、本任劝业道邹履和各使招数自保。但是，由于两人财力、能力不同，结果迥异，高松如成了最后赢家。瑞澂在奏参本任劝业道邹履和的折中说，邹履和补授湖北劝业道半年，"碌碌无所短长，前督臣夷考其行知，于此缺不宜，即经调署省外施鹤道篆务，而以劝业道缺另委记名补用道高松如署理。臣到鄂后，适该道交卸施鹤道来省禀见，臣复询事考言，留心审察，其于实业、交通诸端毫无经验，劝业一事委非所长，循名责实，万难胜任愉快。若令回任供职，必滋贻误"，②恳请朝廷将其开缺，留省另补。同时，瑞澂附片奏保高松如署湖北劝业道。③摄政王批览瑞澂参折后问枢臣，"瑞澂能如此破除情面，实为不负委任，若各督抚皆能如此，吏治何患不振？惟两湖吏治之坏较各省为尤，其应即电饬该督仍须设法整顿，勿得瞻徇情面"。④

　　高松如之所以胜出，要因是其财力雄厚，可运动各方。高松如向隶官钱局，"宦囊充裕，不下数百万，路人皆知"，瑞澂抵鄂后，"本拟登诸白简，嗣查官钱局，该员并未十分亏空。且鄂省圜法不致周转不灵者，皆该员一人设法维持，故瑞督转怒为喜。此次劝业道出缺，特以专折奏补，将借此笼络，用以臂助一切也。闻该道又复辇金来都竭力运动，所以得试署之谕旨"。⑤高松如兼官钱、银币、铜币三局总办之差，又在苏沪津汉各埠私营商业，"故鄂中道员界咸以第一阔人目之"，生活腐化，耗银二万余两在上海娶名妓张嫣为小星（原文如此——引者注），因不见容于大妇，乃假汉口英租界一码头洋行为藏娇之所，月必

---

① 《鄂省之三制军》，《申报》1910年6月25日。
② 《湖广总督瑞澂奏劝业道邹履和才难胜任请开缺折》，《政治官报》1910年6月29日。
③ 《又奏保补用道高松如署劝业道片》，《政治官报》1910年6月29日。
④ 《安得督宪尽如瑞澂乎》，《大公报》1910年6月30日。
⑤ 《高松如得劝业道之原因》，《大公报》1910年7月6日。

托故数至，非亲信莫知。本任劝业道邹履和，"人极顽固，且好自尊大，致为科员等排挤离任。迨高接篆，科员等因其所当尽系财政要差，咸欲结识为异日进步之阶，故极意逢迎，一任其所为"。①

至于清查冯启钧地皮一案，瑞澂深悉严查彻究不易，瓜葛太多，但解铃还须系铃人，仍责成署劝业道高松如会同藩学臬三司，盐法、江汉两道以及商场、清丈两局，扣除冯启钧押在交通银行的地皮，悉数清查其押在官钱局及其余地皮，登报申明，由官钱局按时价出售，以清官款，倘有不敷，再向冯革道追究。② 瑞澂意在给司道们转圜机会。后来，高松如与其他司道多方弥合才平息冯启钧案。

自清廷谕令各省考核巡警、劝业两道，甄别两道一时成为焦点，但是，除湖北外，其他省份多无动于衷。1910 年 5 月 30 日，《舆论时事报》报道考核各省巡、劝两道情况：经严行考核，"闻有山东、湖南、四川、甘肃四省之巡警道，又甘肃、四川、云南三省之劝业道均系不知振作，成绩毫无，大约不久将归淘汰之数"。③ 该消息或许是道听途说（因为此时甘肃还未设立劝业道，且四川、云南两省均未实心甄别），但也反映了部分劝业道、巡警道人缺不相宜的现实。

甄别劝业道难以推行，关键在于这些劝业道多由督抚奏保，处处受督抚庇护，清廷令各督抚自行甄别劝业道无异于与虎谋皮。即便御史奏参，效果也不显著。广西道监察御史张世培奏参四川劝业道周善培尖刻险诈、肆行跋扈以及捏造履历种种劣迹，朝廷令川督赵尔巽查明据实具奏。赵尔巽查后，处处为其辩解，言履历捏造系属督署书写错误，其他被控各节也多不实，反而称赞周善培于劝业一职，"实心筹画，精力又足，以副之可望起色"，待试署一年后，"量其成绩之多寡，审其进德之赢虚，再行奏明办理"，所有查明道员周善培被参各节"委无确据"。1909 年 3 月 18 日，奉朱批："知道了。仍着该督随时查看，倘有办理

① 《湖北劝业道内幕之谈片》，《时报》1910 年 1 月 24 日。
② 《鄂省两革道之末路》，《申报》1910 年 7 月 9 日。
③ 《新设道员真难做了》，《舆论时事报》1910 年 5 月 30 日。

不善情事即行奏参，毋得稍存徇隐。"①

显见，四川总督赵尔巽并未参酌舆论予以揭发，而是避而不谈周善培的缺点，专向朝廷褒奖其劝办实业之优能，以期敷衍了事。

御史胡思敬见赵尔巽极力庇护周善培，甚是不平，次年 10 月 27 日上折奏参赵尔巽，痛陈赵尔巽徇法行私，殃民误国，直指其"倚任私人"之罪，劝业道周善培即位列其中："道员周善培本系四川寄籍，该督初委之署巡警道，擅用非刑，以报微时私怨，川人莫不毒之。既又署劝业道，专以朘削为能。勒令各商家呈报资本，每千金岁取费银五钱如息金。然又设茶业公所，凡茶商运到之货必茝积所中，出入取费甚巨。又派劝业委员分赴各州县百端需索，将各处牙行、斗称等捐攘取入官。周善培既以本地人为本地官，婪得之财即在成都开设悦来戏园、悦来旅馆及大餐馆，以监司大员杂身市廛，与贾人争微贱之利。"直斥赵尔巽明知故纵，"此徇法之罪也"。② 尽管如此，周善培并未受到影响，仍职司川省劝业。

由于督抚对下级"护犊子"情结严重，甄别劝业道徒做表面文章。如广西巡抚张鸣岐考核劝业道胡铭槃，认为该员勤求治理，"于实业、交通诸要政整顿提倡不遗余力，只以窘于财政，未足殚厥敷施。臣留心考核，该员到任仅四月余，办理一切条理周详，规模宏远，洵堪胜任，仍当随时考查"。③ 如此考核评价不免宽泛，含混不清，缺乏具体的考核内容和量化指标，难以准确反映各省新设劝业机构的运作状况和官僚队伍的效能。

清廷本拟严加整顿巡警、劝业两道，肃清吏治，但上有政策下有对策，甄别考核滞碍难行，不得不改变对策。1910 年 5 月底，枢府大臣再次会议甄别巡、劝两道办法，但"咸以此项员缺紧要，未便遽易下手"为由，主张"自应暂仍其旧"，建议再次致电各省，"恪遵初十日

① 《四川总督赵尔巽奏查明道员周善培被参各节折》，《政治官报》1909 年 3 月 23 日。
② 《劾四川总督赵尔巽折》，胡思敬：《退庐全集·疏稿》卷三，第 969—970 页。
③ 《广西巡抚张鸣岐奏考核劝业道胡铭槃出具考语折》，《政治官报》1910 年 6 月 23 日。

谕旨，随时考察，如有不能胜任之人员即行奏明办理，勿得敷衍迁就，致干未便"。① 7月，农工商部尚书溥颋与各堂核议，"甄查各省劝业道，特恐各督抚有敷衍回护之弊"，拟由该部派员秘赴各省详切调查成绩，"以昭核实而便黜陟"。②

但是，朝廷降旨严加甄别考核劝、巡两道已近四个月，各省督抚仍多未复奏，"敷衍蒙蔽之处"自不待言，枢臣便再次要求民政部、农工商部另行设法甄查，"以昭核实"。③ 但农工商部的甄查仍躲不过督抚这一关，如不从根本上切除督抚"敷衍回护之弊"，结果便是虎头蛇尾，不了了之。

清廷并非不重视考核劝业道，但言者谆谆，听者藐藐。宪政编查馆除在劝业道官制细则中明确要求农工商部、邮传部、各该督抚定期考核劝业道外，1908年底还颁布考验外官章程，明确规定各省藩司于年终将差、缺各员填表送部以凭考核，但按期考核者寥寥无几。④ 1909年，摄政王主政，认为司道大员每届三年考核入奏，"仍不足以昭慎重"，要求枢臣"嗣后司道大员政绩如何，应饬各督抚随时查考，每半年入奏一次"。⑤ 是年5月，枢臣重申，各省督抚应认真考核劝业道，农工商部、邮传部亦当随时分别考核，"如有任事日久，实在不能得力者，即行据实奏参，以期无旷厥职"。⑥ 因实业、巡警关系宪政匪浅，1909年底，枢府又会同民政、农工商两部甄别巡、劝两道，考核各道政绩，"分别留任、实授、降调三项办法"，并计划于当年奏请施行。⑦ 但此项计划未见推行。直到湖北巡警道冯启钧案发，朝廷才郑重其事地甄别巡

① 《巡警劝业两道暂仍其旧》，《大公报》1910年5月29日。
② 《劝业道留意》，《厦门日报》第717号，1910年7月5日。
③ 《议设法甄查巡警劝业两道》，《大公报》1910年9月5日。
④ 《京师近事》，《申报》1908年12月24日。也见《外官考验章程》，《申报》1909年2月13日。
⑤ 《改定考查司道大员办法》，《申报》1909年5月8日。
⑥ 《慎重劝业道缺》，《大公报》1909年5月11日。
⑦ 《决拟整顿巡警劝业两道》，《大公报》1910年1月1日。

警、劝业两道，但实效并不乐观。

1910 年 5 月 24 日，《盛京时报》精辟地道出了个中原因：

> 朝廷虑各省巡警、劝业两道之不称职，乃谕令悉心考核，以期
> 有益于地方。大哉王言。洵握治安国以内之要务，亦振兴实业之宏
> 图也。愿记者窃不能无所疑，何疑乎尔？疑乎称职者之必无其人，
> 而内简者之犹不如外补也。顷日各省之已设有两道者，其员率以由
> 外请补者为多，微闻部中大吏尽有不慊是事者，意者此严厉之谕旨
> 或即胚胎于此。不慊者乎，各省请补人员类以资劳而兼有奥援者。
> 夫苟有劳资之可言，则宜于彼者，未必不宜乎此。盖我国尚无专门
> 之人才以承乏一切，则遴取能耐劳苦而实心任事者，犹不失为事理
> 之平。设再就其所办之事考复之，则若者称职，若者不称职，亦正
> 了如指掌耳。巡警道职在保安固也，然亦当就警费之易筹与否分别
> 言之，设费多而事不举，罪之可也。否则彼殆无从措手，易一人以
> 承其乏，其无从措手将如故也，则又奚事乎甄别？为劝业道，职在
> 振兴实业固也。顾振兴实业，首需母财，当地人民母财充足，有提
> 倡、保护之者，兴业自易易，否亦难言之矣。盖劝业云云，充其量
> 不过提倡保护止耳，非能为人民阜其财产，俾群兴企业之思也。边
> 瘠省分，民情朴塞，可兴之实业诚多，而振兴之难则又十倍于内
> 地，斯又有考核之责者，□当知耳。总之，我国自司道以上，称其
> 职者殆未之见，以内外官制迄未规定，掣肘处固多，而其精神、材
> 力又率疲于趋承，泊于私利。设苟严为甄别，则曹署将空。幸甄别
> 者，犹是应加甄别之人，故如涂涂附，而不病其赘。嗟乎，斯固足
> 令人唏嘘太息者耳。是故由表面上言之，则此严厉之谕旨未必无所
> 影响，而就实事上言之，则窃恐考核托之空言，不称职者仍如故。
> 盖天下事，变甲而不变乙，则其改革也为无效。是故深识之士率以
> 组织责任内阁为言，逮责任内阁成立，而后一切职制乃可借以厘
> 订，一切人员乃可加以甄别。虽未能任其事者，率为是事之专门

家，而责任心则当较之今兹为重，是即称职之始事也。设当地人民经济程度日以加高，则筹集款项以兴办一切，亦当较为易事，是又称职之助任其事者，乃可借之以报最焉耳矣。①

可见，朝廷虽不满督抚外补劝业、巡警两道，对夤缘幸进之弊痛恨入骨，并明谕严厉考核甄别，但劝业、巡警人才寥寥无几，加之各省财力困乏，振兴实业首要花钱，但母财既绌，兴业自然不易。尤为重要的是，司道改制牵涉整个政制体系的调整和重建，牵一发而动全身，如果仅"变甲而不变乙"，顾此失彼，改革效果自然大打折扣，所谓的甄别考核只能徒托空言。

为遏制枢府部臣、封疆大吏滥保私人充任巡警、劝业两道，确保合格人员充任此两缺，载沣推行奏保连带责任制："嗣后此两项道缺如遇犯有私罪，不能称职者，无论枢臣、部臣、疆臣之所奏保，均须担任处分，以为朦混滥保者戒。"② 此制对枢臣、部臣、疆臣奏保两道颇有震慑约束之力，使其不敢轻举妄动，利于激浊扬清，澄清仕途而端治本。

遗憾的是，正如《论谕考核巡警劝业两道事》一文所言，匆匆忙忙的内外官制改单，新旧制间诸多掣肘，朝野上下"精神、材力又率疲于趋承，泊于私利"，任事者已难安其位，多求自保，也就不甚在意甄别属官了。况且，朝廷一意集权，蚕食督抚用人权已到锱铢必较的地步，这令这些封疆大吏心灰意懒，他们隐隐感到清王朝再集权必将离心离德、分崩离析。

诚如学者所言，以载沣为首的少壮派权贵"不但缺乏慈禧式操控术，甚至连一般的政治智慧、统治能力都不具备，还企图在极短的时间内集权，必然导致人心涣散、离心离德"。③ 1911 年春，摄政王要求重

---

① 《论谕考核巡警劝业两道事》，《盛京时报》1910 年 5 月 24 日。

② 《奏保巡警劝业两道者须知》，《大公报》1910 年 6 月 1 日。

③ 孙燕京、周增光：《辛壬之际旗籍权贵集团的政治心态》，《历史研究》2012 年第 5 期，第 86 页。

订外官制，农工商部尚书溥颋仍不忘侵夺督抚的劝业道缺的奏补权。他认为，各省劝业道多由督抚奏保请旨简放，部中司员外放甚少，奏请嗣后凡有各省劝业道出缺，"请由军机处将本部郎中、员外郎、京察一等记名道府人员开单请旨简放，除饬丞参厅详细筹定新章呈堂核定具奏外，并知照军机处立案"。①

继溥颋之后，溥伦任农工商部尚书，到任第一要务便是设法得人。1911 年 4 月，该贝子"未见有何举动"，经枢臣和载泽连次督催，始思振作，到部向左侍郎熙彦、右侍郎杨士琦布置要务："振兴实业，固首以筹款为要，而尤以得人为先。应即由部设法搜求各项实业专门人才，奏调到部，以备将来筹有的款措施一切"，熙、杨两侍郎亦深以为然，随即分电各省及各国钦使代为物色。②

随后，溥伦多次筹商用人办法，提议："振兴实业，首重任用实业人才。现农工商矿及各项实业专门毕业人才实繁有徒，惟尚未重用，故未能实收其效。拟借此改订新制时机，将本部各司员及各省劝业道特加甄别，改任各项专门人才，以冀振兴。"③ 并计划尽快与内阁大老会商一切。

与此同时，溥伦还准备仿陆军部调查陆军毕业生办法，由该部厘定简章，咨行京外各衙门出示晓谕："凡各该处实业人员现无差任，其资格核与部章相符者，准其赴该管地方官署报名注册，限一月将各名册由该省汇送本部，以备详细核办，酌拟任用之法。"④ 另外，农工商部还通行各出使大臣，照会学部，"请将留学实业专门各生详细调查，其有成绩最优，曾于外国学校得有道克脱（Doctor——引者注）等学位者，即将该生履历、籍贯、现在处所详细查复，以备分别任用"。⑤

---

① 《京师近事》，《申报》1911 年 2 月 25 日。
② 《伦贝子拟搜求实业人才》，《大公报》1911 年 4 月 14 日。
③ 《伦贝子拟大用实业人才》，《大公报》1911 年 7 月 24 日。
④ 《伦贝子调查实业人员》，《申报》1911 年 8 月 2 日。
⑤ 《农部物色实业人才》，《大公报》1911 年 8 月 2 日。

　　从溥伦这些政见可知，由于各省劝业道的建制和兴利的需要，一些积极因素正向好而生。如物色人才的范围已从国内扩展到国外；选才用人标准也大大提升，考虑选用各项实业专门毕业生；人才储备，不仅有本部司员，还将留学生尤其是成绩最优者或曾有博士等学位者纳入其中。虽然这项宏大的选人用人计划因为不久到来的辛亥炮火而胎死腹中，但改制探索所累积的宝贵经验毕竟为民国建立实业交通行政人事制度奠定了基础。

第四章

机构与属员

针对直省农工商矿各局散而无纪、虚靡经费等弊端，清廷设置劝业道。借鉴科层制组织理论，于省垣设劝业公所，整合收编督抚衙署外的农工商矿各局，并调整归并原兼管农工商矿和邮驿事务的司、道职能，以事相从，分科治事，实现了省级实业、交通行政机构从传统向近代的转型，为民国直省实业、交通行政机构的建制奠定了基本格局。但劝业公所的实际运作过程中，其主官综合素质能力及其属员的人员编制、选调升降、职责权限、薪费待遇、履职规范等问题又与行政效能、吏治世风乃至治乱兴衰密切相关。深入考察清季劝业公所的建制运作，不仅能够进一步认识新旧实业、交通行政管理机构演变的复杂历程，而且可以揭示在此过程中基于各方不同利益而牵连出的人事、经费、机构建置等问题。

清代州县本不置管理实业和交通事务的佐治官，清季外官改制，于州县添设劝业员，准用本地士绅，专管该州县实业、交通事务，建立了中国地方实业、交通行政管理的基本秩序，使中国历史上初步形成了较为完善的实业、交通行政管理体系。这一顺时而兴的变革既是士绅社会地位跃升的体现，也折射出清廷借绅权整合社会各方力量，管治地方实业、交通行政，提振兴利事业的深意。然而，清政府用绅权而不放纵，既让劝业员受劝业道节制，又要其受地方官监督指挥，官绅之间，拿捏有度。

第一节　劝业公所的建置及运作

劝业道职掌农、工、商、矿和各项交通事务，政务繁杂，须由相应机构组织实施。因而，各劝业道莅任后，首先是组建劝业公所，配置人手，分科治事，制定办事细则，筹集办公经费，以确保劝业行政有序运转。

自1907年7月至1911年初，随着各省劝业道的设立，劝业公所相继建置并运转。由于组建劝业公所牵涉到新旧机构的交替过渡，并受本省政治、经济发展水平以及劝业人才数量和质量等多方面的影响，各省建置情况虽大体相同，但差异也较明显。笔者据所见相关资料，将各省设立劝业公所的情况列为表4-1。

表4-1　各省劝业公所设立情况

省份	分科情况	衙署	归并局所情况	其他设员情形
奉天	初设农务、商务、工务、庶务四科;1909年6月,添设矿务科	农工商局改设	农工商务局、垦务局、矿务局等暂仍其旧,后来归并矿政调查局	司书、副司书、调查员、工程师、艺师、艺士
吉林	设总汇、农、工、商、邮传五科	农工商矿局改设	归并林业局、荒务局、农工商局、矿政调查局、蚕桑局、山蚕局、官输局等	差遣员1员,行走员2员
直隶	按朝廷要求设六科	新建	农工商矿各局	
江宁	按朝廷要求设六科	江南商务局改设	江南商务局、矿政调查局等	日行员、核对员、检查员、档册员、司事、书记、差弁、号房、茶房、亲兵、杂役
安徽	设总务、农务、工务、商务和邮传五科,无矿务科,1911年增设矿务科	被裁安庐滁和道道署改设	先归并垦牧树艺局。1911年归并矿务总局,劝业公所始设矿务科	

续表

省份	分科情况	衙署	归并局所情况	其他设员情形
山东	按朝廷要求设六科	租房	农工商务局、矿政调查局、铁路矿政局、垦务局、教养局	德文翻译 1 员,司事 2 员,化验处司事 1 员,头等书记 3 名,农工商总四科经书 2 名,清书 9 名
山西	设总务、农工商、矿务、邮传四科	被裁冀宁道道署改设	农工局、矿务局	
河南	设六科,暂以商务邮传归并一科	被裁粮盐道道署改设	商务农工局、矿政调查局	
陕西	按朝廷要求设六科		农工商矿、石油等局	调查员临时选派,无定额,统计司事 4 名,各科总书记 3 名,散书记 8 名,长班 2 名,茶炉兼打扫 1 名,听差、营勇 3 名
甘肃	按朝廷要求设六科	被裁兰州道道署改设	农工商矿总局和度量权衡局	
福建	按朝廷要求设六科	被裁督粮道道署改设	农工商局、矿政调查局	
浙江	按朝廷要求设六科	由农工商矿局改设	农工商矿局	书记、录事、公役、厨夫、调查员
江西	按朝廷要求设六科	新建	农工商局	门子 4 名,听事吏 2 人,快手 12 人,皂隶 12 人,轿伞、扇夫 7 人,铺兵 2 人
湖北	按朝廷要求设六科	多次迁动,最后在善后局办公	归并矿政调查局	
湖南	按朝廷要求设六科	由被裁粮道道署改设	归并矿政调查局,改设矿务公所,后归入矿务科	各科书记 10 员,图绘书记 1 员,调查书记 4 员,缮写 12 名,杂务 1 名,亲兵 4 名,杂役 16 名,公丁 11 名

省份	分科情况	衙署	归并局所情况	其他设员情形
四川	按朝廷要求设六科,后又增设茶务科	由劝工局改设	农工商局、矿政调查局、劝工局	
广东	按朝廷要求设六科	由粤海关监督旧署改设	农工商局、矿政调查局	调查 2 员,招待 1 员,统计处缮校 1 员,管理新市局租契 1 员,书记 3 员,测绘 2 员,还有录事、杂役、护勇若干
广西	按朝廷要求设六科	盐法道移驻梧州,其衙署改设劝业公所	农工商务局、矿政调查局	测绘员、跟丁、书役
云南	按朝廷要求设六科,后将矿务科划出,专设矿务公所	由抚标守备衙门改设	农工商务局、矿政调查局	门子 2 名,快手 12 名,皂隶 12 名,轿伞、扇夫 7 名,铺兵 2 名
贵州	按朝廷要求设六科		农工商局、矿政调查局	

资料来源:根据《政治官报》、各省清理财政说明书等相关资料整理而成。

表 4-1 反映了清季各省建置劝业公所的基本状况,但是欲了解和认识各省建置劝业公所的具体情况及彼此间的共性和差异,则需从更多层面考察。综合比勘各省劝业公所的建置及其运作情况,新旧制交替过渡具有以下特点。

一　局所虽有归并整合,但不到位、不彻底

清季外官改制一定程度上是对行政机关的系统化和统一,裁并局处所自是题中要义。《各省官制通则》规定:各省原设各项局所,应视事务繁简裁并,分设幕职,由该督抚核办。就劝业道而言,因其对应于中央的农工商部和邮传部,涉及的局所数量大、种类多、隶属关系复杂,相关利益盘根错节，归并整合难度大。为使改制顺利进行，农、邮两部经过长期协商，针对不同局所实行不同的收编和管理办法：其一，"其各省原设之招商、铁路、电报、邮政等局及商办之铁路公司一切事宜，该道应会同筹商，督饬保护"，也就是说，邮传部所辖各局所及铁路公司不在归并之列，应继续保存；其二，如农工商部、邮传部将来在各省设专局，其章程载明劝业道兼辖者，"该道应按照定章切实筹办，其现在两部颁定通行各项条例，该道均应遵守"，不得兼辖，这为此后两部在直省特设专局不让督抚插手做了安排；其三，各省原设农工商矿各局所俟劝业道简放到任后，均归该道管理，"惟该道设立之初，于各项实业一时未能周悉，不便概行裁并，应择该道擅长者归并专任外，其余旧有总办得力者可仍旧分任局所事务，改为会办、坐办，而由该道总司考察办理"。[①]

由此不难看出：（1）农、邮两部在协商劝业道职掌任用章程时对如何归并各部所辖局所存在严重分歧，邮传部不愿将涉及交通事务的局所归并劝业道管辖，而农工商部则主张统归劝业道管理，以一事权。二者争执不下，最后分别对实业、交通类局所采用不同的方式处理，改制不到位、不彻底，留有"尾巴"。（2）邮传部保留招商、铁路、电报、邮政等局，不让劝业道管辖，既有便于统辖直省交通事务的考虑，也有将来设立交通使的设想。短期来看，此举虽有利于改制顺利推进，但交通类局所的留存也埋下了此后劝业道与其摩擦冲突的隐患。尽管如此，设立劝业道的历史进步性毋庸置疑，它的建置毕竟改变了此前农工商矿各局"散而无统""九龙治水"的局面，使实业行政逐渐归于统一。

二　实行分科治事，以专责成而资佐理

《直省劝业道官制细则》规定，各省劝业公所设总务、农务、工

[①]　《宪政编查馆奏考核直省劝业道官制细则酌加增改折（并单）》，《政治官报》1908 年 8 月 4 日。

艺、商务、矿务、邮传六科，并明确了各科主管事务，以专责成而资佐理。从各省劝业公所分科情况看，多数省份按照章程设立六科，但有些省份也根据本省实际量为变通。东三省具有改制自主性，设科与其他省份差别较大。黑龙江劝业事务由提学使兼任，未设劝业公所；奉天最初设农务、商务、工务、庶务四科，后来又添设矿务科，其邮传事务由官报局办理；吉林劝业道设立之初，先设总汇科，后陆续添设其他各科，除各科长、科员外，另设佥事一缺，总理各科事务。① 与上述省份相似，安徽最初也未设立矿务科，矿务局继续保留，1911 年裁撤矿务局，归并于劝业公所，始设矿务科。云南设科也较特殊，最初设立六科，后来鉴于该省开采矿务日趋紧要，又划出矿务科，特设矿务公所。② 另外，有些省份考虑到经费短绌，个别事务较简，有两科并为一科者，也有三科并为一科者，比如河南劝业公所将商务和邮传并为一科，山西劝业公所将农、工、商并为一科。

各科具体职掌方面，各省也根据本省实际进行细化。总务科是劝业公所之中枢，掌承办机要、议订章程、考核属员、编存文牍、收发经费、统计报告及实业、交通学堂各事项。福建劝业公所规定，"本公所所办各项事，除随时由本道详明督院并农工商部、邮传部外，应按年将兴办实业、交通事项及用人、款项等事详列表册说帖，由本道详院报部，以备统计"。③ 湖北劝业公所总务科科长权量说：湖北劝业道刘保林到任之初，"公所组织规画多取决于余，并呈明督院延余兼领总务科科长，所有实业行政各机关均由公所总绾……此数年中迭任各项职务，事多繁重，批阅案牍恒在夜分，劳顿已甚，辛年事方壮，精神亦尚畅

---

① 《吉林劝业道光绪 34 年实业统计表》，吉林省档案馆藏吉林劝业道全宗，档案号：10 - 1 - 525。

② 《督院李批布政司劝业道会详筹办矿政总局情形并拟章呈核各缘由文》，《云南官报》第 1 期，1911 年 2 月上旬。

③ 《福建劝业公所试办章程》，《厦门日报》第 782 号，1910 年 9 月 20 日。

旺，勉力趋公尚未贻误事机，亦云幸矣"。[1] 可见，总务科责重事繁，在劝业公所中居核心位置。为使总务科各项要务具体到人，直隶劝业公所在总务科内设机要、编存、收发、会计、庶务五股，并明确各股职责；江西劝业公所总务科分设机要、文书、统计、会计等五股，其中机要股所掌事务最多，达 13 项之多，成为总务科的核心。[2] 不过，有些省份未在科下设股，比如浙江劝业公所直接将各科员定名为编制员、文牍员、正副会计员、收发员，并明确其职责；江宁则将总务科科员分为文牍、编辑、收支、统计，各司其职。另外，江宁劝业公所还参仿四川、江西等省规则，特设日行、档册、核对、检查各员暨酌设司书人等，"分司各事，以期周密"。日行员所掌事务有：专司开拆来文，摘由挂号缮印后，录由封发之事；管理应办文件，按照总务科要求，派定分送各科之事；凡随文解到银两、标本图样及移发札银两、标本图样等事，会同收支处点查登记。核对员负责管理核对各项文件，兼司标判事。检查员管理全所各员人等每日到簿，呈报劝业道查考，考查各科每日拟办稿件，并稽查司书人等办事勤惰。档册员负责管理全所各项文件，承管各科文卷，遇有各科调阅，随时检付，调阅各卷，阅时既久，得随时稽查取回归档，所存卷宗俱立簿挨次登记。这些人员的配置，使劝业公所分工细致入微、办事井然有序。

农务科位列总务科之后，表明朝廷对兴农极其重视。此前设立的农务局、垦务局、树艺局、蚕桑局等局所所管事务归并于该科办理，诸如农田、屯垦、森林、渔业、树艺、蚕桑及农会、农事试验场各事项。农为工商之本，各省在设科时多设置此科，唯山西一省将农务与工商合并，设为一科。农务科较原农业类局、所、厂、场所管对象和范围大为扩展，如江宁劝业公所农务科掌管八大事宜：（1）筹议整理耕地、规划渔牧场所，检查种子、肥料、饲料，预防水旱灾变病疫，驱除害虫及

---

① 权量编，权国华续编《适园老人年谱》，《北京图书馆藏珍本年谱丛刊》第 196 册，书目文献出版社，1999，第 449—450 页。
② 《江西劝业公所办事细则》，《江西农报》第 3 年第 4 期，1909 年 5 月 4 日。

其他维持农业一切事宜；（2）调查本省农业习惯；（3）考核官民耕种、森林、渔牧各业成绩销路，设法提倡改良，并稽查官办农业之收入及其他一切事宜；（4）调查本省官有之已垦、未垦之田园、山林，及民有或无主之未垦之田园、山林，设法开垦整理；（5）筹议推广建设农会，农林、水产各项学堂，讲习所、试验场、陈列所及其他属于农务行政之各种设备；（6）核办本省关于农务注册、保护、奖励、限制、取缔一切事宜；（7）核定本省关于农政的单行法规及暂行章程；（8）编核本科各种文报表册、图说及其他一切文件。①

工艺科掌工艺制造、机器专利、改良土货、仿造洋货、工厂各事项。直隶劝业公所工艺科分设工务、审定、登记三股：工务股掌管关于工业调查、工业试验所、工业传习所、监察保护工厂、劝办工厂、仿制洋货各事；审定股负责审察发明工艺品之利弊、评定改良，或仿造工艺品之优劣，比较同类工艺品之等级；登记股掌管关于考工发给奖牌、秉承农工商部发给专利凭证、造具工业表册之事。江宁、甘肃等省劝业公所的工艺科除了直隶劝业公所工艺科规定所管事务外，还负责检查、厘定度量权衡事宜。从工艺科所管事务看，各劝业道对工业的调查、研究、试验、教育、监察保护、奖励评优，乃至仿制和抵制洋货较为重视，尤其鼓励提倡创造发明，以发挥工艺创新在兴利中的独特作用。

商务科将商业、商勖、赛会、保险及商会各事项纳入其管理范围。甘肃劝业公所商务科还有访查商会、现时舆论、各种商业旺衰以及稽核官银钱局等职责。直隶劝业公所根据商务科所管事务设商业、调查、公司三股。与江宁、甘肃两省工艺科管理度量权衡事宜不同，直隶劝业公所商务科商业股负责度量权衡事宜，公司股负责监察各公司资本是否充足、营业有无违背商律以及劝设各项公司。

矿务科的设置，显示朝廷重视矿产资源的开发保护和利用。矿务科一般负责执行矿章、监察保护矿业、兼收矿税、处理矿界纠纷、聘请矿

---

① 《江宁劝业公所办事细则》，《江宁实业杂志》第 1 期，1910 年 8 月 24 日。

师，以及考察地质土性、化验矿苗、测量矿地等事。江宁劝业公所明确规定，矿务科负责调查矿产区域、设法预防安全事故、取缔矿夫、监督民办矿业、调查本省矿业习惯、考核官民采办各矿成绩销路、设法提倡改良，并稽查官矿收入及其他一切事宜，并筹议官股、劝募商股，开采本省各矿，筹办矿业学堂、矿产陈列所、矿质化验所及其他矿务行政所需各种设备，等等。

设置邮传科与总务、农务、工艺、商务、矿务五科并列，便于劝业道行使交通行政职能与邮传部对应。该科掌管航业、铁路、轮车、电线及测量沙线、营治埠头厂坞、考察路线、稽核通运行车以及电话、电车、邮政各事项，囊括该省各项交通事务的管理。各省劝业公所大都设立了邮传科，但安徽劝业公所较为特殊。它最初设立邮传科，1910 年春，劝业道童祥熊鉴于邮传科无所事事，又将其撤销，拟俟邮传事务发达，"再行添派专员"。[①] 由于邮传部所辖各局所没有归并劝业公所内，即使劝业道在劝业公所内设立邮传科，也很难具体管理交通事务。

需注意的是，随着劝业道职责范围的扩大，有些劝业公所在规定的六科之外还增设他科。比如，1910 年 9 月 16 日，清廷谕令将四川盐茶道改为盐运使，所有川省茶务划归劝业道管理，但如何归并却遇到麻烦。劝业道周善培认为，"茶务为特别要政，事务蝥繁，既不能以有买卖性质而并归商科，又不能以其关系种植而属之农业，复不能以其不属于各科而便归总务。盖其事涉纷歧，诚未能如驿站事项可以单纯归入邮传科办理者。且年来劝业事项发起日多，各科人少事繁，已苦日不暇给，就便强为分配，亦虑贻误滋多"，最终在劝业公所六科之外，又增设茶务科，"委任科长、科副各一人，外设司事一人，管案一人，头等书手四人，二等书手六人，科长、科副均遴选通晓茶务、素有经验者分别委派，管案、书手即就盐道衙门书吏中选择留用。……如此，则事虽

---

① 《撤销劝业公所邮传科》，《神州日报》1910 年 3 月 7 日。

变通，仍与定制不背而责有专属，庶于要政有裨"。①

总之，劝业公所的建构体现了近代科层制的精神。它一方面扩大了管理的对象和范围，另一方面便于督抚、劝业道管理行政事务。各省旧有农工商矿各局条块分割，互分畛域，各自为政，管理范围狭隘，内容形式单一。改制后，兴利事务统由劝业公所内相应的科处理政务，劝业道提纲挈领，执简御繁，管理起来更灵活方便，有利于提高行政效率。但整个机构能否高效灵活运转还取决于各科人员布局是否合理及其素质的高低。

三　专门人才乏，新瓶装旧酒

旧有农工商矿各局派委人员既无法定数额限制，也无资格条件约束，多由督抚自主札派委任，缺乏有效监管，结果局所任事者水平参差不齐，甚至冗员充斥，虚靡经费。为防止劝业公所内人员无限膨胀，《直省劝业道官制细则》明确规定，劝业公所每科设正、副科长各一员，其科员额数由劝业道据事务繁简酌定，但是总务、邮传两科不得过四五员，其余每科不得过二三员；在用人资格方面，强调专业人员办专业事，科长、副科长、科员均以中外高等、中等实业或路、电等项学堂毕业生及曾办实业、交通确有经验者担任，但开办之初可不拘原官品级酌量差委，仍将各该员履历申报督抚暨农工商部、邮传部备案，以加强上级主管部门的监督考核。这样不仅利于保障劝业公所的人员素质，而且能提高任事各员的责任意识。

总体上看，各省劝业公所的人员配置大体遵照定章办理。就人员编制而言，各劝业道多按章程要求酌设人员，通常在设所之初，事务较简，配置属员相对较少，随着政务渐繁，再禀请增设。如湖北劝业公所设所之初，因事务较简，除各科委正、副科长各一员外，定总务科科员

---

① 《督宪批劝业道详兼办茶务拟增科设员专办文并原详》，《四川官报》第31册，庚戌十一月下旬。

三员，邮传科科员二员，其余四科各派一名科员，一俟事繁，即照章程要求分别添派。① 但各省劝业公所事务繁简不同、经费盈绌有别，超编或缩编的情况普遍存在。福建实业基础较为薄弱，事务相对清简，劝业公所六科只设科长 1 员，无副科长；总务科设 4 名科员，农务、工艺、商务、矿务、邮传五科，每科只设 1 名科员，② 少于章程要求的数额。陕西劝业公所因经费支绌，兼科现象普遍，往往一科科长兼别科科长或副科长，各科员数均未设齐，且多兼摄。核计总务科科长兼农工商三科副科长 1 员，科员 2 员；农务科科长未设，科员 1 员，农务科科员兼商务科科员 1 员，农务科科员兼理树桑公社 1 员，而且该科学习专办树桑公社事宜 2 员；工艺科科长 1 员，科员 1 员，工艺科学习专办工艺厂 2 员；商务科科长兼工艺科科员 1 员，科员 1 员；矿务科科长兼总务科副科长 1 员，科员 1 员；邮传科科长 1 员，统计处委员 2 员。③ 四川劝业道周善培喜铺张，经费又充足，劝业公所人员严重超编，总务科设科长 2 人，科员 9 人；农务科设正科长 2 人，副科长 4 人，科员 2 人；邮传科科长 1 人，副科长 3 人，科员 2 人。其正、副科长之数竟超过科员数，与定章要求相差甚远，以致时人说：四川劝业公所人员较先前局所内的人员激增不少。④ 广西总务科科员 6 人，邮传科科员竟多达 13 人，⑤ 大大超过法定 5 人的最高限制。上述情况说明，各省省情不同，主政者对劝业公所的人员配置数额与定章要求也有较大出入。

劝业公所除有科长、科员骨干维系运转外，还离不开书手、司事、差遣、杂役等人员服务。《直省劝业道官制细则》未对这类人员做任何

---

① 《劝业公所分派科员》，《时报》1908 年 10 月 12 日。
② 《福建劝业公所试办章程》，《厦门日报》第 783 号，1910 年 9 月 21 日。
③ 《陕西全省财政说明书》，中央财经大学图书馆辑《清末民国财政史料辑刊补编》第 8 册，国家图书馆出版社，2008，第 660 页。
④ 《各局所》，周询：《蜀海丛谈》卷二，台北：文海出版社，1966，第 317 页。
⑤ 各科人员额数也会因经费、人员变动、事务繁简等因素时常变动，文中各数据是根据《宣统三年冬季职官录》所得，详见内阁印铸局编《宣统三年冬季职官录》，台北：文海出版社，1969。

要求，各劝业道根据需要委任。吉林劝业公所除设首科佥事、科长、科员外，还设差遣员 1 员，行走员 2 员，办理传送文件、日常杂役等事务。[1] 四川劝业道周善培在公所内设立统计处，派正、副委员各 1 人，司事 1 名，书手 2 名，专办统计事项。[2] 广东劝业公所六科之外，还设有调查、招待、统计处缮校、管理新市局租契、书记、测绘、录事、杂役、护勇等员，人数依事繁简酌定；当公务繁忙，公所人员难以兼顾时，还临时添雇书手帮助缮写文件、书稿。山东劝业公所除科长、科员外，还设有翻译人员，遇有交涉事件帮助处理政务，另设有司事 2 员和化验处司事 1 员，处理相关杂务。浙江劝业公所除科长、科员外，设有一、二等书记员各 6 名，录事 6 名，公役 10 名，厨役 4 名。江宁劝业公所六科之外还设日行员、核对员、检查员、档册员以及书记、差弁、号房、茶房、亲兵、杂役等。奉天劝业公所除设正、副司书外，还设一等艺师，一、二等艺士。[3] 甘肃劝业公所除科长、科员 32 员外，还有书记 30 名、杂役 16 名、守卫兵 10 名，"为数甚多"。[4] 诸如此类，各省劝业公所除科长、科员外，还有相当数量的人员处理日常杂务和提供后勤保障服务。

就人员素质论，《直省劝业道官制细则》规定各劝业公所科长、副科长、科员均以中外高等、中等实业或路、电等项学堂毕业生及曾办实业、交通确有经验人员担任，但开办之初可不拘原官品级酌量差委。从各省实际情况来看，各劝业公所人员基本以旧学出身为主，且候补人员占绝大多数。[5] 吉林劝业公所佥事、科长、科员共 21 人，其中举人 2

---

① 吉林省清理财政局编《吉林全省财政说明书》，行政经费，广东省社会科学院图书馆藏，第 12—13 页。
② 《统计设处》，《四川官报》第 6 册，庚戌三月中旬。
③ 《奉天行省公署咨议厅会同各司道公议分科职掌章程》，《盛京时报》1907 年 8 月 30 日。
④ 《详请由统捐局拨设劝业公所购地修房银两文》，彭英甲编《陇右纪实录》卷一，台北：文海出版社，1988，第 26 页。
⑤ 据附录一之表 1、表 2、表 3。

人，附生 4 人（其中一人为留学生），附贡 2 人，监生 4 人，笔帖式 3 人，留学生 2 人，新式学堂毕业生 2 人，廪贡 1 人，廪生 1 人，拔贡 1 人。① 浙江劝业公所科长、科员共 24 人，其中进士 1 人，举人 8 人，监生 6 人，贡生 4 人，附生 1 人，新式学堂毕业生 3 人，留学生 1 人。② 可见，旧学出身者占绝大多数，新学出身者甚少。

就年龄结构而言，劝业公所办事人员以中年为主。以浙江为例，平均年龄约 39 岁，较为年轻，其中最大者 51 岁，为工艺科科员；最小者 23 岁，为矿务科科员，浙江法政学堂毕业生。③ 这说明，劝业道似更注重选派年富力强、思维敏捷、社会活动能量大的人士处理实业和交通行政事务。

籍贯分布以外省人员占多数。吉林劝业公所本省人仅 1 人，浙江劝业公所本省人 6 人，甘肃劝业公所本省人 2 人。④ 回避本籍仍是劝业道任用属员考虑的关键要素。当然，有些省份本省实业人才确实匮乏，不得不从外省选调属员。如吉林刚改设行省，实业正处萌蘖之际，实业人才甚为缺失，必须从外省选拔；甘肃僻处西北，实业人才相当稀少，也需选用外省人士。相比而言，浙江风气开通较早，实业基础较好，人才多，劝业公所内本省人占比较大。

另外，各科人力资源分布不平衡也是各省劝业公所建置的一大特色。通常而言，各科科长、副科长，无论官阶还是品级均较科员高，以便统领该科事务，而总务科人员素质要求更高，原因是总务科是劝业公所的核心部门。此外，各省劝业道还根据本省发展实业的轻重缓急，在人力资源分布上有所侧重。比如，吉林劝业公所农务科除配置 3 名科员外，还在垦务股下设文牍、稽核、支应、差遣员，而工艺科和矿务科每

---

① 据附录一之表 1。
② 据附录一之表 2。
③ 据附录一之表 2。
④ 详见附录一之表 1、表 2、表 3。

科只有 3 名科员，商务、邮传两科每科只配置 ? 名科员。[①] 可见，吉林劝业道非常重视农业发展，尤其是垦荒事务，而工商矿和交通事务相对较缓。

从以上分析看，劝业公所人员配置情形与当时实业人才匮乏相关。近代实业教育萌芽于新政期间，许多实业学堂学生尚未毕业，出国学习实业者也屈指可数，实业人才寥寥无几，甚至到 1915 年，陆宗舆还感叹："日本工业人才，年出五千人以上；农业人才，年出二万人以上；商业人才，年出万人以上。……我国之大，十数倍于日本，而实业专门人才，自外国学而归国者，年不过数十人。"[②] 可见清末民初新式实业人才供不应求的现实。另外，各省劝业道多旧人出身，本身似也不愿延纳新人，加上人情请托，不得不延用大量候补人员或当地士绅做事，这就导致劝业公所的办事人员素质整体不高，参差不齐，一定程度上影响了劝业和交通行政效率。

对此，某国公使晤某公爷云："贵国改官制之初心，原欲除积弊、行新政，现在衙署改矣，津贴增矣，自形式上观，已俨然一新。就精神上言，则充新官职者，仍暮气以深之旧官员也。以旧官而办新政，反不如仍办旧政较有范围。窃以为贵国之新政，断非旧官可以办理，即使用豪杰新进为之助，然在上者既多旧官，则新进者恐亦无从施其才力也。"某公爷答："余亦明知贵公使此言之用意，但余亦无能为力。"[③]

其实，某公爷所谓"无能为力"正反映了当时办新政、改官制与人才匮乏之间的现实矛盾，新官制难逃新瓶装旧酒之嫌。

设立劝业公所需妥善处理其与原农工商矿各局的交替过渡及被裁道缺的人员安置问题，这就意味着新机构必须接纳原农工商矿各局内的部分人员和被裁道缺的部分人员，人情请托势必也会攀缘各方人士而入，

---

① 见附录一之表 1。
② 《政府公报》，民国 4 年 9 月，第 67—68 页，转引自阮忠仁《清末民初农工商机构的设立——政府与经济现代化关系之检讨（1903—1916）》，第 203 页。
③ 《外人深知改官制之真相》，《广州总商会报》1907 年 2 月 13 日。

以致多数劝业公所成了位置私人的场所。孙念希回忆说，山东劝业道萧应椿喜风雅、亲士类，"当时道署所致良橼如邵介眉、萧龙友、沈梦久之流，亦殊矫矫"。① 龚雪樵是贵州都匀府知府王玉麟的幕僚，主钱谷，当王玉麟升任劝业道时，"偕至省任道署科长"。②

当时各省劝业道一掌篆务，无不借机呼朋引伴。江宁劝业道李哲濬委用人员，科长则一半来自劝业会，科员则仍商务局之旧，"颇有继承敷衍气象"。③ 江西巡抚冯汝骙札饬劝业道组建劝业公所说："分科遴员，但须足敷任使，不必求备，以节糜费。"④ 但实际情况远非如此。劝业道傅春官为答各方面人情，在新设劝业公所位置数十员，又因无法推拒纷至沓来的推荐者，不得不大加扩充百花洲的陈列所，添委所长、管理、招待等项多员，"以期公义私情交相兼尽"。⑤ 山西劝业公所设立后，听鼓诸人各逞捷足，"以冀博得一差为目前啖饭之地"，时人不禁质疑："讵知实业一类与别种行政机关性质不同，尚可以敷衍塞责，特未识运动家曾抚衷自问，尚有一副实业本领否？"⑥ 两江总督张人骏幕僚黄仁寿原任江宁财政公所总务科科长，财权统揽，肆无忌惮，莅差仅一年，私囊已数万，为壮大声势、笼络心腹，将一班粤籍候补及在粤有关系者逐渐引进，安置要津，其中在劝业公所任事者就有多人，如委叶大端（广东县丞）为差遣员，又令其办理各项营房、炮台、工程优差，兼劝业道科员；同乡李崇鎏任勘办工程处委员兼劝业道收支，兼审查行辕收支；许崇秀任杂捐科正委员兼劝业道编辑科科员，兼帮办文案。每人月薪均二三百两，"盖公所中凡有粤字关系者无不名利双收"。⑦

---

① 周一良：《钻石婚杂忆》，第 219 页。
② 独山县政协文史资料研究委员会编《独山文史资料选辑》第 3—4 辑，第 80 页。
③ 《白门黑幕记》，《时报》1910 年 7 月 22 日。
④ 《本道通详各部院遵饬拟订劝业公所办事细则并说略请核示立案文附抚宪冯批》，《江西农报》第 3 年第 4 期，1909 年 5 月 4 日。
⑤ 《劝业道位置闲员之新场合·赣省政界种种》，《时报》1909 年 8 月 19 日。
⑥ 《劝业道设科办事》，《顺天时报》1911 年 4 月 8 日。
⑦ 《江宁财政公所之裏面》，《神州日报》1911 年 2 月 7 日。

这些史实表明：劝业公所任事者大多凭人脉获得差委，他们以同乡、同学、师友、亲戚、幕僚等为纽带夤缘而入。难怪有人说："自外省各署实行分科办事后，于是向日之书吏易其名曰书记生，平添无数候补官，以与书吏争食。而署中办事者，则仍为向日之书吏。舞弊者，则仍为向日之书吏，不过较诸以前多一枯坐嗅鼻烟之官。呜呼，此所谓换汤不换药之改革也。"①

劝业公所受新式实业、交通人才匮乏及人事攀缘、新旧制过渡交替等因素影响，难以实现新人办新事的改制目标，旧人办理实业、交通新政势所必然。福建粮储道被裁后，署内所有旧时书史悉移归藩司仍旧办理粮储事务，分巡房书所管水利事务应归劝业道兼管，但劝业道张星炳不分权属，固执己见，饬其统移藩司管理，该书吏申辩曰："水利既仍属劝业道，若随众书吏并归藩署，无此名目，定不收留。"② 再四恳求张星炳留任，然张星炳仍不肯留，该书吏终落抱璧向隅境地。

为杜冗员冒滥，严把用人关，有些劝业道采取措施加以管控。《福建劝业公所试办章程》明确规定：劝业公所科长、科员不拘原官品级，"由本道慎选资格相当之官绅，禀准督院酌量委用"。③ 湖北劝业道刘保林上任伊始，详请鄂督札委各项科员均先试用三个月，如果能胜任，再行给札，并咨部查核。④ 后来高松如任湖北劝业道，决意详加甄别考察劝业公所各科科长、科员，要求此等人员必由实业出身及办公精慎者方准留办，其稍不称职之员即行撤差。⑤ 不过，这些多是新官上任的一把火，时日一久，位置私人又不免发生。

劝业公所位置私人与清季用人机制变动密切相关。胡思敬对新设官缺不拘章法任用私人痛斥道："自新衙门兴而奏调行，一纸荐达，动辄

---

① 《时评二》，《时报》1910 年 10 月 31 日。
② 《独抱向隅》，《闽报》1910 年 6 月 14 日。
③ 《福建劝业公所试办章程》，《厦门日报》1910 年 9 月 20 日。
④ 《劝业公所科员统行试办三月》，《顺天时报》1908 年 10 月 18 日。
⑤ 《湖北政闻片片录》，《时报》1909 年 9 月 4 日。

数十百员，不阶尺寸资劳，昂然捷足而据要津。然堂官调用私人，尚须以一疏饰词入告。至奉天等省投效人员，千百成群，上不请旨，下不咨部，无论是官非官，但得取径而入，即檄之署任，委之兼差，无复等威阶级之可言。"① 此言不虚，官制变动令各色人等争相趋竞，就连吉林巡抚陈昭常也坦承：东三省改设行省，各司道佥事、科员皆由长官遴选，颇有汉代征辟遗意，于是各方人士奔走，冀得破格录用，其中虽有出类拔萃者，但滥竽充数者亦复不少。且又有有挟而来者，不得不曲为位置。因此，"溺职营私、党援朦混诸弊，即因缘而生，造端虽微，流毒滋大"。为慎选僚属，陈昭常规定，各署、局、处及盐厘各项差使，嗣后如有应派人员，均应提前开单，或二三员或四五员，出具切实考语、简明履历，呈候抚院传见考询，再行酌派。其已经派定者，亦迅将履历、考语开送存查，务令据实开填，以凭随时考察。"倘未经报名，未曾传见，擅自派委者，即是私人应给薪水，即由该委长官自行发给，不得开支公款。"② 由此可见，当时新设官缺位置私人的情况比较严重。

朝廷对直省新设官缺位置私人问题早有警觉。直省实施新官制后不久，朝廷王大臣会议时指出，京外办理新政，增建衙署，添设属员，"日无休暇，需款甚巨，而各处冗员并未认真裁汰，殊属虚弥国帑"，拟饬令各省督抚详细调查所有冗缺，"速即奏明裁撤，以节糜费"。③

1909 年 2 月 7 日，清廷再次下旨强调：近来京外各衙门举办要政，"奏调人员即请加经费，往往未能综核名实，或以微员而膺不次之擢，或以一人而兼多处之差，究之所荐者未必皆奇特之士，所用者实不免奔竞之人。近年新设衙门、新建省分往往多坐此弊，冒滥虚糜，实为恶习"。各部堂官及各省督抚嗣后奏调、咨调各员均由吏部考核，"官阶

---

① 《请罢新政折》，胡思敬：《退庐全集·疏稿》，第 888—889 页。
② 《抚宪札饬各司道处嗣后派委人员须先开单呈候传见考询再行酌派文》，《吉林官报》第 21 期，1909 年 8 月 26 日。也见《吉林行省为将当差各员出具考语、履历呈候考询的札文及吉林劝业道、林业局等各局处的呈文》，吉林省档案馆藏吉林劝业道全宗，档案号：10 - 1 - 209。
③ 《议裁各省冗员之近闻》，《并州官报》第 24 期，1908 年。

履历相符再准发往，其所得薪金有多至数处者，亦应由该管长官切实裁汰。至各衙门官员薪费，并着核实厘定，毋得漫无限制"。① 这道上谕指出的问题，劝业公所也不例外，但各省往往视为具文，不予落实。

清廷多次试图整顿劝业公所用人之弊，但多是雷声大雨点小，成效甚微。1910年5月，枢府指出，各省所设巡警、劝业两道有统筹全省民政、实业专责，关系至为重要，"倘各项科员所任非人，必至乖误"，要求民政、农工商两部规定两项科员的资格——"凡充巡警道之科员者，须由警务中学毕业。充劝业道之科员者，须由各项实业中学毕业，其他一般无知识者，不得妄自引用。"②

1910年7月，有消息称，农工商部拟厘定劝业道用人章程，"其科长、科员非由高等实业学堂毕业出身者不准任用"，予以约束规范，并传言"刻已起草，不日可以发表"。③ 不久，《大公报》报道，枢廷片交民政、农工商两部，"现已屡催各省督抚遵照前次谕旨，甄查本省巡警、劝业两道，以符朝廷注重民政、实业之本意。惟该两道属下科员尤关重要，即拟厘订应具资格及办事规制，再会同宪政编查馆详加核议，以便奏请颁行"。④ 但有关劝业道属员任用资格章程迟迟未见发布，内中原因，似与当时实业人才短缺不无关系。

面对实业人才短缺的现实，农工商部尚书溥颋深有感触："各省实业人材均形缺乏，去年曾经本部设法造就扩充，成效迄未大著。"人才既匮，制定劝业道属员任用章程与纸上谈兵无异。他于是提出变通方案，拟制定分发实业人员办法：嗣后除游学生经廷试授知县职应赴省外，其余均不得留京，应由该部将农工商各科人员汇为一册，分咨各省督抚开单列明实业各项学堂、局、厂及官私各公司所需人数，"电知本部，即由

---

① 《光绪宣统两朝上谕档》第35册，第22—23页。
② 《巡警、劝业科员之资格》，《神州日报》1910年5月19日。
③ 《京师近事》，《申报》1910年7月4日。
④ 《拟订巡警劝业科员之规则》，《大公报》1910年7月15日。

本部请旨发往该省委用，并声明不扣资薪"。① 要求各省督抚查照执行。农工商部此举，一方面是希望提高各省举办实业人才的素质，另一方面也想将各省实业行政用人权收归该部，但各省督抚均不买账。

1911 年，农工商部再次将整顿劝业道属员问题提上议事日程。农工商部考虑到劝业道所属各员"非具有专门学业不足以资匡赞而励进行"，且 1904 年奏设的高等实业学堂学生已毕业，"此项学生在堂五年，于各项学科研究有素，如使见诸行事，于实业进步无不裨益"。建议经学部考试，奏奖举人，照章以知州、知县、州同分省尽先补用，通咨各省督抚札饬劝业道酌量委用这批毕业生。②

由此可知，农工商部此前虽然有心提高劝业公所办事人员的整体水平，加大新式实业人才的用人力度，但限于实业人才匮乏而无力实现，只能待高等实业学堂第一届学生毕业再圆前梦，但为时已晚，不久辛亥革命爆发，美梦瞬间破灭。

四　机构层级分明，属员职责清晰

《直省劝业道官制细则》虽未规定劝业公所内各办事人员之间的层级和权限关系，但很多劝业公所自订的办事细则对此进行了明确。江宁劝业公所规定了各科人员的权限，如总务科科长、副科长秉承劝业道命令，有主管本科事务，并同各科人员会商筹议全所事务及拟稿、核稿之责；总务科科员秉承劝业道命令，有协同科长、副科长办理应管事宜和拟稿、核稿之责；各科科长、副科长秉承劝业道命令，有主管本科事务和拟稿、核稿之责；各科科员秉承劝业道命令，有分任本科事务和拟稿、核稿之责；日行、档册、核对、检查各员有协同总务科指派司事、书记办事，并与各科接洽之责；各科司事、书记有承受本科科长、副科长、科员指派办事之责；劝业道经管的各局所各员均有与本公所接洽之

① 《实业人员概由部派》，《国风报》第 1 年第 19 号，1910 年 8 月 15 日。
② 《护院魏准农工商部咨高等实业学堂毕业生分发到省请饬酌量委用缘由行道照办文》，《广西官报》1911 年 3 月 5 日。

责；总务科对于各科有稽核驳正之权，各科对于总务科亦有辅导之责，"彼此应虚衷商酌，以收群策群力之效，不得抑制推诿，致生龃龉"；"各科人员均得秉承劝业道直接办事，凡特交之件，何人担任，即由何人拟稿。如于意旨未明可直接请示办理，毋庸辗转委托，致生壅隔"；科长对于副科长，副科长对于科员，"应勉为勤奋，以身作则，科员对于长、副亦应和衷共济，同负责任"。①

这些规定明确了各科的职责、科长与科员的层级关系以及各科之间的协调配合机制，形成了一套较为合理、完整、有效的行政管理体系，为劝业行政的规范运作做了较好的制度设计与安排。

五　运转流程规范，办事纪律严明

办事流程和规则是劝业公所各员遵守的规章制度，是保障劝业公所按章办事、有条不紊运行的关键。甘肃劝业公所要求：各处公文、函电送呈劝业道拆阅后，均发交总务科省视，其应归某科办理者，即由总务科加盖某科戳记，分送各科承办，俟缮毕送签，仍由总务科径发，以便检查；各科接到总务科交到应办事件，本科科长即面商副科长，交由科员拟稿，科长审定画押后均送总务科科长复核，再呈劝业道核定判行，仍发本科书记缮写，不得耽延。并严明时间限制，撰拟稿件详文一般不得超过三日，批行须逐日办竣，如有疑难必须面禀劝业道定夺，经粘签请示者可略展缓，以防办事人员拖沓敷衍；总务科应置号簿一本，各科应置分号簿一本，注明何项公文某日发交，某科某日承稿，某日缮签，逐日呈送劝业道核阅，以察勤惰。为改变过去书吏舞文弄墨的痼弊，各科案卷档册均由各科人员自行清理，一切公牍自行起稿，起稿员均需签名，不得假手书记，致蹈故习。劝业公所设会议室三间，自劝业道以次，每日办事咸聚一堂，面商定议。设接待室一间，以便访询绅商各项实业及交通情形。每科各设办事室三间，为庋存档卷暨科员办公之处。

---

① 《江宁劝业公所办事细则》，《江宁实业杂志》第 1 期，1910 年 8 月 24 日。

该公所还仿照外国行政机关的工作日制度，明确规定各员办公时间为每日早九钟到所，晚四钟散，遇有特别繁难事件奉劝业道命令督饬赶办者不在此列，星期、令节倘无紧急要公，通行休息；各科人员办事时间内非关系本科公务不得接见宾客，以履行公务为基本准则。另外，还实行严格考勤制，各科人员均不得率行请假，如果系不得已事故须请劝业道允准，至多以五日为限，五日以外应呈请劝业道派员代理。鉴于六科事有繁简，各科人员均负办理之责，不得划分界限，倘遇某科事务繁难之时，尤需总务科科长禀请劝业道协调他科人员协理，或各科会办，如本科书记缮写不及，可径调他科书记帮缮，以期迅赴事机。各科科员均须轮流值日，以资照料，临时由本科科长商派。各科人员由劝业道随时考核其办公之勤惰及任事之能否，另置一簿，分别存记功过，一年期满再行查期，详请督宪分别赏罚，以示劝惩。

直隶劝业公所也有类似规定，特别是在公所议事程序上制定了更为详细的规章制度。直隶劝业公所内设会议处，每星期六午后劝业道率同各科人员到会议处会议一次，如有重要事务，随时传集。[①] 该会议处简章由宗旨、会员、会所、会时、会律、问题、议案、决议、各员、附则等项组成。其宗旨是研究该所各科应办或改良各事宜及其进行方法，以该所各科科长及科员充之，会所在劝业公所中楼，"每星期六下午三时至五时，如遇特别紧要问题得由该科（即发生问题之科）科长会同总务科科长禀请道宪，并招集与该问题有关系之科员开临时会"，研究讨论。其"会律"是：各员闻铃依次入座，会议时务遵守秩序，毋得紊乱；各员发议时可抒意见，辞气贵尚和平，若一人发议未毕，他员毋得任意搀言，致淆观听；议毕按时鸣铃散会，若研究问题较多，亦得稍延时间。会议内容先由各科科长、科员拟定，于每星期四由各科科长汇交总务科科长，分别缓急呈请劝业道，阅择后即由书记员交写生誊印，于

---

① 《劝业道孙道多森详定劝业公所办事细则》，甘厚慈辑《北洋公牍类纂续编》卷二二《工艺》，台北：文海出版社，1999，第1699页。

星期五分发各会员，以备各抒心得，于会议时公同研究。"会议各种问题以多数会员之赞成假定之，由书记员随笔议案于簿"，散会后由总务科科长将议案簿呈请劝业道判决施行，如有各员各抒己见，条陈劝业道之事项，不列入会议讨论议题之内。① 可见，直隶劝业公所制定的议事决策流程和发言机制具有一定的科学性、平等性、对话性、严肃性和仪式感，这种民主决策机制的引入，改变了过去衙门长官独断专行的故习。

另外，劝业公所办事纪律较为严明。福建劝业道张星炳为防止公所丁役勒索禀礼，特牌示说："（劝业——引者注）欲求民隐，必先除壅蔽隔阂之习。凡士民人等来署具禀一切事件，但须于禀末载明住址加盖地保，或各衙门代书戳记及店铺图章，投交劝业公所收发处收呈，即行批示，并不能花费分文。倘有丁役人等借端索取禀礼各名目，准投禀人立时喊禀严究，决不姑容。"② 湖南劝业道唐步瀛牌示："凡有呈请关于实业、交通事宜，本道立予批判，如果实关紧要，必须面见者，无论绅商士庶，立即随时接见，并无片刻留难。总期上下相通，毫无隔绝，庶可振兴实业。"③ 吉林劝业道上任伊始，便申明宗旨，严密关防，"以期利无不兴，弊无不革"，出示晓谕，让各绅富商民知悉，"凡关于农工商实业事件，除照章呈禀外，有必须面陈者均准来辕随时晋见。并可倡言利弊以祛上下隔阂之患，而收集思广益之功，但不准以他事相干，并不准有所馈遗"；同时，要求该署委员要洁己奉公，不得与绅商私相结纳，借端招摇，"望各绅商共体此心，力图公益。倘有前项情事，轻则屏斥宣布，重则严切究惩"。④ 这些纪律客观上能够保证劝业公所办事人员从公廉洁任事，了解商情民意，促进实业和交通新政的发展。

---

① 《劝业公所随时报告》，《大公报》1910 年 6 月 29 日。
② 《劝业道预禁丁役勒索》，《闽报》1910 年 6 月 26 日。
③ 《劝业道之新猷》，《中外日报》1908 年 11 月 3 日。
④ 《吉林劝业道为申明宗旨严密关防共图公益给绅商的晓谕》，吉林省档案馆藏吉林劝业道全宗，档案号：10 - 1 - 123。

六　薪费名目繁多，来源杂、多寡别

各劝业公所经费大多由经常和临时两部分构成。经常作为额支，临时作为活支。其经费来源多由被裁道缺和农工商矿各局挪移而来，如有不敷，再设法筹拨。至于农工商部和邮传部在劝业道官制细则中允诺的农、邮两部每年分两季，按照省份大小发给调查费不逾两千两的规定，则鲜有兑现，各省调查费多暂行自筹，迨部拨之款到账即行停止。如"广西之劝业道每年酌给公费银八千两，不设养廉、役食，豫、浙、鄂、赣等省则定公费银一万两，廉俸尚不在内，云南则定支公费银四千两"，① 或丰或菲，无统一标准。

各省劝业公所各项薪费不仅名目不同、数额不等，且来源有别。江宁劝业公所各项薪费由商务局原有经费悉数充支，如有不敷，在裕宁官银钱局盈余项下拨补。安徽劝业公所应支薪水等项在原垦牧树艺、工艺各局厂经费项下筹拨。② 四川劝业公所经费一半来自其举办的官硝店，③一半由被裁成绵龙茂道之款改支。④ 云南劝业公所所需各项费用由善后局拨支，作正开销。⑤ 湖南劝业公所经费在井税年租一半解司项下拨支，其矿务公所经费另在井税公费四成之一项下拨支，宣统二年裁撤矿务公所，所有收支费用拨入劝业公所矿科办理。⑥ 浙江劝业公所科员薪水及房租、杂用、额支、活支各款每年共支银二万六千四百七十二两，

① 《陕西全省财政说明书》，《清末民国财政史料辑刊补编》第 8 册，第 660 页。
② 《护理安徽巡抚沈曾植奏新设巡警劝业两道酌给养廉等折》，《政治官报》1908 年 10 月 27 日。
③ 《督宪批劝业道详订官硝章程文》，《四川官报》第 29 册，己酉十月上旬。
④ 《四川款目说明书》，北京图书馆出版社影印室辑《清末民国财政史料辑刊》第 3 册，北京图书馆，2007，第 784 页。
⑤ 《又奏劝业公所经费作正开销请立案片》，《政治官报》1910 年 1 月 5 日。
⑥ 湖南省清理财政局编《湖南全省财政说明书》，岁出部，实业费，广东省社会科学院图书馆藏，第 1—2 页。

除额俸另归缺俸项下列销外，其余均在地丁银项下动支，由藩司按月移解。① 广东劝业公所除支给科长、科员、书记、调查、招待各员薪工以及伙食、杂用等项外，还设有年节犒赏费和添雇书手缮统计表工资费。② 奉天劝业公所司书、夫役以及调查员、工程师应支薪水等项，"按月由劝业道咨由度支司请领转发，虽员司时有增减，而各就其等级之高下以定薪津之多寡照章支给，向有定额。道署办公各项支款向系实用实销，并无定额，复有留学英、美、日各国学生应支学费亦由道署请领。其余关系实业之堂、场、局、所所需经费统由道署拨"，以上费用均于度支司税捐项下动支，"系属内结正款"。③ 陕西劝业公所经费每月额支银一千四百两，开办费银四百两，均在厘金项下动支。④ 陕西因经费支绌，劝业公所内兼差者较多，该公所规定，"以他处而兼本所差者只给夫马，以本科而兼各科科员及兼办应隶本所事务者，不加薪水"。⑤ 其经常、临时各费暂由财政局厘金项下动支，作正开销。另外，该所还自农工商矿局划入数宗款项，其中包括马厂地租、城壕地租、屯军地价、工艺厂拨款等。

劝业公所分科办事，分层负责，有助于提高工作效率，但受制于办事人员素质高低不一、经费不敷使用等现实问题，种种腐败也层出不穷，影响兴利绩效。如湖北劝业公所之事权上不掌于劝业道，下不操于科员，多半握于某门丁之手，书记长汪竹泉亦是前任劝业道刘保林之门丁，科员中稍有骨气者，"多不屑与彼二人伍，汪尤交结无赖，包揽各处具禀开矿等事"。⑥

① 浙江省清理财政局编《浙江全省财政说明书》，岁出部，实业费，广东省社会科学院图书馆藏，第 54 页。
② 广东清理财政局编订，广东省财政科学研究所整理《广东财政说明书》卷十六，第 11 类，实业费，广东经济出版社，1997，第 729 页。
③ 奉天清理财政局编《奉天全省财政说明书》，广东省社会科学院图书馆藏，第 114—115 页。
④ 《又奏筹给劝业道廉俸公费片》，《政治官报》1910 年 2 月 3 日。
⑤ 《陕西全省财政说明书》，《清末民国财政史料辑补编》第 8 册，第 661 页。
⑥ 《湖北劝业道内幕之谈片》，《时报》1910 年 1 月 24 日。

江西劝业公所的腐败情形令媒体抨击不断。江西劝业道傅春官深居简出，不愿见客，将应办公事甩手各该科长、科员核办，赣人甚是痛恨。劝业公所腐败更甚：舞弊家丁与卑鄙委员充斥其中，号房林某管收发公文，并于稿尾盖上图记，一切公事一经其手往往延宕时日，"有至一两月之久者，而以商务为最甚；林当内差，极得宪太太之意，故根底至为深固，大人虽恶其专横，而无可如何"。又有某委员，表面当某科差事，"实则为贾府赖大、林之孝一流人物，其势亦尊，无二上"，凡有求于劝业道者，"必于此两途任择其一"。但自劝业道署经费被裁后，"亦渐有冷落之势矣"。劝业公所编辑实业杂志，内容既简，出版又迟，装订印刷均不讲求，所插图画模糊一片，不可辨认。至1911年初才出至第八期，距省较远的州县，"才收到四、五月份之报，而每年认销之报费则以数千金计也"。① 有人痛斥道：傅春官劝兴实业，"毫无效果，纯以铺场面闹阳气为能事。而劝业公所、陈列所、矿务局均为该道之人，每岁糜费不下数万金"。② 还有经理赣省某煤税委员，系劝业道傅春官之妻舅，性嗜冶游，"日前在土妓月红家大开筵宴，酒酣耳熟，竟与劝业公所某委员大兴醋海之波，各以老拳相奉。而月红亦助某令掌击该委员，嗣经众人劝息，某委员亦畏该令之势，不敢与较。事后经警区查悉，驱逐该土妓出界，以免滋事"。③ 江西劝业公所人数虽多，但办事者甚少，物议沸腾，劝业道傅春官两耳发热，急欲整顿，但令其为难的是，"持大老八行营谋差委者络绎不绝，颇难安置，却之不便"，不得变通办理，将劝业公所各员与陈列所委员对调过半，"以便名实相符而宽位置"。④

浙江劝业公所的腐败情形也多被媒体披露。工艺科副科员强惠□，原籍江苏溧阳，1910年得其父奥援，夤缘入所，"因卑鄙龌龊，能为人

---

① 《江西官场之五光十色》，《神州日报》1911年1月21日。
② 《赣江宦海之新潮》，《时报》1910年8月22日。
③ 《江西宦海新潮》，《时报》1911年1月13日。
④ 《劝业道更调查科员之原因》，《申报》1909年8月4日。

所不能，故得上峰垂青，不数月超升科员，作威作福，滥赌狂嫖，眷一拱北苏妓名花悴春者"，挥霍无度，以致债台高筑。为取得劝业道的帮助，诱劝业道董元亮公子同游。事为董元亮所闻，董碍于官声，拟即撤差，但是"碍于乃翁颜面，又得公子力保"，其事遂寝。董元亮公子允借给三百金，俾供强氏为花妓赎身。后强氏受到董元亮的优待，被委为书记，得以稍偿债务，还扬扬得意，在酒肆告其友曰，"我之爱花，君亦犹某观察之眷恋江千画舫之小媛媛也，而某公子之鼎力代我斡旋者，实畏我以性命相搏耳"，酒后茶余，得意妄言，"座客咸为诧愕不置"。①

综上所述，劝业公所的设立对近代省级实业、交通行政机构的近代化具有重要意义。它借鉴近代西方国家行政机构的科层制精神，结束了过去农工商矿各局"散而无统"、各自为政的局面，有助于保障劝业公所的正常运转，提高行政效率。但是，由于受旧体制的影响，以及实业人才短缺、监督不力等因素的制约，劝业公所仍然存在诸多不尽如人意之处。

第二节　添设劝业员：绅权的利与控

州县官在清代官制体系中为"治事之官"，② 与百姓关系最直接，因而也被称为"亲民之官"。《清史稿》概括其职责说："决讼断辟，劝农赈贫，讨猾除奸，兴养立教。凡贡士、读法、养老、祀神，靡所不综。"③ 州县官肩负如此多的政务，但其衙署内并没有配置专门佐理农工商矿和交通事务的属官，正式的佐治官只有两类：一是所谓佐贰杂职（简称"佐杂"），包括各直隶州、属州的州同、州判、吏目，各县的县丞、主簿、典史、巡检；二是儒学学官，各州置学正、训导，各县置教

---

① 《劝业道署新人才之艳史》，《申报》1911 年 1 月 9 日。
② 瞿同祖：《清代地方政府》，范忠信等译，法律出版社，2003，第 29 页。
③ 《清史稿·职官三》卷一一六，第 14 页。

谕、训导。① 这些佐治官均不是专门管理农工商矿各业的职官，遇有农工商矿事务，州县官往往交给幕友或胥吏料理。新政兴利的客观需求与州县无相应佐治官之间的矛盾日趋凸显，添设管理实业和交通事务的佐治官成为外官改制的重要组成部分。对州县官而言，添设劝业佐治官可收佐理赞襄之益，于劝业道而言又可收指臂之效，还可奠地方自治之基，一举多得，法良意美。但其议设过程并不顺利，不少督抚以人才难得、经费难筹、自治基础薄弱等由反对州县增设佐治员。经过博弈，厘定官制大臣吸纳督抚意见，略做变通，通过减少佐治员添设数量并准佐治员兼任的方式，消除了督抚的顾虑，最终清廷准各直隶州、直隶厅及各州县酌设劝业员等五名佐治员，裁撤各直隶州、直隶厅及各州县所设佐贰杂职，令其酌量改用。而且清廷准许劝业员可参用本地士绅，反映了清季官制改革对绅权既利用又控驭的一面。探究当政者对劝业员的添设、选任、监管、考核的实情可为今人认识理解我国近代州县行政管理知识与体制转型提供独特视角。

一　议设劝业员

端方、戴鸿慈考政回国，在《奏请改定全国官制以为立宪预备折》中明确指出，藩、臬、府、县各官"皆独肩巨细，绝少分司，漏略阙疏，殊多未善"，相比而言，日本府县官制，"凡府县署中分设四部：曰内务，曰警务，曰收税，曰监狱"，"是其辅佐周备，织悉靡遗"，建议我国州县也酌量取法，分曹治事，各设专官，"如此则分职不备之弊除矣"。② 端、戴两大臣虽然在折中未明确提出州县添设管理"兴利"事务的佐治官，但是指出的中外官制利弊引发朝廷深思。

清廷对比反思中西制度短长，也意识到州县添设佐治官的重要性，

① 参见魏光奇《清代州县治理结构述要》，《首都师范大学学报》（社会科学版）2003年增刊（《中国近现代史研究专辑》）。
② 《出使各国考察政治大臣戴鸿慈等奏请改定全国官制以为立宪预备折》，《清末筹备立宪档案史料》上册，第370、378页。

谕令奕劻等编订外官制大臣说："方今民生重困，皆因庶政未修。州县本亲民之官，乃往往情形隔阂，诸事废弛，闾阎利病，漠不关心，甚至官亲幕友肆为侵欺，门丁书差敢于鱼肉，吏治焉得不坏，民气何由而伸……兹当改定官制，州县各地方官全系尤要，现在国民资格尚有未及，地方自治一时难以遽行，究应如何酌核办理，先为预备。或增改佐治员缺，并审定办事权限，严防流弊，务通下情，着会商各省督抚一并妥为筹议，必求斟酌尽善，候旨遵行。"① 该上谕表明清廷试图在州县增改佐治员缺，改变幕友、门丁把持政务的局面，肃清吏治，沟通下情。

外官改制进入方案讨论阶段，州县增设专门负责农工商矿及交通事务之佐治官的议题提上日程。厘定官制大臣在致电各省督抚商酌外官改革意见的电文中说："亲民之职，古今中外皆所最重。我朝承明制，管官官多，管民官少，州、县以上，府道司院层层钤制。而以州县一人萃地方百务于其身，又无分曹为佐，遂致假手幕宾，寄权书役，坏吏治，酿祸乱，皆由于此。今拟仿汉、唐县分数级之制，分地方为三等，甲等曰府，乙等曰州，丙等曰县……每府、州、县各设六品至九品官，分掌财赋、巡警、教育、监狱、农、工、商及庶务，同集一署办公。"② 清廷拟在州县添设佐治官，要义有三：一是革除幕宾、书吏等把持地方政务、败坏吏治的弊病；二是形成上下贯注的行政体系；三是借增设佐治官，推动州县农、工、商、教育等各项新政事务的发展。

对此，各将军、督抚多以添设众多佐治官无以筹经费、难以得其人为由，力主不宜操之过急，建议议改之始亟宜变通铨选之法以得人，作育人才，筹谋集款办法，夯实基础。总之，要量时量力而为之。③

考虑到督抚建议慎行添设州县佐治官，编制局遂变通办法，拟订

---

① 朱寿朋编，张静庐点校《光绪朝东华录》第 5 册，总第 5580 页。
② 《厘定官制大臣来电》，苑书义等编《张之洞全集》第 11 册，第 9563—9564 页。
③ 侯宜杰整理《清末督抚答厘定地方官制电稿》，《近代史资料》总 76 号，第 51—90 页。

了《行政司法分立办法说帖》。针对督抚以"无才、无费为词"拒添州县财赋、巡警、教育、监狱、农工商及庶务等佐贰员的问题，编制局据理力争。因为劝学员是学部颁定的劝学所章程要求必须添设的，巡警可由典史改设，缺少的仅财赋、农工商两项，因而厅州县分设总务长、主计员、警务长、劝学员、劝业员、典狱员六位佐治员即可。这些佐治员可由各州厅县自行选举，"不拘官绅"，地域狭小的州县"许其兼摄"，但至少设四员，如此添设佐治，经费"似尚易筹"。至于佐治员的选任资格，"拟不拘官绅，凡法政学堂毕业者，旧为举贡生员者，地方素著名誉者，皆可延揽。惟当定其资格，毋许冒滥，自收得人之效"，各督抚设考验处负责甄别州县原佐杂官和实缺候补各员，"合格者注册，听各州厅县详请委用；文理不通者，沾染烟瘾者，给予川资，一律咨回原籍；教职年已笃老者，改为文庙奉祀官；各员年少未学者，令入学堂毕业后，以原班候委"。如此则仕路清、人才出，"亦与变通铨选之意隐相为用"。① 如此变通才稍消督抚对添设佐治员的顾虑。

1907 年 3 月，《厘定各省官制总则草案》出台，建议各厅州县添设劝业员。此草案根据上述说帖精神，明确提出各厅州县应添设佐治员，其中劝业员，掌理该厅州县农工商务、营缮和交通事宜；各厅州县如地小事简，不必备设者，可以一人兼两职；各厅州县应按定章就合格人员内辟举劝业员，由督抚委用，咨部存案，原佐杂等官由该督抚酌量裁撤，奏明办理。② 不久，总司核定官制大臣奕劻等上奏《续订各直省官制情形折》，请朝廷在各厅州县增易警务长、视学员、劝业员、典狱员、主计员五名佐治员，作为地方自治基础。与《行政司法分立办法说帖》相比，减去了原议设佐治员总务长 1 名。其中，劝业员掌理该厅州县农工商务及交通事宜，"各直隶厅及各州县佐治员缺，应由司道各就

---

① 《厘定官制局谨拟行政司法分立办法说帖》，邓实辑《光绪丁未（卅三年）政艺丛书》，台北：文海出版社，1976，第 1729—1738 页。
② 《厘定各省官制总则草案》，《盛京时报》1907 年 3 月 6 日。

本科考取国文通畅、科学谙习人员（凡佐贰等官，举人、五贡及中学以上毕业生，均可与考），详请督抚委员"。劝业员"可参用本地士绅，由州县采访舆论，举其贤能端正者，一律详请与考委用，仍分咨各部存案"，其考取委用详细章程，"由考察政治馆会同各部议订通行"。① 至此，州县添设管理农工商和交通事务的佐治员之事才尘埃落定。

州县添设劝业员既反映了地方官制的调整，又折射出州县治理模式的转型。就官制层面而言，直省设置劝业道，州县添设劝业员，能够形成上下有序的实业、交通行政管理体系。从州县治理模式转型角度看，据瞿同祖研究，州县事务是由士绅与地方政府共同管理，"两个集团相互依存，又各自以不同的方式行使着自己的权力。两种形式的权力相互作用，形成了二者既协调合作又相互矛盾的关系格局"，但与地方政府所具有的正式权力相比，绅士行使的"属于非正式的权力"。② 以此而论，州县增设劝业员，并准用本地士绅，说明清廷将这种"非正式的权力"引入州县实业、交通行政的正式权力系统内，从而可更好地发挥士绅在实业和交通事务发展中的"自治"功能，使地方人任地方事，这与此前绅士在体制外管理地方实业、交通事务已大不相同。

二　积极倡设，利控并施

兴利任重事急，但绅权正式介入州县实业和交通行政管理体系也是千年未有之变局，清廷因此格外重视劝业员的设置与管理。1909 年 11月，清廷要求各省划分区域，增设劝业员，劝导改良实业事宜，并严加考核，"所有各区域成绩统由劝业道核其优次，以定各该员办事之臧否而促各业之进步"。③ 1910 年初，农工商部札各省劝业道速饬各属选举

---

① 《出使各国考察政治大臣戴鸿慈等奏请改定全国官制以为立宪预备折》，《清末筹备立宪档案史料》上册，第504—505、509—510 页。
② 参见瞿同祖《清代地方政府》，第 282 页。
③ 《分区劝业之计画》，《大公报》1909 年 11 月 18 日。

劝业员，驻扎各该州县赞助劝业事宜，"借资收效，所有该员之资格、履历仍须列表报部以备存案"。① 是年 6 月，农工商部再次札饬各省劝业道说："振兴实业为开辟利源最急之要图，惟事务繁赜，非恃官力所能办理完善，应即遵照部章在所属各府州县选举劝业绅员以资襄赞，并须将选定各员之资格、履历开列清表详送到部，以备存查。"② 与此同时，农工商部还向各省劝业道发放调查表，调查各省劝业员资格，"俟造报齐备，即行详加查核，认真甄汰"。③ 可见，劝业员补官力兴利之不足的地位愈加显要，同时，朝廷和农工商部也在加大对其的监督考核力度。

劝业道对应于中央的农工商部和邮传部，政务繁重，亟宜添设劝业员执行上级主管部门的各项政令。直隶劝业道孙多森指出，创办实业"非赖贤牧令匡其不逮"，"以欲为斯民者劝者，先为牧民者劝"，"若非照章设立劝业员不足以资赞助"。④ 浙江劝业道董元亮视劝业员为"劝业公所各科之初级机关"，⑤ 特制定《浙省各厅州县劝业员试办章程》，催促各厅州县遵照施行。福建虽设立劝业道较迟，但劝业道设立后，便颁行劝业员试办章程，⑥ 要求各厅州县迅速建置。广东劝业道陈望曾札饬各属急速筹款，设立劝业员，"毋再因循，致滋贻误。其有地方公款因举办他项新政提拨在先者，亦应遵照此次批行，通融酌拨，以励实业进行"。⑦ 整体上看，各省添设劝业员较为积极。

不过，各省劝业道在倡设劝业员的同时，也对其严加控驭，规范劝

① 《部饬选举劝业员》，《大公报》1910 年 1 月 10 日。
② 《凡催各省选举劝业绅员》，《大公报》1910 年 6 月 9 日。又见《札催各省选举劝业绅员》，《甘肃官报》第 33 册第 1 期，宣统二年七月；《劝业员绅出现了》，《舆论时事报》1910 年 6 月 15 日。
③ 《农工商部调查各省劝业人员》，《大公报》1910 年 7 月 16 日。
④ 《直隶劝业道通饬各属研究各项实业札文》，《大公报》1910 年 6 月 18 日。
⑤ 《移送各州县劝业员章程》，《申报》1909 年 9 月 11 日。
⑥ 福建劝业员试办章程仿照浙江而定，详见《闽省各属劝业章程》，《厦门日报》第 765 号，1910 年 8 月 30 日、31 日。
⑦ 《袁督慎防劝业员之扰累》，《大公报》1910 年 6 月 6 日。

业员的劝业行为。云南昆明、通海两县官绅具禀劝业道刘孝祚，拟先试办劝业分所以为示范，护理总督沈秉堃准其所请，但明确申明："此等公所乃一属地方实业行政、交通行政之补助机关，一切事宜仍须受地方官之指挥监督。规模固无取乎宏阔，而组织权限尤宜详晰厘定。"① 这是各省督抚、劝业道对厅州县添置劝业员的普遍要求，各厅州县劝业员既要听劝业道的命令，又要受地方官的监督指挥。

除要求劝业员听督抚命令、受地方官监督指挥外，各省劝业道还从劝业员的选任、职掌、佐理人员的配置、薪水、功过考核等方面监管劝业员。

第一，在选任劝业员方面，各省劝业道普遍重视，但是受实业、交通专门人才不足，经费短绌等因素的制约，实际上难以做到任用得人。按照《直省劝业道官制细则》的规定，劝业员应由地方官保送到劝业道，详请督抚考取委用，考取详细章程由宪政编查馆会同相关各部议定。但是，宪政编查馆始终没有制定出劝业员考取详细章程，各省劝业道均根据本省实际变通办理。

大体而言，直隶、浙江、福建、江宁、四川等省劝业道选任劝业员相对较严。直隶劝业道孙多森要求各州县保送合格人员，并亲自监督其在劝业公所的考试，详询各地方实业情形，然后札发各州县履职。② 浙江劝业道董元亮札饬各该地方官选择合格人员，出具切实考语，"禀由劝业道详请札派委用"，所谓的"合格人员"须具备以下资格。（1）舆论素孚，廉能公正。章程中还特别注明，"此八字最宜注意"，可见该条最为关键。（2）国文通畅，科学谙习者。（3）平时曾办实业及交通各事，确有经验者。（4）参用官绅，凡各项职官或举人、五贡及中学以上学生，得有毕业凭照者。③ 福建选任劝业员的方式与此类似。江宁

---

① 《护督院沈批劝业道详拟饬各属设劝业分所先由昆明通海两县试办文》，《云南教育官报》1909 年 4 月 20 日。
② 《劝业员有人》，《大公报》1911 年 5 月 22 日。
③ 《浙省各厅州县劝业员试办章程》，《浙江官报》1909 年 11 月 15 日。

选任劝业员略严。劝业道要求各地方官首先慎选通晓实业、熟悉商情之员保送，先札派试充，经实习称职者，再行详请加札委用；劝业道亦可径行派遣确知有谙练、诚实可靠之员充任，唯必须具有以下资格：（甲）品行端正，众望素孚，不染嗜好者；（乙）国文通畅，科学熟习者；（丙）曾经办过或现在在办理实业、交通等事，确有经验者；（丁）官绅互用，凡各项职官举人、五贡及中学以上或实业专门学生得有毕业凭照者。① 江苏苏属劝业员的选任方式与之大同小异。② 四川劝业道周善培为选拔优秀的劝业员，特设专门的培训机构——劝业员养成所，通过对厅州县保送的候选人集训六个月，来甄选劝业员。③ 经过各厅州县保送、养成所的考核培训，四川劝业员养成所第一班学员 188 人于 1909 年 8 月 3 日毕课，分赴各属劝业。④ 其后，养成所又招录了第二班、第三班学员。⑤ 1910 年底，周善培具详川督，委派三班毕业学员李文炜在城口厅开办劝业分所。⑥ 至此，四川设齐各厅州县劝业员。石体元回忆说：开办劝业员养成所，"算是一个热蒸热卖的办法。那时各县都先设了一个劝工局，各就所有土产原料生产了些日用东西；又设置了一个劝业所，仍然是依样葫芦并没有新的作用，因为清廷对地方实业根本不予重视，善培只好敷衍从事，照转一些纸片，无法展开工作"。⑦

与上述省份相比，广西、黑龙江、吉林、山东等省劝业员的选任较为宽松。广西直接从中等农业学堂中选拔劝业员。⑧ 黑龙江实业基础薄

---

① 《本公所拟定设立劝业员暂行章程》，《江宁实业杂志》第 2 期，1910 年 9 月 23 日。
② 《苏州农工商局详准各属设立劝业员》，《时报》1911 年 8 月 20 日。也见《苏属设立劝业员暂行章程》《新闻报》1911 年 8 月 25 日、26 日、27 日。
③ 《督宪批劝业道详拟呈劝业员养成所详章程课表并原详》，《四川官报》第 5 册，1909 年闰二月上旬。
④ 《督宪批劝业道详第一次拟派各地方劝业员并各员卒业成绩分别列表文并原详》，《四川官报》第 21 册，己酉七月中旬。
⑤ 《三班劝业员毕业》，《四川官报》第 16 册，庚戌六月下旬。
⑥ 《城口劝业分所开办》，《四川官报》第 29 册，庚戌十一月上旬。
⑦ 石体元遗记《周善培从政琐记》，《重庆文史资料选辑》第 12 辑，第 157 页。
⑧ 《又奏办理农林试验场片》，《政治官报》1909 年 2 月 10 日。

弱，经费支绌，由视学员兼任劝业员。① 吉林双城府以华胜公司查账员作为劝业员，"以求事分易举"。② 山东劝业员则是授权谘议局议员选任。1910 年，鲁抚孙宝琦考虑到山东官款支绌，就地筹款设立劝业员"亦复为难"，遂向谘议局常年会札发"议复选举名誉劝业员一案"，拟俟谘议局第二届常年会会期完毕后，各议员事竣回里，"令其选举平日热心实业之正绅，作为名誉劝业员"。经全体议员讨论，山东谘议局遵照原案提议，"均认俟事竣回里后，即各就本府州县选举名誉劝业员"。③

总之，各省劝业道选任劝业员有宽有严，但尤其注重从品行、乡望及办理实业、交通事务的阅历等方面考量。四川选拔任用劝业员较其他省份而言，程序更为规范，所选人员素质相对较高，是近代官员岗前培训制度的一次尝试，对此后人事制度建设颇具启示和借鉴意义。

第二，严定劝业员职掌权限。由于劝业员多系各地有资望、有产业的巨绅，权高势重，一旦拥有实业、交通行政管理权，权势必更加高涨，为明晰其权责范围，各省劝业道严定其职掌。以浙江为例，劝业员的职责主要包括劝导、调查、报告三部分。"劝导"的内容有：（1）风气未甚开通之处，地方绅富或未谙开办实业之利益，宜随时随地实力劝导；（2）乡僻愚民如有造谣生事，或生阻力，如开矿谓有碍风水，机器制造谓夺贫民生计之类，均宜切实开导晓谕，免滋事端；（3）境内凡有无业人民均应剀切劝导归农，或肄习工商各业；（4）凡遇各铺户操业不正，如贩卖赌具各项，有干例禁，有防治安者，均须责令切实改良，另习他业，唯不得借端滋扰；（5）遇有劝业道颁行劝诫、告示等，务须广为传播，剀切演说，俾众咸知；（6）绅商各界如有兴办实业著

---

① 《周中丞（少朴）抚江奏稿》卷二，台北：文海出版社，1966，第 161—166 页。

② 《新城府试设审判厅并劝业员大略情形事宜给劝业道的详文》，吉林省档案馆藏吉林劝业道全宗，档案号：10 - 1 - 43。

③ 《宣统二年山东谘议局议复暨自行提议农工商各案》，山东谘议局编《山东谘议局议案》，国家图书馆藏，第 1—12 页。也见《抚部院札谘议局发交议案法案及咨询事件文》，《山东官报》第 28 期，1910 年 9 月 11 日。

有成效者，可禀奖励，以示风劝；（7）本处如有外洋或本省实业学堂毕业学生学问优长、情形熟悉者，均应联络讲求、协同劝导；（8）已经开办各项实业，随时实力维持；（9）其开办而未甚发达者，尤宜设法推广；（10）境内凡设有农会、商会及有关劝业事宜，并应会同办理。劝业员调查的内容共有99项之多，涵盖农务、工艺、商务、矿务、邮传五个方面。"报告"分为按期报告、专件报告和秘密报告三种。按期报告是指将99项调查事项分类编辑，撰具说帖，详列图表，造册呈报，每年分为上、下两期，造报两次；专件报告则指凡奉劝业道特札、饬查事件及随同地方官筹办或绅商禀筹办各项事宜均应随时专件报告；秘密报告系指对于地方实业、交通等事，如有劣绅奸商阻扰掺夺，有意破坏，或商情紧急变动之事，均应随时报告地方官，并密禀查核，不得捕风捉影，淆乱听闻。① 其他省份劝业员的职责与此大同小异，但各省劝业员试办章程大都规定，劝业员不准干涉劝业事务以外的他项事件，如有违犯，查实后由地方官禀明劝业道给予相应处分，② 以防越权、越位干政。

第三，监督劝业员添设佐理人员。劝业员职掌事务殷繁，非一人能独理，需要一定的佐理人员料理政务，但劝业道也防范劝业员滥置私人、虚糜经费等行为。如江宁劝业道规定，劝业分所酌设书记、司事一二人，但至多不得过四人，分管文牍、缮校、图表及会计、庶务诸事，俾资辅助。③ 福建劝业道准劝业员酌设书记、司事一二人，"襄理文牍、缮校图表及经理会计事务"，"该书司由劝业员选充"，④ 但须具禀劝业道立案。针对一些州县劝业员滥用帮手、虚糜经费的问题，四川劝业道周善培做出严格规定："嗣后分所自一等迄四等，均只准聘用文牍一人，兼办庶务。一等地方每月薪火准支银拾两，二等地方只准支银七

---

① 《浙省各厅州县劝业员试办章程》，《浙江官报》1909年11月15日。
② 根据直隶、浙江、福建、江苏等省劝业员试办章程得知。
③ 《本公所拟定设立劝业员暂行章程》，《江宁实业杂志》第2期，1910年9月23日。
④ 《闽省各属劝业员章程》，《厦门日报》第765号，1910年8月30日。

两，三等、四等减为六两及五两。文牍以外准用写生一人，月支工食钱二千五百文，一、二等地方准添用杂役一人，不得有传事、跟丁等名目。"① 这样，周善培才遏制住劝业员滥用帮手的恶风。

第四，监管劝业员薪费收支。福建劝业道规定，劝业员开办、常年两项经费应由地方官就地筹款，禀请拨用，一切薪水杂费酌量支给，"总以撙节为贵，入款、出款按月由劝业员造册送由地方官核转报销，以杜糜滥"。② 四川劝业道周善培按照各州县农、工、商、矿、邮传事务繁简情况，将各属劝业员薪水、伙食、公费银标准分为四等，各州县务必设法妥筹，严禁"各劝业员越俎代筹"，"致使理财、行政合而为一，复生种种之流弊"。③ 不过，此项经费最终仍摊派在百姓头上。如四川乐至县劝业员杨三辅开办实业所（即劝业分所），其经费来源除售卖茧丝外，以公告费为大宗。每买业契价一串者，缴公告费十文，嗣加收百分之二，"入款颇丰，事业仍旧"。④ 乐山县县令为劝业员周光奎筹集劝业分所经费，在城内设立丝业交易公行，置官称、官平各一具，抽取公费，除行内开支此项公费外，"以一半作为巡警公用，以一半作为劝业公用"。⑤ 这说明，周善培要求州县筹集劝业员经费而又不扰民的主观愿望虽好，但实际往往与此相反。

第五，为奖勤罚懒，防止劝业员干预其他行政，各省劝业道还考核劝业员功过。江宁劝业道李哲濬规定：劝业员暂定一年为一任，任满考核，如果勤劳卓著，舆论翕然，由地方官出具考语，并附实绩，禀劝业道核定。如有特别劳绩，于职掌事宜确能切实推广，地方实业、交通等事成绩昭然，确有进步者，酌援办学成案，三年给予寻常，五年给予异常，由劝业道核实，汇请保奖，以示鼓励。倘或擅离职守，怠玩服务，

① 《明定薪工》，《四川官报》第11册，庚戌五月上旬。
② 《闽省各属劝业员章程》，《厦门日报》第765号，1910年8月30日。
③ 《督宪通饬筹定劝业员公费札文》，《四川官报》第20册，己酉七月上旬。
④ 《乐至县志又续》卷二，局所，1929年刻本，第8页。
⑤ 国家图书馆编《四川嘉定府文稿》第2册，全国图书馆文献缩微复制中心，2005，第513—514页。

办事因循，不洽商情，或超出职掌范围，妄预他事，甚或揽权纳贿，干涉行政，一经查出，或被告发，立予撤换。如情节较重，则专案从严参办，以昭惩戒。^① 浙江劝业道规定："劝业员任期以二年为限，任满如勤能称职，办有成效，即由地方官出具切实考语，禀劝业道核准继充，并予记功，以示奖励；倘或怠玩溺职、办理不善，及于职掌范围之外弄权揽讼，干涉他事，轻则撤换，重则究惩，得由各该地方官随时禀请办理，不必拘定任期。"^② 福建劝业员的赏罚规章与此类似。^③ 直隶劝业道孙多森则规定："劝业所各员如有办理合法，著有成效者，应随时记功。有特别劳绩者记大功。年终按记功之多寡，由地方官禀明劝业道，酌予奖励。其有固陋怠惰，或办理不善者，随时查明撤换。"^④ 四川劝业道周善培对劝业员的功过考核尤严，各分所自 1909 年开办至 1910 年三月底止，除南川县陈力一员因奉饬查办英牧师购买矿地一案遵限办妥，已由劝业道记功一次外，其余各员或办事贻误，或行检欠缺，亦经查实分别情节轻重，各照定章处罚，总计记过者十六员，记大过者二员，罚薪者二员，撤换者四员。^⑤ 1910 年夏季，四川各属劝业员经劝业道考核，井研劝业员吴亮工因饲蚕得法记大功一次，清溪、雷波、江北、酆都、东乡、雅安、太平等地各劝业员则记大过一、二次不等，其中以玩视蚕桑及无甚成绩者居多数。^⑥ 周善培要求各劝业分所将每月所办事项至少报告三次，但是各分所开办后，多未切实遵行，后来又拟定表式，札发各员，每届旬终，除本旬内发生之事随时禀明外，其余奉办及拟办事项均按旬具禀一次，月终再将月内具禀件数、事由填表汇报，"以便统计而备考核"。^⑦ 周善培对劝业员的考核在各省中恐怕是最为严格的。

---

① 《本公所拟定设立劝业员暂行章程》，《江宁实业杂志》第 2 期，1910 年 9 月 23 日。

② 《浙省各厅州县劝业员试办章程》，《浙江官报》第 13 期，1909 年 11 月 15 日。

③ 《闽省各属劝业员章程》，《厦门日报》第 766 号，1910 年 8 月 31 日。

④ 《直隶劝业道详督宪陈请设立劝业员并呈送章程（续）》，《大公报》1910 年 12 月 2 日。

⑤ 《赏罚分明》，《四川官报》第 10 册，庚戌四月下旬。

⑥ 《劝业员之功过》，《四川官报》第 20 册，庚戌八月初旬。

⑦ 《劝业报告之规定》，《四川官报》第 15 册，庚戌六月中旬。

劝业道对州县劝业员的监管，有利于规范劝业员的劝业行为，提高劝业行政效能，将绅权纳入可控的范围内，效力朝廷兴利事业。概而言之，劝业员和劝业分所的设立不仅对清季实业和交通的发展发挥了重要作用，而且奠定了中国州县实业、交通行政的基本格局。其意义主要体现在以下三个方面。

其一，有利于推动清季农工商矿和各项交通事务的发展。在此之前，厅州县不设专门负责管理实业和交通事务的佐治人员，劝业员设立后，有专门的部门负责管理兴利事务，职有所司，对督率和推动实业和交通事务的发展不无裨益。浙江劝业道董元亮在致各厅州县速设劝业员的电文中说："我国财力困难，非实业无以富国；风气闭塞，非交通无以利民。……弟忝司劝业，事有专归，而于各府厅州县督率提倡，尤责无旁贷。"请各处迅速遴选堪胜劝业员之任者克日呈请，由道加札委充，"庶几需人而理，佐治有成，于贵属实业、交通诸政而调查焉，而筹画焉，而兴办焉，而推扩焉，循序渐进，日起有成。靡特尊处得赞襄之益，即敝处亦借收指臂之功也"。① 四川嘉定府涪州知州陈伟勋在向谘议局呈请的议案中，这样形容劝业员与行政机关和农会之间的关系："其（劝业员）范围虽不专属农业，而农为工商本源，自应先为探本之治。各县劝业员亟应先劝农业，以该员为执行机关。农会研究方法，地方官宣布方法，该劝业员执行方法，赴乡督令农民依法改良，奖勤劝惰，力求地利。倘有阻滞，辅以官力。总期农业发达，民渐殷富，庶由富而强，而与世界农业近接，决胜将来，不只担负国用，为国民尽应有之义务已也。"② 由此不难看出，劝业员对兴利起着不可替代的作用。

其二，有助于改善官、绅、商、民关系，奠定地方自治之基。受士农工商尊卑有序、上下有别的社会结构影响，官民、官商隔阂已久，一

① 《劝业道董致各厅州县速设劝业员函》，《浙江官报》1910年1月3日。
② 《四川嘉定府文稿》第2册，第633页。

定程度上束缚和阻碍了中国实业和交通事务的发展，厅州县添设劝业员，"官治"与"自治"互补，架起了官、绅、商、民沟通协作的桥梁，有助于改善官商、官民关系。1910年春，四川劝业道周善培通饬各劝业员："以后不但于绅士商民之来所者，当随时接见商量，其事关实业即不肯来所者，劝业员亦应造门研询。其为本地著望之人，劝业员尤当一再访问，以期情谊交通，公益得以增进也。"① 劝业员一般乡望素孚，在当地威望高、社会联系广、活动能力强，且具有发展实业或交通事务的心得和阅历，因而对联络绅民，融洽官、绅、商、民关系，贯彻落实劝业道和地方官颁行的有关政令，倡率和组织本厅州县实业和交通事业的发展较为得心应手。

其三，促进了中国厅、州、县地方行政机构的转型。清代厅、州、县行政机关例设各科房，每房吏书多至数十人，其中不乏舞文弄墨、鱼肉百姓、虚靡经费、不识新政为何物之人。四川嘉定府涪州知州陈伟勋痛斥道：州县官"徒聚此游手好闲之人，日在官长之侧，不病小民，即妨行政"；而吏、户、礼、兵、刑、工各科房，一如旧日所有之六部各科房，但中央新添各部之后，"上下公牍骤加数倍，只以无房承办，遂分附于旧有各房，有同一事件先发此房，后又改发他房者，加以书吏漫不经心，以致一事而立数卷者有之，一卷而附粘他事至于多起者亦有之。每一检查，难窥全豹，其事虽小，贻误实大"。② 该知州指出了厅州县衙门难以适应清季政治、经济、社会发展需要的现实，而劝业员、劝业分所的设立对于改变这种局面无疑具有重要的意义。由于厅州县衙署固有的科房难以应付繁重的兴利事务，厅州县官像督抚一样，也在衙署外广设农务局、蚕桑局、商务局、农工商局、电报局等，一事一局，不一而足，冗员充斥，靡费甚巨。劝业员的设立有利于加快终结州县农工商矿各局分散混乱局面的进程。如云南师宗县县令拟在农工商务局内

---

① 《联络绅民》，《四川官报》第6册，庚戌三月中旬。
② 《四川嘉定府文稿》第2册，第621—623页。

附设农业研究所就被总督李经羲否决。李指出，该县应将原办之农工商务局照昆明、通海之例改为劝业分所，"方合正办"，"盖振衣必先挈领，张纲必先提纲，劝业分所即劝导各种实业之纲领也"。① 可见劝业分所的设立推动了厅州县衙署外农工商矿各局的整编改造。尽管有些州县的改制并不彻底，但这一改革为民国厅州县实业、交通行政机构改革奠定了基础，指明了方向。

据魏光奇研究，清季州县添设佐治官使得州县行政组织趋于合理化，具有明显的现代性质，表现有三。首先，它改变了佐贰游离于正印官为首的行政系统之外的凌乱状态，从而整合了相互割裂的州县行政。其次，它实际上改变了州县一级行政的正印官独任制，设立了相对独立的职能官员，佐治员不同于由州县官个人聘用的幕僚，属于按一定程序正式任命的国家官员。这种任官程序决定了他们不仅要对州县官负责，更重要的是要对国家负责，由他们来承担州县的各种行政职能，乃是使清代州县行政摆脱家长制、家产制而实行法制化运作的前提。最后，佐治员的职能不再局限于收税、听讼，而是包括教育、实业，这具有现代行政的特点，并为中国近代的县乡行政改革指明了大概方向。民国改元后，北洋政府颁布《划一现行各县地方行政官厅组织令》，其关于县行政机构的设计与《各省官制通则》是一致的。②

另外，劝业员的设立使清季实业、交通行政管理体系更加完密，尽管这一行政体系不够完善，③ 但其发挥着上申下行的重要作用。劝业员不仅宣传、贯彻、执行上级职能部门制定颁布的方针、政策、法令，而且也向上级职能部门反映厅州县实业和交通发展实况。1911

---

① 《师宗县秦署令并遵饬筹办种植议设农业研究所拟定简章并呈矿质说略由》，《云南教育官报》第 20 期，1909 年 6 月 7 日。

② 魏光奇：《晚清的州县行政改革思潮与实践》，《清史研究》2003 年第 3 期，第 25 页。

③ 阮忠仁指出，从空间上来看，清季即有一些州县未设劝业员，民国以后，"依然故昔，尤其在河南、山东、广东三省中，未设专业组织是全省的普遍情形。而其之所以如此，乃因实业经费与人才两缺所致"。详见阮忠仁《清末民初农工商机构的设立——政府与经济现代化关系之检讨（1903—1916）》，第 187—188 页。

年，农工商部为整顿农业起见，拟通饬各省劝业道将本省劝业员任事两年以上，于实业各项确有经验者，来京赴部报道，"听候面询一切事宜"。① 劝业员身处基层，对沟通实业和交通发展信息的重要意义由此可见一斑。

---

① 《农部拟调劝业员》，《大公报》1911 年 5 月 1 日。

第五章

一官摄两政：权限划分与调整

为使改制顺利，清廷尊重旧制，照顾各方既得利益，未清晰厘定劝业道的隶属关系，劝业道统摄实业、交通两政，看似暂时平息了农、邮两部的矛盾，但实际运作过程中实难有效兼顾统筹。劝业道与其他司道、局所牵连的相关职能权限也非一项制度能完全厘清，需要更多政治智慧化解矛盾，调停纠葛。谘议局成立后，劝业道与谘议局因各自职能定位不同，又各有所求，彼此较量。劝业道对州县官而言，虽然有督饬考察之权，但无督饬察举之实，劝业政令如何在地方有效贯彻落实，也是督抚、农邮两部、宪政编查馆乃至朝廷不得不面对的问题。随着改制的深入和劝业行政运作的展开，上述问题逐渐显露并影响着劝业行政的效能，划分调整劝业道相关职能权限又很快提上议事日程。考察相关部门不断划分和调整劝业道职能权限的过程及其引起的各方反应，可以更加全面认识劝业道在官制体系中形成的上下左右、复杂交织的行政关系，进而把握外官改制后实业、交通行政管理制度不断调适的脉络。

第一节 "两姑之间难为妇"：劝业道之隶属

一 再议外官制：劝业道究竟隶属于谁

《直省劝业道官制细则》明确规定：劝业道归本省督抚统属，秉承农工商部、邮传部及本省督抚之命管理全省农工商矿及各项交通事务；劝业道可由督抚奏请简放或先行试署，农、邮两部遇有缺出，亦可开单内简；劝业道除受本省督抚节制考核外，仍由农、邮两部随时分别考察，如有不称职者，可据实奏参。① 这些规定决定了劝业道受督抚和农、邮两部的双重领导，处在督抚和农、邮两部的监督制衡之下。朝廷希望以此加强农工商部对直省实业、交通事务的统领和监管，促使各地督抚积极兴利，加快推动农工商业和各项交通事务的发展。

如此设官建制法良意美，但实际非如朝廷，尤其是农、邮两部期许的那般理想。各省设官进程不仅与朝廷期望有一定距离，且首批劝业道几乎全是督抚私人，劝业道均视督抚为长官，办理政务处处仰督抚鼻息。农工商部对此深感不满，力主劝业道直隶于该部，集权中央。劝业道统摄实业、交通两政，邮传部亦认为难以内外融通、上下一贯。厘清劝业道隶属关系问题再次浮出水面。

1908 年，坊间纷传再启官制改革，农工商部便摩拳擦掌，试图收权。有消息称：民政部和农工商部拟令巡警、劝业两道遇事与部直接。但枢府对此颇不以为然，认为如果巡、劝两道与部直接，"则督抚反致无权"，因此通饬各省巡、劝两道，凡办各项事宜，"须随时禀商督抚，藩、学、臬三司办理，不准擅自专办。倘有交涉事宜，应即立时电禀，勿得延隐，以误大局"。②

邮传部对交通、实业合二为一本就感到梗阻、压抑，此时更按捺不住，积极活动，筹划设立邮传使或交通使，将劝业道兼管的交通事务独立出来。1908 年 4 月，邮传部各堂宪会议，"以所辖事务关系重要，必须内外声气相通，方足以裨治理。现拟奏请添设邮传使，分赴各省，专司办理邮传事宜，以冀认真整顿"，但考虑到兹事体大，"尚待详慎计

---

① 《宪政编查馆奏考核直省劝业道官制细则酌加增改折并单》，《政治官报》1908 年 8 月 4 日。

② 《巡警劝业两道之权限》，《盛京时报》1908 年 6 月 2 日。

议，再行办理"。① 随后，邮传部尚书陈璧和各堂官评估设立邮传使的可行性，认为中国尚未收回邮政权，航运、铁路、电报等各项交通事务又不发达，如各省遽设邮传使，"不过徒事虚名，毫无实效"，不如仍责成劝业道兼理该部所管各事。② 邮传部虽暂时搁置设立邮传使或交通使的计划，但采取了以退为进的策略，拟将各省轮、路、邮、电事宜责成劝业道兼办，遇事与部直接商办，"仍由本部总其大成，以资襄助而裨要政"。③ 这一计划显然与农工商部提出的劝业道与部直接的计划如出一辙，目的在收督抚之权。

由于此时只有个别省份设立劝业、巡警两道，遽然收督抚之权必打击直省推行新官制的热情，不合时宜，加上度支部尚书载泽以款绌为由，建议各位王大臣缓议外官制，以免重蹈东三省官制改革因筹款无着而进退两难的覆辙，④ 再改外官制之议随即搁置。农工商部和邮传部的收权计划因各方意见差别较大，改制条件又不具备而迅速作罢。

不过，从再改外官制的传闻以及各方的反应来看，劝业道究竟是隶属督抚，还是与农工商部、邮传部直接，以及是否仍责成劝业道兼管交通事务，抑或另设邮传使或交通使，专门与邮传部对应，成为再议外官制难以回避的问题。对于劝业道而言，可谓"两姑之间难为妇"。

二　花样迭出：农、邮两部的收权之计

1907 年外官制颁布后，督抚权势在改制过程中不仅没有被削弱，反而进一步巩固和扩大，甚至有些督抚敷衍宪政，这令新的最高统治者摄政王极为不满，改革新官制再次提上日程。

1908 年底，摄政工垂询某枢臣："各省新官制可否于明岁施行，以除积弊？"枢臣对曰："此事关重大，有无流弊未可预定，应俟会同各

---

① 《部议添设邮传使之计画》，《时报》1908 年 4 月 27 日。
② 《邮传使碍难设立》，《大公报》1908 年 5 月 16 日。
③ 《邮传部与劝业道之关系》，《大公报》1908 年 8 月 6 日。
④ 《外省官制暂从缓议》，《盛京时报》1908 年 2 月 8 日。

部院公同详细酌核，再行定夺。"① 摄政王显然不满官制改革进程。有媒体透露，"外官制久经厘订，现在实行者仅劝业、巡警两事"，某大臣拟再另改章程，通饬遵行，"以期实事求是"。② 旋即，摄政王严令：各省督抚设立各项局所位置私人，"每岁虚縻巨款，为数甚多"，须大加裁并。③ 不久，他又明确指出，外省官制搁议已久，"官制不定，庶政无由而兴"，要求各省加快进度，"以归一律"。④ 这些消息说明，摄政王载沣试图理顺中央与直省的关系，进一步集权，加速推进新政和宪政。

至于外官改制的趋向，枢臣、部院均注意到削弱督抚权力的问题，首先为督抚的人事权。政府王大臣会议，"拟将外省司道与各部丞参互相调用"，⑤ 就像提学使与学部丞参互调一样，挤压督抚保荐司道的权力。吏部尚书陆润庠甚至明确表态，对"各省官缺均由各大吏保员试署"尤其不能容忍，"拟均由部选员补授，以图规复旧制"。⑥ 摄政王对督抚跋扈甚为警惕，谕令诸枢臣"速将外官制实行办法迅即拟定，以备谘议局开办后逐渐推行"，⑦ 试图让谘议局监督约束督抚。慎重起见，朝廷拟先厘定京官制，再厘定外官制，考虑到内外官性质不同，"若尽由中央主持，必至凿枘难行"，拟通饬各督抚拣派熟娴本省吏治的印委大员数人来京会商，"以期易于推行"。⑧ 某侍御还专折密奏，"内外官制未定，各省督抚政权扩张，多有上下隔阂之弊"，此事绝非"吏治前途之福，若仍含忍不发，将来恐成尾大不掉之势"。⑨ 可见，收束督抚权力成为再改外官制的核心内容。

---

① 《摄政王注意新官制》，《大公报》1908年12月18日。
② 《外官制仍须更动》，《大公报》1908年12月20日。
③ 《议饬裁并局所》，《大公报》1908年12月23日。
④ 《摄政王催行新官制》，《大公报》1909年1月12日。
⑤ 《新官制之变更》，《大公报》1908年12月30日。
⑥ 《陆尚书反对新官制》，《大公报》1909年1月14日。
⑦ 《催订外官制》，《大公报》1909年2月6日。
⑧ 《厘定外官制办法》，《大公报》1909年2月24日。
⑨ 《请画内外官制权限》，《大公报》1909年5月11日。

正在热议改订外官制之际，农工商部推出商权整理方案。1909 年 2 月 27 日，《顺天时报》透露："农工商部以各省已设之劝业道，虽明文上与本部直接，而实沿旧习，恐督抚不欲，故遇事仍多由督抚办理。嗣后通饬劝业道遇应办事项，即直接达部，以期简捷。"① 农工商部此时再提劝业道遇事与部直接的问题，收权之心昭然若揭。

不仅如此，农工商部尚书溥颋不久又提出收督抚之权的新招——仿度支部清理财政办法，在各省分设商务监理官，由农工商部奏派正监理，各省商会选派副监理，"以便调查各省商情"。② 显然，设立正副商务监理官意在另建一套监督督抚和劝业道的行政体系。此议引起各方关注，媒体纷纷报道农工商部拟派各省商务监理官的消息。农工商部感到阻力较大，迅速设法转圜，解释说"各省原设有商务谘议官及商务总分各会，本部机关甚是完全，欲另设监理官何为？"③ 农工商部虚晃一枪，显示出该部与督抚之间的芥蒂不小，化解的难度不小。

但是，农工商部要想与直省劝业道直接，扩张权限，建立上下贯通的行政体系，必须摆脱督抚权力，该关节不打通诸事难行，政务处遂决定缓议外官制。④ 农工商部试图在直省添派商务监理官的计划因条件不成熟而胎死腹中。不过，该部建立与各省直接贯注的管理体系，集权中央的设想始终未停。

振兴实业、规划交通是新政和宪政的要项，内外官制不定，势必影响其发展速度和质量，枢府和农、邮两部都希望当政者理顺与督抚的权限关系，勠力推进。考虑到这一问题相当棘手，清廷派李家驹考察日本官制，希望借源域外，推动外官改制。1909 年 6 月下旬，李家驹考察日本官制回国，提出直接官治与间接官治等概念，建议重新厘定内外官制。按照他的意见，实业和交通事务属内务行政，"其事最繁，其属于

① 《饬劝业道直接农部之实行》，《顺天时报》1909 年 2 月 27 日。
② 《京师近事》，《申报》1909 年 4 月 26 日。
③ 《拟设商务监理官之不确》，《大公报》1909 年 5 月 12 日。
④ 《政务处缓议新官制》，《大公报》1909 年 7 月 27 日。

地方行政者亦最多，就中应归中央行政者有三：凡必须全国画一之事项，如民众行政及邮政、铁道、电信、度量衡之类，当以中央法令行之者，为直接官治或间接官治"；"凡权利及于全国之事项，如版权、专卖特许、商标登录之类，皆以权利许人，而其效力及于全国者，当由中央政府主行，而为直接官治"；"凡非地方民力所及，必合全国之力而后能举之事项，如大学校、大博览会之类，当由中央政府以国税经营之者，为直接官治"。另外，农、工、商、矿、林、渔等属实业范畴之内，"可属诸地方行政者"。① 以此而论，实业和交通行政究竟是采用直接官治还是间接官治，情况甚为复杂，有的可采用直接官治，有的可实行间接官治。这一理论是否适合中国土壤，姑不置论，关键是清廷如何借用这一理论解决外官改制的节点。

摄政王加速宪政实施步伐，缩短宪政年限，改订官制势在必行。他面谕各军机说："改订新官制关系宪政前途甚大，朝廷对于改革官制之初意，要在精神与实际上之研究，非徒取乎名义与表面上之改革。此次开议新官制，务将任用章程首先厘订，严其资格，限其学力。庶及新官制颁行之后，升降黜陟各适其宜，不致仍前冒滥。"② 显然，朝廷最高当局已决意"要在精神与实际上之研究"，不能再沿袭 1907 年表面之改革，并从人事权上下手。

摄政王这番话正说到邮传部和农工商部的心坎，两部窃喜。邮传部颇能理解摄政王的良苦用心，考虑到该部"现在管理船、路各政人员多系随意录用，于各项政治并未讲求，动辄贻人笑柄"，拟办交通官吏养成所，以备他日任使。③ 此举显然是为了迎合摄政王的面谕，拟培养交通人才，虽未明言是为将来在各省设立交通使或邮传使做准备，但意图明显。农工商部此次稍有收敛，未再提设立商务监理官或劝业道与部

---

① 《考察宪政大臣李家驹奏考察日本官制情形请速厘定内外官制折》，《清末筹备立宪档案史料》上册，第 530 页。
② 《摄政王改革官制之方针》，《申报》1909 年 8 月 25 日。
③ 《邮部拟设交通官吏养成所》，《陕西官报》第 2 年第 17 期，宣统己酉六月上旬。

直接的旧议，但又出新花招，拟于各省特设农务议员，"专司农政，庶精神所注，责无旁贷，而于农业亦大有裨益"。① 农工商部、邮传部摩拳擦掌，跃跃欲试，反映出两部收权之心无时不在躁动。

统治集团内部纷议外官改制，各督抚表面上心平气和，但私下早有戒心。孙宝琦出任山东巡抚后不久，与亲家盛宣怀说："当此新政繁兴，度支苛绌，而又中央集权，议会发轫，疆吏腹背受敌，掣肘殊多。……倘于此时得以劾罢，放归田里，实万万幸。"② 孙宝琦道出了当时各督抚"腹背受敌，掣肘殊多"的苦境，加上财政困绌，百事难举，身为疆吏实在了无兴味，不如"放归田里"。

孙宝琦对督抚当时的处境既无力又无奈。1910 年 1 月 19 日，他奏陈外官改制的办法意见，明确指出外官改制宜确定集权与分权的原则："一省之权寄于督抚，地方之政起于州县，二者实当并重，故集权、分权必以督抚为机轴而归纳于中央，国政、民政必以州县为本根而裁成于知府。督抚、州县两官之权限责任既明，然后大之司道之类事分职，小之佐贰之补助，其长一切，据之以定界划。"建议朝廷确定督抚权限，特设责任专法，以绝牵制，申明司道职守，"俾各有独立责任，而后督抚任事之范围可以收缩，裁局所并入各司道，增设参佐，改差为缺，而后责任职权法可以实行"。③ 孙宝琦的建议表面看是针对督抚、司道、局所间权限不清的痼弊，实际上是探朝廷改制之虚实，并建议将局所归并司道或督抚，改差为缺，确保督抚节制司道。④

但是，朝廷执意集权中央，坊间风传朝廷改订外官制方案：拟自督抚以下司道皆直接隶于各部，如布政使直隶于度支部，提学司直隶于学部，按察使直隶于法部，劝业道直隶于农工商部之类，凡有何种奏折及

① 《部议创设农务议员》，《大公报》1909 年 8 月 7 日。
② 王尔敏、吴伦霓霞编《盛宣怀实业朋僚函稿》，第 1446 页。
③ 《山东巡抚孙宝琦奏厘定直省官制谨陈管财折》，《东方杂志》第 7 卷第 2 号，1910 年 4 月 1 日。
④ 参见关晓红《种豆得瓜：清季外官制的舆论及方案选择》，《近代史研究》2007 年第 6 期。

何事商办，皆直达于所管之部，不必向督抚禀商，且督抚亦不得从中干预，以免阻扰纷歧。这些传闻空穴来风，并非无因。邮传部和农工商部为此欢呼雀跃，忙成一团。

邮传部此时再度提议设立交通使。该部以所辖邮、航、路、电四政事务甚属繁赜，且易滋生弊端，"将来各省四政渐次振兴，稽察诚属不易"，拟仿照学部、法部提学、提法两使之例，于各省设立交通使，由本部直接管辖，"以期调查周详，策应灵通"。① 邮传部尚书徐世昌还拿出具体的方案与各枢臣会议，拟先在上海、汉口设立两交通使，"俟办有成效，再行推及各省"，"此议闻须鹿相国销假后重加核议方能定夺"。② 邮传部是想建立与自己相配套的直省交通行政管理体系，不再让劝业道兼管交通事务。

农工商部也不甘落后。尚书溥颋在劝业道人事权上大做文章，拟嗣后各省置劝业道，"概行由本部人员奏请简放"，并旧话重提，劝业道遇事，应直接与该部会商，"以期统一事权"。③

政务处大臣也积极附和各部诉求。有消息说，王大臣会议："非改良官制无以兴办庶政，非直接管理更无以通达隐情。"现在办理改良外官制，应直接各部管理，佐治官直接各属州及各督抚，径隶吏部管理，劝业官直接劝业道，径隶农工商、邮传两部管理，地方谘议局议员径隶资政院管理，等等。④ 厘定官制要义仍是中央集权，理顺中央与行省关系，使司道与中央各部直接。

清政府在集权与分权之间进退两难，根源在于难以平衡中央与督抚的权力分配。署名"无妄"的人在《大公报》上发表《论中央集权宜裁撤督抚》一文对此进行了深入的分析。

该文指出：中国地广人众，必须留省这一层级。各省行政官厅对于

---

① 《议请添派各省交通使》，《盛京时报》1910 年 4 月 16 日。
② 《邮部又拟添设交通使》，《大公报》1910 年 5 月 12 日。
③ 《溥尚书对于劝业道之政见》，《大公报》1910 年 5 月 13 日。
④ 《政务处通咨改良外官制办法》，《申报》1910 年 4 月 29 日。

政府，只能分其事权，不得有独立资格，故督抚虽为一省最高行政官厅，论其性质，不啻为地方与中央的承转机关，犹知府为州县与省宪的承转机关。但是，咸同以后，督抚权力膨胀至不可思议，一省诸要政无不归其掌握，"政府虽有黜陟升降之势分，究无真实过问之实权，而督抚乃俨成一小政府，各自为政，各不相谋，无整齐划一之规，有彼界此疆之象"。由此导致一省大小官吏唯知奉承本省督抚意旨，"而何者关国家之利害，何者系人民之祸福，胥不遑一顾"，"外人云，中国二十一行省，不啻二十一国，信不诬也"。清廷虽不甚满意督抚，而一切行政实权实授给督抚，"政府既有意于中央集权，则督抚必在沙汰之列，设徒欲去其权，而仍留其位，将来司道既直隶于各部，不必禀商督抚，督抚亦不得干预，则司道与督抚已绝无关系，尚须受督抚之节制否乎？设从此可不受节制也，则督抚既无专司之事，又无统辖之权，留此坐镇雍容之旒赘，又何为者？设一面直接于各部，一面仍须受节制于督抚，是非惟不能减督抚之实权，适足以便督抚之私图。不观夫提学使乎？当其设立之始，学部即明定章程曰，本部有直接管辖之权；又继之曰，提学使不可不受节制于督抚，由是而任提学使者，既受节制于学部，又受节制于督抚，两姑之间难为妇矣。然念督抚近而学部远，乃不敢不举学务上之行政实权悉听督抚之指挥，而对于学部不过予以一纸空文，完其管辖之面子而已。异日各司道之对于各部，度亦不能大异乎是。盖司道既以督抚为该管上司，岂敢不为留余地而径输实情于内部者，故即不用正式之禀商，终不免窥探意旨，以为对付内部之准备。而中央集权之结果，只博得'遵照部章'四字之报告于督抚，向有之真实权力曾何有毫末之损哉？虽然吾国政局已分张散漫，若此一旦而骤言集权，谈何容易。窃恐筑室道谋，三年不成并此司道隶部云云，亦徒成快意之空谈焉耳。而况此根深柢固之丰蔀，欲一举而抉去之，其可得耶，其可得耶"。[①]

---

① 《论中央集权宜裁撤督抚》，《大公报》1910 年 3 月 23 日、24 日。

时隔半年，"无妄"又在《大公报》上发表《论督抚宜自请裁撤》一文，对督抚权力被削弱殆尽颇具了解之同情。文曰："诸司各道统隶中央，监察、调查派员四出矣，是督抚至于今日，虽仍拥统属文武之名，而实际之属官不过府厅州县及绿营之旧弁耳。然府厅州县所办之事皆分隶于各司道，即不啻间接以隶于中央矣。"举凡督抚原有之财权、兵权、民权四分五裂，一丝未留，"督抚不几疣赘矣乎？此虽由督抚平日欺罔太过，激成此过颡在山之势，然政府之侵蔑督抚亦已甚矣。贵而无位，高而无民"，稍有心肝之督抚"宜自请裁撤"。① 对于媒体的各种见解，关晓红一语中的，"媒体在中央与督抚之间并非中立的言论，根本在于对于清政府官制改革的诚意及其实效并不看好"。②

三　督抚主动迎击：力驳直接官治

清廷绞尽脑汁收权，各项新政和宪政相因而来，项巨期迫，各督抚难堪其任，而各地谘议局对行政权的诸多掣肘又给督抚行权带来极大挑战和冲击，督抚们腹背受敌，一肚子苦水。进退维谷、焦虑困扰之时，督抚们寻找撒手锏——云贵总督李经羲发起，联合18位督抚、将军向朝廷奏请速开国会设立责任内阁。督抚们请开国会速设责任内阁，实际上是以此为旗号，摆脱困境。③

《国风报》发表的《粤督滇督请立责任内阁折书后》指出了两广总督袁树勋、云贵总督李经羲奏请设立责任内阁捍卫既得利益的本意。该文认为，督抚权势已成尾大不掉之势，枢府拟将督抚隶于国务大臣之下，缩狭督抚之权，固然有其理据，但中国幅员辽阔，沿边诸省交通未便，遽言集权，诚恐鞭长莫及，即使改划行政区域，非短期内所能奏

① 《论督抚宜自请裁撤》，《大公报》1910年11月3日、4日。
② 参见关晓红《种瓜得豆：清季外官改制的舆论及方案选择》，《近代史研究》2007年第6期，第31页。
③ 参见关晓红《种瓜得豆：清季外官改制的舆论及方案选择》，《近代史研究》2007年第6期，第31—33页。

效。如果仍然沿袭今日之制，"则政府权力止能行之京师，一出国门，即非其政令所能及"，对朝廷而言，清划中央、地方之权限也是不得已而为之。中央各部在各省虽然有对应司道，"然而梗涩如故，纷乱如故者"，要因在于，"司道之职本以督抚为长官，既以督抚为长官，即当服从其命令，势不能超越长官势力之外而直达中央，梗涩纷乱亦固其所"。督抚之职权"广漠而无垠"，久成积重之势，"一旦割其实权之一部还而中央，督抚骤减事权，固不能无所感愤"。①

督抚联奏，初战告捷。1910 年 11 月 4 日，清廷宣布将预备立宪期限由 9 年缩短为 5 年，干 1913 年召开国会，并提前组织责任内阁。由于预备立宪期限缩短，推行宪政任务更重，官制改革再度提上议事日程。

督抚联衔奏请速开国会给朝廷巨大压力，使朝廷对再议外官制更为谨慎。1910 年 11 月 24 日，政务处会议新官制，每省设总督一员，另置分省巡抚，协理省治，于度支、提法、提学、交涉等司外增设民政司，各司"所需经费及统辖事宜均分隶于各部，而以总督兼署之"。②四日后，《申报》登载的《内外新官制拟定草案》与此前报道的消息截然不同。该消息称，宪政编查馆已拟定外省新官制，各省总督名称一律改为巡抚，藩臬两司、盐巡两道全行裁撤，改为度支、提法、盐运、民政等使，各省已经试行新官制者即行分别裁并办理，其有尚未设齐新官制之省份先于各巡抚衙门中设科办事，同城州县则一律裁撤，"以期事权专一，得以赶办筹备各政"。③

据说，吴廷燮起草这个草案，定各省巡抚为长官，"巡抚属于内阁，不属于民政部。巡抚之下设民政、度支、劝业、巡警四司及秘书厅。巡抚以下为府厅州县，其名异而其职掌同，皆为巡抚之属官，惟仍

---

① 《粤督滇督请立责任内阁折书后》，《国风报》1910 年 7 月 7 日。
② 《会议内外官制之统一法》，《大公报》1910 年 11 月 24 日。
③ 《内外新官制拟定草案》，《申报》1910 年 11 月 28 日。

视地方之大小分别府州县之名而已"。① 当时有枢臣建议，现在振兴实业、推广警政，"为议院未开前最急之要政，而各省巡警、劝业两道职权尚微，不无牵掣，应趁此改订官制时一律改道为司，以崇体制而专责成"，各枢臣亦均以为然，故"交饬宪政馆遵照办理"。②

又有消息称：枢臣会议，为实行新外官制，拟甄别各省所有司道，作为颁布新官制的预备，但是一切办法须由中央政府各部会同参订。③

邮传部也试图抓住时机，拟设交通使。该部某侍郎提议，各省劝业道管理实业一切事宜，"多有侵越该部权限之处，殊属不合。拟由部奏请添设交通使缺，以便权限之划分"。但尚书盛宣怀鉴于此事关系外官新制，须待左侍郎李经芳到任后，"再行详细商办"。④

从枢臣的讨论看，整个外官制调整的幅度较大，牵涉面广。劝业道升为劝业司，与农工商部直接几乎成为枢府的共识，而邮传部也在积极争取设立交通使。另外，枢府拟甄别各省司道，势必危及督抚与司道的利益问题。总体而言，虽然朝廷对外官改制较为审慎，但如此变动，对督抚来说无异于伤筋动骨。

面对朝廷咄咄逼人的集权姿态，督抚们不再沉默，主动出击。1910年12月18日，直隶总督陈夔龙上奏，力主督抚承袭从前兼部院衔旧制，参与国家政务，凡地方行政事务，则由督抚监督下级官厅执行，"凡在范围以内之事，皆得自为规画，直行具奏，各部亦不得侵越"，建议"更升劝业道为劝业司"。⑤ 锡良、李经羲、瑞澂向朝廷施压，先后奏请开缺，均未得到朝廷允准。督抚的强烈反对令朝廷集权有所收敛，清廷不得不要求各督抚对外官改制发抒己见，以凭查核。

各督抚对朝廷自改官制以来一再集权的行为不再隐忍，甚至打算再

① 《宪政馆草定新官制之内容如是》，《申报》1910年12月10日。
② 《巡警劝业有改道为司之议》，《大公报》1910年12月3日。
③ 《会议甄别各省司道》，《大公报》1911年2月10日。
④ 《拟设交通使之建议》，《大公报》1911年1月25日。
⑤ 《直隶总督陈夔龙奏请划分中央与地方行政权限并议各省分设六司留府裁县折》，《清末筹备立宪档案史料》上册，第545—547页。

以联衔方式向朝廷施压。督抚关注的外官改制问题中，司道是否与京部直接及其辟荐权的问题成为讨论的焦点。

作为联衔向朝廷献议的发起人，李经羲首提外官改制设想，向各督抚征求意见。李氏提出行政组织宜分三级：第一级为内阁与各部，其权责在统筹国务，统一政纲；第二级为督抚，其权责在秉承内阁旨意，主决本省行政事务；第三级为府厅州县，各治一邑，不相统辖，其权责在秉承督抚命令，处理本属行政。而省制略如部制，"司道如部中各司之长，补助督抚。同一公署办事，不宜特设衙门，厅州县虽仍为各司属官，并受考核，而公牍均直接督抚。一省行政得失，督抚对于内阁完全负责，各司对于督抚分事负责。各司必督抚辟荐，用舍决于内阁。溺职者，内阁、督抚均得劾退，惟另选必由督抚。厅州县进退决于督抚，各司事务繁简酌计佐治员缺，由府厅州县自辟"。这样，才能"决监察而无侵越，有维系而无推诿"。边省于僻远地方酌设巡道，"受督抚指挥考核"。[①]

不难看出，该方案与1907年外官改制时编制局推出的第一层方案相差无几。就司道与督抚关系而言，类如东三省之制，司道与督抚同署办公，各司由督抚辟荐，对督抚分事负责，府厅州县受各司考核。这样，司道成为督抚属官，不与京部直接，继续保持司道与督抚的固有关系。对此，各督抚颇为称赏，意见基本趋于一致，但在细节问题上仍有不同看法。

江苏巡抚程德全对此基本赞同，但对督抚、司道同署办事问题提出异议，建议东三省总督锡良就东三省情形会商李经羲、瑞澂，联衔献议，"但权责二字必须详细剖晰，庶此议不为人所疑阻，盖揽权与负责有毫厘千里之分"。[②] 程德全意在提醒各督抚要仔细评估同署办公，尤

---

① 《滇督李为外官制行政组织宜分三级商请联衔献议致盛京等省各督抚电》，《浙江官报》1911年3月29日。

② 《苏抚程为外官制滇督论督抚司道同厅办事尚须酌量东省办事情形并须剖晰权责二字致盛京等省各督抚电》，《浙江官报》1911年4月5日。

其注意"权责"二字。

巡抚周树模坚决反对中央各部收司道辟举权，实行直接官治，并提示其他督抚，如果按照李经羲所言，司道必由督抚辟荐，"疑于把持用人将生反对"，势必引起京部更大不满，因而应隐匿锋芒，"变其文曰，凡各省司道可由督抚预保，如法官、巡警、劝业道之例，遇有缺出，由政府就预保单中略用古推法决之，然后奏请简授。似此内外相维，仍不失仲帅之意"。①

各督抚意见中，山东巡抚孙宝琦的意见较特别。他认为：各省督抚为中央政府的代表，监督一切行政，各司即为中央各部的分设机关，如果规定各司权限，"则凡在职权中者，皆可直接中央各部，不必尽由督抚承转，但遇重大事件须行会商，如现行会议厅规制。督抚对于军事、外交负完全之责任，如此权限分明，机关敏活，利于进行"；如果督抚、司道同署办事，"巨细悉集于督抚一人，精力疲于画诺，要政必多废弛。各司既设佐治人员，以及储藏案牍皆非有公署不便，似难比拟各部司长"。并重申上年条奏厘定直省官制折中的意见，以备参酌。② 这一观点引起不少督抚讨论。

两广总督张鸣岐对孙宝琦将督抚定位为中央之官不以为然。张鸣岐表示李经羲所议"极为精当"，"官制由政务而生，若不趁此将中央与地方之行政权限划分清晰，恐官制虽改，仍不免牵掣贻误"。据他在京了解的信息，督抚一官将来应作为中央官，抑或地方官，宪政编查馆尚未统一意见。他致电各督抚说：督抚应作为地方官，"不宜列入国务大臣之内。按照各国所分五类行政支配，中央与地方之权责，内务行政包括最广，其事亦属于地方行政范围者居多，此类事权宜专畀之督抚，中央但受其成，不为牵制，其中间有应属国家行政范围者，则以中央之命

---

① 《新抚周为外官制滇督论督抚辟荐司道并府厅州县官征辟佐治员各节尚须商酌致各督抚电》，《浙江官报》1911 年 4 月 5 日。
② 《鲁抚孙为外官制各司宜直接中央各部并督抚各司一署办事似有窒碍现急宜划分民政、度支两司各情商达各省督抚电》，《浙江官报》1911 年 4 月 5 日。

令委任督抚行之"。① 在致各督抚的另一电文中，他再度申明：司道直接京部不妥，外官制仍当按李经羲之议方合立宪政体，以三级制为佳。集权、分权之争全由于未划清国家行政与地方行政权限，"国家行政如军事、外交、司法等款必应集权，地方行政如教育、实业、巡警、自治等款必应分权。国家行政当合全国通筹，视所入国家税之盈绌为办理缓急多寡之准，此为中央政府之事；地方行政当合一省通筹，视本省所入地方税之盈绌为办理缓急多寡之准，此为督抚之事"，因而，"制官不可不改，权限尤不可不清"。② 显然，张鸣岐主张应将国家行政、地方行政权限划分清楚，然后才能讨论集权、分权，不能一概而论，全部集权中央。

周树模也极力反对中央集权，驳斥宪政编查馆推出的直接官治、间接官治之论，引起不少督抚共鸣。他认为，中国幅员广大，交通阻隔，"本不宜于直接官治"。从行省制度起源来看，"行省制度亦因形势扞格而起，其谓之行省者，乃自内而分，非由外而立，故督抚必带京衔，纯属部院性质，为一省之长官，司道属于督抚与属于中央同"，因而不宜再言将司道直接中央各部；"若司道不相统辖，各自为政，直接京师，万里请命，则中央之遥制为难，门户各分，则交互之机关必碍，于行政妨碍良多"。职是之故，一省之大，除司法独立外，"其余行政官断不可无统一之机关，以总挈纲维而上达于中央政府"。如督抚专负外交、军政责任，今日军政已不全属于督抚，外交重要者须听外务部以定进止，且交涉司既然设立，亦可直接外务部，"是督抚竟成虚位，不妨径裁"。周树模还忧虑说，如果一省无统治之区，"则散漫纷歧，弊害立见，抑封疆之责谁与任之?"③ 周树模之议虽有意气用事之嫌，但反映

① 《粤督张为滇督论外官制分级编制深表同情惟现今宜将中央与地方行政权限划清致各督抚电》，《浙江官报》1911年4月5日。
② 《粤督张为外官制应如滇督所论方合立宪政体致各省督抚电》，《浙江官报》1911年4月5日。
③ 《新抚周为外官制司道必相统辖滇督所论大略深表同情致各督抚电》，《浙江官报》1911年4月8日。

出当时多数督抚胸中有怨气，如果朝廷执意收权，不如将督抚径行裁撤了事！

河南巡抚丁宝铨支持李经羲所论，明确表示，"中国地广俗殊，交通不便，既不能效联邦之组织，复不能如日本现制，以府县直接内务省"。以各国官制与中国官制相比，"中国督抚原带京衔，现亦应直接内阁，主决本省行政事宜，与国务大臣分任其责"，"中国司道虽归督抚节制，仍各有主管事务，其职守较有不同，自应斟酌情形，变通尽利。现在官制亟待更定，断不能专采一国之成规，以为今日之定制"。①丁宝铨所论相对温和，提示各督抚赶紧献议朝廷，陈明利害。

继丁宝铨之后，河南巡抚宝棻对外官改制的意见则相对激烈。关于外官制权限问题，宝棻致电各省督抚说：中国地大民众，行省分治必有最高官厅提挈纲领，方可收臂指之效，"则督抚必属地方行政长官，不入国务大臣之列"，各司道对督抚分事负责，"则进退之权应归督抚，事权方能统一"，"若进退各司，督抚与内阁共之，恐政出多门，事权不一，仍有隔阂牵制之弊"。至事务分配，应根据内阁组织，督抚有承转支配责任，督抚对实业、交通各行政有完全监督之责，军政、外交事务关系国家威权，自应直接于中央，但是，"无论集权、分权必以督抚为机轴，悉归纳于内阁，地方行政发端于州县，听指挥于各司，以统属于督抚"。由于责任与职权本相因而生，欲使督抚负完全之责任，必予以完全之职权，"否则或取两级制度，凡地方之官吏悉直隶于京师，而径裁督抚之一级，亦属简单之办法。唯恐幅员过广、交通不便之边境行政恐难敏活耳"。②

东三省总督锡良综括各督抚意见并予以回应。他反对孙宝琦所谓"各司为各部之分设机关，直接中央各部"的观点，认为"中国幅员辽阔，交通不便，直接官治实难适用"，"况行政各司类多彼此联系之事，

---

① 《汴抚丁为外官制滇督所论组织深为赞成复鄂督东督电》，《浙江官报》1911 年 4 月 5 日。
② 《汴抚宝为外官制权限问题略述意见致盛京等省各督抚电》，《浙江官报》1911 年 4 月 8 日。

直接京部，各自为谋，畛域既分，意见互异，必有涣散凌乱之虞"，中国督抚实带有各国国务大臣的性质，各司分管。如果各司直接中央，"则督抚仅类一名誉监督，不如裁撤之为愈矣。果可裁撤，岂不大快？否则既有督抚，即应负责"。至于程德全所谓"权责两字必须详细分晰"，锡良认为此说"实至论也"。道府职司监率，今日已成赘瘤，州县直接公署，东三省行之无碍，但僻远地方酌设巡道，"平时分寄耳目，有事则联合指臂，因地制宜，不得不然"。至同署办公，"事简费省，法固甚善，然有利亦有弊。每日督抚司道督同科员，定时聚集，稿件积叠，准驳处分取决，俄顷疏略舛错往往有之。东省前经陈奏，未尽照行，现司道仍各设衙署。欲实行此制，必须厘正公牍，似各国程式之简单而后精力不弊于琐细，又必有极大之公署房舍足容纳各署科之员书及收藏各署科之卷牍，而后精神敛摄，机关简敏，可一洗从前牵隔疲延之弊。此则实事求是而甚有益于政务者也"。①

除上述各督抚外，其他督抚也对外官制发表意见。总体而言，各督抚意见大同小异，多数赞成李经羲三级之说，但具体问题仍难定议。东三省总督锡良为协调利益，选择最佳进退方略，综合督抚意见，列出十五个问题与各督抚商榷。②

锡良所列的十五个问题发交各省督抚后，一些督抚在先前讨论的基础上继续申明态度。关于司道与督抚关系问题，各督抚意见渐趋一致。江西巡抚冯汝骙指出，"督抚为行政长官，各司无庸直接京部"。③ 1911年1月29日，他上奏支持李经羲的三级之议，"我国疆域辽阔，控驭綦难，法制纷歧，不相统一。若定督抚为地方行政长官，置之国务大臣监督之下，阁部总持于内，督抚推行于外，府、厅、州、县奉令于下，三

---

① 《东督锡为鲁抚所论外官制大略似与今日情势未协致各省督抚电》，《浙江官报》1911年4月8日。

② 《东三省总督锡良致周树模电》，《清末筹备立宪档案史料补遗》，《历史档案》1993年第3期，第52—53页。

③ 《江西巡抚冯汝骙致周树模电》，《清末筹备立宪档案史料补遗》，《历史档案》1993年第3期，第56页。

级相承指挥灵敏，洵足祛旧时牵掣隔阂之弊。惟是大纲既定，而其中节目尚宜审慎研求"。要言之，"宪政编查馆奏定行政纲目，分为直接官治、间接官治、地方官治、地方自治四级。地方官治为督抚固有之责，中央宜界以全权，不掣其肘；间接官治为中央委任督抚附加之责，如有窒碍似应许其直陈，司道为督抚辅助机关，只宜直接督抚。凡一省行政得失，督抚对于中央完全负责，司道对于督抚分事负责。而中央对于督抚司道，实皆有监督考察之权，正不在直接、间接之分。行省之制，督抚司道必如身使臂，如臂使指，始能互相维系，共策进行"。①

对于司道直接京部的弊害，河南巡抚丁宝铨分析道：如果司道直接各部，"而督抚退处于无权"，"督抚于全省之事，耳目近接，且与司道朝夕讨论，故能实行监督"，若直接京部，"则情势扞格，但凭司道文报，于轻重缓急之宜岂能尽知？名为集权，而隔阂壅蔽之患即由之而生。中国幅员辽阔，交通阻滞，一省之大，必须有百端就理。中国情势与东西列邦迥不相同，断不能拘泥成法，舍己从人，致陷削足就履之诮"。② 瑞澂甚至以激将法向清廷施压，建议清廷先将距京师最近的直隶总督裁撤，"以民政司直辖于中央。军政、外交、教育、实业亦直辖于各部，并请责成任事各员全力经营，以为各督之模范，行之有效再推及于距京较近之省分"，然后在次及边地各省。③ 瑞澂这个建议最后由锡良领衔上奏朝廷。浙江巡抚增韫表示，中国省制实为间接官治，"因地广民众而设，与日本府县绝不相同，省制一日不废，督抚即一日不能裁"；"各司为事类行政官，而督抚与府厅州县同为区域行政官，区域包涵各项事类，一省之大不能不设一总机关，以期统筹全局。若以各司直接各部，恐部中无此大力包举，局势散漫，呼应不灵，倘各司意见乐

---

① 《宣统政纪》卷四七，宣统二年十二月己亥，第854—855页。
② 《沪抚丁为外官制司道直接各部事多窒碍致东督鄂督黑抚电》，《浙江官报》1911年4月13日。
③ 《湖广总督瑞澂致各省督抚电》，《清末筹备立宪档案史料补遗》，《历史档案》1993年第3期，第55页。

融，中央亦鞭长莫及"。①

最后，由李经羲主稿，综合各督抚意见，于 1911 年 1 月 8 日，十五位督抚、将军联衔上奏朝廷，提出官制改革应根据中国国情，内外统筹，将行政组织分为内阁与各部、督抚、府厅州县三级，"省制略如阁制，裁道设司，以补助督抚，各就其主管事务，对于督抚负责"，督抚虽非国务大臣，"而一省行政得失既已专于内阁完全负责，则各司均由督抚指名请简"，以及府厅州县等官制改革意见。②

督抚们冒死力争，朝廷不能视而不见、听而不闻。两天后，军机处回电各省："奉旨：锡良等电奏，厘定官制宜内外统筹，分为三级，及现有巡防军队断难裁减等语，着该衙门知道，钦此。"③ 所谓内外统筹，仍不外集权与分权问题。"太偏于中央集权，则势必不能举，且各省权力顿减，督抚之气概仅如道府不足镇压，一切于内政、外交有无数窒碍之处。太偏于各省分治，必至省自为政，各不相顾，且渐成藩镇之状态。"④

四 升劝业道为劝业司

如何在集权、分权之间斟酌，处理好督抚、部院与司道的关系，取其利而避其害，各方十分关注。为了听取督抚对外官改制的意见，平息其胸中积怨，清廷向督抚妥协，谕令直隶总督陈夔龙、两江总督张人骏、湖广总督瑞澂、东三省总督锡良、云贵总督李经羲参议外官制。

这次开议外官制，集权、分权仍是绕不开的话题，如何改革司道制度也是避不开的议题。有媒体说：某枢臣提议，"各省所设备项道缺及候补道员，流品既甚复杂，责任又复混淆，最易滋生流弊，此次厘订新

① 《浙江巡抚增韫致周树模电》，《清末筹备立宪档案史料补遗》，《历史档案》1993 年第 3 期，第 60 页。
② 《云贵总督李经羲致各省督抚等电》，《清末筹备立宪档案史料补遗》，《历史档案》1993 年第 3 期，第 61 页。
③ 《清末筹备立宪档案史料补遗》，《历史档案》1993 年第 3 期，第 63 页。
④ 汪诒年编《汪穰卿（康年）先生传记遗文》卷五《年谱四》，第 207 页。

官制时，应将道缺名目删除，另行核订职任权限，以清积弊"。① 不久，宪政编查馆拟订的新外官制草案出台，基本精神仍是来自端方、戴鸿慈考政回国时所上的奏折，主划分行省办法。各省设总督行政大臣一员，统度支、民政、提法、提学、交涉、盐运六司，分任办理，另于各司分设佐治官，以省治繁简为断，"其各道缺均议裁撤，酌设巡道数缺，亦以省治繁简为衡"。至地方行政官仍照旧制，以府厅州县分治，"免去分属制度，直接总督管辖"。② 劝业道所管农工商矿和交通事务仍由民政司兼理。

其后，又陆续传出有关劝业道改制的消息。有报道称，修订新外官制大纲已经核定，"现正筹画进行办法，惟以各省道员流品既极混淆，差务又甚繁难，必须严行缔制才能清仕途"，拟分别三项办法，"将实任各道为一级，海关及盐务各道为一级，候补各道为一级，核定任用章程，以为实行新官制之标准"。③ 据说，枢臣拟添司裁道，采纳督抚联奏中的建议。《大公报》对此评论说：各省旧时官制，督抚之外仅有藩、臬两司，唯直隶、山东、江苏、浙江、广东五省多一运司。后来因改良官制始添设提学司，继又添设交涉司，"合之藩、臬、运三司是由三而进五矣"；"今闻新外官制又有添司裁道之说，拟改劝业道为劝业司，巡警道为民政司，是由五而进七矣。将来各司添设后，若以统一行政而言，似宜仿美国克辣斯之名目择一总汇之地，组织一大公司，斯为名副其实"。④ 此说显然在嘲讽朝廷垄断各省政务。

其实，裁道改司核心在于司道与督抚及京部权限的划分问题。汪康年一语破的："盖不使督抚得干预各司之事，则一切呼应不灵，且亦无以统率，各司岿然居其上若缀旒；然若各司之事而皆禀命于督抚，则各司适为督抚指挥之人，与旧日司道之于督抚何异？且如是，则各司皆无

---

① 《各省道员将来之厄运》，《大公报》1911 年 1 月 19 日。
② 《探志新外官制草案之概略》，《大公报》1911 年 2 月 14 日。
③ 《外官制对于道员之关系》，《大公报》1911 年 2 月 24 日。
④ 《闲评一》，《大公报》1911 年 2 月 25 日。

权，而仍须担承责任，则事必不行，此事亦极宜斟酌也。"① 这是劝业道改升劝业司的最难问题。

1911 年 4 月 14 日，《申报》以《外官制之宗旨不外乎此》为题报道枢府改制的基本态度：外官改制 "大概不外减少阶级，使州县直接于督抚，督抚直接于中央，州县所负之责任既重，权限自不能不大加扩张。此后各州县原有之佐贰将并入州县，视为州县之属员，各省之司道并于督抚，如各部之司员。本此意以厘定官制，庶可减少冗员，撙节费用，且可使阶级减少，免生许多周折，将来开议外官制时大约不出此等办法"，"闻此议，诸大老中大半主张之"，② 司道并于督抚，说明中央已经让步，收起了司道直接京部之议。

其实，改订外官制第一困难即是督抚的职权问题。《大公报》的分析相当精辟：督抚职权向来甚广，"一颦一笑关系全省千数百万人之休戚，且又举动自由，毫无牵制，既非各部大臣之属官，又无适当之机关以监督之，苟一不慎，专恣跋扈，甚为危险。将委其权于国会，则纠察势有所难周，将授其柄于谘议局，则督抚行动恒泛，及于国家政务，非特该局不尽有纠察之权，即使有权纠察而能力薄弱，动辄无效，此诚极难处置之事也"。清廷思及此，"故欲以中央集权之策操纵督抚之手足，使事事听命于内阁，然试问总理阁务者为何如人乎？今日督抚中之大半，其知识、其才干、其阅历固皆远过于中央诸大老者，于此时局阽危，尤赖二三贤督抚展其才能以谋一省之利害，作地方之保障，或且矫正秕政于一二，消弭政府间接之压力于无形。若削而夺之，则人民将直接受政府之束缚，而更奄奄无生气矣。此实改革外官制上之一大疑问也"。③ 朝廷收督抚之权明显不合时宜，不仅不能让督抚与朝廷和衷共克时艰，反而让督抚深感失望，朝廷离心离德之势渐成。

---

① 汪诒年编《汪穰卿（康年）先生传记遗文》卷五《年谱四》，第 208 页。
② 《外官制之宗旨不外乎此》，《申报》1911 年 4 月 14 日。
③ 《时评·其一》，《申报》1911 年 6 月 9 日。

正当枢府拟订外官制时，农工商部和邮传部也各打算盘。劝业道改为劝业司似板上钉钉，农工商部并不着急，但仍在人事权上做文章。农工商大臣溥伦计划先裁该部冗员，将五品以下各员改为农务、工务和商务专官，分置各省，以专责成，如此既能整顿部务，又能分督抚之权，还能发展农工商等实业。但各堂官认为，改良官制固属急务，而搜求人才尤为要图，"拟由京外各衙门物色农、工、商、矿专门毕业人员，以便奏请录用，其所有旧员一律分别裁汰"，在新内官制颁布时实行；至于外官制，拟与宪政编查馆会商，扩充劝业道权限。① 但是，溥伦的这个改革措施遇到极大阻力。因为农工商部丞参及实缺郎中薪水较优，"恐因官制改革，薪水须与他部一律"，只有那些薪水甚微的小京官及候补主事人员希望改革官制，"俾其薪水与他部小京官主事相等"。因此，当溥伦在丞参厅提议将该部五品以下各员全部改为农、工、商各官分置各省时，不愿改革者"极力尼阻"。② 溥伦拟在各省添设农官、工官、商官的计划显然难以实施。

与农工商部相比，邮传部则急于在直省添设专官。邮传大臣盛宣怀与内阁总协理大臣迭次密晤，会商经营各省干路计划，并提议将来各省邮、航、路、电各政日见推广，应筹各政亦日见繁难，"若仍以劝业道经营，断难兼顾完全。拟于四政繁要省分增设交通使，以专责成而速收效"，③ 并交法制院会议增设办法。

邮传部筹设交通使一直悬而未决。1911 年 7 月，法制院修订外官制即将定稿，有消息称：巡警、劝业两道拟改为民政、实业两司，至于是否设立交通司尚未解决，"其各督抚名称仍照其旧，惟权限责任稍有变更而已"。④ 有人对此评论说，新外官制草案自道府以下，变更最多者为道员名目，"概归乌有，一律改名为使"，如巡警道更名为民政使，

① 《伦贝子旁求专门人才》，《大公报》1911 年 6 月 8 日。
② 《农部改革之阻力》，《申报》1911 年 6 月 9 日。
③ 《盛大臣仍请建设交通使》，《大公报》1911 年 7 月 17 日。
④ 《新外官制之一斑》，《大公报》1911 年 7 月 20 日。

劝业道改名为农工商使，将来各省邮电铁道必渐拓张，故另添邮传使，"盖以内有一部，外设一使，以符内外统一之政策"。①

1911 年 8 月 7 日，奕劻、那桐、徐世昌三大臣至法制院协商内外新官制，核定增设各省交通使，酌改各省道缺等问题。② 8 月 10 日，内阁总协理及诸国务大臣齐集政事堂会议新内外官制，前拟增设交通使，专管轮、路、邮、电四政，"现已议决，应命名为邮传使，如邮传部改交通部，则该使亦以交通定名"，③ 并将所议政策拟次日进呈监国核夺。

然而，又有传闻说，新外官制大纲虽筹议就绪，但尚有很多难点未解决，其中将各省藩司与巡警、劝业两道改为度支、民政、实业三司之议迄未核定。法制院曾将此问题通电奉、直、江、鄂、滇各督参核办法。各督先后电复均已承认，唯对于预算及权限问题尚需磋商。④ 这说明将道升为司，督抚虽然同意，但经费及权限划分问题依然难以解决。8 月底，阁臣议外官制，于督抚下设民政、提学、劝业、度支四司，皆直隶监抚，裁撤诸道，以府县并为一级，而东三省则另设特别官制，不在此限。⑤

陆续传来的各种信息，反映出道员在改制中得到的实惠最多。有人评论说，各省道员多如过江之鲫，其中大部分"实为世宦子弟及官场之有大力者"，"故每占有种种之特权"，改订新官制之际，"似宜痛除恶习，厘清政体"。但据宪政编查馆消息，内而王大臣，外而各督抚，屡经会议，仍主张道员之位置特别从优，"故所拟草案，现任候补各道非以某项升用，即以某项借补，其出路不惟较各项人员为宽，且较旧日道员为更优"。⑥

如是改革"道"制令人歆羡不已："做官以道台为最便宜，排场

---

① 《新旧官制之过渡观（三）》，《申报》1911 年 8 月 2 日。
② 《法制院会议新官制案》，《大公报》1911 年 8 月 11 日。
③ 《十六日政事堂会议志闻》，《大公报》1911 年 8 月 14 日。
④ 《改建三司已经督臣认定》，《大公报》1911 年 8 月 14 日。
⑤ 《内外官制述闻》，《申报》1911 年 8 月 31 日。
⑥ 《外官制太便宜老道》，《申报》1911 年 6 月 12 日。

阔，差缺优，可以署三司，可以直脚见督抚，是故纨绔子弟、达官后裔以及有势力、有家产之留学生无不捐一道台，以为出身之阶，而其便宜之处乃愈多。今闻外官制中，道员之位置又特别从优，或以某项借补，或以某项升用，飞黄腾连，直指顾间事耳。我愿有官癖者，逞江皖振捐未截数时，速自谋之，幸勿失此特别便宜之机会。"① 言外之意，"道"在官制调整中占有诸多优势。

将劝业道升为劝业司，又回到外官改制的原点。当初添设劝业道，将督抚衙署外农工商矿各局统一纳入官制体系内，农工商部权限有所扩张，督抚管理实业的权力似有缩小，如今又欲进一步统一治权，督抚反对自在情理之中。

司道改制进退两难之间，舆论建议干脆裁撤司道，理由是：清廷拟裁道设司，各司必有增无减，"各部为平权均势"，不会计较"得失利害"，但中国幅员辽阔，不得不寄权于督抚，今若实行中央集权，又添设各司分督抚之权，"是一省之统治权业已牵掣而不灵，即一国之统治权必至纠纷而益乱"。中国改革外官制，"莫如分设督抚幕职，裁撤司道，以府州县直接督抚，以督抚直接内阁，官制愈简单，治权愈统一，而后内外上下之障蔽一扫而空"。以实业言，"实业为国民生计攸关，振兴劝导，地方自治官绅原不能辞其责任。今各省设有农务总会、商务总会以及各项公司，均可直接农工商部，不必劝业道之设。而工艺之发达，已有蒸蒸日上之机，多设一道或改道为司，不过徒拥虚名，于事实上毫无关系。且司使有管理全省之权势，必委派人员分设劝业所于各州县，以掣地方官绅之肘，以分各工厂之利，而实业前途之障害反因此而生。即以商业而论，近来各省市面迭起风潮，而维持补救之力仍归督抚以及商会、银行，亦何必增此有名无实之官耶？"政府有裁道设司之说，邮传部亦有集权之心，"尚拟增设邮传司，各部各设一司，归其直辖，督抚虽有统属之名，并无统属之实，其于行政上之障害何可胜

---

① 《时评·其二》，《申报》1911 年 6 月 12 日。

言?"因此，"既设各司，不如裁去督抚；既留督抚，不可不裁去各司。然与其设各司而政出多门，不如留督抚而事归划一，此司道亟应裁撤之理由也"。①

清廷一味集权中央，处理不当必将付出沉重代价。胡思敬指出了清廷因集权而带来的危象："自中央集权之说兴，提学使为学部所保之员，巡警道为民政部所保之员，劝业道为商部所保之员，皆盘踞深稳，不敢轻言节制。而又司法独立，盐政独立，监理财政官气凌院司，亦骎骎有独立之势。一省之大，如满盘棋子，都成散局。将来天下有变，欲以疆事责之督抚，而督抚呼应不灵，责之学使以下各官，而各官亦不任咎。"② 此速乱之道也。

如何处理地方分权与中央集权的问题，着实令阁臣大伤脑筋，屡议不决。1911年9月5日，《申报》登载的《外官制纠缠不清》一文形象地反映了外官改制的矛盾情形：督抚因其历史上之地位不敢言明地方分权，将自己等同于国务大臣；内阁总协理大臣暨各国务大臣亦不敢公言中央集权，硬定督抚为地方长官。且既以督抚为地方长官，则司道各缺必加裁减，日后存记人员无可位者。唯财政、外交、军政等如仍任督抚分其权责，则各部又成虚设。故每开阁议，其主张消减督抚之权，各部院率皆一致，唯总协理大臣不置可否。③ 在司道归属问题上，疆臣与部臣互相争持的要点是各司权限问题，各部拟比照学部之于提学司直接统属，但各督抚均不承认，连次电陈力争，督抚代表进京亦为争其大权。④

经过反复争论，最终新外官制分两级，督抚为上级，民政、交涉、度支、提学、劝业五司为附属，司法、军政独立，均归督抚总其成；府州县为下级，直接隶属督抚，除裁改巡警、劝业两道，余均无

---

① 《论司道亟应裁撤之理由》，《大公报》1911年8月27、28、29日。
② 《请罢新政折》，胡思敬：《退庐全集·疏稿》，第885页。
③ 《外官制纠缠不清》，《申报》1911年9月5日。
④ 《内外权限尚有争议》，《大公报》1911年9月7日。

所变更。10 月 1 日，法制院将此项大纲通电奉、直、江、鄂、滇五督参核，如无删改，即可发表颁行。[①] 新外官制讨论弥久，最终只将巡警、劝业两道升为司，其余均无变化，邮传部积极呼吁设立邮传使也未成功。

有媒体注意到，新外官制变化最大者为道员，除巡警、劝业两道改为民政、劝业两司，其余道员均付阙如，"将来或暂仍其旧，或另有裁改，尚未决定，此实为现订新外官制上最大之疑义"。[②] 《盛京时报》说，新外官制中，"督抚对于中央，权限虽比昔时缩小，其对于地方之行政官，其权力则比昔时增大。缘外官制改定后，举凡民政使、度支使、提学使等等，皆由督抚奏保，请旨简放"。[③]

纷纷扰扰、一波三折的外官改制，绕了一个大圈，最终又回到1907 年外官改制草案的原点，表明朝廷不得已再向督抚妥协让步，但为时已晚，此时督抚对朝廷的向心力和忠诚度已降到历史低点。福建提学使姚文倬致汪康年的信中说："新政纷纷行之，不得其道，适为致乱之阶，吾等于十余年前，早已虑之，今不幸而中矣。中央之权初集，而决裂之象已见，所谓瓜分之祸，岂人之瓜分我哉！将使之不得不瓜分耳。近时朝野所持之政策议论，无一非力促人之瓜分者。"[④] 果然，新外官制草案出台后六天，武昌起义就爆发了，清王朝分崩离析，劝业道升为劝业司唯由后续探索实践。

第二节　实业、交通行政权限纠葛及划分

1907 年外官改制，设劝业道管辖实业、交通两政，对应于农工商

---

① 《通电新外官制草略》，《大公报》1911 年 10 月 1 日。
② 《新外官制无道员位置》，《大公报》1911 年 10 月 4 日。
③ 《外官制之大要》，《盛京时报》1911 年 10 月 12 日。
④ 《汪康年师友书札》（二），第 1256 页。

部和邮传部，表面上看是一官摄两政，实则两政貌合神离，界域分明，互争权限，这也是上文所述邮传部一直倡设邮传使或交通使的重要原因。处理实业、交通行政间的权限关系成了各省劝业道面临的一大难题。

劝业道身兼实业、交通两政与固有制度密切相关。1906 年内官改制前，各省交通行政"政出多门"。1903 年，中央设立商部，实则是仿照英美各国的商务部与日本的农商务省制定的规则，随后朝廷又令路矿总局归并该部管辖，"实兼日本递信省事宜"，[①] 因此该部通艺司职掌了铁路、行轮、设电等交通类事务。[②] 由于管理交通事务本是农工商部权限，而各项大宗入款又多在度支部下，自设立邮传部，"而农工商部及度支部为各保本部利益起见，即不免互争权限"。当时清廷已打算将邮传部并入农工商部，只是邮传部增设未久，"不便遽行改革，且一旦裁撤，该部堂官无从位置，遂将此议搁起"，[③] 邮传部得以幸存。

1907 年外官改制，鉴于各省交通不甚发达，实业、交通相资为用，关系密切，认为令劝业道统一管辖较为合宜，又能节省行政经费。但是，邮传部并不甘心将其所辖之招商、铁路、申报、邮政等局归并劝业道。农、邮两部相持不下，《直省劝业道官制细则》最终规定，对于交通事务，劝业道应会同招商、铁路、电报、邮政等局提倡保护，并有随时稽查之权。但是这个规定过于笼统模糊，在实际运作过程中，劝业道如何提倡保护，难以拿捏，类如侵逾交通行政的歧误之事时常发生，划清劝业道与邮传部所辖招商、电政各局的权限关系至为必要。

劝业道与电政局之间的权限划分问题较早地提上议事日程。自洋务运动以后，各省电政业均有程度不同的发展。1907 年三月，邮传部设

① 《声明商部办事权限折》，唐文治：《茹经堂奏疏》卷二，台北：文海出版社，1967，第 160 页。
② 《拟商部章程折》，唐文治：《茹经堂奏疏》卷二，第 145 页。
③ 《裁并邮传部各堂之位置》，《广州总商会报》1907 年 4 月 22 日。

电政司，接收电报总局，合并电政公所①和电报总局，改组为电政局。邮传部设于上海的电政局负责管辖全国原商办电政局。劝业道设立后，电政局为防劝业道侵夺其权，1909年12月拟订了八条劝业道与电政局办事权限章程，禀请邮传部核夺。邮传部认为该章程"尚属周妥"，但也强调"劝业道系新设之缺，划分权限自应慎之于始"，建议对原禀删改增订，"总期历久无弊"，"立法之始不厌详求，仰仍将该局原拟各条并增改各条详加核议，再行禀部候咨"。② 随后电政局对原章程进行了增改，邮传部颁布了《劝业道与各电局办事权限章程》，计十条：

(1) 劝业道有调查电局之责，无干预电政之权，电局用人、行政、理财三大端应如何办理仍由电政局禀承邮传部核办。

(2) 各电政局已设之线路，其里数、杆号以及一省之中共设子局、电报房若干处，应由各省垣分局具文报明各该省劝业道存案，如续有展修线路等情随时续报，以备查考。

(3) 各省垣分局委员遇调换交替时，除将履历禀报钧部暨职局外，由该员分报各该省劝业道备案。

(4) 各省电局收费数目以及用费数目，每六个月由各该局开列四柱清单报告劝业道一次，仍照单另缮一份送职局备案。

(5) 各处修造线路工程，除由职局随时咨明劝业道转饬各该地方官保护外，其工次一切设施仍由办工人员禀报职局办理。

(6) 各该局员如常不到差，或有勒索浮收等事，劝业道得有考察之权，惟或撤或罚，仍应由职局遵照定章禀请钧部办理。

(7) 某局修理杆线、某局杆线被窃，即由某局就近禀咨劝业道督饬地方官妥为保护，严行缉究，一面仍由各该局禀报职局

---

① 邮传部设立后，电政大臣袁世凯将上海行辕改为电政公所。翌年三月，电报总局因翻造房屋迁至电政公所内。

② 《批电政局禀陈拟订劝业道与各电局办事权限请批示由》，《交通官报》第6期，己酉年。

备案。

（8）扩充局店，推广线路如料价、工运等各费，劝业道就地筹有的款，可随时知照各局禀报职局转禀钧部即行照办。若须由局筹款，应否扩充推广，仍应由职局禀商钧部核办。

（9）各局店总办、委员对于劝业道或用移或用禀，各照通例办理。

（10）劝业道遇有关于该省电政事宜，应行推广整顿，可随时咨商职局核办。①

从章程中不难看出，劝业道对于电政事务"有责无权、权小责大"。各电局用人、行政、理财三大端均由电政局管辖，劝业道不得干预电政，但对电政事务又有考察、备案和保护之责，而且各省劝业道遇有关于该省电政事宜应行推广、整顿，得随时咨商电政局核办。

另外，上海电政局与劝业道无统属关系，各局店总办、委员与劝业道行文或用移或用禀，反映出各局店的地位并不低于劝业道。

此章程一出立即遭到一些省份的反对和质疑。广西巡抚张鸣岐立即回应说，该章程不适用于广西，理由是此章程针对的是商线，而广西电局皆系本省拨款设立，向来不隶属上海电政局，一切用人、理财之权应仍责成劝业道主管。

浙江劝业道董元亮咨电政局，章程第九条内开"各局店总办、委员对于劝业道或用移或用禀，各照通例办理"，尚有不明之处。所谓各照通例办理者，不知系指各局店而言，抑或指各局店之总办、委员而言？董认为，"现在各电报分局、子店，敝道既有督率保护之权，则各局店之对于敝道是否应比照商务分会，与司道用呈文通例办理？抑应视总办、委员之官阶为用移、用禀之标准？"电政局解释说：各处电报分

---

① 《本部拟订劝业道与各电局办事权限章程》，《交通官报》第8期，庚戌年。

局与商务分会情形不同，其对于劝业道所用公牍自未便援照办理，"况当厘订新官制之际，若以官阶之大小定文牍之体裁，似未尽允当"。因而，"嗣后各分局总办对于劝业道一律用咨，各局店委员均用呈。各分局及各局店均不出具本官衔名，径用某分局及某局子支店字样，以示区别而明体制"。① 显然，上海电政局的回应表明，各省电政局总办与劝业道是平行的行政关系，各局店委员与劝业道行文才用呈，劝业道的地位略微高于各局店委员。

劝业道与邮传部所辖各局的权限不清，不仅电政一端，邮政、航运、路政三政也如此。按照《直省劝业道官制细则》的规定，劝业道对邮传部所管邮、航、路、电四政均有随时稽查之责，但是劝业道如何稽查，两部并没有在官制细则中明确说明。《劝业道与各电局办事权限章程》也仅仅规定了各电局所办事务须在劝业道署备案而已，劝业道对电政并不能真正发挥稽查监督作用。其实，邮传部对劝业道稽查邮、航、路、电四政始终防备有加，不容介入。1910 年 4 月 2 日，《闽报》登载的《核订劝业道权限》一文反映出了实情：邮传部认为，劝业道对交通事务均有稽查之责，条目甚为纷繁，"若不预行划分权限，则遇事非有混乱之虞，即有互相冲突之虑，关系至为重要"，拟会同农工商部斟酌情形，将各省劝业道应行稽查之责任权限详细核定，"以期实行而杜流弊"。② 但迟迟未见两部协商结果，个中原因恐怕是农、邮两部的权限一时难以厘清。

劝业道稽查、保护交通事务具体如何操作是难以回避的问题。1910年底，直隶劝业道孙多森禀请总督陈夔龙向邮传部、农工商部询问该道与邮传部所辖各局之间权限关系问题。孙具详说：宪政编查馆奏定的考核劝业道官制细则第八条内载，其各省原设之招商、铁路、电报、邮政等局及商办铁路公司一切事宜，劝业道应会同筹商，督饬保护；第十二

① 《电政局呈本部拟定各局店对于劝业道所用公牍请查核禀》，《交通官报》第 16 期，庚戌年五月之后编。
② 《核订劝业道权限》，《闽报》第 1409 号，1910 年 4 月 2 日。

条又载，劝业公所邮传科掌航业、铁路、轮车、电线及测量河线，营治埠头、厂坞，考察路线，稽核通运、行车，并电话、电车、邮政各事项。根据以上规定，劝业道于招商、铁路、电报、邮政等局"均有筹商、督饬、保护之责"，"拟请宪台分咨农工商部、邮传部，札行招商、铁路、电报、电话各局所，嗣后一切营业状况及应由劝业道查核等项事件，务请随时移会备案，以便保护而资查考"。孙多森提出的这个问题是各省劝业道普遍遇到的问题。它反映出，招商、铁路、电报、邮政等局并没有按照相关规定，将其一切营业状况及应由劝业道查核等项随时移交劝业道备案，各局自行其是的现象普遍存在。邮传部回复道，按照电政局前定《劝业道与各电局办事权限章程》办理，要求电政局分饬所属局店，"所有应行呈报该劝业道备案之件，仍应遵照前订章程办理，以资接洽"。[①] 邮传部回复中的"应行呈报"四字说明各局在向劝业道备案时拥有较大的选择空间。如此，劝业道查核监督交通事务仍有责无权，不免流于形式，效力有限。

在办理轮船各公司注册及商船公会注册的政务方面，劝业道也左右为难。由于商部设立在前，邮传部设立在后，两者职掌事项多有重复。邮传部设立之前，轮船公司、商船公会等均在农工商部注册，邮传部成立后，也设有注册处，并制定大小轮船公司注册给照章程二十条，[②] 要求各省大小轮船公司均应在邮传部立案注册。这样，劝业道在处理轮船公司注册事务时，到底是由农工商部核夺，还是由邮传部核夺，颇觉为难，无所适从，屡有歧误。

1910年，宪政编查馆草拟的行政纲目颁发各衙门签注，为农、邮两部解决轮船各公司和商船公会的注册问题提供了机会。起初，农工商部为把持轮船各公司和商船公会的注册权，签注时表示：船政事务应归邮传部，其商船公司的注册及商船公会颁发旗牌、行照等事仍归

---

① 《本部札电政局所有各局应报劝业道备案之件仍遵发订章程办理文》，《交通官报》第 18 期，庚戌年十一月之后编。

② 《邮传部奏拟订各省大小轮船注册给照章程折并单》，《南洋商报》第 10 期，1910 年。

本部。而邮传部在签注时则称，农工商部现管民船事务应划归邮传部，以期统一。双方争执不下，宪政编查馆颇感为难，让农、邮两部自行商定，"以资联络而免纷歧"。邮传部和农工商部不得不又坐下来商谈，重订商船公会章程。双方议定，商船公会注册应由航商拟定专章，"呈由各劝业道详请农工商部、邮传部会同酌核，批准设立"。① 对于商船公司的注册，农工商部鉴于注册费收入颇丰，极力护持商船公司的注册权。

据《申报》透露，"农工商部之进款，除协款外，惟有注册费一项，所入甚微。近来各处协款每多延滞，而应行筹办各要政需款甚急，无法筹措。且多系按年筹备之件，无可迟缓"。② 由此不难理解农工商部把持商船公司注册权的内中原因。邮传部不得已，咨行农工商部说，商船公司的注册仍"由两部商订"。③ 这样才勉强解决两部在商船公会和商船公司注册上的分歧问题。

接管驿传和裁驿兴邮在新旧制转型过程中也是步履蹒跚，非一蹴而就。1907 年外官改制，为厘清行政权限，清廷将各省按察使所管驿传事务划归劝业道管理，以使按察使专司司法，以副名实。作为统管全国交通行政的最高行政部门，邮传部深悉驿站之弊，积极主张驿传事务划归劝业道管理，进而裁撤驿站，腾出经费，大力扩充新式邮政。但是，由于驿传制度历史悠久，牵涉众多权与利的纠葛，又受到铁路、航运、邮政等不甚发达的客观条件的制约，不仅劝业道接管驿站不甚顺利，而且邮传部裁驿兴邮的过程也一波三折。

驿传向归兵部管理，1906 年内官改制，兵部改为陆军部，驿站事务转由陆军部管理，新设邮传部统管全国邮政事务，为建立新式邮政体系，积极主张裁撤弊窦丛生而又虚靡国帑的驿站，此举遭到陆军部的强

---

① 《本部重订商船公会章程》，《交通官报》第 25 期，庚戌年十月之前编。
② 《农邮两部果可合并耶》，《申报》1910 年 11 月 26 日。
③ 《本部咨农工商部遵照行政纲目划分商船公司注册及运输规则权限文》，《交通官报》第 29 期，庚戌年十二月之前编。

烈反对，双方相互角力。《各省官制通则》颁布之前，驿站的裁并战就已打响。陆军部得知新外官制拟将直省驿站事务划归邮传部管理，便于1907 年 6 月 7 日会同军机大臣上奏清廷说，驿站平时转递文件，以军报为重，"现在轮船、铁路未尽交通，且军事秘密遇有紧要文报仍须由驿递送方昭慎重"，恳请仍照旧例，由陆军部经理，"俟将来航路、铁路一律通达，操纵自如，其各处驿站应裁应并，再当会同邮传部详察情形，奏明办理"。① 陆军部的意见不无道理，朝廷为慎重起见，允准驿站仍由陆军部经理。邮传部和农工商部会同拟订的《劝业道职掌任用章程》也吸收了陆军部的意见，规定：驿传事务改归劝业道管理，但是航路、铁路"未尽交通"，仍照旧例，由陆军部经理。② 宪政编查馆核定该章程时，再次表示："至驿传一节，现在各省提法使尚未遍设，应如原奏仍归按察使兼管，嗣后按察使改为提法使时，应将驿传事务移归该道管理。惟于航路、铁路未经一律通达之前，应仍由该道将办理情形兼报陆军部，以符奏案。"1908 年 8 月 1 日，奉旨："依议。"③ 逐步归并驿站有利于新旧制平稳过渡，又不使信息沟通渠道因改制而断裂，相对较为稳妥。

实际上，当时裁撤驿站的客观条件并不具备，原因主要有二：一是新式交通工具尚不健全，邮政体系仍不完密；二是旧有驿传体系仍在发挥效力，即刻退出历史舞台不免仓促，且裁驿后的善后事宜尚未准备充分。宪政编查馆对此颇表同情，1908 年底，再次咨报邮传部称，"各省铁路尚未大通，所有驿传事务应仍旧臬司兼管，勿轻议更张"。④ 加上此时大多数省份还没有添设劝业道，按察使还未普遍改为提法使，无论是接管驿站，还是裁撤驿站，时机、条件均不成熟，面对现实，邮传部

---

① 《光绪三十三年五月初七日收陆军部文一件》，国家图书馆藏《中国近代邮政史料》，全国图书馆文献缩微复制中心，2005，第 123—124 页。
② 《农工商部会奏拟订劝业道职掌任用章程折》，《政治官报》1908 年 6 月 9 日。
③ 《宪政编查馆奏考核直省劝业道官制细则酌加增改折并单》，《政治官报》1908 年 8 月 4 日。
④ 《驿传仍归臬辖》，《大公报》1908 年 12 月 16 日。

不得不冷处理，即考虑到邮权尚未收归部有，不如收回邮权，再议裁撤驿站。① 在努力收回邮权的同时，速将驿站归并劝业道管理，将驿费划归劝业道，为进一步裁驿站做好充分准备，对邮传部而言，似是一个上佳选择。

不过，劝业道接管驿站面临两大困难：一是邮传部和陆军部争权夺利，在裁撤驿站上相互拉锯，屡议不决；② 二是各省劝业道和提法使的设立进程不一，交接不畅。因是之故，较早设立劝业道的东三省、湖北、云南、贵州、安徽等省迟迟没有接管驿站。直到 1910 年，广西、湖北、四川、河南、陕西等省的劝业道才陆续接管驿站事务，③ 但是，已设劝业道的个别省份对接管驿站仍然观望不前。

裁并驿站的进程举步维艰，邮传部不得不另辟蹊径。有媒体称，驿站难裁，要因在于"有驿省分州县移驿站盈余为署用者十居其四，而吏部亦有所沾润，故阻扰者颇多"。为减少裁驿阻力，1910 年春，邮传部和陆军部妥商，制定了统筹兼顾、定期递减驿站的办法："于宣统二年三月初一日裁十分之三，宣统二年十月初一日再裁十分之三，宣统三年三月初一日裁十分之二，宣统三年十月初一日实行裁完。宣统二年七月初一日试办军驿工艺所，使被裁驿夫得以学习工艺。宣统三年五月初一日扩充军驿工艺所。至工艺所开办经费即用变卖马匹价银，常年经费则由驿站裁汰款中留支十分之四。俟军驿各夫工艺学成，即行裁去，以

---

① 《裁撤驿站之次第》，《大公报》1909 年 1 月 4 日。又见《裁撤驿站之次第》，《甘肃官报》第 10 册第 2 期，宣统元年闰二月。

② 参见吴昱《从"置邮传命"到"裕国便民"——晚清邮驿与邮政制度转型研究》，博士学位论文，中山大学，2009。

③ 《抚部院札镇安府胡守铭檠饬赴新设劝业道署任缘由文》，《广西官报》1910 年 1 月 16 日；《署提法司报名驿站事宜移送劝业道管理文》，《湖北官报》1910 年 8 月 5 日；《移交驿传》，《四川官报》第 29 册，庚戌九月中旬；《河南巡抚宝棻奏为河南按察司已遵改提法司所管驿传文件等照章改归劝业道接管请立案事》（1910 年 11 月 19 日），中国第一历史档案馆藏军机处录副奏折，档案号：03-7474-020；《陕西巡抚恩寿奏为遵将经管驿站电线邮政事宜移交劝业道接管事》（1910 年 12 月 26 日），中国第一历史档案馆藏军机处录副奏折，档案号：03-7447-166。

节国帑。大约此所之停办，当在宣统五年也。"① 陆军部愿意递裁驿站
与尚书荫昌密切相关。徐世昌掌邮传部时，曾向陆军部署理尚书寿勋力
争裁撤驿站，以此款扩张邮政，寿允俟荫昌莅任后再核办。荫昌查知西
北各驿站，每年所得约四百万两，又咨各省确查，有闰之年所得二百八
十余万两，无闰之年只二百一十七万两，实收则一百七十万两，每年作
正开销，"其中积弊已深，徒资中饱，不如改归邮传部，以便扩张邮
政"。因而，饬军乘司调查驿站及已设文报局，自宣统二年至五年止，
"陆续裁撤，所有文件尽归邮政局寄递"。对此，时论悲观地说："驿站
势若赘疣，何不可裁撤之有？况并驿站以属邮传部，其事至顺，顾犹俟
至五年之后始全行裁撤，慎则慎矣。吾恐愈迟愈有阻力，其如裁撤之终
成画饼何？"②

递裁驿站旷日持久，邮传部唯恐夜长梦多，随即又改变计划，以递
裁驿站不利推广邮政为由，通饬各省全部裁竣，推行邮政。形势比人
强，由于清廷财政愈加困绌，情势不容驿站虚靡国帑，各省不得不加快
裁撤驿站进程。

1910 年 8 月，度支部核减各省预算经费，查出各省驿站每年耗费
甚巨，建议已通邮政各省亟宜酌量裁撤驿站，以杜浮靡。③ 舆论也抨击
驿站虚靡国帑，毫无效用："邮政之发达虽未必能取决于是（裁撤驿
站——引者注），而必以是为起点，则无疑义。"④

邮传部趁热打铁，于 1910 年 10 月 4 日奏请朝廷，各省按察使已改
为提法使，应照案将各省驿站事务划归劝业道兼理，所有驿站应即由邮
传部经理，以一事权，并举例库伦大臣、南北洋暨东二省裁撤驿站，改
设文报局所带来的便利，表示：如获谕准，即咨照陆军部接洽裁改，妥
商办理。轮路未通地方在邮局设立之前，仍饬劝业道照常办理驿站，随

① 《定期递裁驿站之办法》，《盛京时报》1910 年 3 月 4 日。
② 《驿站料理裁撤》，《江宁实业杂志》第 3 期，1910 年 10 月 22 日。
③ 《裁汰驿站之先声》，《大公报》1910 年 8 月 28 日。
④ 《论裁驿站》，《盛京时报》1910 年 9 月 18 日。

时将办理情形兼报陆军部。① 清廷谕令陆军部核议具奏。陆军部虽认同
驿传事务应归邮传部经理，但强调说，"若遇战时，凡属交通事权应尽
归军界范围之内"；且"现在轮路既未全通，邮政尚未完备，即驿站不
能遽裁"，如果即行裁撤驿站，"殊多窒碍"。另外，驿传、邮政"事权
分隶，责成不专，实于朝廷寄重要军报秘密关系匪浅"，再次建议，
"所有驿站事宜仍请暂归臣部管理，一俟筹商妥协，确有完善办法，驿
站应裁应并，再行奏明办理，以昭慎重而免纷歧"。② 显然，陆军部仍
不愿将驿站归并邮传部掌理。

　　但是，提法使专责成、理司法，将原管驿站事务划归劝业道管理已
是历史所趋、人心所向。1910 年 12 月，法部咨邮传部称："本部查各
省按察使，经本部于本年七月二十一日奏请改补提法使，奉旨允行，所
有各省驿传事务自应遵章划归劝业道管理，其未设劝业道之山西、江
苏、甘肃、新疆、黑龙江等省所有驿传事务仍着该省提法使或兼提法使
衔之道员暂行管理。其已设劝业道之奉天、吉林、直隶、安徽、山东、
河南、陕西、福建、浙江、江宁、江西、湖北、湖南、四川、广东、广
西、云南、贵州等省，驿传事务应由各该省提法使划归各该省劝业道管
理。"并申明该部将咨行各该省督抚札饬提法使将驿传事务划归劝业
道，希望邮传部也"札饬劝业道将驿传事务妥为接收管理"。邮传部接
此咨文，迅速通行各省督抚札饬劝业道接管驿传事务，"并希饬将接管
后办理情形随时兼报本部察核"。③ 法部将驿传事务划归劝业道管理，
使邮传部以迅雷不及掩耳之势形成了裁撤驿站的必然之势。陆军部无可
奈何，不得不顺应历史潮流，将驿传事务划归邮传部管理。其管理驿站
的历史使命随 1911 年 1 月 20 日上奏清廷将驿站事宜改归邮传部管理而

① 《宣统二年九月初二日本部附奏各省按察使已改为提法使应照奏案将驿站归劝业道
兼管由》，《中国近代邮政史料》，第 17—18 页。
② 《陆军部奏核议邮传部奏裁改驿站扩充邮政折》，《政治官报》1910 年 11 月 6 日。
③ 《护院魏准邮传部咨凡已设劝业道省分应由提法使将驿传事务划归劝业道管理仍令将
接管后办理情形随时报核缘由行道遵照文》，《广西官报》1911 年 1 月 1 日。

终结。①

接着，全国掀起了劝业道接管驿传事务的高潮，安徽②、福建③、直隶④、山西⑤、江苏⑥等省的劝业道纷纷接管驿传事务，就连体制较为特殊的吉林、奉天两省，劝业道也接管了文报局。吉林驿站向隶旗署管理，宣统元年奏准改为文报局，归民政司管理。1911 年 3 月 16 日，民政司邓邦述顺应形势，将文报局案卷移交劝业道接收管理。⑦ 在奉天，总督锡良于 1911 年 4 月 4 日奏准将徐世昌改设行省时设立的文报局改归劝业道赵鸿猷接理，"以重职守"。⑧

各省劝业道迅速接管驿站，加速了邮传部裁撤驿站的步伐。为了防止劝业道在接管驿站过程中驿站经费流失，邮传大臣盛宣怀请旨饬各督抚将驿站、文报局一切钱粮经费统报邮传部酌核动支，各省驿站钱粮等费既不得移作他用，也不能轻议改章，⑨ 以监控这项来之不易的经费。1911 年 5 月，盛宣怀鉴于驿站事务已划归该部管理，决定将交通便利省份所有驿站统于是年裁撤，扩充邮局，"以期传递敏捷"，遂通电各

---

① 《具奏定期接收驿站事宜并拟随时变通办理由》，《中国近代邮政史料》，第 35—36 页。

② 《安徽巡抚朱家宝奏为安徽驿传等事务遵改移交劝业道接收管理日期咨请立案事》（宣统二年十二月初五日），中国第一历史档案馆藏军机处录副奏折，档案号：03 - 7448 - 044。

③ 《闽浙总督松寿奏报遵照馆章福建驿传等事宜移送劝业道接管日期事》（宣统二年十二月十八日），中国第一历史档案馆藏军机处录副奏折，档案号：03 - 7448 - 148。

④ 《直隶总督陈夔龙奏报劝业道孙多森接收驿传卷宗并经费银两日期事》（宣统三年正月十九日），中国第一历史档案馆藏军机处录副奏折，档案号：03 - 7475 - 007。

⑤ 《山西巡抚丁宝铨奏为陈明将旧管山西驿传文卷款项等分别造册移交劝业道管理事》（宣统三年三月初八日），中国第一历史档案馆藏军机处录副奏折，档案号：03 - 7565 - 021。

⑥ 《苏省驿站改归劝业道管理》，《申报》1911 年 4 月 27 日。

⑦ 《吉林巡抚陈昭常奏驿传事务划归劝业道管理片》，《政治官报》1911 年 5 月 14 日。

⑧ 《又奏文报总局改归劝业道管理片》，《政治官报》1911 年 4 月 8 日。

⑨ 盛宣怀：《愚斋存稿》卷二十，台北：文海出版社，1975，第 539 页。

省劝业道调查各项情形，"以便通盘核办"。① 此举为裁撤驿站、推行新式邮政奠定了基础。

另外，邮传部将邮政权收归部管后，于 1911 年 10 月调整了邮局与劝业道的权限关系。在此之前，各省邮政总局向归地方官襄助，若系重要事件，则请关道或劝业道或交涉司转行所在地方官照办。邮传部收回邮政权后，邮政总局札委各省管理邮务最高机关改为邮政局暨邮政分局，为免其与地方官权限歧异，规定：嗣后各邮局及分局倘需地方襄助或与地方交涉重要之事，专请劝业道查照办理。② 不过此时已临近清廷覆亡之日，唯有留待民初再续改革。

不过，从总体上而言，随着邮政逐渐发达，"寄递公文毫无遗误，驿站遂成赘疣，故民国元二年间，裁撤殆尽"。③ 在清季裁并驿站过程中，劝业道发挥着枢纽中转作用。

第三节　劝业道与其他司道的行政关系

布政使、提学使、提法使、劝业道、巡警道在新官制中并称为"三司两道"，均属督抚属官，虽分事而治，但业务上彼此关联，实际运作过程中往往发生千丝万缕的联系，主要体现在三个方面：其一，行政事务须由相关衙门经办；其二，劝业道推行实业、交通事务过程中须其他司道配合协作；其三，其他司道行使职能，需劝业道给予支持。

一　母财何来：劝业道与布政司等财政机构的关系

农工商矿各业为生财事业，与国家财税收入息息相关，但"生财"必先"耗财"，兴办实业、推广交通，乃至保障劝业行政正常运转无不

① 《邮部实行裁减驿站》，《大公报》1911 年 5 月 4 日。
② 《劝业道有保护邮政之责》，《申报》1911 年 10 月 13 日。
③ 俞诚之编《退庵汇稿》，台北：文海出版社，1968，第 511 页。

需要投入大量"母财"，因而劝业道的日常事务与布政司、善后局等财政类机构的关系至为密切。

实业费虽然可以由原农工商矿各局或被裁道缺各项经费转移拨付，但随着劝业行政机构的扩增及各项实业的铺开，缺口仍然较大。为了筹集款项，劝业道往往与藩司、善后局等财政机构协调疏通，就地筹款。例如皖省财政困绌，搜罗尽净，实有左支右绌之势，为了筹集巡警、劝业两道办理新政款项，安徽藩司沈曾植与司道通盘筹划，在加收税契项下规定每银一两捐银三分，专充两道举办新政之需。[①] 类似情况在其他各省也相当普遍。

总体而言，劝业道与布政司或善后局等财政机构存在既斗争又相互依存的关系，有时和缓，有时紧张。湖南和江西两省之例便可概见。

湖南劝业道署公费向由善后局发给，1910 年夏，湘省财政困难已达极点，布政使赵滨彦裁撤善后局，并入财政公所，停拨此项公费，[②] 以致劝业道王曾绶寸步难行。据《神州日报》载，赵滨彦任湘藩后，全省政界事无巨细，大为揽权，而又刚愎任性，跋扈异常。1910 年，赵以财政支绌为由将劝业公所常年经费月领八百余两悉数停支，劝业道王曾绶甚为窘迫，详明巡抚杨文鼎，请将劝业道署应解司库项下矿砂井税一半，自九月起免其照解，即留抵劝业公所月支经费。杨文鼎札饬赵滨彦核议。赵认为，此项矿砂井税除留一半抵补劝业道署月支经费外，如有盈余，必须照解司库，以充饷需。此议得到巡抚杨文鼎的批准。井税盈绌无恒，劝业款项也就难以保障，井税短绌则劝业公费无款，藩司亦不过问，"盈则藩司可向掎拨"。王曾绶对此"颇为愤愤"。[③] 巧妇难为无米之炊，劝业道及劝业公所人员相顾束手。[④] 王曾绶与赵滨彦的关系日趋紧张。

① 《皖藩司筹画新政经费》，《北洋官报》第 2148 册，1909 年 8 月 1 日。
② 《湘省财政拮据之现状》，《蜀报》第 1 年第 3 期，1910 年。
③ 《藩库与劝业公所争款》，《神州日报》1910 年 12 月 19 日。
④ 《湘省之鱼鳞一片》，《时报》1910 年 12 月 2 日。

与湖南不同，江西实业经费相对充足，劝业道与布政使的关系较为和缓。江西各署行政经费，除藩署外，以劝业道署最为富足，因而劝业道傅春官举办实业也大显身手，仅教育项下，就开设多所实业学堂。① 时人分析说，"赣省各署局公费自迭次减折，均不甚宽余，惟劝业道署所收各处矿税每岁颇巨，故该署经济问题绰有余裕"。② 劝业道傅春官拥有矿税征收权，藩司不敢奈何于他，有时甚至还要察其言、观其色而行事。

不过，不管各省劝业道与布政使的关系如何，对实业的投资力度整体来说并不大。有学者指出，实业费在全国岁出总额中所占比例过少，以 1911—1916 年预算为例，实业费在全国岁出总额中，恒占 0.18%—0.57%，从未达到 1%。③ 清廷虽然积极鼓励兴办实业，但不愿在此投入巨额资金，因为赔款、军费、偿债占去了岁支大宗，实业经费屡被压缩，劝业道兴举实业的效果自然不如预期。

二　实业学堂的建与管：劝业道与提学司实业教育权之争

发展实业，需才孔亟。学部作为管理全国学务的中央职能部门，对全国各类学堂具有统属权和管辖权，提学司是学部贯彻落实各项政策、法令的省级职能部门，学务公所内设的实业科，"掌理关于实业各学堂、实业教员讲习所之教课规程及关于各职员、学生等一切事务，并考察本省实业情形"。④ 而农工商部为满足对实业人才的需要又积极筹设各项实业学堂，和其他部院办学一样，坚持实业学堂归农工商部自理自管，"无庸学部过问"的办学原则。⑤ 二者因实业教育权纷争不已，这种纷争在行省就体现在提学使和劝业道的职能权限关系上。

---

① 《赣省劝业道之大手笔》，《时报》1910 年 12 月 14 日。
② 《江西财政盈绌谈》，《时报》1911 年 3 月 1 日。
③ 阮忠仁：《清末民初农工商机构的设立——政府与经济现代化关系之检讨（1903—1916）》，第 189 页。
④ 刘锦藻：《清朝续文献通考》卷一三三，职官十九，第 8945 页。
⑤ 《各部专学不归学部管辖》，《广州总商会报》1908 年 3 月 1 日。

湖北劝业道设立伊始，实业及交通各学堂、局所不愿劝业道过问，湖广总督陈夔龙要求此类学堂、局所应按官制章程，由劝业道"一体与闻，以合于考察筹商的大义"，并札饬各实业学堂、局所总会办说："嗣后在省的农工商矿各学堂、局所，委有司道大员总办的，遇有文移事件，要与劝业道会衔，其衔列在各司的后面、各候补道前面，庶几商酌有所资借，调查格外便当。"①

1907 年，学部试图划清与各部院的教育权限，引起各部反对，办学积极的农工商部反应最强烈。农工商部咨学部曰："嗣后各省所设农工商学堂及已设立者，悉归农工商部管理，学部惟考试毕业后会同出奏，平时不得干涉。"学部对此"大不平"，复云："此种学堂如系农工商部自办者，贵部自有管辖之权，京师、上海等处高等商业学堂是也。各省农工商学堂理应归学部，如来文之意，以后农科大学亦归贵部管理乎？"双方"互执一词，相持不下"。② 不久，《申报》披露此次争执根源：农工商部所辖各省实业学堂的管理和奖励向归该部核办，但学部尚书荣庆主张管理权可归农工商部，而奖励则须由学部主持，商诸农工商部尚书溥颋，溥援照巡警学堂归民政部之例，"与之力争"。③ 后来经某军机出面调停，"大约管理则归农工商部，核给奖励仍须归自学部"。④也就是说，各省农工商各类实业学堂的管理权仍在农工商部，学部仅在学生毕业时负责考核、颁发文凭。

此次争权虽然暂时平息，但是利益争夺的暗潮依然涌动。因为劝业道百般筹集经费，举办实业学堂，培育实业人才，自然想自办自管自用，毕业生也应由自己核奖录用，但提学使也想履行直省教育主管部门的职责。1908 年 8 月，吉林提学使与劝业道的矛盾就此爆发。此时学部拟办理分科大学，令各省提学司调取各类高等学堂历年各科讲

---

① 《实行劝业道权限》，《河南白话科学报》第 24 期，1908 年。
② 《学部与农工商部之冲突》，《时报》1907 年 12 月 21 日。
③ 详见关晓红《晚清学部研究》，第 241—242 页。
④ 《农部学部冲突事已平》，《申报》1907 年 12 月 30 日。

义汇总后，送部察核。奉天提学司以委屈的语气向学部诉说道：奉天不仅没有高等学堂，而且法政学堂由督抚派参赞为监督，并另派专员为副监督，"不归本司管辖，讲义向未录送"，此外，森林、农业各校"均经延有东西洋专门教员教授各课，虽名目较高，均隶于劝业道管辖，其中一切课程讲义，本司亦无从深悉"。奉天提学司的这个回复令学部怒不可遏。

学部深感对专门学堂没有任何管理权可言，随即再次重申定章，通咨各省说：各项学堂皆归提学使管辖、考核，已经奉旨允准在案。并札饬各提学使司，"凡关于专门教育、实业教育之学堂事务皆当责成提学使司管理，不得因设立学堂之经费筹自他处，或学生毕业后应归他处任用，遂将该学堂管理之权划归他处。庶与定章相符，以收教育统一之效"。[①] 学部这次申明定章后，劝业道和提学使之间的实业教育权限范围进一步廓清。但实际上，各省实业学堂多由农工商局或劝业道筹款创办，根本不愿提学使插手过问，双方的矛盾依然存在。

果然，1909 年 9 月，学部实业司发现，"各处实业学堂，凡经各省农工商局或劝业道筹款办理者，提学司多置不问"，遂再次申明，"嗣后均应即认真考查，其各项实业学堂有附属场、厂为学生实习之地者，亦并归提学司随时稽核。如有设立实业学堂未经呈报提学司，详明本部备案，或课程未经提学司详明本部核定，或教员、管理员非经提学司选择派充者，毕业时不得请奖给奖励，以杜冒滥"。[②] 学部以不给实业学堂毕业生奖励为筹码，向农工商部和各省劝业道施压，甚至要监督劝业道举办的场、厂，稽核学生实习，坚决收回实业教育的稽核权。经学部这次明示，提学司和劝业道办理实业学堂的权限才基本厘清。

实业学堂权限划分问题看似已解决，但实际运作过程中仍有不少摩

---

① 《学部通咨各省各项学堂皆归提学使管辖考核文》，《政治官报》1908 年 8 月 23 日。
② 《学部通咨各省整顿实业学堂大纲文》，《北洋官报》1909 年 9 月 22 日。

擦。1910年初，四川劝业道周善培禀请总督赵尔巽：农工商部筹备清单，第三年应设农林学堂，川省已设有中等农业学堂归学司管理，内设森林一科应否再设，抑或就该学堂改称农林？第四年各州县筹设习艺所，现川省各属有罪犯习艺所，教民作工有劝工局，此次饬办合资习艺所似系专指教工，应否改名？筹设矿务学堂，川省中等工业学堂亦设有矿业一科，1909年遵章拨归学司管理，应否划出独立，或另立一校，归何署筹办？请农工商部对上述问题予以答复。① 农工商部当然想独立办学，表示：农林、矿务各学堂应由该督体察情形，如能筹有款项，自应分行设立。倘一时财力尚难筹办，即就原有之中等农学堂改办农林，一切课程务求完备。"原有之中等工业学堂既经设有矿业专科，不妨划出独立，仍由学司管理，分报劝业道考核，一俟财力稍裕，仍当随时推广，分别筹办，以符定章。至如州县筹设习艺所，川省各属处置罪犯习艺所自可毋须改设，劝工局亦仍其旧。"② 但学部对此不以为然，仍坚持农林矿由四川提学司办理。因为奏定学堂章程中，中等农业本科内本有农业、林业各科，中等工业本科内也有矿业一科，如果将该中等农业学堂改办农林学堂，"范围转隘，且与奏章所定办法不合"，应就原有学堂内添设森林科；中等工业学堂已有矿业科，"毋庸划出独立，免致财力过分，有办理不完之弊。农工商部筹备单内应办之农林矿三科亦为本部九年筹备内各省实业学堂应办之事项，现经该省遵照设立，是已具有培植实业人才之实，应由提学司认真经理。遇有农林矿三项学生毕业时，知照劝业道选择任用，以致得人之效"。③ 可见学部坚决不愿将实业教育的大权拱手让给农工商部。两部为实业教育权争持不休，一定程度上影响了各省实业教育的发展，各省劝业道想独立办学，但受制于权限问题，往往无所适从，办学积极性降低。

---

① 《要电》，《四川官报》第3册，庚戌二月中旬。
② 《要电》，《四川官报》第4册，庚戌二月下旬。
③ 《学部咨川省应设学堂农林矿三科仍由提学司认真经理文》，《四川官报》第8册，庚戌四月上旬。

1911 年，宪政编查馆制定行政纲目，试图厘清各部权限，学部和农工商部的实业教育权之争再起。《大公报》报道："农工商部前曾因水产学校及蚕业讲习所两项管理权与学部大起争论"，新任农工商部尚书溥伦贝子认为实业教育关系重要，"必须认真办理方克冀收成效，因拟与宪政馆协商将来颁布行政纲目时仍将实业教育划归农部办理，俾得直接整顿"。① 可见农工商部仍力主将实业教育权控制在自己手里，在签注行政纲目时便将各省实业学堂的管辖权列于劝业道职掌内。此举引起轩然大波，学部向宪政编查馆申复说："各省劝业道衙门所辖学堂应归提学司衙门管理"，农工商部"将农林、兽医、水产、美术专门各项学堂列入劝业道职掌，实于提学司权限多所侵轶"，"似应于行政纲目内逐一划清，所有各省实业学堂应归提学使管理。至现在劝业道筹设之学堂，其经费由劝业道衙门筹拨者，亦应划归提学使经理，以归一律"。②

争持之下，宪政编查馆最终调和，实业教育权仍留在教育系统内，只将举办实业讲习所的权力留给农工商部。《钦定行政纲目》中规定："京外蚕业讲习所、水产学校等，专为随事实习起见，与普通学堂性质不同。日本亦隶于农商务省。查此项讲习所之设，意在随事实习，兼为养成实业处所技手之用。其教授、管理不循学章，其先不必有入学资格之限制，其后亦无毕业升学之可言，与奏定实业学堂章程之讲习科名同实异，既不在教育统系之内，自可仍由农工商部管理。"这样，学部和农工商部纷纷扰扰的实业教育权之争才算尘埃落定。其后，有关实业学堂或讲习所管理权限问题即以此办理。如：广东农务总会创设农务讲习所，禀请劝业道立案，劝业道认为学科事宜隶提学司主张，即移请提学司核复。广东提学使认为，其"学科课程大致均尚妥适，应请如拟办

① 《农部拟争教育权》，《大公报》1911 年 5 月 1 日。
② 《学部签注行政纲目内有应咨商厘定者六端咨复核议由》，中国第一历史档案馆藏宪政编查馆档案全宗，考察筹备宪政类，第 35 卷，宇字第 1323 号，转引自关晓红《晚清学部研究》，第 245 页。

理"。于是，两广总督张鸣岐根据提学司的意见，准予先行立案，并将折表咨送学部查照立案。学部依据《钦定行政纲目》规定，指出：广东农务讲习所章程"入学既仅以文理清通为合格，时间又只及一年，其课程亦只重理论而阙实习，毕业以后并无升学奖励，与本部定章之农业教员讲习所名目略同，内容迥异，既不在教育统系之内，应由农工商部办理，本部未便立案施行。惟此项学生毕业后不得升入各项农业学堂，更不得以与本部定章之农业教员讲习所名称相混，充当各项农业学堂教员，以昭核实而严学级"。① 可见，学部虽不管理实业讲习所，但对其毕业生就业仍有严格限制。

因实业学堂的办学权引起的矛盾冲突使提学使和劝业道势不两立、针锋相对，降低了行政机构的效能，对实业教育有害无益。吉林提学使移文劝业道，务实而明智地指出：如果两衙署协调不好，"将至有名无实，两败俱伤"。不过，这句"务实而明智"之言也暗藏玄机，看似提学使推心置腹，实则想让劝业道筹款兴办水产、美术等学堂及茶务讲习所，办学考核权仍归其所有，因而恳请学部咨农工商部核复，并饬劝业道一体遵照。农工商部识破吉林提学使令劝业道筹款举办实业学堂而自己请功的伎俩，复称：依据行政纲目内开，"劝业道所办之实业学堂亦划归提学司经理，以归一律"，"除蚕业讲习所、茶务讲习所、水产学校等听劝业道酌量设置外，余均由该学司认真筹办"。② 提学使的伎俩被农工商部揭穿。

劝业道办理实业学堂有其优势，因为他们多是办理实业的行家里手，对实业教育有一定经验，而且与绅商关系密切，在财政困绌之际，借绅商力量集资办学较提学使而言相对容易。但是，由于学部、提学使坚决要维护自己的办学权，不愿放手，劝业道举办实业学堂的积极性被

---

① 《督院张准学部咨核复广东农务总会附设农务讲习所一案应由农工商部办理本部未便立案缘由分行司道遵照文》，《两广官报》第 1 期，1911 年 6 月 16 日，第 179—181 页。

② 《吉林省为办各类实业学堂等事给吉林劝业道的札文》，吉林省档案馆藏吉林劝业道全宗，档案号：10-1-429。

削减，对提学使兴举实业学堂往往袖手旁观，多用力于举办各类实业讲习所，培养"速成式"实业人才。提学使独揽实业学堂教育系统管理大权一定程度上影响了清季民初实业人才培养的实效。

其实，为培养实业人才、开辟利源的大局计，提学使和劝业道最好是求同存异，携手共进。从中央部院来看，随着振兴实业、开辟财源在清廷的整个政策布局中日趋显要，农工商部和学部加强联系配合的时机也愈加成熟。因而，两部摩擦的同时也尝试彼此谦让协商，共促实业教育发展。

坊间传闻，农工商部为振兴农事，拟与学部会同核定办法。"凡设立农会及试验场等项均由农工商部竭力提倡，其设立农业学堂各事宜，请由学部札饬各提学切实筹办，以期收获实效。"① 农工商部在学部教育权独大的情况下，不得不放下身段与其会商解决实业人才短缺的问题。不过，两部虽有合作意向，但因权限之争而生成的隔膜依然甚深，要想将合作办学落到实处仍需各省劝业道和提学使的共同努力，尤其需要督抚执两用中，折中调和。因此，提学使、劝业道在实业"办学""管学"问题上，虽有冲突摩擦，但协作配合的情况也不鲜见。

贵州八寨厅筹办实业学堂，禀请巡抚札派教员，巡抚札提学司、劝业道查照，分别委派农林小学堂教员。② 桐城县县令具详皖抚，该县绅士姚联奎等创设工业试验场，皖抚札饬提学使会同劝业道议复其酌收学费及照公司招股章程集款，以及毕业后酌予奖励各节能否准行。③ 吉林提学使鉴于省垣各学堂学生"知识未充，尤无恒性"，"往往一闻招考不问学程如何，辄即见异思迁，更名投入。因之各校半途辍业，追缴学费之事层见叠出，屡经严行禁止。而积习已久，颇难革除"，为"防范于事前，免致纷扰于事后"，移文劝业道，"嗣后贵道所属各学堂、局

---

① 《二部会商改良农政》，《大公报》1908 年 4 月 11 日。
② 《抚部院批据八寨厅禀筹办实业学堂请札教员一案行会同劝业道分别委派文》，《贵州教育官报》第 1 册，辛亥年。
③ 《各省要闻汇录》，《南洋官报》1908 年 11 月 13 日。

所无论招考何项学生，务须先期知照，由本司转饬各学堂派员于点名时认真查察，倘有更名跨考及冒名抢替者立即扣除，毋令入场，以除积弊而维学务"，劝业道遂札饬农事试验场、实习工厂遵照办理。① 浙江余姚县绅士拟归并试验场，改办农工小学，由农工小学兼办试验场，呈请提学使批准，提学使认为"学堂、公司不能混成，合为一致，因学堂性质决不容有营利主义，应即转饬更正"，于是该学总董谢宝书邀集附贡周缉熙等公同商酌，拟定改设办法，并将农工学堂科目、图表呈请县令转呈劝业道批示。劝业道董元亮认为，"该邑绅既公同商妥，将试验场停办，所有经费一律拨充农学，为实业先导，自系专一办法，自应准予销去试验场前案"，"惟既改为专门学堂，应由提学司主政"，② 请巡抚增韫批示。河南劝业道为培养矿学人才，与提学使会同移咨高等学堂，照奏定矿科科目，教授矿学，特拟定课目、经费表式详呈抚院，特设矿务专科，请达部立案。但经费无着，宝棻批示：事属急务，应会同布政司妥筹经费，以便列入追加。③

十年树木，百年树人。如果能在实业教育权限问题上处理得当，清季民初的实业教育面貌将是另一番景象。关晓红在《晚清学部研究》一书中指出，"学部与其他部院办学权限的冲突表面看来是由职能划分引起，实质涉及各部权力资源的重新分配。兴学作为新政的要项，既能申请经费，又会增加政绩，还可培植人脉。……各部继续强调行业办学的特殊性，学部则仍然有责无权，只能参与制定各部学堂章程，审定其毕业生的奖励"，后来学部和农工商部均试图借行政部门职能权限重新划分的机会，解决长期以来由于职能交叉、权限混淆而引起的矛盾冲突，达到责权分明的目的。但是两部因部门利益而各怀鬼胎，殊途终难同归，"直到清亡，仍然基本维持原状"，"部门利益作祟带来喧嚣嘈杂

---

① 《吉林劝业道为提学司移各学堂招生严禁冒名替考等弊端的札文》，吉林省档案馆藏吉林劝业道全宗，档案号：10-1-371。
② 《划清农工学堂之权限》，《申报》1910年2月24日。
③ 《筹款创办矿务专科》，《时报》1911年10月6日。

的争执，使新政和宪政的许多设想都成了一纸空文"。①

　　尽管如此，劝业道和提学使在"兴""管"实业教育上毕竟进行了协作探索，推动了实业教育的发展，为民国实业教育留下了珍贵遗产。不过，实业教育权限划分问题直到民国依然存在，教育部总长蔡元培于1912年5月12日分别咨文农林、工商两部筹商实业教育大计。蔡元培提出四点注意：（1）改订实业教育课程；（2）各项实业学校应归教育部直辖；（3）实业各部应协济该校经费；（4）毕业后应由各部酌予录用。② 显然，蔡元培仍在试图解决清季存留的实业教育权问题。清季实业教育权纷争的史实为我国教育制度改革提供了诸多值得深思之处。

　　三　司法、行政由混到分：厘清商事裁判权

　　劝业道的商事裁判职能由原农工商矿等局衍化而来。为保商护商、改善官商关系，规避有关衙门遇有商家财产讼案苛索、舞弊、拖延、混淆是非等行为，一些商务局积极调处商务纠纷。比如，山东商务局规定，商家遇有钱债细故案件不许径赴官府申诉，"须先请董事评议，如董事未能了结，再赴商务局申诉，由局委员秉公调处。如无行无董，各业准其径赴商务局控诉。至评议调处各案尚有理曲者，梗顽不服，或逃匿不来，即由局发县追惩。并按月分将摘由呈报本部院查核。如土棍、吏役讹诈凌压商民，准该商赴局禀诉，由局委查明实在，即派局差拿交地方官惩办。如地方官袒庇瞻徇，即禀请本部院查办。局内员差均须恪守功令，不得稍染地方衙门习气，倘有不肖冒差舞弊滋扰，即由各董事暨总董事禀明局中总办，加倍惩罚"。③ 其他省的农工商矿各局章程也多有类似的规定。

　　劝业道设立后，承袭了商务局商事裁判功能。1910年秋，天津商

① 关晓红：《晚清学部研究》，第242—246页。
② 《会商实业教育问题》，《大公报》1912年5月13日。
③ 《山东商务局试办暂行章程》，《申报》1901年11月30日。

界禀请农工商部成立商事裁判所，农工商部决议，"凡各省负商业责任，如劝业道者，将来即在该署内设立此项裁判所，专理商界讼事，遇有商人交涉者，准赴该所内呈请裁判"。① 不久，农工商部正式通咨各省督抚，"凡设有劝业道暨农工商局之省分应增设裁判一科，专司各项商讼事件及推行商律"，② 并将所有办理情形报部以备查核。虽然裁判科没有在各个劝业公所内普遍设立，但部分省份的劝业公所附设了商事裁判所，如河南劝业公所附设商事裁判所，遴员驻所经理。③

劝业道调处商事纠纷的案源主要有三：（1）商人直接向劝业道衙门呈告者，包括商会未解决而呈报的案件；（2）农工商部交办的案件；（3）督抚交办的案件。对于各方汇集的案件，劝业道衙门首先判断是否应当受理，如果是与商务无关或者与商务关系不大的案件，劝业道会批示其赴该管地方官或审判厅办理。对于受理的案件，劝业道根据案情批示处理，处理方式大体有三种：第一，能够由劝业道衙门做出裁决的直接做出裁决；第二，需要商会调处的发交相应商会办理；第三，实在不能解决的纠纷，札饬各该地方官或审判厅审理，或移交提法使司处理。农工商部和督抚交办的案件，劝业道还要逐级上报办案过程及结果。

由于商务纠纷多涉及钱债纠葛，案情比较复杂，劝业道与提法使不免发生权限纠葛。随着各级审判厅的建立并运作，行政、司法两分的改制趋向日渐明朗，亟须调整规范双方权限。1911年初，济南商埠设立审判厅，山东劝业道询问农工商部，"商事诉讼自应一概归并，惟各府州县尚未遍设，遇有债务讼案是否概不受理，拟或暂仍旧惯？"农工商部遂咨行法部核复，法部复称："司法独立，民刑分庭，凡属债务讼案均为民事裁判所范围，其已设审判厅地方之商事诉讼自应如原咨所称一概归并，其未设审判厅地方之债务讼案，若令远诉于省城

① 《天津筹设商事裁判所》，《江宁实业杂志》第4期，1910年11月21日。
② 《部咨添设商讼裁判科》，《盛京时报》1910年12月28日。
③ 《河南通信·劝业公所纪事》，《顺天时报》1910年3月2日。

商埠之审判厅，不免重滋烦扰，应暂仍旧惯，由府州县受理，以示便利而洽商情。惟四级三审成规备在已设审判厅地方，商事诉讼得以按级上诉，未设审判厅地方债务案件之欲行上诉者不予以遵循之准，转恐无呼吁之门。大凡从前不服府州县判决而上诉之债务讼案，每归劝业道复讯，此项案件既可远赴省城上诉于劝业道，即可转而上诉于高等审判厅，嗣后不服府州县判决而上诉之债务讼案，应概归高等审判厅复审，劝业道毋庸受理。"农工商部对此颇为理解，遂通咨各督抚："商事诉讼既未别设审判厅，自应归并民事办理，嗣后遇有商人争讼，凡省城商埠应赴审判厅呈诉，未设审判厅地方应仍赴府州县呈诉上控案件，本部及劝业道概不受理，庶司法、行政机关不致混淆。惟以前未结之商事讼案，自文到后限三个月内仍由该道饬属从速讯结，报部核销，以清积案，毋得再行延缓。"① 至此，劝业道才不再受理商事裁判案件。

四 与其他司道、局所的协调配合

劝业道在实际运作中除与提学使、提法使存在权限纠葛外，与省级其他行政部门多协作配合。这种协作共事主要体现在以下几个方面。

（一）保商

劝业道与巡警道都是外官改制新增设的道缺，前者在于振兴实业和交通，后者在于维护社会治安，两者相资为用，才能财源充裕、社会稳定，保障清朝的统治秩序良性运行，因而双方在诸多事务上往往彼此支持配合。双方协作主要体现在三个方面。（1）劝业道所管事务需要巡警道保护。比如，各地举办农工商矿和交通事务需要巡警保护时，劝业道往往移请巡警道帮助。（2）巡警道履职有时需要劝业道出面，与商界沟通协调，配合巡警道开展工作。特别是巡警道筹集警费，更需要劝

---

① 《抚部院增准农工商部通咨札饬劝业道嗣后商事诉讼应分别已未结清各办法文》，《浙江官报》第 3 年第 14 期，1911 年 4 月 23 日。

业道与商帮沟通协调。例如湖广总督陈夔龙拟在汉口添募巡防队，因库款奇窘，特札饬劝业道会同善后局以"增营保商"为由与商会磋商，劝谕各商帮"就地筹款拨济"。① 此外，巡警道征收警捐往往引发商界抵制，酿成事端，巡警道又需请劝业道充当和事佬，融通绅商，争取支持。（3）应对突发公共事件时，两道通常共克难关。比如，1910 年冬，汉口发生水灾，流民顿增，劝业道和巡警道协作，设立栖流公所，教授工艺，安置流民，稳定社会。② 1911 年 9 月，河南开封因教养局征捐酿成罢市，巡警、劝业两道密切配合，平息了罢市风潮，稳定了局势。之所以快速平息罢市风潮，舆论分析说：盖当道深恐革命党借机生事，异常戒备，特派防营、巡勇荷枪遍巡各街，以免意外；巡警、劝业两道及首县等齐集会商，并约集各业商董会议，最后统一对外口径——教养局征捐目的是收养乞丐，以免骚扰各商。既然商界不愿捐款，"即行作罢"，此后请各安生业，勿再为浮言所动。"官界此举可谓纯粹之消极主义矣。"③

总之，劝业、巡警两道一为兴利，一为安民，对巩固清王朝统治发挥着重要作用。巡警道为稳固社会秩序纳民以轨物，造成警民冲突的现象屡见不鲜，劝业道因与绅商以及商会、农会等社会团体关系直接，当警民关系紧张时，巡警道往往请劝业道出面与绅民沟通，缓解矛盾；劝业道肩担兴利重责，为了营建安定有序的兴利环境，也需要巡警道打击那些破坏和阻扰兴利的行为。两者协作配合，各有所求，各得其所，目的在于维护社会经济的持久稳定和发展，这正是清廷深思熟虑后添设劝业、巡警两道的长远考量。

当然，劝业、巡警两道履职时也时有分歧。由于两道职责不同，双方往往以维护本部门利益为原则处理政务，两者冲突、妥协时有发生。奉天杨德山等人与毛云祥同时禀请在小河沿地方开设冰窖，劝业道不知

① 《又奏添募巡防队一营就地筹款拨济片》，《政治官报》1908 年 9 月 24 日。
② 《是亦慈善事业之一端》，《申报》1910 年 12 月 14 日。
③ 《开封罢市风潮续闻》，《大公报》1911 年 9 月 7 日。

设冰窖于当地是否相宜，遂札饬杨德山等人所在之县县令查明后"再行酌夺，饬遵此批"。① 经查，开设冰窖并无窒碍，劝业道随即批准开办。不过，巡警道派员查明，"小河沿冰水污秽杂质甚多"，"不适窖冰之用"，关乎公众卫生，否则将引发疫情，故禁止开办冰窖。职是之故，劝业道令该商人"另选该处相近，验明适用之井水作冰，或取浑河之冰藏窖"，"以符警章，不致有碍卫生，而于该商销畅获利亦属有益"。② 再如，浙江翟福康等人组织戏院，向巡警道缴纳弹压费，得到巡警道默许，但附生许士洪等以开设戏院"密迩学宫，干大不敬"为由，向商务总会控告，反对设立戏院。商务总会遂将此案咨行劝业道核准，劝业道董元亮考虑到开设戏院不尽合宜，但是该等商人愿意向巡警道缴纳弹压费，左右为难，于是又将此案提级呈报巡抚增韫批核。增韫认为，时局艰难之际"正宜提倡实业，以图补救"，但是，"戏院汇集优伶，并非正经商业，且于民间资财、地方治安大有关碍"，因而札饬劝业道会同巡警道转移该商会，不令翟福康等人组织戏院，"所有禀缴巡警两季弹压捐费如已预缴应即发还"。③ 这样，劝业道才名正言顺地拒绝翟福康等人组织戏院立案。由此可见，劝业、巡警两道的关系甚为微妙，难以一概而论。

值得注意的是，劝业道除和巡警道协作外，还与兵备处等部门相互配合，共同保卫实业和交通事务发展，尤在开采矿产方面更为突出。因为矿场多在深山密林处，匪徒骚扰抢劫时有发生，劝业道便移请兵备处、营务处等兵事部门巡逻保卫。

（二）体恤商艰

劝业道为提倡实业、鼓舞商情，往往需要减免有关商业税厘，这就需要与厘金总分局、税务局、关道等关税部门商议，协定减免税厘的措施和实施方案。如重庆鹿蒿厂生产玻璃，劝业道周善培会同厘金总局妥

---

① 《劝业道批示》，《盛京时报》1907 年 9 月 13 日。
② 《劝业道批示》，《盛京时报》1908 年 1 月 10 日。
③ 《抚部院批商务总会呈许士洪等控翟福康请开戏院》，《浙江官报》1909 年 8 月 23 日。

议验单式样，对该厂生产的玻璃在本省运输暂免税厘两年，以示体恤。[1]

（三）对外交流、交涉

在发展实业和交通事务中，外国资本多参与其中，劝业道与外国人的交涉在所难免，因而劝业道有时会会同交涉司处理这类事务。另外，劝业道有时为了购取外国优良籽种、化肥、器具，以及聘请教习、矿师、技手等，也需要交涉司等涉外部门予以协助。

（四）有关协助审核

由于劝业道所管事务繁多，涉及领域广泛，其他行政部门开展政务时，往往需要劝业道参与协助。如吉林张焕文等拟在哈埠创设彩票公司，营利部分作为警费报销，民政司移请劝业道查核，劝业道认为，"彩票迹近赌博，未便多护"，[2] 不准其开办。

综上所述，1907 年外官改制于直省添设劝业道，使直省农工商矿各业的管理更加规范有序，结束了过去农工商矿各局各自为政、散而无序的局面。但是，改制之初，没有通盘考虑劝业道与其他司道职能权限，更没有划清实业、交通行政的权限关系，以致劝业道在运作过程中与其他司道、局所之间存在矛盾冲突，一定程度上影响和制约了行政效率的提高，降低了清季实业和交通发展的速度。农、邮、学等中央部院在对其权限进行调整的过程中，相互角力，在争吵和摩擦中使劝业道的职能权限逐渐明晰，为民国实业、交通行政制度的建设奠定了基础。同时，劝业道与巡警道等部门协作配合，既促进了实业、交通事务的发展，也为此后开展部门联合执法提供了有益借鉴。

---

[1] 《鹿蒿玻璃厂免厘问题》，《申报》1909 年 5 月 24 日。

[2] 《吉林民政司与劝业道为张焕文禀拟在哈埠创设彩票公司事宜的相互移文》，吉林省档案馆藏吉林劝业道全宗，档案号：10 - 4 - 26。

第四节　辅助与监督：劝业道、督抚
与谘议局的关系

作为"采取舆论之地，以指陈通商利病、筹计地方治安为宗旨"①的各省谘议局拥有朝廷赋予的与闻政事、监察行政官吏权，密切关注攸关自身利益的兴利生财大政；督抚和劝业道考虑到谘议局为全省绅界代表，不仅为倡兴实业、推动交通建言献策，而且可以发挥督率引领绅商发展实业、交通的作用，因而积极向谘议局提交有关发展实业、交通的议案，以便利用谘议局的力量广辟财源。由于彼此利益诉求不同，围绕兴办实业、推广交通各项事务，督抚、劝业道与谘议局之间形成了至广且密的复杂关系。这种关系不仅反映了议政权与行政权的冲突与合作，而且体现了劝业道在督抚和谘议局的网络关系中运作的复杂实态。

一　定位之争

四川总督赵尔巽在该省谘议局第一届常年会闭会仪式上演讲道："盖朝廷设立谘议局，虽曰监督行政，实以辅助行政。且监督之事有限，而辅助之事无穷。若仅趋重监督一面，官绅感情或至反生隔阂，于事实反多障害。至于改革事业，尤须以渐而成，若操之太促，一利未兴，或反生诸弊。要之，今日官绅总宜和衷共济，不可彼此相非，权限之争亦不可过急，惟当平心察理，以求于事有济。本督部堂历仕以来，此心尚可自信，凡举一事，并不以反对我者为憾，不以迎合我者为喜。惟望诸君不独切实监督，更须竭力辅助。助我者我当视为益友，规我者我当视为畏友，诸君勉之。"对赵尔巽的妙言，谘议局议长登台回应

---

① 宪政编查馆编《宪政编查馆汇奏各省谘议局章程及案语并议员选举章程》，《清末民初宪政史料辑刊》第 1 册，第 13 页。

道："殿俊因督部堂辅助、监督之说，窃有所感。项日本伊藤博文游历我国，尝谓人云，中国人民最好守消极主义，国之不强，实由于此。今虽各省已开谘议局，然议员若仍守从前不出钱、不办事之宗旨，则其国终不能不亡。斯言也，实可谓深中我人民之病。然在谘议局未开以前，若竟以不出钱、不办事为我人民之罪，则殊不然。从前我辈固当因办事而出钱矣，所办之事、所出之钱安在？盖几如石沉大海，而出钱者既不能与闻于始，亦莫能过问于后，惟抚心抱痛，莫可谁何！惩羹吹齑，于是不问事之当办、钱之当出与否，总以无事省钱为免灾脱祸，此其罪岂在人民哉！不许其监督，则不能必得其辅助，此定理也。至今日则谘议局成立，资政院亦将继起，庶政公诸舆论既有明文，即今日督部堂亦明认监督之义。办事之得失、用钱之当否，在一定范围中，我人民皆得置议，若仍不出钱、不办事，使庶政不举，而国亦不救，则真无以自解于伊藤之说矣！故在今日，为中国人民及代表人民，当极力破除旧习，事之当办者，当竭力整顿，以为行政之辅助。一面又当尊重法律，可为行政之监督，因不出钱而废事，以致不能救亡，不可也；但知出钱而不问事，以致钱销而事仍不举，尤不可也。辅助、监督两义如弹丸，然破之则失其转圜之用，此吾同人所当共守，而官绅当共谅共信者也。"[1]

"辅助"与"监督"是官厅和谘议局分别给谘议局的定位，由于彼此定位偏差，双方利益诉求也即有别。督抚、劝业道与谘议局的关系为认识这种定位偏差提供了样本。这一定位偏差在谘议局设立之初就已存在。

劝业道受督抚统属节制，而谘议局以全省最高议政机关自居，要求与督抚平起平坐，以便监督直省各行政官厅。从谘议局争论行文称谓，就能看出其与督抚、司道的复杂关系。

公文是政令上行下达的一种载体，却蕴含着上下尊卑的行政关系。

---

① 《四川省谘议局第一次议事录》，隗瀛涛、赵清主编《四川辛亥革命史料》上册，四川人民出版社，1981，第10—12页。

顺直谘议局较早向宪政编查馆提出谘议局与行政官厅的公文体制问题：谘议局是监督机关，"监督机关必与执行机关立于对待之地位，此法理上之不可易者"。① 但宪政编查馆不赞成其意见，要求督抚对谘议局行文用"札"，谘议局对司道领衔的局、处一概用"呈"，这就等于将谘议局置于司道之下。

　　顺直谘议局坚决不认同这种行文格式，诘问宪政编查馆说："以今之局处而言，大概为督抚直辖之机关，本无分乎高下，故其总办无论为道为府，苟以局处之名义来往公文，皆用平行。今谘议局由民选而成，与隶属于督抚者已别，而对于司道领衔之局处，反不如各局处之自相往来者得用平行，是使代表全省之谘议局坐失其价值，又何能以监督行政之得失？此其不可者一也。司道者，官制之名称。局处者，法人之性质。以司道而入局处，则当以法人之性质从事，司道之资格便不能发生。若对于他局处可以用移，而对于司道领衔之局处必须用呈，是混局处与司道为一，则凡以京堂、翰林之入谘议局，而为正副议长者，与司道领衔之局处何异？准此以推，督抚对于谘议局亦当以京堂、翰林视之，不能用札，何电示于彼则分而为一，于此则又混而为一？此其不可者二也。天下事，名义之起皆由对待而生，不能两歧。札者，本以上行下之词；呈者，本以下奉上之词。凡对于我用札者，则我对之必当用呈，此名义之相对待，无所疑议者也。若谓谘议局隶属于司道，则司道亦当用札，不当用照会；若谓不隶属于司道，则司道既用照会，谘议局又何缘而用呈？揆之于名义对待之说，实不相符，此其不可者三也。谘议局为全省议决之机关，凡一省地方行政属于督抚范围之内者，皆为谘议局议决之范围，与商务总会之专属于一事者相差奚啻倍蓰，而今之商务总会对于司道例用移文，久为部章所规定，何全省议决之机关反不得与一商会同科？此其不可者四也。"② 其他谘议局也纷纷电争，号呼求

---

① 《书顺直谘议局上宪政编查馆书后》，《大公报》1909 年 11 月 17 日。
② 《顺直谘议局上书宪政编查馆争议公文体制文》，《顺天时报》1909 年 11 月 18 日。

救，坚持与督抚处对等之地位。

最后，宪政编查馆稍做妥协，规定：督抚行谘议局公牍式，其专对局言者，应照章用"札"；专对议长、副议长言者，如系京堂、翰林者，无论局事非局事，应均用"照会"。其谘议局呈督抚文，应自称"本局"，称督曰"督部堂"，称抚曰"抚部院"，不用"贵"字；如有与府厅州县关涉文件，应互用"移"；与司道领衔之局处仍用"呈"文，均参照"咨""呈"格式，唯不用"咨"字。① 可见，在宪政编查馆看来，谘议局仍然难与司道等量齐观。

二 议案用意不同

由于督抚、劝业道将谘议局定位为辅助行政，而谘议局以监督机关自居，积极监督劝业行政，因此双方在提交议案时各有用意。

根据《各省谘议局章程》，每届会议前，各督抚、谘议局均应准备议案。从议案种类来看，有关实业和交通事务的议案占比较高。湖南谘议局第一届常年会共收议案36件，其中经济方面共13件——有关财税者6件，商务改进者3件，工矿及交通发展者各2件，社会方面共11件，政治方面6件。② 山东谘议局第一届常年会共收68件议案，其中有关实业的议案达11件。③ 奉天谘议局第二届常年会收到33件议案，其中教育类3件，司法类3件，自治类4件，捐税类5件，官制改革类4件，工商业类8件，警务2件，航运1件，边垦1件，禁烟1件，救济1件。④ 可见，各方较关心有关经济和社会进步发展的问题。

不过，深入分析有关实业和交通事务议案的提出者，则能看到另一番图景。以湖北谘议局第一次常年会为例，会议共审议提案80余件，

---

① 《督部堂转宪政编查馆定谘议局对官文称谓电札》，隗瀛涛、赵清主编《四川辛亥革命史料》上册，第142页。
② 张朋园：《湖南现代化的早期进展》，岳麓书社，2002，第156页。
③ 陈文亮：《山东谘议局研究（1909—1912）》，硕士学位论文，山东师范大学，2008，第75页。
④ 徐建平：《清末东三省谘议局与地方公署关系初探》，《历史教学》2000年第8期。

经议决通过并陆续呈送湖广总督批复的有 31 件。① 从湖广总督所提 7 件议案类别来看，有关实业者就占了 5 件，分别是"推广农林以兴实业案""兴茶业以开利源案""兴矿业以辟利源案""规复应盐案""讲求宣防以除水患案"。而谘议局所提议案则多集中于税政、吏治等方面，对实业方面提的议案较少。浙江谘议局的情况与此相似，据沈晓敏对浙江谘议局第一、二年常会督抚所提议案的统计分析，农田水利的兴修以及交通实业是浙抚的主要兴趣之一。② 这说明，在各类议案中，总督较关心有关开辟财源的实业、交通事务的发展问题，目的在于征求谘议局对振兴实业和交通的意见和建议，并在筹集实业经费上取得绅士的支持和理解；而谘议局议员虽注重实业、交通方面的问题，但目光盯在财税、吏治等方面，目的是保护自身利益。由于行政官厅和谘议局各有所求，双方提交议案的用意也就不同。

按照《各省谘议局章程》，各议案应由督抚起草，开会时提议。因而每届开会前，督抚便通知各司道就主管事务准备议案，然后予以取舍，何者当提交谘议局，何者不应提交谘议局议决，提交议案达到什么目的，以及如何避免谘议局掣肘行政官厅，等等。这些问题同样也是各司道草拟议案时必须考量的内容，争取所拟议案通过后对本部门利多弊少。以河南司道准备议案为例，该省司道准备议案"极为踌躇"，"盖要事不欲付议，细事又恐见指摘，即漫拟数则，又恐一有不慎，特牵他事也"，③ 这大概是各省司道准备议案时的普遍心理。

在督抚和劝业道看来，谘议局职在辅助行政、补官治不足，因此所提议案一为集思广益，二为发挥谘议局为全省绅界代表的优势，推动实业和交通事务发展。浙江谘议局第一届常年会开会前，巡抚增韫札饬劝业道"迅将该管行政范围内分别已办者如何改良，未办者如何筹办，或应由官兴举而地方分担经费，或由本官经管而宜划归地方自筹，切实

---

① 吴剑杰主编《湖北谘议局文献资料汇编》，武汉大学出版社，1991，第 125 页。
② 沈晓敏：《处常与求变：清末民初的浙江谘议局和省议会》，三联书店，2005，第 34 页。
③ 《记谘议局议案》，《顺天时报》1909 年 10 月 15 日。

统筹办法，并具理由书，限七月二十以前一并呈候核夺"。劝业道董元亮感奋表示，"朝廷将本省谘议局之提案权畀我宪台，而我宪台复许本省行政各官厅于专管事宜，各抒所见，殷殷求治，荮菲不遗，凡隶蚨蠓，同深感戴。职道职司劝业，诚如宪谕所谓，负有行政上一部分之责任，敢不按照职掌择要敷陈，借千虑一得之愚，为土壤细流之助"。①

董遂提出六条应兴应革事宜，其中应兴者四条：（1）拟规划全省商会；（2）拟开辟沿海市场；（3）拟作省城马路以行人力车；（4）拟培修内河及沿江堤塘。应革者两条：（1）拟革除工商承办官差；（2）拟限制他省彩票销数。对于应兴之事，董元亮分别提出埋由及筹款办法，希图通过谘议局而得到绅商支持。对于应革之事，董元亮建议浙抚向谘议局提请革除弊端以利商业。在浙江谘议局第二届常年会开会前，劝业道和巡抚准备议案的意图更值玩味。劝业道董元亮草拟推广全省工艺和浙江商船公会两议案。浙抚增韫在将两案提交巡抚公署审查科审核时做了变动，将推广全省工艺案一分为三：（1）筹办全省厅州县简易贫民手艺传习所；（2）筹办全省厅州县简易工艺厂；（3）筹办全省厅州县简易劝工厂。目的是通过谘议局议员引领各厅州县自治会劝导绅民兴办简易贫民手艺传习所、简易劝工厂、简易工艺厂。这三个议案由审查科审定，提交谘议局议决。至于劝业道草拟的推广商船公会案，增韫考虑此案涉及制定商船公会施行细则问题，若经谘议局议决恐有掣肘，未提作议案。② 显见，劝业道和督抚准备议案皆用心良苦，以有所求。

湖北劝业道草拟议案也是详加推敲，仔细权衡。"推广农林以兴实业案"中，劝业道列出16条振兴农林办法，备详理由和所需费用，俨然一份向谘议局提交的推广农林经费申请书。湖广总督札交会议厅审核后提交谘议局议决，并说："事不详审而偏而不全，款不宽筹则暂而难

---

① 《详复遵伤就单开谘议局章程各款按照职掌谨陈管见文》，国家图书馆藏《浙江省劝业公所第一届成绩报告书》，商务印书馆，1910，第15—16页。
② 《劝业道拟呈推广工艺议案》，《申报》1910年8月30日。

久。所有开垦之事、试验之场、培植之方、子种之利，皆实业家所宜亟讲也。爰命该主管官条列办法，本部堂复详加察核，虽认民力未充，政费奇绌，未克一时具举，而本政所关，至须提倡。诸绅闻见较真，考求有素，必能分别缓急，俾可见诸施行，希具议待裁。"① 在"兴茶业以开利源案"中，湖北劝业道也绞尽脑汁草拟议案，首先向绅商申明湖北茶叶近年日渐衰微，亟须整顿的严峻形势，接着便提出整顿之法——须"从设研究所与立公司下手"，但是设研究所需要诸绅集思广益，而设立公司尤需巨款方敷展布，最后说，"诸绅考求有素，当具同心"。② 官样文章背后蕴含着劝业道向绅士征求振兴茶业建议和筹措设立茶业公司经费的意图。

有些劝业道和督抚更是动之以情、晓之以理，利用绅士念切桑梓的情怀及乡望素服、熟悉本地情形的独特优势，向谘议局提出兴办实业的议案。云南厉行禁烟后，亟须速兴各种实业抵补鸦片税，为了向谘议局征求良方妙策，护理总督沈秉堃提出议案，让谘议局筹议"何地宜桑蚕，何地宜山蚕，何地宜棉宜蜡，其余已产之物应如何培护改良，方兴之业应如何提倡推广，及以后考查之法、奖励之方应如何详晰规定。想吾民之代表皆生于斯、长于斯，必能言之确凿，为地方辟无穷之利也"。③ 云南谘议局似乎成了沈秉堃振兴实业的咨询顾问单位。江西巡抚冯汝骙被头绪纷繁的筹备宪政工作搞得焦头烂额，经费左支右绌，在谘议局第二届常年会开会前，饬司道各就主管事项发抒政见，择其尤要者发交谘议局核议，以收集思广益之效。劝业道抓住时机，将筹措改善江西水利的难题丢给谘议局，提出筑堤开塘以兴水利案。他在议案中表示：兴修水利，官为提倡，"尤赖绅为董劝"。④ 江西民修堤坝，向由富

① 《附二：湖广总督交议原案》，吴剑杰主编《湖北谘议局文献资料汇编》，第 183 页。
② 《兴茶叶以开利源案》，吴剑杰主编《湖北谘议局文献资料汇编》，第 192 页。
③ 《护督院沈札发谘议局议案清单五件之一》，《云南教育官报》第 25 期，1909 年 11 月 2 日。
④ 《赣抚冯中丞发交谘议局提议案》，《申报》1910 年 9 月 2 日。

民输资，贫民输力，"办法甚善"。建议谘议局发动绅商力量，于农隙时木雨绸缪，充分发挥自治团体的优势，修堤开塘。

由于实业、交通类议案多在绅商权力范围内，对行政官厅构不成实质性的监督制衡，各省督抚、劝业道乐于向谘议局提交这类议案。一是为了征集振兴实业和交通事务的良方妙策，二是能在筹集经费上取得绅商和舆论的支持和配合，使劝业行政运行更为顺畅高效，最终达到聚官绅之力兴利裕财的目的，同时完成朝廷交给的筹备先炎的任务，赢取政绩。

与督抚提交实业、交通类议案相比，议员的陈请案则集中在监督约束劝业行政方面，以维护绅商利权。1910年，河南谘议局提出整理实业议案三则，包括设立农业学堂案、整顿农务总会案、整理实业机关案。这些议案无一不是监督劝业行政，尤以整顿实业机关案最为明显。谘议局明确指出劝业道亟宜整顿的七个方面。① 在整顿农务总会案中，谘议局明确指出河南虽有农务总会名目，"其实系祥符县诸绅所组织，故成效未能大著"，劝业道应联络全省绅学农各界择日开全体正式会，确定会员、投票公举会长及职员，厘定章程、办事细则等，以及设法筹款，推广各属分会，以期"群担义务"。② 为争取绅士参与本地农林事务发展，湖北谘议局在"厅州县创农林劝办所规则案"中明确规定，农林劝办所应当"兼有要求地方官维持扩充，并仰地方绅士（或农务总分会）协助之权"。③

其他谘议局所提有关实业、交通类议案，其用意与河南、湖北两省谘议局大同小异，内容多集中在劝业道"应"如何、"当"怎样，类若劝业道的上级行政部门。这些议案多针对劝业道行政中的弊政及实业、交通发展的薄弱环节，其中不乏合理建议，如切实落实，不仅可改进劝

---

① 《河南谘议局提议实业》，《新闻报》1910年1月3日。
② 《河南谘议局议决案》，《北洋官报》第2376册，1910年3月27日。
③ 《厅州县创农林劝办所规则案》，吴剑杰主编《湖北谘议局文献资料汇编》，第125页。

业行政，促进实业和交通发展，而且可使更多绅商受益，提升其社会、政治地位。

从督抚、劝业道和谘议局所提议案的用意来看，督抚和劝业道试图从谘议局方面获得辅政之益，而谘议局更想从监督的角度参与劝业行政，代"民"维护权益，彰显自己的声望和地位。两者均为本省经济社会发展，但异曲能否同工则要看双方在议案议决、公布施行、具体落实等环节是否满足各自所需。

三　异曲可以同工

谘议局对有关实业、交通类议案的议决反映了议员们对劝业行政的态度和看法。谘议局的成员大多为绅界代表，对议案的审议、表决代表该群体的利益和意见，集中反映了"民"对"官"的监督和诉求。与之对应，督抚对谘议局议决的有关实业、交通类议案如何处理则折射了"官"对"民"监督劝业行政的态度。若要达到异曲同工之效，则要看双方在多大程度上取得共识。

劝业道和督抚们本想利用谘议局凝聚绅商力量，集思广益，形成兴办实业和交通事务的共识，表面上是官民合力，实则利用绅商之力襄助实业和交通事务的发展。但是，各议员往往从本阶层利益出发，严格审核劝业道、督抚提交的议案，保护其利益。例如，河南巡抚向谘议局提交设立农业学堂、筹设实业教员讲习所的议案，但谘议局考虑到设立农业学堂和实业教员讲习所势必又要增加各项经费，加重百姓负担，自身也会受到牵累，因此极力反对。认为省城已设有工艺、商业学堂，虽然未设立农业学堂，但是已有农事试验场，原案提议筹设实业教员讲习所，"与其另起炉灶，不如就近附属，及早成立"，① 建议河南巡抚札饬提学司会同劝业道于工业及商业学堂中各附设教员讲习所。为发展矿产，广西巡抚和劝业道向谘议局提交举借外债办矿案，谘议局考虑到借

① 《河南谘议局议决案》，《北洋官报》第 2358 册，1910 年 3 月 9 日。

债办矿将给绅商带来沉重负担，以"借款办矿未见其利，先见其害"为由，[1] 全体均不同意，甚至提请资政院力拒。在浙江，谘议局为了监督实业费的支出，逐项审核预算表，不仅指出劝业道所提实业预算案的不合理处，甚至具体到各项实业行政的细目。如对于浙江工业教员讲习所简易科经费的问题，谘议局认为，该讲习所应附设于中等工业学堂内，照简易科章程办理，招生六十名，一年毕业，以养成工业教员，其学科依中等工业学堂现在固有科目，设金工、染色二科外，更添木工一科，于下学期开办，其经费概以半年计算。不难看出，谘议局对工业教员讲习所的设立、招生、学科、经费等方面均进行严格的监督。[2] 如此一来，劝业道只有执行的空间，类似情况在其他地方也存在。简言之，谘议局对督抚提交的实业、交通类议案要补偏救弊，但有些意见和建议确实过于苛刻。

　　由于谘议局议决的实业、交通类案对行政官厅而言，有合理的，亦有不合时宜者，督抚则本着"为我所用"的原则取舍。督抚会议厅审查科专门负责谘议局议决案的审查。作为会议厅的重要成员，劝业道会同其他司道，[3] 审核取舍谘议局的议案，趋利避害，最终由督抚裁夺公布施行。比如顺直谘议局针对京张矿局在宣化开采煤矿恃势攘夺，违章强买民地的行径提出议案，恳请直督陈夔龙将京张矿局所占民地照章让出，"以保本省利源而维小民生计"。[4] 会议厅审查科认为谘议局所议不无道理，京张矿局确实有碍兴利，应将此案咨明农工商部查核办理，并行劝业道查照。[5] 随后，陈夔龙根据审查科的意见札饬劝业道遵照

---

① 《谘议局不以借款办矿为然》，《申报》1910 年 11 月 17 日。

② 《浙江谘议局议决宣统三年地方行政经费岁出预算案说明书》，章开沅、罗福惠、严昌洪主编《辛亥革命史资料新编》第 4 卷，湖北人民出版社，2006，第 257—259 页。

③ 参见关晓红《独断与合议：清末直省会议厅的设置及运作》，《历史研究》2007 年第 6 期。

④ 《谘议局议决民有矿产官家不得强行收买宜照章让出以保本省利源而维小民生计案》，国家图书馆藏《宣统三年顺直谘议局临时会议案公布录》，第 34 页。

⑤ 《札复谘议局议决民有矿产官家不得强行收买宜照章让出以保本省利源而维小民生计案文》，国家图书馆藏《宣统三年顺直谘议局临时会议案公布录》，第 35 页。

办理。

　　广东谘议局对劝业道拟订的家族工艺传习所学则修订后，呈请两广总督察核公布施行，两广总督将谘议局所议之案发交会议厅审查科审查，会议厅审查科认为此项系交议之案，拟请照行劝业道审查。劝业道审查后，认为谘议局对学则的删改"均属妥协，自可查照办理"，不过，谘议局所议也有不合实际之处，如将原定学额160人增至320人，较原额增加一倍。如此一来，不仅堂舍不够使用，且经费亦难敷用，"与其辗转经营，稽延时日，曷若就现有堂舍先立初基，一再筹维，似应变通办理。拟请暂照原拟学额招集艺生一百六十人，于明春先行考验入所肄习，按照工艺局原定科目先办染色、织工、美术、理化四科，并各授以普通学理，以冀速成。一面另行预计经费，专案请款，以为添购局旁毗连地亩，加造讲堂、宿舍及实习工场地步。一俟办理就绪，再行查照议案扩充，庶不涉偏废而免延误"。经劝业道修正，该议决案更趋合理，操作性更强，两广总督遂根据劝业道的议复公布施行。①

　　河南巡抚在谘议局第一届常年会上提出筹设劝业会，因经费难筹而迟迟未能举办，在第二届常年会开会前，再次札交谘议局复议此案。谘议局体悟到经费难筹，遂改进原方案，并建议商家慷慨捐款。河南巡抚觉得谘议局此次议复于情于理似较合宜，遂札饬劝业道和藩司照案办理。②

　　上述几个事例说明，当谘议局议决的实业、交通类议案对行政官厅有利无害时，督抚往往迅速公布施行。不过，当议决案不能迎合劝业道和督抚的实际需要或与其针锋相对时，督抚和劝业道则对议决案"冷"处理。例如，川督赵尔巽为设立工业器械试验所，向谘议局咨询筹款办法，谘议局建议将空闲废置的铜元局所有房屋及机器，改立工业器械试验所，"如此购器之款，建厂之费均不待新筹，而试验所更可即告成

---

① 《广东谘议局第二次常年会议报告书》，广东省立中山图书馆、中山大学图书馆编《清代稿抄本》第49册，广东人民出版社，2007，第377—383页。
② 国家图书馆藏《河南谘议局宣统二年常年会及临时会公布议案》，第1页。

立"。如果按谘议局所议办理，赵尔巽提交此案的原味全无。赵尔巽对此极为反对，驳斥谘议局的议复，直饬劝业道另议详办。① 可见，谘议局所议不对赵尔巽胃口时，谘议局的议决成了一纸空文。

经督抚会议厅的审查过滤和督抚的最终裁夺，谘议局议决案变形走样自在情理之中。督抚对议决案选择性公布施行，显然将谘议局作为咨询辅政机构予以定位，并非将其视为监督机关。谘议局则与之相反，坚决为自己正名分，切实监督政府。第一届常年会结束后，《广益丛报》的记者力倡谘议局不当受制于督抚，如果谘议局受成于官吏，则所立之法将不能冀官吏奉行，建议各议员不要将所提议案仅仅作为发发空言而已，应同心合力争之，"争而不得，则宁废谘议局不设，而决不可俯首下心以受疆臣之挟制。必如是，而宪政始可望实行。必如是，而秕政始可期尽去。吾国民其果有是能力否也？"②

谘议局议决案经行政官厅审查过滤后走形变样，虽然更加符合行政官厅的口味，但也阉割了议案的原意。权限被行政官厅压缩、侵夺令谘议局极为愤懑，于是谘议局又利用清廷赋予的权力捍卫自己的监督权。广西禁烟问题就反映了这种复杂的关系。宣统二年八月初一日为广西全省土膏店闭歇之日，巡抚张鸣岐已出示晓谕加持。但桂林各土膏店商人以存土太多，无从消减，百计运动，恳求展限至宣统三年三月内闭歇，最终经张鸣岐批准，展至宣统二年十二月底。不料，张鸣岐又札饬谘议局议决展限是否可行，谘议局当即开会集议，议定万不能展限。由于张鸣岐已启程入觐，这一烂摊子不得不由护理巡抚魏景桐收拾。魏认为禁烟、恤商两方面均需兼顾，但谘议局态度极为强硬，一时颇难决断，特又照会巨绅蒋实英、陈智伟、唐锺元、蒋继伊会同劝业道胡铭槃再议，限五日详复。四绅士意见相同，力主照谘议局议决案办理，仍以八月初一日为禁绝期，勿得展限。但胡铭槃已受土膏商之利，以恤商为由，极

---

① 《设立工业器械试验所》，隗瀛涛、赵清主编《四川辛亥革命史料》上册，第139—140页。

② 《论谘议局不当受制于督抚》，《广益丛报》第8年第7期，1910年5月9日。

力维护土膏店商人的利益，坚不认可如期禁绝，"谓恐牵动市面，商界亏耗太巨"。绅士蒋实英则反唇相讥，表示：土商存货仅值价四十余万，准其运往未禁净之州县销售，何至有亏血本，致牵动市面？如果商力难支，可由官银行借银数十万维持。其他绅士均赞成此议。胡铭槃力争不从，相持五日不能决，官绅意见不合，势成水火。七月二十四日，蒋、陈两绅向护理巡抚魏景桐禀复，详述所议，魏颇以为然。不久，胡铭槃向魏景桐力陈四绅暨谘议局所议万不可从，如照行，则商界糜烂。魏犹豫不决，左右为难，乃召集司道府厅州县、正副财政监理官到抚署会议，各官均默然无言，唯劝业道胡铭槃仍主前说，副监理官也赞成。显然，胡铭槃和副监理官均已从土膏商处获益，各官难言而缄默。魏景桐不得已，致电北京禁烟王大臣、资政院，以官绅意见各执一词，禁烟、恤商均需兼顾，请示办理。迟至二十八日尚无回电。谘议局亦于二十七日分电北京资政院、禁烟王大臣、广西京官等，痛斥劝业道阻扰禁烟，梗违舆论，恐吓护院，请内外坚持禁烟。[1]

《新闻报》报道称：劝业道明知禁烟为必行之议案，而犹为土商力争，是有所不得已；桂绅明知土商全力运动，而仍据理力争，亦有所不得已；护院魏景桐不能决，召集司道各官会议，除副监理外，余竟默无一言，殆均有所不得已。张鸣岐前后矛盾，既准商人展限，又札谘议局核议，实际上是自己挖坑自己跳，作茧自缚。各方均有为难之处，只有等待禁烟大臣、资政院的调停。但是，京城到八月初三日尚无回电，各土店照旧贸易。桂林商界遍发传单，表示存货太多，若如限禁售，血本亏耗，张鸣岐已批展限五个月，何得又纵谘议局之请，遽翻前案，不顾商情，市面牵动，大局糜烂。与此同时，各厅州县城乡土膏商贩也纷纷来省，刊布传单，求各界维持挽救，并传言如照八月初一日原限禁售，将与官绅拼命，拆毁抚署、禁烟公所、谘议局等。劝业道胡铭槃恐商界暴动，一面出示劝谕，嘱商界候北京复电，如果京电不允展限，"本道

---

① 《桂省禁烟之冲突》，《新闻报》1910 年 9 月 14 日。

必设法维持市面，不令各行全体受牵动影响"；一面向魏护院汇报，建议速将商界危局、商情愤激详情电奏，并分电宪政编查馆、农工商部、资政院和禁烟王大臣等。①

谘议局也不甘示弱，以全体辞职要挟，要求按照原议办理，如期禁闭土膏店。矛盾越来越激化。资政院表示尽快核议，并电复魏景桐，慰留议员，照章核议，不必遽行辞职。朝廷也谕令魏景桐体察情形，妥筹办理。不久，资政院核议结果出来，明确指出张鸣岐任意变更议决案侵夺了谘议局权限，"与朝廷设立谘议局取决舆论之本旨尤属不合"，"照院章第二十四条规定，应由本院据实奏陈，请旨裁夺"，"并饬下该抚仍照上年公布办法，迅为禁闭，以重功令而顺舆情"。② 这样，禁烟风潮才逐渐平息。谘议局大获全胜，保全了议决案的原貌，打压了劝业道胡铭槃和土膏商的气焰。

纵观各省公布施行的实业、交通类议案，大多按诸地方情形，切中时弊，虽不能称施措无遗，但大都权衡轻重，裨益兴利牧民良多。行政官厅选择性审查过滤谘议局议案，均有自己的考量，其异曲同工的关键在于双方在争议中找到共识。浙抚增韫在给朝廷的奏折中这样描述行政官厅和谘议局的关系，道出了谘议局存在的价值："统观各全案，在官署欲切实举行于公布之后，故必详慎讨究于批准之先；而在议员有各举所知，共抒谠论之诚心，故无负指陈利弊，筹计治安之责任。至于会场争议，惟公是谋，其争愈力者，适以见其程度之高。而事实难行，间或非议员所共喻，因由此争而使将来行政规划益进于完密。此皆由历次谕旨谆谆告诫，无偏无颇，而又严定范围，纳诸轨物之中，使有可循之涂辙。嗣后逐年开会，知识磨炼而益精，权限分明而不越，可于今日之谘议局操其左券。此奴才所默察情形，深为立宪前途庆幸者也。"③ 增韫

---

① 《桂省禁绝土膏之风潮》，《新闻报》1910年9月19日。
② 《中国大事记》，《东方杂志》第7卷第10号，1910年11月26日。
③ 《巡抚增韫奏谘议局会议始末情形》，浙江省社会科学院历史研究所、浙江图书馆编《辛亥革命浙江史料续辑》，浙江人民出版社，1987，第118页。

向朝廷汇报谘议局会议的情况虽有溢美之词，但客观上反映了行政官厅与谘议局的不同诉求及其助益立宪的妙处。

四　议者自议，行者自行

1911 年 10 月 22 日午后，奉天谘议局开第三次常年会，议长一席话颇能反映问题，略谓："本局开会多次，议案不少，然或议者自议，行者自行，其弊正坐于立法机关与行政机关不能十分联络之所致。"[①] "议者自议，行者自行"正是谘议局和行政官厅对议决案落实情况的真实反映。据研究，各省议案实施效果普遍不理想，其"最主要的原因是官厅的阻力"。[②] 督抚公布施行的实业、交通类议案落实执行情况并不尽如人意。

以奉天为例，1909 年谘议局议决本省应设立矿产保存会。东三省总督锡良札饬劝业道督饬本省绅商各团体按照所议筹办，一面募集款项，一面妥拟章程，统俟筹有头绪，由劝业道公布施行。但时隔一年，劝业道仍未将筹办情形具报，理由是"筹款为难，未克遵行"。锡良不得不修正原议决案，按照轻重缓急选择性地督催劝业道落实。比如议案中矿务交涉问题至为慎重，劝业道不得不依议办理，至于组织矿产保存会，附设矿业学堂及矿业研究所等，设会、兴学势难同时并举，拟先由官绅组织一会，即定名为矿务会，附设劝业道署，由官筹款提倡，而绅商入会者均仿教育会、商务会酌纳会资，"庶官绅协力，众擎易举"。[③] 由此可见，受督抚意旨、经费、事情缓急情况等因素的影响，劝业道落实议决案仍然充满变数。谘议局对于行政官厅执行议案不力，因循敷衍，虽然甚为愤怒，似也无可奈何。按照谘议局章程，若行政官执行议案不力，谘议局可指明办法意旨，然后复议，或者提出质问书，呈请查办地方官吏，但是这些规定并没有多大效力，行政官厅依然自行其是。

---

① 《奉天谘议局开会纪盛》，章开沅、罗福惠、严昌洪主编《辛亥革命史资料新编》第 3 卷，第 348 页。
② 沈晓敏：《处常与求变：清末民初的浙江谘议局和省议会》，第 42 页。
③ 《奉天谘议局记事·提议修正推广矿务第一案批回》，《盛京时报》1910 年 11 月 25 日。

就江西而言，谘议局第一次常年会所见 63 件议案中，有下落可寻的是其中 13 件已饬有关机关遵行，2 件驳回，8 件转送有关机关议复，其他则如泥牛入海，下落不明。当时报纸评论说："赣省谘议局呈送议决各案，冯抚批答多属模棱，其发生效力者毫无。"① 可见，谘议局的议决案执行的情况效果不佳。

议决案公布施行后，真正贯彻落实者实属甚少，但这些议案毕竟有合理的成分，对督促劝业道办理政务具有重要意义，因而督抚有时也利用谘议局的议决案向劝业道施压。湖北纺纱、织布、缫丝、制麻四官局因官办多年毫无成绩，转归粤商韦奥文包办，每年缴纳官租，但是当道阳奉阴违，仍委四局督办、会办各员等名目，监督一切。谘议局议决 1911 年预算案实业支出费时，发现四局督办系劝业道兼充，未支薪水，而会办则每年需薪夫、杂用两千金，未免靡费，因此议决裁撤会办，呈请瑞澂公布施行。瑞澂将此议案交藩司、劝业道核议。藩司和劝业道认为设立会办甚为必要。瑞澂对此不以为然，认为"四局既归韦商承办，则除纳租外，盈亏与官无涉，会办本属无事"，札饬劝业道与韦商详定机件、厂屋管理及赔偿合同，一面札饬该会办销差，以节经费。② 再如，1909 年湖北谘议局第一届常年会开会期内议决各案有 20 余起，均先后经总督陈夔龙、瑞澂核定施行，但是数月之久，各属对公布议决事件多视若具文，漠然不顾，虚应故事。瑞澂再次要求劝业道遵照前次所发各案分别办理，一面出示晓谕，一面通行各属另将公布之案抄交自治会议员广为宣告，"务使家喻户晓，争趋于生利之途，则风气所开，实业振兴或有希望。自此次札催以后，必须一律遵行，倘各该主管官仍前泄沓，一经察实，定即照章办理，决不姑容"。③ 可见湖广总督督催劝业道落实议案，主要是这些议案关系一省兴利生财大计。

---

① 《时报》，宣统二年二月二十五日，转引自吕芳上《清末的江西省谘议局，1909—1911》，《中央研究院近代史研究所集刊》第 17 期，1988 年，第 112 页。

② 《鄂督提倡实业之热诚》，《申报》1911 年 5 月 25 日。

③ 《札饬劝业道实行公布议案》，《申报》1910 年 11 月 15 日。

　　总而言之，在劝业道、督抚与谘议局的关系中，前两者往往站在同一战壕，督抚借谘议局之力督饬劝业道落实议案，主要是因为这些议案不会危及其权限，而且能够推动实业和交通事务的发展，当劝业道执行不力时，督抚往往借谘议局向劝业道施压。但是，从整体上看，谘议局对劝业道的监督并非直接监督，而是通过监督督抚而间接监督劝业道。在湖南，提学使吴庆坻、巡警道赖承裕、劝业道唐步瀛均因谘议局反对掣肘，"颇存去志"，赖、唐两道袒露心迹说，"此次蒙岑中丞保补巡警、劝业两缺，不得不勉报知己。如岑抚一日调动，即随即禀请开缺，决不恋栈"。① 此事说明，司道对督抚负责而非对谘议局负责，因此司道与谘议局的矛盾主要通过督抚与谘议局的关系表现出来。

　　谘议局以一省最高议政机关自居，试图与督抚并立对等，议决事件皆呈请督抚公布施行，并不直接发交劝业道执行，因而谘议局监督劝业行政，本质是监督督抚。1910 年 1 月 15 日，《大公报》登载《论谘议局非监督司道之机关》一文，阐明了谘议局与司道间的关系："司道受督抚之监督，而行政上之附属机关也。凡司道执行之事皆督抚委任之事，一切责任均由督抚担任。谘议局监督督抚，即无异监督司道，司道对于谘议局毫无直接应负之责任也。不独司道有然，即各厅州县如有违背法律等事亦均听督抚之查办，而谘议局无直接干涉之权。所以然者，以督抚为一省最高机关，凡本省一切政务，督抚有监督之权，即有应负之责。谘议局对于督抚，既有此最高之监督权，而本省各官厅又皆受督抚之监督，故监督一督抚，而凡督抚监督之官厅无一不受谘议局之监督。谘议局有此权力，故但对于督抚之行为加以监督，而其下各官厅皆可以督抚一人为之代表而已。"因而，谘议局所提议案由督抚交司道核议者，"而其一切责任仍由督抚自担，盖核议之权虽在司道，而复核之权仍在督抚。督抚对于司道之建议，可以删改，可以纠正，其不删改、不纠正，则其责任全在督抚，而司道不能认也。谘议局所监督之人为督

----
① 《湖南谘议局纪事》，《时报》1909 年 11 月 10 日。

抚, 而非司道。谘议局所接之札复出于督抚, 而非出于司道。督抚对于司道有直接命令之权, 司道对于督抚有直接服从之义。彼督抚虽以全局之议案分交司道核议, 而其应负之责任仍在督抚, 而不能诿之各司道也。至各司道核议之案, 谘议局如以为然, 必呈请督抚施行。谘议局不以为然, 亦必呈请督抚更正。无论如何, 谘议局之对手人决为督抚, 而非督抚监督之司道。彼司道所核议者, 不过承督抚之命令为事实之调查, 既不能代表督抚之意思, 即无约束谘议局之权力, 盖此等交议之案全属于官厅内部之关系, 而于谘议局之议决权毫无妨碍者也。或曰, 自官厅之关系而言, 理论上固无妨碍, 然以司道主管之事而交司道核议, 事实上之阻力甚多, 不知此等阻力既由事实而发生。彼谘议局议员亦仅可反对, 其核议之事实而不得谓司道无核议之权, 盖司道核议之权系出于督抚之委任, 而非谘议局所授予者也。督抚既授与其权, 即应代负其责, 彼谘议局之职权固不能干涉官厅内部之关系, 而于督抚不当之议复, 不妨据理力争者也, 奚必牵及司道哉"。① 此文条分缕析, 论证了司道为督抚属官, 是省级行政官厅的重要组成部分; 谘议局作为监督机关, 监督对象是督抚而非司道。此文对时人和今人认识理解议事权、行政权的知识与制度颇有助益。

行政官厅与谘议局的关系, 福建提学使姚文倬给汪康年的信中说得至为形象, 不妨以一窥貌。

他说: 政府对属员"无一句不打官话, 无一句肯说真话", "其对于谘议局也, 如对外国。对于议案, 如办交涉案, 议案或其他质问案牍, 无论如何揶揄之, 如何诋诟之, 亦俯首含忍, 不敢稍下一重字, 以相批答。其恭敬承顺如此, 而谘议局益傲睨跋扈, 多方苦之。一日, 属员中有言谘议局员太无状, 宜以法绳之者, 中座扬其首, 咨嗟而言曰, 谘议局乃吾省之谘议局, 如闹得不好看, 吾等岂不抱愧。其善打官话如此, 真可笑也。盖其心非不深恨议员, 所以肯唾面自干者, 不过畏谘议

---

① 《论谘议局非监督司道之机关》,《大公报》1910 年 1 月 15 日。

局之议其不办一事，恐为政府所知，有碍于禄位耳。总之，以此等人而寄一方之命，则百事败坏于冥冥之中，乃其人犹负老成清慎之名，入长部务，出膺封疆者，且十数年。人之詈之者，至多不过加以平庸之名，而不知其为亡国败家之种子。（若人方自以为精明稳练，举世莫及，盖其计较于利害趋避之间，诚有非常之敏锐也。）吾国自汉唐以来，不操戈矛而倾人社稷者，皆出于此辈之手，历史具在，一翻阅而随在皆是。此风不去，无论专制、立宪皆不足以图存"。①

在另一封信中，姚文倬又说："而谘议局又报开办，制府不谙新事，惟以司道为仆从奴隶，指挥而役使之，致终日奔驰，席不及暖，侵晨而出，日暮始归，其实纷扰疲劳，尽属空谈……今之所谓办新政者如是，岂不可笑。各省谘议局议员本少阅历之人，又多年少气锐，沾沾自喜，往往发言盈庭，罔识忌讳，而庞然自大之官场，遂乃视如蛇蝎，以为致乱之阶。甚者或一物不知，惧其纠摘，阳为敷衍，相与委蛇，而于议论之不当者，亦不加驳正，待过四十日遂可视作浮云。此两种人，吾闽之在位者皆有之，恐他省亦未必不然，尤可慨也。"② 谘议局和官厅忙忙碌碌，议决案往往成为一纸空谈。行政官厅高超的躲闪技能不能不令谘议局议员和舆论失望和无奈。

第五节　劝业察吏：督察考核厅州县实业、交通事务

州县为亲民之官，郡县治，则天下治。劝业乃新政要项、致富之基，非劝业道一人所能胜任，各州县官与其上下合力，方能见诸成效。因而宪政编查馆奏准的《直省劝业道官制细则》中明确规定，劝业道

---

① 《汪康年师友书札》（二），第1249—1250页。
② 《汪康年师友书札》（二），第1258页。

对本省应行兴办农工商矿各实业及推广船、路、邮、电等事，"有督饬地方官切实奉行及考察勤惰之权"；"各厅州县每届年终应将所办实业及本境交通情形分门别类制成统计表册，申报劝业道查考"。[1] 也就是说，各厅州县承劝业道之命，办理境内农工商矿和各项交通事务，要接受劝业道的督饬考察，并将有关情形报告劝业道查考。劝业道系新设官缺，对地方官虽有督饬奉行及考察勤惰之权，但并无督饬考察之实。厅州县官承百官之命，政务殷繁，往往顾此失彼，借词拖延，敷衍门面，劝业道的政令在州县执行不力的情况时有发生。

1909 年初，湖南劝业道发现有些州县官对劝业政令屡催罔应，贻误事机，便规定该道随时考核厅州县办理实业情况，如能实力奉行，确著成效，即详恳巡抚酌核给奖，以励贤能；如其玩视要政，敷衍欺蒙，"亦当拟实详揭，请予惩弊"。以此劝惩，"庶勤干者益加策励，因循者知所奋兴，而全省实业得以逐渐扩充，似于劝业察吏之道不无小补"。[2] 四川劝业道周善培向以雷厉风行著称，但仍有州县官对其所发政令置若罔闻。四川设立劝业道前，矿政调查局曾变通部章，抽收各属煤铁经费，周善培饬各属选举矿务委员负责调查征收，于宣统元年四月初一日起一律开办。大邑县距省垣最近，奉文最早，虽经周善培多次催促，"仍无动静"。周善培大为恼火，征得川督赵尔巽的批准，将卸署大邑县知县、现任蒲江县知县姚协襄记大过三次，"以示儆戒而维要政"。[3] 从这两个事例可以看出，加强劝业道对州县官的督饬考核已是不容忽视的问题。

厅州县对劝业行政奉行不力的问题引起了农工商部和邮传部的重视。1910 年 10 月，两部注意到，在宪政编查馆奏定的《直省劝业道官

① 《宪政编查馆奏考核直省劝业道官制细则酌加增改折并单》，《政治官报》1908 年 8月 4 日。
② 《详请兴办湘省实业》，《中外日报》1909 年 2 月 19 日。
③ 《督宪批劝业道详卸署大邑县姚令取费不力恳予记过文并原详》，《四川官报》第 33册，己酉十一月中旬。

制细则》内，劝业道仅有督饬地方官切实奉行及考察勤惰之权，"而无实行考核纠举之责，若不稍为变通，重其职掌，恐不足以资督率而利推行"，而且"劝业道一职管理全省农工商矿及各项交通事务，凡应行兴办皆今日利用厚生要政，较巡警道职掌尤为繁重"，因此援照民政部奏请厘定巡警道职权之例规定："凡已设劝业道各省，遇有关于地方官员补署举劾等事一律会详，以符督饬考察之实。"① 这样，劝业道对地方官补署举劾等事具有一定话语权，一定程度上可确保各项劝业政令在地方上得到及时有效的贯彻执行，提高厅州县劝业行政效能。

在此之前，农工商矿各局对地方官补署举劾等事无权发表意见，各地方官对于农工商矿各局颁布的政策、法令有时熟视无睹。比如，1908年初，农工商部曾向各省下发农田、林业、茶业、畜牧、工艺、渔业、丝业、棉业表格八种，要求各府厅州县暨各总分商会认真详查填送，以凭汇核。从江宁劝业道接管商务局的案卷来看，各属填送表格不仅详略互异，而且多舛误，嗣后其又另刊表式，并制定查填之法，通饬各属遵照填写，但各州县仍未遵办。商务局不得已，再次详请督抚宪批饬，勒限催填，一些州县仍置若罔闻。两江总督愤而再次札饬，倘再延玩，即由商务局详请示惩，"以资儆戒"。然又届一年仍未造送，实属"疲玩已极"。江宁劝业道李哲濬考虑到任事不久，便利用参劾权，再次札饬六合、清河等州县按表填注，依限呈送，否则，"惟有据实详参"。② 结果，各州县纷纷按表填注，效率显著提高。

此外，劝业道有权与藩、学、臬三司及巡警道共同参与厅州县官的三年大计，再次强化了劝业道对厅州县实业、交通行政的督饬考察权。1910年为三年大计之年，各省督抚询问宪政编查馆，巡警、劝业两道是否由督抚注考，地方各官计册应否由三司两道会详。宪政编查馆复电各省督抚说："巡警、劝业两道职掌既统全省，应由督抚注考。地方印

---

① 《农工商部会奏续订直省劝业道职掌事宜折》，《政治官报》1910 年 11 月 10 日。

② 《本公所札催六合等九州县农田等八种表式文》，《江宁实业杂志》第 4 期，1910 年 11 月 21 日。

官、知府以下等官亦可由该两道会详，余照旧办理。"① 劝业道考核州县官振兴实业、推广交通的实绩，有利于奖勤罚懒，促使各厅州县重视实业、交通新政，倾注更多心力。

为使厅州县实业、交通事务考核制度化和常规化，农工商部又制定了年度考核制度，由劝业道具体负责。随着新政日兴，宪政编查馆唯恐地方官奉行不力，认为新政推行"必须有法定机关，方足以促进行"，因此于1911年1月28日奏准，中央各该主管衙门另订考核章程会同督抚督饬司道办理地方官考核事务。1911年9月，农工商部根据上谕要求，制定了《考核各省府厅州县办理实业劝惩章程》，明确规定府厅州县的实业行政由农工商部考核，各府厅州县每年须将所办实业事宜及所属实业状况遵式填造表册，具详本省劝业道汇总整理，再由该省督抚加具考语，于次年三月前咨报到部。农工商部接到表册，切实考核，将考核结果分为最优等、优等、平等、次等，各府厅州县所办及所属实业改良发达者为最优等，成效昭著者为优等，稍著成效者为平等，毫无进步者为次等。各府厅州县于所属应办实业确有窒碍情形时，需据实向各该劝业道汇报详由，并随时申报该省督抚咨部。各府厅州县列入最优等者，奏请传旨嘉奖；列入优等者由督抚记功一次；列入平等者照旧供职；列入次等者暂准留任，连经三考皆列次等者，实缺者开缺，候补者扣补。各府厅州县如考核时，列入最优等适因另案撤参，应由该督抚将原参情节咨报农工商部。另外，农工商部随时派员按照视察州县规程，赴各地抽查，或咨行该省督抚派员抽查，如发现所报不实，将严参造送表册的府厅州县，并议处失察劝业道。②

劝业道通过对厅州县劝业行政的督饬考核，奖勤罚懒，优胜劣汰，

① 《宪政编查馆收复各省督抚电》，《政治官报》1910年12月22日。
② 《内阁总理大臣奕劻等奏为酌拟考核直省府厅州县办理实业劝惩专章事》（宣统三年七月二十二日），中国第一历史档案馆藏军机处录副奏折，档案号：03-7563-082；《内阁总理大臣奕劻等呈农工商考核各省府厅州县办理实业劝惩章程清单》（宣统三年七月二十二日），中国第一历史档案馆藏军机处录副奏折，档案号：03-7563-083。

既能激励和鞭策厅州县官振兴实业，革除厅州县官因循敷衍的官场痼习，又能形成优胜劣汰的实业人才选拔考核机制。对厅州县官办理实业进行年度考核，可使善于实业发展的能员干吏获得督抚的记功，乃至朝廷的嘉奖，于众多厅州县官中脱颖而出，拙于实业发展的平庸之辈面临留任甚至扣补或者开缺的命运，其积极意义不言而喻。然而，这一年度考核制度还没有来得及施行，清廷就覆亡了。不过，它为民国州县官实业、交通行政年度考核制度的建立提供了有益的借鉴。

第六章

兴天下利　牧兴利民

　　清廷于直省添置劝业道，发展农工商矿各业，扩张交通，旨在借此纾解财困，使财有可筹，维护王朝统治。可是各省实业、交通发展基础不均衡，各行业的开发潜力不同，在实业经费短绌的情况下，各劝业道为开发利源，尤其重视调查了解本省实业、交通发展实情，统筹规划，合理引导。随着兴利的进行，绅商乘势崛起，积极寻求机会殖产兴业，或独资创业，或合伙组织公司，或参与农会、商会、工会等社会会社，权势日隆，以不同方式或身份活跃于政商各界，成为兴利要角。诚实守信、依法经营者虽不乏其人，利用招摇撞骗、掺假浮冒、垄断把持、勒索苛派各种手段牟利的劣绅刁商也比比皆是，导致各类矛盾和社会问题层出不穷。劝业道管理和规范绅商的营利活动，统筹协调各种利益关系，化解矛盾纠纷，改善营商环境，建立良性有序的兴利社会生态，既适逢其时，又势在必行。同时，各劝业道创设和经管农事试验场、劝工陈列所、商品陈列馆、各类传习所等官业，树模范开风气，诱掖奖劝绅民兴利至重且要。学界已注意到劝业道对奖劝实业、交通要政发展的积极影响，[①] 但对劝业道兴利牧民采取的具体举措、因由及其影响的挖掘仍

---

　　①　参见敖天颖《近代地方官方经济管理开端研究：以劝业道和劝业员为中心的研讨》；
　　　　劉世龍『中国の工業化と清末の産業行政：商部、農工商部の産業振興を中心に』。

显不足。若重回历史现场，深入探讨劝业道兴利、牧民的两面及其背后的政情和目的，可见清季政治经济社会变革中直省实业、交通行政制度建立的价值和意义，及重农抑商观念嬗变和四民社会重构的鲜活图景。

第一节　裕民富国　调查先行

中国地大物博，但各地自然资源分布不均衡，实业、交通基础比较薄弱。劝业道为掌握本省自然资源的分布，各行业的开发潜力，以及交通的发展状况，进而相互比较，分清轻重缓急，统筹规划，往往从调查入手。

《直省劝业道官制细则》明确规定："劝业道应办各事除随时详明督抚或申报农工商部、邮传部外，应按年将本省兴办实业、交通事项详列表册说帖报部，以备统计；各厅州县每届年终应将所办实业及本境交通情形分门别类制成统计表册，申报劝业道查考。"[1] 如此规定，要在掌握各地实业、交通发展实情，以便上级主管部门科学决策，有的放矢，同时又能借此考核各地实业、交通发展成绩，可谓一举多得。

由于农工商矿各业和各项交通事务涉及行业广，调查任务重，若无充足人力物力，难以高效完成，因此在组织人事和经费安排上，《直省劝业道官制细则》进行了明确规定。

组织人事方面，劝业公所总务科负责统计报告事务；经费方面，农、邮两部视省份大小、事情繁简，每年分两季酌给各省调查费，以两千两为最高额度，以资津贴。[2] 但此项经费多未兑现，各省多自筹自用。

---

[1] 《宪政编查馆奏考核直省劝业道官制细则酌加增改折并单》，《政治官报》1908 年 8 月 4 日。

[2] 《宪政编查馆奏考核直省劝业道官制细则酌加增改折并单》，《政治官报》1908 年 8 月 4 日。

为规范调查工作，劝业道进行了建章立制。《浙江劝业公所试办章程》特将"调查"专章规定，"凡本省境内农、工、商、矿、船、路、邮、电等事及关于此项之学堂、公司、局、厂，无论已办、未办，本公所均须随时详细调查"。调查方法分为通常调查和特别调查两类，通常调查即以各该厅州县之劝业员任之，特别调查由劝业道临时派劝业公所职员任之。[①] 甘肃劝业公所也对调查事务做出明确要求，内容涵盖了调查事类、调查主义、调查纪律、调查经费以及调查前的准备和调查后的归纳总结等。[②] 当劝业公所人手不足时，有些劝业道还在劝业公所外遴选调查人员，如湖北劝业道刘保林遴委试用知县陈敫诗、补用知县杨爔、补用知州吴福绥、试用巡检马光启、盐大使殷贵仁等五员为调查员，赴各属调查农工商矿各情。[③]

就农、工、商、矿四政的调查而言，各省劝业道主要根据农工商部分年筹备宪政清单的规定开展工作。农工商部将"调查"列为筹备宪政事宜之首，意在摸清各地实业资源，以便统筹指导开发。第一年（1908年）只有一项调查内容，即调查中外棉业情形。第二年（1909年），劝业道负责调查四项内容，分别是：清厘本省矿山区域；照章检留本省最通用的度量权衡旧器，查明核定报部；调查本省商品出入大概数目；调查商务衰旺大概情形，编成报告。第三年（1910年），劝业道负责调查内地丝业和茶业情形、各省出产商品、各省商品出入详细数目、商务衰旺实在原因，并编成报告。1911年的调查统计因清廷覆亡而未及完成。农工商部在清季成功组织了两次实业调查，一次是光绪三十四年（1908），次是宣统元年（1909）。[④]

邮传部开展轮船、铁路、邮政、电报四政调查，由该部在直省设立局所负责统计，劝业道无权介入。该部指出，"统计一事为全国

① 《浙江劝业公所试办章程》，《浙江官报》1911年4月8日。
② 《甘肃劝业公所办事细则》，彭英甲编《陇右纪实录》卷一，第20—22页。
③ 《劝业道详委调查员》，《北洋官报》第1726册，1908年5月23日。
④ 《农工商部统计表》（光绪三十四年、宣统元年），《近代统计资料丛刊》第26册。

政治上考鉴之资，关系至为重要"，"本部统辖四政，举凡交通之灵钝，实业之盛衰，已办者如何改良，未办者如何推广，挈领提纲，胥惟统计是赖"。① 邮传部按照宪政编查馆的要求，专门在署内设立统计处，专司统计交通事宜，各省船、路、电、邮四政均由专设局所管辖，由各该局所设统计专员，遵照办理。四政当中，若有非邮传部专设局所管辖者，才"咨行各省督抚转饬劝业道及调查局查明，照式填报"。② 可见，交通事务的调查非经邮传部授权，劝业道不得参与。

各省劝业道除依照农工商部的要求和邮传部的授权开展调查外，还根据本省实业发展需要，适时安排专项调查。如湖北劝业道高松如为调查全省商务情形，会同武昌、汉口两总商会通告商务分会，遴派各帮商董遵照发下表式，调查各商盈亏情况，"以见良窳而期整顿"。③ 浙江巡抚增韫鉴于测验气候对农事尤为重要，批饬劝业道札饬各厅州县，将全省土性、气候各按地段、月份绘图列表，详细调查，咨送农工商部。④ 江宁劝业道李哲濬抵任未久，考虑到该省各工厂织布者居多，但由于盲目生产，"尚无他项特色之工艺"，随即列表通饬各属查明填报，"各属有何工艺，产何原料足以供制造之用者"，以俾统筹并计，相度地势，组织相关工厂，"以资提倡而求实效"。⑤ 吉林劝业道为掌握全省气候变化情况，劝农兴业，要求各厅州县务须按旬填报各属每日晴雨雪情况，分报备查。⑥ 为了解各属粮价变动情况，吉林劝业道要求各属务须按月

---

① 《部札催造航业统计》，《申报》1910 年 3 月 7 日。

② 《遵设统计处拟定章程表式折》，《邮传部奏议类编续编》，第 369 页。

③ 《劝业道调查商务盈亏》，《申报》1911 年 1 月 2 日。

④ 《劝业道董札发各厅州县气候实测表责成统计处逐日登记按月汇送文》，《浙江官报》1911 年 8 月 4 日。

⑤ 《本公所详督宪详复现办农林工艺情形请赐批示文》，《江宁实业杂志》第 2 期，1910 年 9 月 23 日。

⑥ 《农安县、双城厅为呈报光绪三十四年晴雨雪日期给劝业道的申文》，吉林省档案馆藏吉林劝业道全宗，档案号：10-2-3。

开单申报粮价，以便查核，并径报督抚，分报度支司。① 另外，吉林劝业道还要求各属，将旧荒新垦地亩、农田灾歉损害、岁产蚕丝数目价值等均依时统计报告。②

除调查本省实业发展情况外，有些劝业道还派员赴他省调查，考察各地实业发展情况，参观交流。如1910年夏，江宁劝业道札派农务科科员汤襄调查京畿一带农务情形。③

从各省劝业道调查统计情况来看，内容较为丰富、详尽、全面。农务类的调查涵盖农产品的种类、种法、土宜、气候、防治病虫害、收获情形，已垦、未垦荒地各占多少，新旧水利设施如何，农林树艺情况，等等。工业调查的事项主要有：试验场、工业讲习所及各项工厂、劝业场、工业报馆共计若干处，商办抑或官办，主持者何人，开办年月，成绩若何，等等。商务方面的调查主要有：进出口货物的出入数目、总价目，与上年相比衰旺情形及其原因，整顿振兴办法，等等。矿务调查则着重调查何处有矿、矿山区域、矿务品类，已开采矿若干，未开矿若干，矿产开采现状及筹办计划，等等。交通方面的调查，劝业道甚少参与。

劝业道所做的调查统计能直观地呈现清季各省实业和交通的发展状况。尽管受统计技术不高、地方官吏草率敷衍，以及经费不足等因素的影响，调查结果不尽精确，但大体可以从这些调查结果中分类钩稽，纵横贯串，挈领提纲，于事理繁赜、条目纠纷中使之厘然不紊，参观互勘，以见差异。不仅有利于农、邮两部及督抚和劝业道对所管事务进行统筹和调整，知晓该办何事，已办者如何改良，未办者如何推广，乃至考核各地兴利政绩等；而且能够鞭策劝业道和州县官积极兴利，力求进

---

① 《双城厅、敦化县为呈报各月粮价给劝业道的申文》，吉林省档案馆藏吉林劝业道全宗，档案号：10-2-6。
② 《吉林省旧荒新垦地亩统计表、农田灾歉损害统计表、岁产蚕丝数目价值统计表》，吉林省档案馆藏吉林劝业道全宗，档案号：10-2-21。
③ 《本公所农务科科员汤襄调查京畿一带农务报告文》，《江宁实业杂志》第3期，1910年10月22日。

步，改进措施，重视平衡投入和产出、规模与效益之间的关系，增强决策的科学性和可行性。

不过，兴办实业耗资大、见效慢，在各省库储奇绌而又百废待举之际，各地难免顾此失彼，加上各级行政官员频繁调动，调查统计结果往往难以发挥应有作用。正如时人所言："航业派员调查也，铁路派员调查也，矿务派员调查也，一切工商实业派员调查也，曰将以实行也，然其结果则未有不以款巨难筹从缓办理者。"① 尽管如此，清季在实业、交通调查统计过程中构建的信息交流渠道，仍然促进了劝业行政系统上下内外的了解和交流，也为后来的实业、交通统计积累了经验。民国时期的实业、交通统计即是以此为基础。

第二节　主次缓急　统筹规划

一位自称用眼泪研墨的"士"写了一篇白话《莫错过》，登在1902年10月6日的《大公报》上，警告士、农、工、商们不要错过机会，赶紧振兴农工商业，富国强兵。文章说："要知道地丁钱粮出于农家，税捐出于工商，富国强兵全赖农工商的力量。我们为士的，也不过秀才人情纸半张罢。我再劝农工商，也莫把机会错过去，赶紧打起精神来。勤理事业，总要精益求精，通力合作，减去奢华浮费，保住成本；总要真材实料，货真价实，稍有盈余，赶紧捐助军饷，国家强，商务才强呢！"② 随着振兴农工商业的呼声不断高涨，开辟财源日趋迫切，各省农工商矿各局一哄而上，但往往忽视本地实际和经济发展规律，以本部门利益为重，各自为政，缺乏统筹规划和布局，造成农工商矿各业发展比例失调。各省劝业道设立后，为纠正过去农工商矿各业发展无序、

① 《中国之所谓新政》，《申报》1910年1月5日。
② 《莫错过》，《大公报》1902年10月6日。

缺乏规划的弊端，遵照农工商部和邮传部筹备宪政的总体规划，结合本省实业、交通发展的基础和条件，分清主次缓急，探索了农工商矿各业和各项交通事务统筹协调发展之路。

农业稳，则天下安；农业兴，则百业旺。历代王朝无不重视发展农业。历史上，地丁银为国家正供，是支撑国家机器运转的基础财源，历代君主又无不关注农业，以期赋税有所求。咸同以后，国帑愈困，仰屋兴嗟，各省陆续在衙署外设立农务局、垦务局、屯垦局、树艺局等机构振兴农务，开辟财源，虽稍收成效，但对于一个幅员辽阔、人口众多的国家来说，振兴农业仅靠农务各局提倡仍难足民裕国。对此，清廷较前有了更清晰的认识，于是将发展农业放在更加突出的位置，在巩固发展传统农桑畜牧经济的同时，注重加大开垦荒地、推广林业、发展渔业的宏观调控力度，拓展农业发展空间。因此，在统筹实业、交通发展规划中，劝业道在农业方面着力最多，成效也最显著。

20 世纪初的中国，尽管兴农之风已开，官方也将兴农列为兴利要项，但各省兴农多徒具形式，农业赋税并未显著增加，财政困绌的局面也未缓解。1906 年底，御史赵炳麟奏请推广农林折，指出农林废弛，天然之利遗弃于地，恳请朝廷明谕各督抚通饬府厅州县详查所管地方官荒、民荒、气候、土宜，限一年内无论远近，绘图造册，悉数报于农工商部，由部详定章程，实行提倡，荒者垦之，童者植之，保护绅商，讲求农林，规劝游惰者生业，广立专学，责成州县，一并详议妥章，奏明办理。朝廷对此折极为重视，于 1906 年 12 月 16 日降旨："自来足民之道端在利用厚生，农桑畜牧实为富强之本。我中国地大物博，只以农林要政未能切实讲求，弃利于地未免可惜"，各省督抚要通饬各属按照赵炳麟所奏办法，奏明办理，"务使国无旷土，野无游民，以厚风俗而固邦基"。① 赵炳麟折使朝廷更加认识到，切实振兴农业，开垦荒地，既

---

① 《德宗景皇帝实录》卷五六六，光绪三十二年十一月甲午，第 488 页。

能生利，又能安民。正如时人所言："农政举，则土不旷而赋以增。"①
农工商部随即通咨各省将军、督抚、都统大臣调查本省荒地、荒山，振
兴农林。1909 年 5 月，农工商部根据奉天、吉林、黑龙江、河南、广
西、甘肃六省查荒情形，制定了推广农林简明章程二十二条，作为各省
开辟荒地的简要办法。② 随后，农工商部又于 1909 年 6 月专折上奏振
兴林业办法，详细阐述振兴林业的益处及东西各国经营林业的方法，并
剖析多数省份未能遍兴林业的原因，一面分咨出使各国大臣调取各国森
林专章，一面遴选熟习农务者派往日本考察造林之法，并请旨饬下各省
将军、督抚限期查明境内适于造林的区域与天然森林，绘具图说咨报该
部，然后再由该部妥定森林专章，奏明请旨颁行，俾资遵守。③ 1910 年
1 月 13 日，农工商部为奖励种植树木，收林业之利，上奏奖励林业照
章颁给商勋折，拟对兴办林业卓有成效者，予以奖励。

除了劝导绅民开辟荒地、振兴林业外，农工商部还采纳张謇建议，
于 1910 年初上奏清廷，督催沿江、沿海各省将军、督抚因地制宜设立
渔业公司和水产学校，兴办渔业。④ 一为保持海权，一为振兴实业。⑤
同时，农工商部要求各省因地制宜，凡与农林相辅者，如蚕桑畜牧等项
事宜也一律筹办，以期发达。

各督抚、劝业道根据农工商部的部署和要求，因时因地制宜，将促
进农业生产和发展置于兴利之首。东三省总督徐世昌指出，"天下大利
首重农业"，⑥ 他与巡抚陈昭常筹议吉林实业发展规划时，将农务置于
优先发展地位，申明："生产既丰，原料始富，随在辅以工艺。"⑦ 黑龙

---

① 《东省农政之进步》，《盛京时报》1909 年 2 月 13 日。
② 《农工商部奏筹议推广农林先行拟定章程折并单》，《政治官报》1909 年 5 月 9 日。
③ 《农工商部奏振兴林业酌拟办法折》，《吉林官报》1909 年 6 月 18 日。
④ 《农工商部奏筹设各省渔业公司、水产学校折》，《政治官报》1910 年 1 月 29 日。
⑤ 《奉天全省财政说明书》，正杂各税，第 31 页。
⑥ 《提学司呈请设立农业实习学堂文并批》，《吉林官报》1909 年 4 月 1 日。
⑦ 《吉省设立农事试验场折》，徐世昌：《退耕堂政书》卷二十六，奏议二十六，第
1428 页。

江僻处边荒，地广人稀，实业向无萌芽，巡抚周树模奏称，"农事为人民生计之原，林业为天地自然之利，工艺一端又与二者相需为用，裕民富国莫要于斯"。① 直隶总督陈夔龙明确指出，"振兴实业，不外农工商三端，而商本于工，工本于农，又有互相维系之理"。②

奉天劝业道黄开文晓谕绅民说，"生财之道首重实业，溯厥本原，必自农事始"。③ 湖北劝业道刘保林在《劝办农工商矿实业章程》中将兴农置于首位。④ 江宁劝业道李哲濬下车伊始，在示谕全省绅商兴办实业暨谋交通文中，首言"兴农业"，称："农为邦本，食为民天。中夏向为重农之国，江南号称产米之区，地味气候皆适农耕。乃下车伊始，即见满目苍凉，荒芜不治，天然沃土弃等石田，此不独本道之责，亦士大夫之耻也。所愿父诏兄勉，尽力田畴，或劝农桑，或办畜牧，或造森林，或兴渔业，使地无旷土，民有余财。"⑤ 与上述劝业道类似，其他劝业道也将农业放在优先发展的位置。

当然，由于各省自然条件不同，农业基础各异，各劝业道谋划农业发展的侧重点也略有差别。如东三省土地膏腴，未垦之地甚多，各劝业道发展农务时，对开垦荒地着力尤多，另鉴于森林资源丰富，也积极倡兴林业。奉天、直隶、山东、江苏、浙江、广东等省的沿海城市，除了注重开荒、推广农林、发展农桑畜牧外，还积极推动渔业的发展。甘肃、陕西等省畜牧养殖业较为发达，这些省份的劝业道较为重视推动畜牧经济的发展。另外，自朝廷禁种鸦片后，各省土药税厘骤减，为抵补土药税厘，各省劝业道还积极推广种植棉花、茶叶等经济作物。另外，

① 《周中丞（少朴）抚江奏稿》卷三下，第 733 页。
② 陈夔龙著，俞陛云编《庸盦尚书奏议》卷一三，台北：文海出版社，1966，第1410—1411 页。
③ 《示期开办农事演说会》，《盛京时报》1908 年 5 月 7 日。
④ 《武昌劝业道刘观察保林拟定劝办农工商矿实业章程》，《南洋商务报》第 42 期，1908 年 6 月 13 日。
⑤ 《本公所示谕阖省绅商兴办实业暨谋交通文》，《江宁实业杂志》第 1 期，1910 年 8 月24 日。

茶、丝、棉等农产品又是出口大宗，促进外向型农业的发展，既能促进农业改良进步，又可增加土货出口，抵制洋货，堵塞漏卮，为清廷增加更多赋税收入，因而劝业道也积极促进这些作物的种植生产。

"工"对于兴利的重要性不容忽视。1906年，商部在《通饬各省研精工艺并先酌予奖励折》中说："虞而成之，工而出之，商而通之，工商二者实有互相维持之益。"[1] 在洋务运动和维新运动时期，近代工业的萌芽为新政以后的工业发展奠定了基础。20世纪初，外国资本疯狂涌入国内，廉价购买中国土货运往外洋，加工后又销售给中国，生出熟入，漏卮四溢，势若江河。利权外溢的现实促使朝野视工艺为"奇技淫巧"的观念日渐转变。

推行新政、宪政，需财孔亟，发展工业更为迫切。农工商部虽通饬各省迅设工艺局，切实改良土货，但"殊少成绩"，1909年5月再次通咨各省督抚务必加意改良土货，"不得任其日就窳败，致使洋货广行，漏卮愈甚"。[2] 各省劝业道也深悉题中要义，用力劝工，如浙江劝业道董元亮明确指出，"农工商业同为富强根本，然必先精于制造，而后原料不至输出于外邦，物品乃得竞登于廛肆，是工之为业，实介乎农商之间，较农商尤为先务"。[3] 江宁劝业道李哲濬指出，中国工艺衰败，实因"历朝悬技巧为例禁，儒生视工作为贱夫"，故劝谕绅民，"无论为创造为纺织，或手工或机械，但使人习一艺，即可谋生，大之足以富一国，小之亦可赡一家"。[4] 在劝业道看来，劝导绅民兴工不仅可以改造土货，抵制洋货，堵塞漏卮，挽回利权，而且能使国民多一技艺，减少流民，稳定社会。

商业关系财政盈绌，劝业道将兴商提到前所未有的高度。江宁劝业公所晓谕全省绅商说："商业者，所以流通货物者也。故货物含土地、

---

[1] 《又奏通饬各省研精工艺并先酌予奖励折》，《商务官报》第26期，1906年12月30日。

[2] 《通饬改良土货》，《大公报》1909年5月15日。

[3] 《铁花科改办之原因》，《申报》1910年12月14日。

[4] 《本公所示谕阖省绅商兴办实业暨谋交通文》，《江宁实业杂志》第1期，1910年8月24日。

劳力、资本三者之质点，分业而作，货物之层出不穷……农以出之，工以成之，而赖商业以交易之。"① 诚者斯言，但是，"中国素以重农贱商立国，故商业上之历史一无可观，涣散堕落之现象不堪设想"。② 这是当时兴商志士的共识，各省劝业道无不努力引导绅商转变观念，消除官商隔阂，保商兴商，改变商情疲困的状况。

矿产为天然美利，矿税又是税费要源，矿务管理、增供扩销是各省劝业道的职责所在。江宁劝业道李哲濬示谕绅商说："矿产出自天生，富国之源以此为最。"希望各地绅商随时考察，"已探得者，设法开采；未发见者，实力调查"。③ 湖北劝业道刘保林通饬各州县："矿务为今日之大利，鄂省矿产甚多，而成效未著。"应广劝诸商，"多集股本，专办矿务，聘西人之上等矿师，或华人之精于矿学者亦可"。④《奉天全省财政说明书》中指出，"奉省矿产素丰之，只以官家向无提倡，而商民资本又复绵薄，纯用土法经营，既苦于输纳之层递，又苦于销路之阻滞，群相观望"。洋股遂乘机侵入，稍有不慎，酿成交涉要案。"华商开办各处煤矿，几如辰星寥落，无怪乎税额之不能增加也"。要求各属对已开采者严加管理，未开采者设法劝导，极力提倡，俾人民晓然利之所求，"是不特矿额之增进已也，亦足以杜外人之口舌，固我国之主权"。⑤ 由此可见，劝业道力劝兴矿，不仅可以兴利裕财安民，而且能够杜外人觊觎，维护利权。

交通是空间发展的首要条件，既关系政令推行、政情沟通、军事进退、文化传播，又关涉物资商贸流通和经济开发，"发展交通为一切政

---

① 《论振兴商业》，《盛京时报》1908 年 8 月 7 日。

② 《论官商合办南洋劝业会事》，《申报》1908 年 6 月 20 日。

③ 《本公所示谕阖省绅商兴办实业暨谋交通文》，《江宁实业杂志》第 1 期，1910 年 8 月 24 日。

④ 《武昌劝业道刘观察保林拟定劝办农工商矿实业章程》，《南洋商务报》第 42 期，1908 年 6 月 13 日。

⑤ 《奉天全省财政说明书》，正杂各税，第 19—20 页。

治、经济、文化发展之基础"。① 交通便，则利货物交易，道路不平，舟车不通，则商业受困。正如江宁劝业道李哲濬所言："实业犹骨肉，交通犹血脉，血脉不通，虽有骨肉终难行动。邮政虽已遍及，电务尚待扩充，铁路、轮船尤为实业辅助机关，与地方有密切关系。"所有航、路、邮、电四政均赖士绅极力经营，投资举办，"以期运输便利，实业繁荣"。② 不过，各省交通事务主要由邮传部所辖局所主管，劝业道很难参与筹划交通事务的发展，对交通行政用力最少。该局面的形成与制度设计不无关系。

劝业道根据本地实业和交通发展情势，通过整体规划，推动农工商矿各业和交通事务的协调发展，一定程度上改变了过去"一事一局"、缺乏统筹规划、绅商盲目投资的局面，尤其在资金匮乏、人才稀少的情况下，更能有利于整合有限资源产生较大经济效益，为此后农工商矿各业协调发展奠定基础。

第三节　严抓源头　管控过程

甲午战后，随着实业救国思潮的高涨，绅商崛起，权势日隆，成为兴利生财的主角。诚信经营，勤劳致富者不乏其人，但也有绅商无所不用其极，投机钻营、招摇撞骗、垄断把持、苛索摊派、掺假浮冒，这些阻碍兴利发展的卑劣行为引起各省督抚的警觉和舆论的批评，原农工商矿各局虽进行了监督和管理，但效果并不明显，有些在局办事人员还和绅商串通一气，相互勾结，各营私利。劝业道设立后，为遏制各种不端行为，始终把严管绅商兴利活动作为处理日常事务的重要内容。其管理策略是严抓源头，管控过程，保护市场；主要管理手段和方法有：严格公司注册管理、调处纠纷、监管会社、整顿市场秩序等。

---

① 参见严耕望《唐代交通图考》，上海古籍出版社，2007，序言，第 1 页。
② 《本公所示谕阖省绅商兴办实业暨谋交通文》，《江宁实业杂志》第 1 期，1910 年 8 月 24 日。

一 严格管理公司注册

随着西学东渐和洋务运动的开展，商战、农战思潮的兴起以及农工商矿及交通事务的迅速扩展，一些绅商纷纷投身于创办各类公司的浪潮。由于绅商创设公司的目的各异，出现一些欺诈倒骗、集股侵吞、营私舞弊等行为，不仅严重影响经济的正常发展，而且危及清政府振兴实业的威信和信誉。为防患于未然，各劝业道注重从源头管埋，加大公司注册管理力度。

1903 年，商部颁布的《公司注册试办章程》规定，"无论现已设立与嗣后设立之公司、局、厂、行号、铺店，一经注册，即可享一体保护之利益"。① 该规定既能保护商人的投资经营活动，鼓励绅商投资兴业，也可对绅商加强管理。该章程颁布时，各省劝业道尚未设立，公司注册管理审核主要由商会负责，商会审核后呈请督抚转咨商部注册。劝业道设立后，该道承管审核公司注册职能。

劝业道判断是否给予公司注册立案，除了审核公司名号，做何贸易，有限公司抑或无限公司，合资人数及姓名、住址，还着重审核公司创办人人品是否清白，家道是否殷实，乡望是否素孚，资本是否筹措充足，设立公司目的是否纯正，有无侵害其他公司或商人利益，等等。

由于人品公正、家道殷实、乡望素孚往往是绅商维持公司正常运行所应具备的基本条件，因而劝业道、农工商部在审批公司注册时，尤其注重考察绅商的人品、家道及乡望。如安徽职商袁钧筹集资本，向农工商部禀请在黄山、虎山等处开办人和实业公司和试验场，农工商部查该商所拟章程尚属可行，"惟该职商家道是否殷实，人品是否公正"实难悬断，遂咨行皖抚朱家宝札饬劝业道查明复部，以凭核办。② 山东廪贡生侯执玉集资设立公司，劝业道查该贡生不仅"平素言大而夸，办事

① 《商部奏定公司注册试办章程》，商务印书馆编译所编《大清光绪新法令》，商务印书馆，1910，第1593页。
② 《咨查实业公司股东》，《申报》1909年12月14日。

303

鲜有实际"，而且"有借农会为名随带多人冒充县属勇役，赴乡按户苛派情事"，"甚属可恶"，恳请农工商部对该员创设所有公司一律斥驳，"以杜流弊"。① 农工商部根据劝业道的意见，不仅拒绝侯执玉注册设立公司，而且要求济南农务总会勒令其退会，饬令侯氏所在之县另立农会。② 可见劝业道审核创办公司的绅商人品和家道情况，一是确保有一定经济实力而又端正廉明、乡望素服的绅商创设公司，二是不许劣绅刁商创设公司，以防流弊。

在集股创设公司方面，鉴于侵吞倒骗等案件易发频发，损害股东利益，阻碍商业进步，造成不良社会影响，劝业道根据《公司律》等相关法律法规，详细审核绅商集股方式、已集股若干、未集股若干以及存在何家钱庄、是否属实、集股有无纠葛等问题。如果有些信息难以判断，则发交商会、自治会或地方官核实，核实无异后，再呈部注册立案。倘有不妥之处，或拒其注册，或令其删改，再呈请立案。

为保利固权，防止绅商创设公司掺杂洋股，劝业道还严查绅商创设公司有无私招洋股。如河南前吏部主事王德懋等集股创办电灯公司，劝业道会同布政司、巡警道严查该绅等集资有无洋款，以及所集之款是否确实等情况。③

在审查创设公司目的方面，针对一些绅商借设立公司之名而行招摇撞骗、欺行霸市、抽捐摊派、垄断把持之实的情况，劝业道严审绅商创设公司的目的是否纯正。如奉天潘云庆等人欲筹设公司，集股兴办轻便铁路，向劝业道署禀请代奏立案。由于该商人未筹集股本，遽求奏明集股，试图在劝业道批准后"营无本之利"，劝业道以其"居心贪诈"为由予以驳斥。④ 奉天刘裕陞等商人具禀奉天劝业道，拟在省城设立公益

---

① 《求荣得辱》，《大公报》1909 年 10 月 25 日。
② 《批济南农务总会呈》，《商务官报》第 30 期，1909 年 11 月 27 日。
③ 《职绅前吏部主事王德懋等禀电灯公司应归本籍自办恳准立案由》，《河南官报》1910 年 6 月 2 日。
④ 《希图奏准兴办铁路之驳批》，《盛京时报》1907 年 10 月 3 日。

车局，代客雇车，装卸货物，于车脚价内抽收十分之一作为一切费用及报效巡警经费。劝业道查该等商人"无非借此把持抽捐，以图渔人之利，实属奸巧已达"，①不仅拒其所请，且严加申斥。四川华阳县职商刘文增邀同殷实绅衿和成华两县坭（泥）木两行首人、工程匠司筹商禀请设立建筑股份有限公司，垄断坭（泥）木两行建筑工程，遭到四川劝业道周善培的严词拒绝。②四川职商甘国梁等拟集资在合江设立富川合资转运棕篾绳席有限公司，劝业道周善培看穿其设立公司"显系意存垄断"，当即批驳，并要求其在重庆登报声明批驳停罢缘由，"勿得在外招摇。倘被人告发，或经本道查出，定予严罚不贷"。③ 1909 年，浙江职商潘俊年、王锡荣、冯效贤、赵干具等组建光华火柴有限公司，以制造火柴本重利微为由，恳请劝业道永不准其他商人在杭州造售火柴，"以免分利而致两败"。④对于这种垄断把持行为，劝业道奉浙抚之令严词拒驳。⑤

　　鉴于一些绅商创设公司一味牟利而不顾他人或社会利益的利己和短视行为，劝业道在审核公司注册时还详加斟酌绅商创设公司是否损人利己，有碍社会。如浙江山阴县优附生等联名具禀浙抚，拟集股创办农业有限公司，开垦该厅马鞍村地方荒废官山。浙抚增韫饬令劝业道董元亮转饬山阴县迅速查明马鞍村内四十四都二图大小山、交汤湾等处荒废官山"究竟其中有无业主，能否准其开垦，所拟章程有无窒碍"，⑥详细具复核夺。浙江鄞县职商蔡和源在巡抚公署禀请设立甬元公司，举办彩票认捐。劝业道董元亮认为其举办彩票情同赌博，严词拒绝。⑦山东商

①《请设公益车局未准》，《盛京时报》1908 年 7 月 10 日。
②《劝业道批华阳县职员刘文增等具禀设立坭（泥）木建筑公司一案并原禀》，《四川官报》第 3 号，辛亥二月上旬上册。
③《四川通省劝业道不准甘国梁等设立富川合资转运棕篾绳席有限公司札文》，四川省档案馆编《四川保路运动档案选编》，四川人民出版社，1981，第 90 页。
④《浙江劝业道为火柴公司事详浙抚文》，《申报》1910 年 1 月 22 日。
⑤《火柴公司大欲难成》，《申报》1910 年 3 月 15 日。
⑥《请拨官荒兴办农林公司》，《北洋官报》1909 年 12 月 15 日。
⑦《饬属严禁私造彩票》，《申报》1909 年 9 月 4 日。

人戴文荣等具禀农工商部，拟于洛口镇设立冰窖公司。农工商部咨请山东巡抚札饬劝业道萧应椿查明该处地方情形是否适合开设，该商所拟办法有无流弊，以备核办。① 湖北水泥厂总理程祖福向农工商部禀请立案，拟在四川重庆府龙王洞、万县峨眉碛另辟分厂。农工商部咨请川督赵尔巽札饬地方官迅即前往该商所指地方，详确查明该地"有无指定该地禀办在先之人"，以凭核办；川督赵尔巽遂据情转饬劝业道札饬该县督同劝业员，前往该县龙王洞，确查该地先前有无禀报及开办水泥有无其他影响，"迅即详细禀复，以凭转详咨部核办"。②

需要说明的是，与普通公司相比，劝业道审核矿务公司或轮船公司注册时，查核的内容更多。对于绅商申请开办矿务公司，劝业道除根据《公司律》严格审核外，还依照《大清矿务章程》详审，核发矿照，加强对矿务公司的管理。《大清矿务章程》规定，矿商勘矿完毕须向劝业道申请开矿执照，依法领取开矿执照后，才有权开采矿产。其申请开矿执照时，须在禀呈中声明：（甲）姓名、住址、行业、籍贯，如系公司，遵照中国法律注册；（乙）矿界范围；（丙）所有矿界坐向；（丁）矿地位置；（戊）矿地有何明显天然标记，以便认识；（己）拟采何种矿质；（庚）所觅矿地形势地位；（辛）矿地在该处矿务委员所管界内何处，并出具殷实行号保单银一万两，作为违背相关规定之罚款。劝业道派地方官或矿务委员对上述各项内容逐一核实后，禀请督抚转咨农工商部立案，发给开矿执照。③ 以上各条符合矿章要求，劝业道才详禀本省督抚批准，发给开矿执照。劝业道抓早、抓小，防患于未然，严把核发矿照关，有助于预防矿产开采过程中滋生弊端，使本省矿务步入良性有序的发展轨道。

在轮船公司注册管理方面，劝业道严格审核船商设立轮船公司是否与《公司律》《华商内河行轮章程》等相关法律、章程相符，然后决定

① 《部咨冰窖公司办法》，《大公报》1910 年 12 月 19 日。
② 《巴县转知劝业分所查复湖北水泥厂总理禀请在辖境龙王洞建厂移文》，《四川保路运动档案选编》，第 85—86 页。
③ 《农工商部等会奏核议矿务章程折附片并清单》，《大清光绪新法令》，第 1673—1713 页。

能否禀请督抚转咨农工商部立案注册。如浙江职商高广临等集资组织衡吉公司，劝业道董元亮根据《公司律》规定，合资公司须有两人以上，如系一人出资，"即应改名轮船局"，①要求该职商另禀声明究与何人合办，再行禀请立案。浙江商人郭庆藩等拟在绍兴试办内河招商小轮船局，以小轮拖带船只，航行于绍兴府萧山一带，拟具简章呈劝业道批准立案。劝业道董元亮虽赞此举有益扩充航业，利便行旅，但要求绍兴府迅即查明"该处一带是否官塘大河，小轮行使于堤岸、田庐有无损害，原有航船生计是否不致相妨"，②以防有损公共设施或他人利益。

劝业道严格审核公司注册，不仅有利于公司运作规范化，而且有助于加强对公司的管理和保护，严防发生流弊。湖北劝业道晓谕说：如果各商不注册，"无整齐划一之规，即难尽提倡维持之力。如商业之若何补救，商权之若何挽回，以及商家之何货畅销，何物滞销，弊何由革，利何由兴，均非入会注册，不足资调查而议改良"。③不过，清季劝业道严格管理公司注册，仍难革除刁绅劣监以新政为名，巧立名目，勒索商民，招摇撞骗，垄断把持的痼习。农工商部也坦承："设立公司原以提倡实业，裕国利民，经本部奏准，厘订简章必先将艺业资本及一切详细章程通饬各省商会详加考核注册立案，并饬地方官加示保护，以资提倡而杜流弊。近查各省商埠所立公司多有不问实业与否，往往私自开设，并不呈案，殊于公司二字名义大相违背。且有奸商龃俭假立公司名目招骗股款，贻累商情，若不预为整顿，于实业前途阻碍非浅。"要求各劝业道和商会，"嗣后凡有设立公司者，无论何项实业，必须先行由会查验，并将营业地址、资本多少、办事人数、姓名及厂内一切详细条规详加审查后，方准立案开办。如有不遵定规，擅行私立，准该商会报部严行查禁，以保商情而防流弊"。④

① 《组织嘉平内河行轮》，《申报》1909年12月18日。
② 《劝业道董批郭庆藩等禀试办绍河小轮以便行旅由》，《浙江官报》1911年4月3日。
③ 《劝业道、武昌府示各商入会注册文》，《江汉日报》1908年6月14日。
④ 《慎重公司立案办法》，《申报》1910年7月23日。

二　排难解纷

随着农工商矿和各项交通事务的繁兴，官绅商民间的社会利益关系日趋复杂，各种矛盾纠纷随之产生，并呈现出增多、频发的态势，一定程度上影响了兴利的进程。针对这种情况，劝业道统筹协调实业、交通发展过程中的社会利益关系，畅通利益诉求渠道，及时排难解纷，为兴利创造相对公平、公正、有序的营商环境。

由于纠纷双方利益主体不同，劝业道调处矛盾的方式方法也不尽相同，但总体以有利于广辟财源为原则。吉林大通县县令与三姓副都统及旗务处等旗署衙门在开垦荒地上意见冲突。旗民地亩犬牙交错，熟地之中夹杂余荒，三姓副都统、旗务处等旗属衙门站在旗人立场，维护旗人利益，坚决将此项余荒概归旗人承领。但是，该县县令荣善从兴利的角度考虑，力主余荒应归县丈放，不准旗署干预，他认为此项余荒如果留给不勤耕作的旗民开垦，无异于抛荒，故恳请劝业道饬令该县江南境内无论熟荒、生荒，概归地方衙门照章丈放，不分旗民，一体给领。吉林劝业道从开垦荒地大局着眼，同意该县县令的禀请，规定：该县江南大段闲荒均归该县派员勘放，不分旗民一律领给。如有旗署册载地亩以内夹杂余荒，不成片段者，即归旗署丈放，以期简易。[①] 这样便解决了大通县与三姓副都统及旗务处之间关于开垦荒地的纠纷。在汉口，商会总协理遭本帮商界反对，禀揭不休，总督赵尔巽面谕劝业道刘保林说，"商界意见不泯，前途殊多窒碍"，饬其妥为调和，"以弭争端"。刘保林于是传集各帮商董开会，剀切劝谕，并酌量改订商会章程，"以期联络而免隔阂"，[②] 为消弭双方矛盾发挥了积极作用。

如果说上述事例说明劝业道调处纠纷采用结合常情、常理、常识的办法，因情施策裁定，以下几则事例则反映出劝业道调处纠纷，既结合

---

①　《劝业道呈议拟大通县江南放荒事宜请变通办理文并批》，《吉林官报》1909 年 4 月 1 日。

②　《劝业道调和商会意见》，《中外日报》1908 年 2 月 11 日。

常情、常理、常识，又依照相关法律、政策，综合施治，化解矛盾，策略、方法更显灵活。

1909年，福建两绅商因注册公司发生矛盾，劝业道本着兴利而又严防流弊的原则，并参照《公司注册试办章程》，成功调处了矛盾。福建职商高亮等集股组织文明电灯公司，禀设在先，但竖立电杆不久，自治会议员刘崇伟等也拟集股创办电灯公司。高亮等绅商以刘崇伟等人强夺其利为由，禀请警局保护竖杆。不料，警局反而支持刘崇伟等商人，令其拔掉高亮等人竖立的电杆。以高亮为首的文明电灯公司甚为气愤，谓刘崇伟等侵其权益，坏集追呼，"直有酿命之势"，矛盾急遽激化，呈请农工商部彻查，以保血本。农工商部札饬福建劝业道查复核夺。经劝业道查明，高亮等绅商虽然较早注册设立文明电灯公司，但估需资本十万元，仅能集股两万元，其余八万元尚未集缴，资本微薄。且未经批准，辄敢登杆挂线，所用电线又无里皮，"是不能冒昧举事，亦殊有碍于公安"。相较而言，刘崇伟等禀设电灯公司虽迟，但确已集股八万元，且系遵章照办，因此，应准刘崇伟等创办电灯公司，"以重实业而免流弊"。① 高亮等绅商本是理亏，组织公司的条件又不具备，最终不得不服从劝业道的调处。

1909年，浙江劝业道董元亮依照矿章，成功调处了矿商黄赞义与股东多年的纠纷沉案。浙江桐庐矿商黄赞义开办皇甫村煤矿，与股东缠讼四五年不决。1909年，股东又查知黄氏私运煤斤出境等营私行为，禀请劝业道从严查办。董元亮派委李孝先驰往桐庐会同该县秉公查讯。经查，黄赞义不仅违背矿章，所开矿洞深至六十六尺，而且私运煤斤出境及与上海某煤行抛盘订购各节亦确有实据。董元亮奉农工商部之命遂从严查究黄氏，将其绳之以法，沉案得以解决。②

吉林会盛德、会盛兴两号拖欠上海余大、顺康等庄积欠达十三万

① 《闽省电灯公司之争执》，《申报》1910年12月15日。
② 《矿商被控委查情形》，《申报》1909年9月3日。

两，上海余大、顺康等号闻知该号生意赔累，当即遣人赴吉讨要，禀请商会设法追偿，并恳请上海商会移请就近清理，但是会盛德、会盛兴两号置若罔闻，不言还债之事。余大、顺康等查得该两号所欠洋债有用货产全数抵偿的，有酌还数成者，独其欠款分文不偿，"按之破产分摊之律，未免不公"，不得已恳请劝业道立提该号执事人等到案严追。劝业道遂移地方审判厅传案，"秉公讯追，并移吉林商务总会妥议办理，以免商累"。提法使根据审判厅调查，会盛德、会盛兴拖欠上海余大、顺康等钱庄十三万两之余，应由各股东偿还，但是当时并无现金，只有变卖熟地、房屋等不动产。至于如何变卖归还，应由商务总会设法维持，"以谋公益"。劝业道为息事宁人，遂移吉林商务总会查明抽产，"速催变卖，妥议偿还"。① 该案反映出，劝业道既遵照法律，又按照"欠债还钱"的常理调处纠纷。

总之，劝业道调处纠纷时，综合利用不同的调解方式和方法，因情施策，平息双方积怨，有助于化解矛盾，减少实业、交通发展过程中的消极因素，对营造和谐的营商环境、促进社会稳定发挥了积极作用。据农工商部统计，1908 年调处商业诉讼 20 件。② 该数字偏于保守，虽然不能完全反映各省劝业道调处商业纠纷的实情，但 1908 年莅任的劝业道已经发挥了排难解纷的作用，应予以充分肯定。以吉林为例，自1908 年至 1910 年春，该省前劝业道徐鼎康和现署劝业道张瀛及副都统姚福兴在清赋升科兼放内地夹段零荒过程中"和衷商榷，共矢广廉，督策员司，清理积案"，调处纠纷，竟厘剔二百年来额赋不均之弊，"岁增巨款"。吉林巡抚陈昭常恳请朝廷奖励，清廷谕令前任劝业道徐鼎康交军机处存记。③ 可见吉林劝业道在该省垦荒政务中积极调处纠纷，取得了显著成效。劝业道在农工商矿各业以及交通事务发展中调

---

① 《吉林劝业道为上海余大、顺康等商号拖欠巨款不清还传案讯追以免久累的移文》，吉林省档案馆藏吉林劝业道全宗，档案号：10－4－23。

② 《农工商部统计表（宣统元年）》，《近代统计资料丛刊》第 26 册，第 45 页。

③ 《又奏保副督统姚福兴等片》，《政治官报》1910 年 3 月 19 日。

处纠纷，和洽官、绅、商、民关系，对共维兴利要政发挥了重要的作用。

三　监管商会、农会等社会会社

商会、农会等社会会社在实业和交通事务发展过程中发挥着枢纽作用，它们不仅聚集了各省的精英分子——绅商，而且在官民之间起到桥梁沟通作用。但是，也有商会、农会苛索鱼肉商民，招摇撞骗，甚至干预行政，包揽词讼。为使商会、农会等会社健康良性运行，整合各种社会力量，推动农工商矿和各项交通事务的发展，劝业道既倡设农、商等会，又对其严格监管。①

（一）商会

商部成立后，为聚商情、厚商力，沟通官商，建立该部与直省的沟通管道，积极建立商会。商部在《商会简明章程》中开宗明义："本部以保护商业、开通商情为一定之宗旨，惟商民散处各省，风尚不同，情形互异，本部势难周知其隐。巨细靡遗，自应提纲挈领，以总其成，至分条细目，则在各省各埠设立商会，以为众商之脉络也。"② 由于当时直省没有与商部对应的职能机构，商会的功能和规模逐渐扩大，积极介入当地工商事务管理，某种程度上具有了"官治"的特点，试图获取与行政机构同样的权力。清廷设立劝业道，规定劝业公所商务科负责管理商会，希望以此加强对商会的管理，规范其行为。但劝业道设立后，在接管商会时，却遭到了不小阻力。

东三省总督徐世昌给摄政王的条议中直言商会跋扈至极。他说，东三省各地商会对商务消长消息及提倡实业、抵制利权虽有讲求，但包揽

---

① 朱英注意到清政府虽然积极鼓励农会和商会的设立，但是农、商会"在许多方面要受到官府的限制和监督"，至于官府为什么以及怎样限制和监督商会、农会未做深入的探究。参见朱英《近代中国商人与社会》，湖北教育出版社，2002，第280—281页。
② 《奏定商会简明章程二十六条》，天津市档案馆等编《天津商会档案资料汇编（1903—1911）》，天津人民出版社，1989，第21页。

商品纳税，定其规费，"仍不免时滋弊端"，商人一有不遂，就"传单各商"，"又复任意控诉，罗列多名，一纸公呈直达商部"；有刁商借其势焰与公家为难，"初则传单抗阻，继则刁狡之徒从中拨弄"，甚至激为聚众罢市的举动。按照商部定章，为通达商情、维持公益，商会有事可径禀商部。且劝业道设立前各省没有监督商务的官员，"今罔顾公益，庞然自大，公家所力为提倡者，商会得从而败坏之"。即以奉省商会而言，为旧日公益会所改，"会中人本皆日俄战争时接待供应之辈，把持联络，以至于今"。欲彻底清厘，必须另定投票选举办法，重新组织，使之受劝业道监督，"庶几官商一气，力求振兴保护之方，亦廓清商蠹之一端也"。①

　　徐世昌所言不虚，以吉林商会论，劝业道设立后，吉林、长春两商会竟然不愿接受劝业道的管理。按照《直省劝业道官制细则》的规定，劝业道对商会有管理保护之责。但是，吉林劝业道莅任后，拟了解全省商会办理情况，要求商务总会总理随时将商会办理情况开单具呈。商务总会总理却不愿配合，认为"敝会为商界会议之所，经农工商部奏颁关防，定章直隶农工商部，原系朝廷提倡保护之深意，特免官吏之隔阂，其性质与官立局所不同，并无地方官吏管理之条章"，"且预备立宪之际，尤须平等，似不宜重官衔而轻商民。况劝业在劝实业也，商会为议事之所，非可由贵道管理，无可造报，亦不便移交接管。即敝会总理名目系经公举，遵奉部札，亦未便改为帮办"。劝业道对此甚为惊愕，遂禀请吉抚咨请农工商部明定权限，逐一反驳商会不愿归并该道管理之荒唐，严控道：商会对劝业道指询各节"悍然不顾，竟谓无可造报，亦不便移交接管，直视职道既无管理之责，并不许有调查之权，一味把持，牢不可破……职道劝业是邦，责无旁贷，不管商会何以保商，不能保商，何以劝业，既不敢操切以清纷扰，又不敢隐忍以失事权。若不申请大部，明定权限，则措手不易，扞格必多。请巡抚咨商农工商

---

① 《上监国摄政王条议》，徐世昌：《退耕堂政书》卷三十四，条议，第1820—1821页。

部，明定权限，以维商业而顾大局"。农工商部电复说："商会总理仍由部辖，所称劝业道接管系属误会。至会中已办、现办各事理合开送，以备稽核，余仍遵部章妥为整理。"商会遂根据农工商部复电，认为该会仍归农工商部直辖，"其余一切事务仍应遵照部章办理"。徐世昌、朱家宝根据农工商部复电申明曰：商会总理改为帮办，归劝业道管理一节"系文案处疏于检点"。但吉林商务未兴，"正待官为提倡，优加礼遇"，会中各事必开送劝业道，"以备稽核"。① 由此可见，农工商部仍坚持商会总理由部直辖，劝业道对商会有劝导稽核之权。

类似情况在浙江也曾出现。浙江劝业道董元亮向农工商部申明道：商务为劝业道职掌之一，商会则为补助实业行政之机关，"与劝业道息息相通"。唯商会设于光绪二十九年，当时尚未增设劝业道，因此该部原定商会章程，"凡于一切文牍均与钧部直接"，现在各省既已次第增设劝业道，劝业道官制定章又明确该道对商会有劝导稽查之责，"则商会呈钧部与钧部行商会之文，似应并由劝业道承转，庶事权可期归一，不致政出多门。……今各省既设劝业道，以专其职，则劝业道即为督抚实业行政之代表。况钧部章程又定有劝导稽查商会之责，则于商会一切文牍似尤不可不预闻"。农工商部在各省设商会，犹学部设教育会，"教育会一切文牍既定由提学司核转，而商会则直接钧部，甚有其事"。考虑到教育会设于提学司既设以后，学部制定教育会章程时，事事取决于提学司，而商会设于劝业道未设以前，因此该部制定商会章程时"不得不暂令直接"，俟将来各省次第设立劝业道，必以专责成。"但署道现既试署斯缺，于一切实业行政机关责无旁贷，独于商会先行事件，事前多未接洽，窃时懔丛脞之虞，未敢终安缄默。署道为慎重要公起见……将商会定章量予修改，以一事权，实为公便。"② 显然，劝业道

---

① 《吉林劝业道关于各商会隶归劝业道管理等事宜的移文、照会》，吉林省档案馆藏吉林劝业道全宗，档案号：10-4-2。
② 《详请咨商农工商部修改商会章程以一事权文》，国家图书馆藏《浙江省劝业公所第一届成绩报告书》，第53—54页。

董元亮对商务总会一切文牍直接农工商部而不经劝业道甚为不满，建议农工商部修改商会章程，使商会受劝业道劝导稽核。

不过，农工商部并没有修改商会章程，仍然坚持商务总会文牍可直达农工商部。农工商部之所以如此，似乎也有深意。由于劝业道多为督抚之私人，农工商部冀望劝业道与部直接，不过是想建立与直省直接沟通的管道。对此，督抚和劝业道不仅不答应，反而对商会严加监管。

劝业道监管商会主要表现在以下两个方面。第一，审查商会设立。考虑到总理、协理是商会领袖，其品望高低、能力大小直接关系到能否统领商会，乃至振兴商务的成败，因而各省劝业道对商会总协理的选任审核用力颇多。根据《商会简明章程》之规定，商务总会选派总、协理各一员，分会派总理一员，由就地各会董齐集会议，公推熟悉商情、众望素孚者数员，禀请商部酌核加札委用，以一年为任期，先期三月仍由会董会议，或另行公推或留请续任，议决后呈该部察夺；商会董事须在才品、地位、资格、名望四方面具有一定之资格，由各商家公举产生。[①] 该章程是劝业道查核商会各会董、总协理能否胜任，选举程序是否合法的基本依据。因而，商会成立或换届选举总协理时，劝业道要求商会开具各员姓名、年岁、籍贯、实业行号、经商年份、详细履历清册，逐一审核，甚至现场监督总协理的选举，如果不符定章，劝业道则要求另行选举。

除了对商务总分会人事方面进行严格监管外，劝业道还查核商会所定章程是否妥协，以确保其健康运行。1909 年，浙江劝业道董元亮批示武康县商务分会章程说，"查核所拟章程，诸多不合，并有理案、问案等名目，尤属侵越行政之权。即欲调处商界争端，亦仅能由该会协议和息，不得受理诉讼"。要求其更正章程，再行禀请备案。[②] 浙江金华县商务分会章程第十九条有 "其余一切败坏之事，随时禀县惩治，以

---

① 《奏定商会简明章程二十六条》，《天津商会档案资料汇编（1903—1911）》，第 22—23 页。

② 《海内外商会记事》，《华商联合报》第 15 期，1909 年。

厚权力"的规定，巡抚增韫认为此条极为不妥，"'一切'二字范围太宽，'权力'二字亦非商会所宜称，应改为'其余败坏商会之事随时禀县惩治'，将'以厚权力'四字删去"，[①] 饬令劝业道转饬该商更正章程后，将履历各册分别存案，并呈送农工商部立案。这说明督抚、劝业道对商会章程的审核较为审慎，决不容许商会侵越行政权。

第二，整饬商会。商会是"由绅商领导并且是以资本多寡为衡量标准的经济结构与一种由功名职衔排列成的政治等级结构，经济与政治因素杂糅在一起的组织"，[②] 即使官府对其设立严加审批，但泥沙俱下在所难免，这就造成商会总协埋、董事、会员素质参差不齐，入会目的各有不同，因此一旦入会，往往施其入会"本意"，做出与保商、护商背道而驰的行径，阻碍商务发展。针对这种情况，劝业道采取多种措施严加整顿商会，扶正祛邪，营造良好的社团组织风气。

对于违背部章，行干预行政、营私舞弊、把持会务、苛索摊派等不端行为的商会总理、协理、会董、商董，劝业道要求商会撤任改选，甚至严加究办。安徽天长县商会总理宣炜干预厘捐，妨碍司法，庇护族人宣烝为非作歹，本地绅商殊为痛恨。劝业道童祥熊批饬天长县传谕各行商董，照章另选公正合格人员接充。[③] 浙江林海商务分会总理方俊杰"嗜好太深，营私攒讼"，任满届期，强迫各业董留其继任总理，引起众商不满，劝业道董元亮札饬该县按章另举总理。[④] 浙江海盐县商务分会总理金廉泉任满一年，被商董公举继任，但其继任后招摇把持，滥用私人，联络县差包揽词讼，种种违法，玷污商界名誉，众商吁请当诸查办撤换，董元亮遂札饬嘉兴府据实查复，以凭核办。[⑤] 奉天本溪县商务分会总理刘椿违背部章，"诓骗图书，擅举会董，恃强欺弱，遍派会

① 《浙抚慎重商会之权限》，《申报》1910年1月13日。
② 马敏：《试论晚清绅商与商会的关系》，《天津社会科学》1999年第5期，第93页。
③ 《商会总理被撤》，《申报》1909年3月28日。
④ 《海门行商电控商会总董》，《申报》1910年1月7日。
⑤ 《海盐商人禀控商会总理》，《申报》1910年11月1日。

费"，劝业道饬令该商会传知各商，按照商会章程，重新选举总理、会董，"开造详细履历具报"。① 奉天西丰县商会摊派过巨，引起民怨，劝业道萧应椿严词斥责："商会原为保商而设，如专持剥削，何以孚众望？"札饬该县秉公彻查，"将苛派病商之款悉予删除，以示体恤，并将办理情形具复，以凭核办"。② 四川犍为商会董事贺昌运以会董冒充总理，"妄分畛域，扩张利权，冒滥开支，干预词讼，种种违背部章"，"有玷商会名誉"，劝业道派员前往调查，会同地方官将其撤退，剥夺公权，十年内不准其干预商界公事，其所收滥费三百余金照数追缴，并要求改订原犍为商会章程，以清积弊。③ 为防止四川各属商务分会公断事件任意罚锾，劝业道周善培于1910年底通饬各属："嗣后该商会等永不得再行私罚，若实系情真罪当，亦须将处罚缘由及拟罚数目先行禀奉批准，然后执行。若不先禀立案，辄行妄罚，一经查出，或被他人举发，无论事之曲直，罚之多寡，即将主罚之人加倍罚惩，以为滥罚病商者戒。"④ 各省商会或多或少地存在上述弊病，严重影响商务发展，引起农工商部的警觉和重视。

为加大对商会的监管力度，1910年3月，农工商部札饬各省劝业道和商务局说：商务总分会渐次成立，"各总协理及商董、会董各员均有维持商务之责，关系重要。现查各处多有滥举，劣绅借端把持，以致时见被人告发，殊于商务有碍"，应随时详细调查，"凡遇商会人员有不合之处即行详陈本部以凭核办"。⑤ 由此不难看出劝业道监管商会的缘由。

（二）农会

1907年9月14日，农工商部上奏朝廷广兴农会，折中阐明："中国地大物博，治本于农。……自士农分途，而农业益衰，非先具提纲挈

① 《劝业道之批示》，《盛京时报》1907年12月11日。
② 《劝业道饬查商会病商情形》，《盛京时报》1911年10月26日。
③ 《督宪批劝业道详遵札委查犍为商会情形并善后办法文》，《四川官报》第7册，1909年闰二月下旬。
④ 《商会私罚之缔禁》，《四川官报》第33册，庚戌十二月中旬。
⑤ 《议调查各省商会人员》，《大公报》1910年3月26日。

领之规，无以收脉贯络通之效。农会之设，实为整理农业之枢纽。"设立农会，要义约有三端："曰开通智识，曰改良种植，曰联合社会。"① 为"防流弊而兴实业"，农工商部旋即奏定《农会简明章程》，② 要求各省设立农务总会，府厅州县设立分会，乡镇设立分所。《直省劝业道官制细则》规定，劝业公所农务科负责管理农会。学界对清末农会的研究，③ 成果斐然，但是对劝业道如何管理农会的研究尚显薄弱。

　　与管理商会类似，劝业道监管农会，首先是对其设立进行审批。劝业道既要按照《农会简明章程》的规定，审查其章程是否妥协，又要查其所选总协理、会董、会员的任职资格及权限，以及办事规则、经费筹措小法等，总之以不违背定章为原则，然后将总协理、会董各员履历清册及其所拟章程呈请督抚转咨农工商部立案注册。如济南府在籍绅士、江苏候补道汪懋琨及翰林院庶吉士马荫荣等人组织山东农务总会，山东劝业道萧应椿审核其所拟章程、所举总协理及董事均与定章相符，遂呈请山东巡抚转咨农工商部立案，发给关防。④ 若不合定章，劝业道则饬令改正，再予立案。浙江仁和县农务分会所举总理吴璜，籍隶萧山，家有恒产，但不擅农学，在城北也无田业。劝业道札饬该县说：该总理难当表率，且公举董事也无外人监督，"农会为开通智识、改良种植而设，并非苛派农民，便利私图。亦断无不由县查明详报可以率准立会，并举总理之理，所请未便照准"。⑤ 劝业道之所以如此，意在防患于未然，防农会成立后滋生流弊。

① 朱寿朋编，张静庐点校《光绪朝东华录》第 5 册，总第 5751—5752 页。
② 《人清光绪新法令》，第 41—42 页。
③ 代表成果有朱英的《清末直隶农会述论》(《中国农史》1988 年第 3 期) 和《辛亥革命前的农会》(《历史研究》1991 年第 5 期)、于建嵘的《二十世纪中国农会制度的变迁及启迪》(《福建师范大学学报》2003 年第 5 期) 以及李永芳的《近代中国农会研究》(社会科学文献出版社，2008)。
④ 《农工商部奏山东济南府设立农务总会请立案并发给关防折》，《政治官报》1909 年 8 月 6 日。
⑤ 《劝业道批汤彬谢子成等禀请设立仁和城北农务分会并举总理批》，《浙江官报》1909 年 8 月 30 日。

尽管地方官、劝业道严审设立农会，但把关不严、监督不力在所难免，农会中鱼龙混杂，劣绅刁监借农会之名倚势恃力、横行乡里、营私牟利、干预公事等行径时有发生。针对农会弊端，劝业道严加整饬。以浙江为例即可窥其一端。浙江丽水县劣绅项际虞父子把持盘踞农务分会，假公渔利，该县学界生员傅廷奎等联名向劝业道指控。据控：项际虞父子借农会之名招收词讼，悬牌批示，勒索规费；并有府署书吏徐宗瀛要求有粮之户派捐入会，竟收捐至两千余元之多；该会总理郑景翘仅拥虚名，不理事务，一任哄诱乡愚，苛派滋扰。该县虽出示严禁，但项某依旧如故。劝业道董元亮对此苛索扰民、把持农会的行径颇为痛恨，批饬说："果如所禀，是农会之设不仅供若辈假公渔利之用，且侵夺地方官行政之权，殊属违背部章。"遂札饬丽水县按照指控各节秉公彻查详办，"毋稍徇延"。①项际虞父子借农会之名派捐肥己果然确有实据。农民呈报劝业道的条据显示，该会派捐收据三纸，每纸竟有八元、十元之多，骑缝号数已填至九百余号，收捐之巨由此可见。董元亮见此条据，火冒三丈，痛斥道："勤苦小民何以堪此？"札令丽水县严行提惩追缴，按户发还，"毋得瞻徇干咎，并将办理情形克日详候察核"。②丽水县县令顾曾沭详查后发现，举报并不为虚。他向劝业道汇报说：入该县农务分会者，"半系无知愚民，并非殷实富户，亦非声望素著之人"，"其所立议者，冀减业户之田租，图占他人之水利，他如抗粮霸种亦属事所必至。意谓结成团体，可以畅所欲为，实于改良种植、推广树艺之宗旨大相违背。当此经营伊始，若不审慎于先，必致贻患于后"。请求劝业道撰发严禁告示，"俾小民有所儆畏，共知遵守"。一叶知秋，劝业道董元亮从丽水县农会腐败个案得知其他农会也有类似情况，若不严加整顿，危害不浅，遂通饬各府县曰："各县风土人情或不尽同，而把持垄断、自私自利均属在所不免。丽水县顾令曾沭所禀各节可谓深知乡

---

① 《札查农务分会之劣迹》，《申报》1909 年 8 月 28 日。
② 《劝业道董批丽水生员傅廷奎等禀呈农会派捐收据由》，《浙江官报》1909 年 11 月 22 日。

民情伪，若不审慎于先，必致贻患于后，是农会之设非以利民，适以病民也。亟应由各县体察情形，仿照顾令办法，明定章程，出示晓谕，以为思患预防之计。"立即遵照办理，"毋稍延误，并将办理情形随时禀报，以凭察核"。①

其实，类似丽水县农务分会的情况，在浙江其他州县也时有发生。浙江桐乡县乡民借农会之势遍发传单，抗缴粮赋。1909 年 9 月 12 日，该县县令朱邦杰飞禀巡抚增韫，历诉农会种种干预行政情由。巡抚增韫当即札饬劝业道严饬各属，严禁各会所干预行政。② 浙江各州县农会弊端较多，1910 年 6 月 27 日，《申报》揭露道："设立农会以改良农业，固为当今急务，然办理非人，转足为地方之害。浙省自设立农会以来，或控苛派，或控把持，干预地方官行政之权，甚至收受词讼，悬牌挂批，武断乡曲，欺压贫民，种种怪象殊堪浩叹。"③ 有鉴于此，董元亮札饬各州县农务分会认真查照《农会简明章程》，痛改前非。

劝业道监管农会意在促使其健康运转，推动农业发展。农会总协理、会董、会员大多是本地乡望素孚之人，以地主、绅士、商人及新式学堂毕业生为主，他们一般具有浓厚的桑梓情怀，热衷于改良本地农务，劝业道通过监管农会，最大限度地整合社会资源，督率乡民振兴农务。农会的主要活动有：（1）编辑农报，翻译农书；（2）创办农业学堂；（3）开办农事试验场；（4）举行农产品评会，设立陈列所；（5）创办农产制造所；（6）开垦荒地，兴修水利；（7）植树造林，并任保护之责；（8）开展调查研究；（9）调解民事纠纷，保护农民。除此之外，农会还代销书报、推广农桑、驱除害虫等。④ 这些活动对推动农务发展不无裨益，也为民国农业发展奠定了基础。民国初年，农务联

---

① 《劝业道严禁农会苛派扰民》，《申报》1909 年 8 月 29 日。
② 《严禁农会干预行政权》，《大公报》1909 年 9 月 13 日。
③ 《劝业道直揭农会之怪象》，《申报》1910 年 6 月 27 日。
④ 参见李永芳《近代中国农会研究》，第 53—62 页。

合会福建代表邱任光、叶可樑、邱醒旦报告福建省农业情形时说："闽省东南濒海，西北多山，气候温和，民情勤勉。农业一道，宜极昌盛，乃限于物质的文明之不发达，及殖产的资本之不充分，遂致泥守旧规，日无进步……然自前清末年，政府置劝业道，设农林科，以主持于上。绅士倡立农务总会，府县设分会，而扶植诱导于下。于是关于农民之保护，农事之发达，农具之改良，水利之增进，及农的盈利团体、公益团体，日见增加。"[①]

（三）商船公会

与商会、农会相比，商船公会数量较少，体系较为复杂。[②] 1906年，商部奏定的《商船公会章程》规定：商船公会专为保护、整顿中国航业，由航业商人禀呈商部批准设立，各地视各埠航业繁简分设总会、分会，设立时应先由总会认可，再由总会报部立案。总会、分会应用的关防、图记照各处商会成案，呈报商部酌核办理。商船公会照商会章程，总会设总理、协理各一员，分会设总理一员。商船公会总理、协理各员由航业商人中公举熟悉航务、众望素孚之人禀请商部酌核，加札委用，其任期及应办等项悉照商会章程办理。[③] 由于此时各省未设管理航业的专

---

① 《福建省农业情形》，《农林公报·临时增刊》，陶昌善等编《全国农务联合会第一次纪事》，台北：文海出版社，1973，第55页。
② 《交通史航政编》载："江苏之商船总会，首先成立于镇江，旋又有镇江上游商船总会，不久因案撤销，而于上海、苏州、宝山、通州、无锡、盐埠、泰兴、如泰、清江、窑湾、南京、扬州等处陆续设立分会，并于宿迁、江阴、正阳关等处设立支会。其继江苏之后者，广东则有广州、韩江各内河商船总会，而于清远、肇罗、江门、阳江、惠州、香山等处各设分会。又有恩开新（恩平、开平、新宁）三属商船支会、连阳商船支会及佛山商船支会。广西则有梧州之内河商船总会，而设分会于南宁。江西则有九江之商船总会，而于南昌、吴城、吉安、赣州、饶州、河口、景德镇、樟树、义宁州、抚州等处各设分会。福建则有福州商船总会。安徽则有芜湖商船总会，亦均设有分会，而以安徽之分会为最复杂，后又撤销芜湖之总会，以大通分会改为总会。湖北有汉镇商船总会。湖南长沙商船总会成立未久，即自请改为分会，隶属于镇江商船总会。此皆前清时呈请设立之船会也。"详见《交通史航政编》第1册，第106页，转引自聂宝璋、朱荫贵编《中国近代航运史资料》第2辑下册，第1362页。
③ 《商部奏定商船公会章程折》，《商务官报》第1期，1906年4月28日。

门机构，"所有关于船会各事，统归农工商部主管"。^① 据朱英研究，"许多地区商船公会的成立，与商会有着密切联系。商部奏准《商船公会章程》后，即将章程下发各地商务总会，饬令协助办理。航运业商人禀请设立商船公会时，官府也饬请所在地区的商会察核有关情形，上报商部以作为批准立案之依据"。^② 劝业道设立后，负责管理商船公会。

与管理商会、农会类似，劝业道除严审商船公会立案外，还监督其日常运作。如芜湖商船公会总理侯承镰长期因循息惰，勒索船户，浮冒经费，于航务毫无裨益，劝业道童祥熊查实后勒令清理款项，由大通商会接办。但是侯氏"目无官长"，异常把持，不交关防。童祥熊呈请农工商部准予另刊关防，缴销原关防，准由大通商会接办。^③ 江宁船会开办后，派员到处征费，"几如差缺，于一切航务利弊、保护方法均不讲求，但以推广分会、征收会费为务"，^④ 江宁劝业道奉农工商部之令，分行扬州各商船分会及沿河各地方官严禁此弊，以杜骚扰。商船公会办理不善的情况，其他省份也大体如此，劝业道不得不严加监管。对此，邮传部也承认，全国商船公会中只有广东船会办理尚属合宜，"此外辄鲜成效，即如镇江船会开办最早，而流弊亦最多，以致航商啧有烦言，迭经控部有案"，札饬江宁劝业道及时整顿，"以恤商艰"。^⑤ 由此可见劝业道监管商船公会的价值和意义。

（四）工会

农工商部筹备宪政清单要求，1910 年应编订工会规则，1911 年各省应遵照工会规则组织各种工会，研究工业改良办法。1910 年 11 月，农工商部奏定《工会简明章程》二十五条，以便各省遵照施行。章程规定，"该部握全国工业总枢，应于各省筹办工会，以为臂指相联之机

---

① 聂宝璋、朱荫贵编《中国近代航运史资料》第 2 辑下册，第 1364 页。

② 朱英：《辛亥革命时期新式商人社团研究》，中国人民大学出版社，1991，第 247 页。

③ 《总理小把持》，《申报》1911 年 4 月 20 日。

④ 《严禁商船分会》，《申报》1911 年 9 月 6 日。

⑤ 《劝业道董札饬各府移行各属商船公会章程尚须改订是项公会应缓组织文》，《浙江官报》第 3 年第 22 期，1911 年 6 月 1 日。

关"，"工会以研究工学、改良工艺、倡导工业、拓增实际上之进步为
宗旨"。要求各省于省城设立总会，各府厅州县酌设分会，其有专为某
项工业设特别工会者，应定名为某工会。劝业道对工会有监督管理权。
在人事上，总会设总理、协理各一员，分会设总理一员，概由各该会董
事中投票公举，禀劝业道详农工商部核准札派，总理、协理均以一年为
任满，董事以两年为任满，每次改选应于任满三月前举行，得票多者当
选，如总理成绩较著，或为公众推服，准由该会禀本省劝业道详请连
任，但不得超过三年。在事务上，"总分会中各项事务除关系紧要者须
禀部核夺外，余均商承本省劝业道办理"。① 可见，农工商部赋予工会
振兴工业的重任，劝业道则拥有倡设和管理工会的责任。

　　商会、农会受劝业道监督和管理，工会也不例外。1911 年 2 月，
湖南士绅张国维等拟在长沙设立工业总会，湖南巡抚准其设立，但要求
其须俟农工商部颁行工会章程后再奏咨立案，以便按章审批。然而，张
国维等绅商急不可耐，不等农工商部颁布工会章程，便擅自赁省城司马
桥昭忠祠为会所，先立总会，又未经工界投票公举总协理，便私刊钤
记，呈请劝业道示遵。② 劝业道对张国维等绅商无视巡抚政令，擅设工
会，殊为痛恨，严加驳斥说：工业总会总协理应由工界投票公举产生，
"由本道详部核准札派"，"乃该职等并不遵照定章俟举派总协理，擅以
工业总会名目私刊钤记通报各处，殊属大违部章，似此行为躁妄，非安
分之徒"。③ 湖南劝业道随即查封该会，销毁其钤记。两个月后，湖南
工界又按工会简章，成立工业总会，公举曾广汉、任震贵分任总、协
理，劝业道查核后报部立案。④ 在直隶和奉天，劝业道不仅审批工会的
设立，还监督工会总协理的选举。1911 年 5 月 29 日下午，天津工务分

---

① 《本部奏遵拟奖励棉业化分矿质局暨工会各章程折并单》，《商务官报》第 28 期，
　　1910 年 11 月 26 日。
② 《湘省工业总会业已成立》，《申报》1911 年 2 月 11 日。
③ 《工会何至查封》，《申报》1911 年 4 月 9 日。
④ 《禀报工会总协理衔名》，《申报》1911 年 6 月 4 日。

会在工商研究总所内公举总理，直隶劝业道孙多森因公未到，特委派商务科科长朱寿祺莅场监视。① 奉天工务总会成立时，劝业道萧应椿和奉天府知府都太守莅会监督并演说，② 以确保公举总协理公正有序。

针对工会存在的各种弊病，劝业道进行稽查整顿。奉天工务总会是清季工会中较为腐败的一个，1911 年 11 月 3 日，《盛京时报》用白话文以《工艺人之程度如此可见一斑》为题揭露该会总理吉格、坐办陈某的腐败嘴脸。③ 劝业道屡次整顿该工会，不见起色，最终要求其重新公举总协理，改订章程，才使该会稍有好转，不过，此时已步入民国。1912 年 1 月 11 日，《盛京时报》登载《奉天工务总会白话浅说》一文道出了奉大工界的心声，也反映了劝业道整顿工务总会所做出的努力：

> 我们国家在北京设立农工商部，办理提倡实业的事情。又在各省省会的地方，设立一劝业道的衙门，好就近提倡我们的实业。由农工商部奏定农会、工会、商会的章程，分发各省，教我们设立总分会。商务会已经成立多年喽，这是他们买卖人，大家组织起来的。近来两年，农务会也就成立啦，这是他们庄稼人办理的。工务会是我们一般手艺人当办的，何以今日尚未成立哩？查我们沈阳城里的工艺，通同有数十行，有好几千家，大家也要结合一个团体才好。想铁岭县那们一个小小的城市，也不过几百家手艺人，尚且都办成了工务会，难道我们沈阳里，这们大多的人数，又是一个挺大的省城就不及铁岭县吗？况且我们奉天的工业，更加要讲求改良才好……务望大家热心向前，结合 个团体来，我们的工业，自然也就可以发达啊！请诸君注注意吧！况我们这个工务会，是由农工商部跟劝业道提倡的，不能与农商两会混合一块的事情。若不办工会，我们手艺人就要受人家多少的烈害。若办成工会，我们手艺人

---

① 《总理有人》，《大公报》1911 年 6 月 1 日。

② 《工务会举定总协理》，《盛京时报》1911 年 8 月 24 日。

③ 《工艺人之程度如此可见一斑》，《盛京时报》1911 年 11 月 3 日。

就有多少的利益。诸君是明白的人，何以还不踊跃入会哩？至于会
中章程已经劝业道改定，所有常年用费，是拿我们各工家从前按交
纳商会的册费，划拨本会征收，便不必再交商会了。况且我们工会
支出款项，一切都从俭省，断然不能滥收。又每年每月收支款目都
要贴示登报，会员等都可查账，实在公道得很喽。至于会上的章
程，已经由劝业道核准了。这回订的简章，不过大略情形，会中各
项事情，还要大家从长计议哩。①

这段白话表明，工业界借成立工会提高社会地位和声望，保护其自
身利益，推动工业发展。当然，劝业道督察管理工会也赢得了工业界人
士的赞赏。

（五）其他社会会社

除商会、农会、商船公会、工会外，劝业道还监管其他有关实业和
交通事务的社会会社。天津工商研究会定期举办工商演说会，劝业道要
求其妥定演说章程，"禀明立案，以防流弊"。② 浙江职商鲍承先等在绍
兴发起组织商学公会，开通商智，振兴商业，禀请巡抚请咨农工商部立
案。浙抚增韫担心设立绍兴商学公会所办事宜与商会主管事项界限混
淆，未准立案，札饬劝业道会同提学司核议详复，再行饬遵办理。③ 提
学司会同劝业道审核其章程，发现绍兴商学公会侧重研究商学，与商会
旨趣略有差别，准其立案，但对其章程进行了更改，对其各员衔名清册
审核后方准咨部立案。④ 江宁渔董杨镇邦以保卫渔业为名，拟创办渔
团，向渔民敛捐，禀请劝业道李哲濬核夺立案，劝业道李哲濬在听取各
方意见后决定：该渔董设立渔团"利少害多"，⑤ 不予立案。直隶韩垿

---

① 《奉天工务总会白话浅说》，《盛京时报》1912年1月11日。
② 《天津工商研究总会公禀文件》，《大公报》1911年1月4日。
③ 《商学公会批司核议》，《申报》1909年10月3日。
④ 《抚部院增批鲍承先等禀设商学公会请立案由》，《浙江官报》1909年11月15日。
⑤ 《本公所详复督宪渔董杨镇邦禀办渔团叠经批斥无庸置议文》，《江宁实业杂志》第
10期，1911年5月18日。

文拟组织全省工艺研究社，禀请劝业道立案。劝业道孙多森察阅其禀词，该商究竟如何组织、如何改良进步均未声叙清楚，且有行商过客均可寓住，购办用品，备有谙练之人承办等语，"如此办法系行栈性质，非结社研究本旨，所请未便准行"。①

综上所述，劝业道监管商会、农会等社会会社，目的在于将其纳入清政府管理范围内，规范其行为，促其健康发展，充分发挥社会会社整合绅商的优势，服务于生财事业，遏制其影响和阻碍实业、交通发展的行为。从这个角度讲，认为在清朝专制统治下，商、农会等社会会社在诸多方面受到官府的限制和监督，并不能完全概括历史事实，政府监管农、商会等会社有其内在理据。

四　整顿规范市场秩序

（一）稳定金融市场

在银行数量和营业范围还未占优势的清末，传统的钱庄、银号、票号、典当等金融机构以其特有的功能仍然在经济社会生活中发挥着举足轻重的作用。② 地主、官僚、绅商、工业资本家各色人等多乐于借此牟利，大量公私款项在其中积聚和流转，偶有周转不灵，亏倒巨万，如川溃堤崩，为害极大，不仅直接威胁到农工商矿各业的发展，而且会引发复杂交织的债务纠纷。为稳定金融市场，各省劝业道往往在金融风潮发

---

① 《不准立案》，《大公报》1910 年 6 月 14 日。
② 杨天宏指出旧式钱庄、票号等金融机构的优势有："一是往往与特定的工商行业有着密切联系，或者商号本身就是钱庄的股东，或者钱庄系由商号兼营，或者钱庄兼营商号，这种状况一般都经历了较长时间的发展，关系固结。已经形成与钱庄打交道的商业习惯的工商行业要想脱离与钱庄的关系，殊非易事，而新建之银行一般缺乏与商家的历史渊源。二是运作方式灵活。钱庄可以利用复杂的社会关系维持经营，其资本来源有独资、民间合资、官民合资、官商合资、商农合资、商号集资等形式，投资者包括地主、官僚、商人、工业资本家等，内部关系极为复杂，可资利用的'资源'十分丰富。另外，钱庄、银号的非规范性金融操作有时比强调规范操作的正规银行更具有适应能力。"详见杨天宏《口岸开放与社会变革：近代中国自开商埠研究》，中华书局，2002。第 336 页。

生前未雨绸缪，采取各种措施加以防范，危机发生时积极拯救市面，危机后清理债务，处理善后事宜。

从防范金融危机看，各省劝业道着重消除诱发市面不稳的潜在因素。清季各省财政左支右绌，往往在操纵货币上大做文章，通过铸大钱、私铸滥铸铜元、滥发纸币等手段来扭转危机，但这种通货膨胀的政策并不能从根本上解决财政危机，反而导致物价狂涨，生产萎靡，市场秩序紊乱。面对货币铸造、发行、流通等环节中存在的问题，各省劝业道根据不同的情况采取针对性的监管措施。1908 年底，吉林银根吃紧，银洋市价摇动，劝业道徐鼎康根据巡抚陈昭常的命令严谕各商人、商号："银洋市价不得任意低昂，有干例禁。自今以始，银价不能逾五吊，洋价不准过三吊，所有市面行情只须跌落，不许提涨。"① 在武汉，市面银根吃紧，铜元充斥，湖北劝业道奉湖广总督陈夔龙之令严禁铜元入境，并督饬湖北官钱局将各项钱票暂停发行，广销银元纸币，由银元局加工鼓铸银角，借平银价。针对武汉钱店、银行滥出钞票的现象，劝业道按照总督陈夔龙的札饬，按月派员分赴各钱店、银行调查，"如所出票数与存款相符，即为之揄扬，并酌给奖励；倘只九成存款者免议，八成者勒令补足，不及五六成者照棍骗律严惩，以免妨害市面"。② 1909 年春，江西钱价涨落无定，互相争较，导致江西景德镇商务日渐减色，商界纠葛、工党滋事频发。景德镇商会邀集商、工两帮议定银水平色一律，并酌定钱价，每市平银一两兑钱一千八百文，嗣后如有涨跌，共同决议。江西劝业道根据巡抚冯汝骙的批饬，认真稽查执行。③ 1910 年春，湖南爆发饥民抢米风潮，外省银两输入渐少，而本城居民纷纷逃徙，均以纸币挤兑现银、现洋，造成市面银根异常紧迫。劝业道沈祖燕出示晓谕，禁止装运现银出境，各埠往来一律改用汇票拨兑，不

---

① 《维护商情》，《大公报》1908 年 12 月 3 日。
② 《饬查银钱庄铺存款》，《时事舆论报》1909 年 5 月 9 日。
③ 《禀准划一银价》，《北洋官报》1909 年 7 月 5 日。

得支取现银，以免周转不灵，致生危险。① 针对浙江银号、钱庄等金融机构滥发纸币、操控汇价等痼习，1910 年 3 月，劝业道董元亮经巡抚增韫同意，派员会同商务总会切实调查全省各银号、钱庄资本、合同、议单以及营业大略情形，"倘有不合"，立时纠正，"俾于商业前途得所裨补"。② 是年底，又奉增韫之命，严禁各钱庄卖空买空、抛做空盘及高抬、拆息、掉期等积习，③ 并于宣统三年起严格稽查奸商私运现洋出洋的行为。④ 类似情况，不胜枚举。劝业道防范金融危机虽然能使市面暂时转危为安，但在各地财政状况普遍恶化的情况下，如果不统一货币，禁止各地私铸、滥发货币，很难从根本上改变金融市场混乱的局面。这个艰巨的币制改革任务是四品的劝业道难以完成的，爆发金融风潮在所难免。

清季金融风潮中，1910 年上海橡皮股票风潮算是较大的一次，危害之深前所未有，各省劝业道为挽救市面甚为忙碌。受金融风潮影响，天津春华泰、源丰润等钱庄倒闭，市面动荡。为遏制风潮蔓延，免致倾轧株连，摇动全局，直隶劝业道孙多森根据直督陈夔龙部署，与布政司、津海关道、巡警道、天津道会衔出示晓谕，要求各商民照常交易，"勿得摇惑，以安市面"。⑤ 随后又会同藩司、津海关道、巡警道、天津道、直隶省银行根据陈夔龙的安排，按照商务总会提出的"付息换票"法，稳定市面。⑥ 广东源丰润等票号、钱庄倒闭后，广东劝业道陈望曾会同藩司、广州府知府及广州总商会邀同大清、交通两银行及西关银行忠信堂各商议决维持市面办法三条。⑦ 在湖北，为挹注钱庄、商号，劝

---

① 《湘省乱后之种种现状》，《神州日报》1910 年 5 月 27 日。
② 《整顿全省银钱行号善后办法》，《申报》1910 年 3 月 20 日。
③ 《浙抚严禁金融界之积习》，《申报》1910 年 12 月 20 日。
④ 《劝业道董详订宣统三年起查禁掉期并取缔办法文》，《浙江官报》1911 年 2 月 18 日。
⑤ 《津商会为上海金融倒闭风潮波及天津春华泰首先倒闭事禀直督文》，天津市档案馆等编《天津商会档案汇编（1903—1911）》，天津人民出版社，1989，第 532—533 页。
⑥ 《津商会为源丰润新泰号同时倒闭危机更甚速行付息换票办法事禀直督文》，《天津商会档案汇编（1903—1911）》，第 539—540 页。
⑦ 《粤省维持钱业之状况》，《时报》1910 年 10 月 18 日。

业道高松如奉湖广总督瑞澂之命，会同藩司筹银四十五万两开铸旧银元，并照会武汉商会，准各署、局、所、商民用生银搭铸，"以救市面而资流通"。考虑到添铸旧银元不能即刻造出，又瞬届十月望、月底两大比期，劝业道与藩司、汉口商会商定，息借洋款以维市面。① 杭州鼎记、庆余等钱庄倒闭，浙江劝业道董元亮晓谕各存户"共维大局"，切勿强迫提款，牵动全市，"其存款在百元以下者仍准随时支取，然亦须搭用钞票，不得全取现洋"，② 并面商藩司移拨公款二十万元暂时济急。

从上述各劝业道与其他行政部门联合化解金融风潮的方式来看，举措主要有三：（1）严控存户提取现银，防止挤兑；（2）筹措款项，挹注钱庄、票号，以防牵连倒闭；（3）饬令各商照常营业，安抚人心。在财政极端困绌的情况下，督抚、司道采取这些举措对遏制金融风潮的蔓延扩散，恢复正常的经济秩序起到了重要作用。

鉴于因钱庄、票号倒闭而引起的债务纠纷严重影响市场正常运转，劝业道还会同商会清理其人欠、欠人之款，并按照一定程序清理倒闭金融机构的债权债务。首先派员会同商务总会查清倒闭金融机构的账目，妥筹清理债务办法，然后报请督抚审核后付诸实施。比如直隶劝业道孙多森清理源丰润债务时，根据商务总会的建议，采用属地原则清理积欠，得到直督陈夔龙的称赏。此法"成为以后天津市面清理涉及债权债务时的基本原则"。③

不过，劝业道处理倒闭钱庄债务清偿时，为保护官方和洋人利益，往往先清偿官款、洋款，民款则鲜有问津。1911 年 4 月 20 日，《申报》刊载的《义善源倒民款不倒官款》一文反映了当局清理官款和民款的不同态度。天津义善源倒闭后，债主纷纷追讨账目，几至户限为穿，各衙署、局、所在义善源存款者亦皆带领卫队、巡警蜂拥而至。经商务总

---

① 《鄂省官商维持市面之规画》，《申报》1910 年 11 月 19 日。
② 《杭垣钱市大恐慌五志》，《申报》1910 年 5 月 23 日。
③ 宋美云：《近代商会化解金融风潮之探析——以天津为中心的考察》，《历史教学》
   2005 年第 3 期。

会总理王竹林等设法调解，才将银号内所存官款一并拨入官银号，由各署局持券赴号照支，"而民款则尚未有实在着落"。其实，义善源在津所有房产、地基本可变卖，以还民款，但是该号财东亏欠邮传部交通银行款项过巨，已将各埠所有房产、地基和盘托出，以作抵押。邮传部恐难追回，咨请直隶总督陈夔龙将该号所有不动产一律封存备抵。陈夔龙立饬藩司凌福彭分别移知巡警道田文烈、劝业道孙多森等速查详报，"而民款终无下落"。①

　针对一些倒闭钱庄、票号的店主、股东、借户意存吞黑、任情诿延的问题，劝业道还采取措施制裁。杭州万兴钱庄倒闭，亏欠六万余金巨款，店主许春钊有意吞黑，与管事杨兆增、管账郝长生、信房江善卿等同时逃逸。劝业道董元亮对该店鬼蜮逍遥法外甚为愤慨，多次严札杭州、绍兴两府饬属严拿，并札饬山阴县速将许春钊房屋、财产查封备抵，"毋再徇纵，致干未便"。②不仅万兴庄店主意存吞黑，欠款杭州鼎记、庆余两银号者以官场人士居多，见该等银号倒闭，"幸灾乐祸，意存吞黑者亦复不少"。③截至1911年5月，历经一年清理，除鼎记股东垫款摊过三成外，庆余钱庄分文无着，并发生经理侵吞的鬼蜮伎俩。在各储户极力吁请下，浙抚增韫痛下决心，严饬劝业道、清账委员李龙元和商务总会督饬两庄勒限严催，变卖财产备抵，毋稍诿延，迅速清偿。④自增韫严饬后，鼎记、庆余两庄历时一年的清债才尘埃落定。

　倒闭钱庄债务难清，要因是清季金融制度紊乱。御史陈善同指出，治理债务"治标莫如速行保商政策"。他建议，度支、农工商两部应派员悉心清理近年倒闭各号，"凡各该号所有财产详细查明总数，点交各该处商会董事估价拍卖变值若干，按照欠款、存款成数，官民一律分配

①《义善源倒民款不倒官款》，《申报》1911年4月20日。
②《杭垣钱业亏倒案汇志》，《申报》1910年6月4日。
③《杭垣钱市恐慌之余波》，《申报》1910年6月10日。
④《大吏严追钱庄欠款》，《申报》1911年5月20日。

摊还。有欠各该号者一面勒限代追，并依此法配当，其营私舞弊之各该号东伙等亦并照律加等，从严治罪，毋任漏网"。至于现在商设之大小银号、票庄、钱铺，应按照《银行通行则例》，由度支部注册，每半年造表送核。但鉴于"惟商人积习疲玩，多有延未遵办者。且营业情形随时变更，往往有外强中干，始赢继亏等情，隐匿含混，实所难免"，建议由该部责令各地方官统行照章认真查验一次，"取具切结册报，其本非股实及现有亏空者，均勒令停止贸易，以免亏累之波及，如此则天下晓然"。① 遗憾的是，没等这些建议被采纳，清廷就灭亡了。

（二）严打掺假、舞弊、浮冒等行为

商品交易中的诚信问题对商业的影响甚大。假冒伪劣商品不仅侵害消费者的合法权益，而且损害生产者的利益，败坏商品信誉，破坏营商环境，同时严重影响本行业守法经营者的生产及优质产品的销售。在劝业道设立前，一些行业为杜绝掺假冒滥等弊，实行行业自律，但是由于没有正式官员的监管约束，缺乏相关检查和惩罚制度，终难取得实质效果。对此，劝业道注重制定规章制度，加大惩处力度，打击商人掺假、舞弊等行为，还适时开展诚信教育，引导商人改进商品生产包装等。

丝、棉、茶为出口大宗，是清政府的重要税收来源之一，但有奸商以假乱真，以次充好，冒牌顶替，严重影响了这些商品的出口贸易。为提高信誉，增加丝、棉、茶的出口量，各省劝业道尤其重视惩处此类商品交易中的不法行为。比如四川丝业交易过程中存在掺杂、下潮等弊，劝业道周善培严明罚章，特令丝业公所出示晓谕，严加稽查，卖主若违禁出售，加五倍议罚，"经纪违禁作中，发县责惩"，公所如果稽查不力，"亦当同负责任"。②

针对不肖华商习于棉花中掺水增重，导致洋商莫敢采办的现象，湖

① 《陈侍御奏稿》，台北：文海出版社，1969，第250—251页。
② 《整顿丝业》，《四川官报》第9册，庚戌四月中旬。

北劝业道会同江汉关及武汉两商会根据湖广总督瑞澂的要求,组织验花公会,"认真查验,以保利权而杜口实"。[1] 考虑到茶叶出口亦应查验,瑞澂将验花公会改名为茶棉检查所,由茶、棉两帮商人筹定常年经费,举定劝业公所商务科科长胡瑞霖为该所总理,负责管理该所。[2] 1911年,朝廷谕令禁种罂粟,为抵补土膏税厘,扩大棉花出口,农工商部上奏《整顿棉业搀杂水泥诸弊折》,请求朝廷谕令各省革除华商于棉花中搀杂水、泥等各种弊政。清廷于1911年8月10日颁布上谕,"着该部妥订检查办法,明定罚章,通行各省一律遵办","以清积弊而辟利源"。[3] 奉天劝业道随即札饬各府厅州县,并照会商务总分各会,强调棉花搀水,不仅导致"销路大减,价亦因之而跌,影响商业实匪浅解","且失信用于外,实属自弃利权",要求其剀切禁止,"规定罚章,晓以利害。嗣后凡有售卖湿棉者,一经查获,立予严罚"。[4]

茶叶本是丝、棉之外中国另一出口大宗,但五口通商以后,销路日疲,茶中掺假是其衰微的原因之一。为扭转茶叶出口锐减的局面,各省劝业道严行剔除弊端,借资挽救。1911年,湖北劝业道高松如奉湖广总督瑞澂令,会同武汉两商会及茶业公所妥议防弊章程,并示谕汉口茶商:"华茶为欧美各国所称,尚果能采选精良,烘制合法,销路自然日广,获利自必日丰。嗣后入山办茶务须加意选择,自顾名誉。倘敢存心作伪,货样不符,一经查出,定即从严惩办。"[5] 浙江建德县各乡劣茶冒充东乡县好茶,致东乡之茶与之俱困。劝业道董元亮一面札饬东乡县茶商另改牌号,一面札饬建德县严禁掺杂假冒,并饬各乡于采摘、焙制诸法速行改变,"以期推广"。[6]

---

① 《汉口组织验花公会》,《申报》1911年7月18日。
② 《茶棉检查所成立》,《申报》1911年8月18日。
③ 《宣统政纪》卷五七,宣统三年闰六月壬子,第1024页。
④ 《劝业道札饬禁售湿花》,《盛京时报》1911年7月1日。
⑤ 《劝业道取缔茶商作伪之手续》,《申报》1911年7月14日。
⑥ 《垄断种茶之荒谬》,《浙江日报》1911年4月1日。

四川茶叶行销藏卫，每岁以百万计，"上关公家课税，下系商民生计"，[①] 然而，许多茶商习于将桤木等叶掺入茶中，以取一时之利，四川茶叶在西藏的销量大大减少，印度茶乘机而入，以致利权外溢。为打击这种掺假行为，劝业道周善培会同其他司道特设"边茶公司"，监督检查行销西藏各处茶叶的分类和包装。[②] 民国《荥经县志》记载：赵尔巽饬司道筹股设立边茶公司，资本五十万，"行甫年余，获利倍之"。[③]《西康概况》记载，官督商办之边茶公司，"成绩甚佳，一年之中，曾盈余三四十万元。后因反正，赵氏赴川，公司解体。自此茶商各自为政，疲敝至今"。[④] 前后比较，设立边茶公司促进了川茶贸易。

在查禁掺假伪造的同时，有些劝业道还引导商人改良商品，改进包装。华茶色味之美冠绝全球，浙省平水（绍兴会稽县所辖）绿茶尤受各国欢迎，每年洋庄出口在二十万箱以上，价值二百数十万两，与蚕丝并称大宗。由于外人崇尚外观，华商为求畅销，纷纷染色，"但茶叶一经染制，不但失其本来，香味亦即变易"，洋人最初不知，后来认识到华商不加染色更好，纷纷要求不准再加颜色。1911 年 3 月 18 日，上海茶务公所董事张乔祥等根据洋行反映的情况，致函浙江劝业道董元亮，出口各国平水绿茶不准再加颜色，自 1911 年 5 月 1 日起，凡有加色之茶一律不准出口，请迅饬绍兴商会传知平水茶业赶紧设立茶务研究所，并传知茶商、山户亟应设法改良，以保固有利权。劝业道董元亮接函后，随即照会各属商会及劝业员分别劝告，不再加色，致碍行销，并督饬会稽县平水镇茶业代表速设茶务研究所，力求进步，以拓利源。同时，饬令会稽县从严禁止"赶山收买、高抬山价两项最为茶商山户之

---

① 鲁子健编《清代四川财政史料》下册，四川省社会科学院出版社，1984，第 352 页。
② 施特劳奇：《重庆海关 1902—1911 年十年调查报告》，转引自中国人民政治协商会议四川省委员会等编《四川文史资料选辑》第 11 辑，第 234 页。
③ 民国《荥经县志》卷六《赋役志·茶法》，第 16 页。
④ 《西康概况》，第 217—218 页，转引自鲁子健编《清代四川财政史料》下册，第 353 页。

恶习"，"以保茶务大局"。①

在山东，草帽辫为土货出口大宗。由于编制者希图小利，"往往减少尺码，掺杂他草，以致各国洋行渐向他处收买"。为及早整顿，山东劝业道萧应椿出示晓谕："嗣后编制帽辫，务照百二十码、六十码、三十码三等尺码，不得掺杂、减短，欺人自欺，必须货样相符，庶保固有之利。此外，若有独出心裁，翻新花样，可使外洋出资争购，较旧式尤为畅销者，准该商将帽辫样呈送来局，由本局查明确有成效，当给与奖牌，以示鼓励。"②

综上所述，劝业道通过整顿规范市场秩序，打击掺杂欺诈、缺斤短两、假冒伪劣等行为，加大造假稽查力度，引导商民改良商品，改进包装，对促进土货出口、扩大贸易、树立诚实守信的社会风气不无裨益。

第四节　奖励扶持　保商恤商

清前中期奉行重农抑商政策，对工、商、矿各业抑制而不鼓励，一定程度上挫伤了国人的争竞兴利之心。晚近以来，财政日趋困绌，清廷改弦更张，刷新"崇本抑末""轻工贱商"的传统观念，制定了一系列发展农工商各业的奖励政策，并有意识地保商恤商，以期广兴财源。直省劝业道贯彻落实奖励政策的同时，还采取各种措施奖励、扶持、保护实业和交通事务的发展。

一　优给奖励

为刺激绅民投资兴业，商部（农工商部）制定了一系列奖励实业

① 《禁革洋庄绿茶加色之研究》，《申报》1911 年 4 月 29 日。
② 《改良帽辫尺码》，《申报》1908 年 8 月 14 日。

的章程和法令。对此，相关研究已进行了较为深入的探讨，[①] 在此不再赘述，拟从劝业道奖励兴业的角度加以审视。

从目前笔者掌握的资料看，劝业道在奖励林业方面着力较多。这主要是因为农工商部1910年加大了对林业资源的开发力度，并奏准朝廷对兴办林业卓有成效者照章给予商勋。在农工商部的引导下，一些劝业道对兴办林业较为重视，纷纷寻找典型，给予奖励，以树模范而开风气。广西梧州府藤县监生郭承立在大黎里古河埔方圆十里地方，于光绪十三年间播种松株，后陆续筑路引渠，开沟培土，修伐添补，辛苦经营数年，成绩昭著。松树大者长四五丈，围二尺二三寸，万余株；长三四丈，围一尺五六寸，三四万株；长一二丈，围一尺左右，四五万株。其余大小不一，合计共六十万株，成材利用者计十万余株，由署藤县知县陈思验明加结，由梧州府知府李开侁复勘确实，详请核奖，并附带图结、履历，据情咨农工商部核明奏奖。农工商部于1910年3月，依章奖给三等商勋，并赏给四品顶戴。[②] 是年秋，广西劝业道胡铭槃详请护理广西巡抚魏景桐咨请农工商部，援照藤县监生郭承立成案，奖给种树成绩卓著的永福县岁贡生全丙烜五等商勋，并请赏加六品顶戴。[③] 安徽宁国府宣城县小东乡的花翎分省补用道周鹤皋在该处置买荒山二十余里，独力创办农林试验场，参以新法，雇工垦辟，收效甚伟。农工商部据情奏请奖给三等商勋，赏加三品顶戴。[④] 宣城监生刘家谅在该县西北乡文星、敬亭等处购山地六百余亩，设立农林试验场，种植桐、茶、

---

① 如施仁章的《清末奖励工商实业政策及其影响》（《中国社会经济史研究》1982年第2期）、罗大正的《清末奖励实业政策剖析》（《齐鲁学刊》1993年第4期）、徐卫国的《论清末新政时期的经济政策》（《中国经济史研究》1997年第3期）、李玉的《晚清公司制度建设研究》（人民出版社，2002）、孙晓伟的《清末政府奖励工商业政策研究》（硕士学位论文，西北大学，2007）、王奎的《清末商部研究》（人民出版社，2008，第163—171页）

② 《抚部院准农工商部咨本部具奏奖给藤县监生郭承立振兴林业商勋缘由行道转发支领文》，《广西官报》1910年3月20日。

③ 《农工商部奏奖励林业援案酌给商勋折》，《政治官报》1910年11月11日。

④ 《农工商部奏绅商兴办农林卓著成效请奖给商勋折》，《政治官报》1911年7月17日。

松、桃各树，共十三万五千五百余株，成效昭著。劝业道童祥熊派员履勘属实，禀请皖抚朱家宝咨请农工商部奏请照章奖给三等商勋，赏加四品顶戴。[1] 江西饶州府安仁县监生王德良种树成林，江西劝业道傅春官议准，给予五品功牌一张，以示奖励。[2]

当然，除林业外，劝业道对在其他行业取得成效的绅商士民也给予奖励。比如，直隶乐亭县人张玉润热心蚕事，将蒿柳饲蚕之法在吉林磐石城南帽山一带试验，不惜工力，精心放养，费六十余昼夜，"果得成效，茧大丝良，较橡蚕尤胜"。山蚕委员禀请巡抚奖给吉市钱百吊，酬其工力，"以劝将来"。[3] 经劝业道函饬磐石县查明属实，吉林巡抚陈昭常面加奖励，当堂赏给中钱一百吊。

劝业道对振兴实业给予奖励，既能激劝绅商士民热心实业发展，力求进步，又能示以观感，开通风气，对改变重农抑商、轻工贱商的观念颇有助益。

二　核发专利，鼓励创新

为鼓励士民制造新器，1898 年 7 月 12 日，光绪帝在"百日维新"中颁布了《振兴工艺给奖章程》，正式引进西方专利制度，鼓励发明创造。章程规定：如有自出新法，制造船械、枪炮等器，能驾出各国旧时所用各械之上，或出新法兴大工程，为国计民生所利赖，许其集资设立公司开办专利五十年；如有能造新器，切于人生日用之需，其法为西人旧时所无者，许其专利三十年；或西人旧有各器而其制造之法尚未流传中土，如有能仿造其式，成就可用者，许其专利十年；所有新器均须经总理衙门考验，方可给予专利。[4] 但是，这一专利制度在落实时往往变形走样。绅商申请专利通常拥有设厂的垄断权或商品的专卖权，而且农

① 《种树得奖》，《大公报》1911 年 10 月 8 日。
② 《种植成材之奖励》，《江西农报》第 3 期第 3 期，1909 年 4 月 5 日。
③ 《热心蚕业之奖励》，《吉林官报》1909 年 2 月 11 日。
④ 朱寿朋编，张静庐点校《光绪朝东华录》第 4 册，总第 4129 页。

工商矿各局核给专利的标准、年限不一，① 管理较为混乱。随着兴利规模的扩大，规范核发专利提上议事日程。

1904 年，商部发现，各省"往往寻常仿制物品率行禀请专利，核与各国通例殊属不符"，因此，拟制定专利章程。在章程未奏定施行之前，"各省呈请专利者"，"无论华洋商人均须咨报本部先行备案，俟专利章程施行后，再行核办"。② 但是，农工商部虽屡次催促厘定专利章程，但是直到清廷灭亡也没有出台。1912 年，工商部还在为厘定专利章程而忙碌。③

由于农工商部没有颁布专利章程，各省劝业道在核发专利时，无所遵依，往往从以下几个方面考量。第一，创新性，即申请专利的物品是否确系独出心裁，属创造发明之物。如系仿造之物，不予专利。如奉天匠人赵玉清自造新农具洋犁、角楼二种向劝业道萧应椿禀请专利，劝业道查其所造农具虽能合用，但是，"非发明新理特创品物，不能给予专卖凭照。该商系属仿照，所请立案碍难照准"。④

第二，所制品物是否合用，于地方有无违碍，或者是否侵权已获专利者等，以确保所制物品便于使用，又不危害他人或社会的利益。如湖北兴国州州判周本荣拟在鄂湘两省产麻地方专收废壳，设立公司，炼制纺织原料，恳请永远专利。鄂督陈夔龙批饬湖北劝业道高松如考察该商发来料样能否合用，妥议详复。经劝业公所查验，该州判以麻壳制成纺织原料，不知其用途如何，亦不知所织之物是否柔韧可用，因此不予专利。⑤ 1908 年底，福建兴泉永道刘庆汾创办鄂湘脑务公司，农工商部准

---

① 如浙江农工商矿总局按照朝廷颁布的定章办理，而江南商务总局核发专利则是按照物品大小给予专利年限，"大者十年，中者六年，小者三年"。详见《浙江农工商矿总局核定章程九条》，《申报》1905 年 1 月 27 日；《续江南商务总局章程》，《申报》1899 年 3 月 31 日。
② 《商部咨酌拟商人禀请专利办法文》，《四川官报》第 31 册，乙巳冬月下旬。
③ 《工商部厘订专利章程》，《大公报》1912 年 6 月 10 日。
④ 《非发明创造品碍难立案》，《盛京时报》1911 年 9 月 17 日。
⑤ 《核议麻壳炼制原料》，《湖北官报》1909 年 11 月 17 日。

予专利十五年。① 不久，另有商人陈得华禀请湖南劝业道另立樟脑公司，劝业道唐步瀛查得，此请与鄂案冲突，故"碍难准其另立"。②

第三，慎定专利年限，以防垄断。四川隆昌县职员黄光藻开设利矿工厂，制造一种螺旋汲水机，禀请劝业道给予专利十五年。劝业道周善培察验机器"颇有心思，亦尚合用"，准予专利，不过，"十五年之期未免太久"，予专利五年。③ 山东商人原宜田申请专利，胃口极大，拟集股本十万元，在山东宁海州、福山县、文登县、荣成县、海阳县等五州县境内开设草辫有限公司，禀请山东巡抚准予专利，以示保护。巡抚袁树勋认为，草帽辫一项为东省出口货大宗，山东妇孺皆擅长此项工艺，"非该公司自创之工艺，何得遽请专利至三十年之久？实属无此办法"，札饬劝业道查照遵行。④

对于一些尚有缺憾的新器，劝业道往往提出意见，鼓励申请者继续改进，精益求精。浙江嘉善县绅商俞凤韶经过数年悉心研究，新发明一种缫丝机车，呈送劝业道请予专利。劝业道董元亮审核此项新式丝车，"机关灵活，价值低廉，且机件简易，仍用旧灶釜，使乡民易于习练，随处可以修理，而高低程度又适合国人之生理，堪称精品"，遂准予专利，但是该丝车之干燥装置未声叙清楚，"若无此装置，恐致抓角坚硬，损擦丝质"，要求该员用心琢磨，精益求精，再申请立案。⑤ 湖北安陆县生员刘晋臣自制一双龙循环吸水机车，向劝业道高松如申请专利。高松如查该机车可为灌溉旱田之用，将其置于湖中试验，"无须人力能以自相旋转，可谓独具心裁"，但是，"运用尚欠玲珑，体质亦不坚固，一经水力动摇，恐有断折之虞"，因此饬该生员再行悉心研究，

---

① 《瑙务公司专利之年限》，《申报》1908 年 11 月 10 日。
② 《不准另立樟脑公司》，《大公报》1909 年 1 月 7 日。
③ 《劝业道批隆昌县职员黄光藻等为制造汲水机器专办矿业水险禀请立案一案文》，《四川官报》1911 年 6 月 7 日。
④ 《草辫公司不准专利》，《大公报》1909 年 6 月 10 日。
⑤ 《发明缫丝机车之专利》，《申报》1910 年 7 月 30 日。

"俟制作完善时定当为之提创奖励，给与专利年限"。①　武昌高等小学监学刘某自制面粉机器一架，鄂督批饬劝业道派员查验，因机件尚未全行合用，饬再悉心考究。于是，该监学将全机改换，与英商金龙牌相将，试验灵捷异常，② 劝业道最终予以立案保护。

劝业道核发专利，促使传统的贱工观念发生嬗变，对诱导创造发明、尊重和保护创新成果、开通社会风气发挥了至关重要的作用，同时也为民国专利制度的建立和推行积累了宝贵的经验。

三　恤商艰，纾商困

1910 年底，有商人由天津贩运爱国布袍料一百件在河东老车站税关投报，因不认该关多增税率，致其全货被扣。该商人辗转具禀直隶劝业道孙多森出面调处。媒体对这种苛扰商人的行为不禁唱叹："我国政府既以提倡实业为富强要图，而税关又复多方钳制，可谓自相矛盾！"③ 这种自相矛盾的事情在各省普遍存在。

乡间的知识人刘大鹏颇有感触地说："国家郑重商务，京都设立商部（去年改为农工商部），总理天下商务，各行省设立商会，以期商业之振兴，则商务似宜大盛于前。讵料今日非但商务减色，而且多困惫之情形，将有不可支撑之势，此何以故？商利微末，而加抽厘税日增月盛，靡所底止也。"④ 既重国课又恤商情，使兴利在正常的轨道上运转，是劝业道恤商、保商的重要一环。

清季财政困绌，各级政府敲骨吸髓地搜刮钱财，正税之外有附加，附加之外有勒索，层层加码，处处盘剥，"或新创名目，或提高旧率，涓滴不漏，聚敛称能"，⑤ 迫使广大城乡人民破产失业，民变迭起，商

① 《考验吸水车之批示》，《申报》1909 年 12 月 18 日。
② 《面粉机器之改良》，《时事新报》1911 年 8 月 1 日。
③ 《苛税累商》，《大公报》1910 年 11 月 29 日。
④ 刘大鹏：《退想斋日记》，第 161 页。
⑤ 《辽宁义勇军檄文》，《民报》第 20 号，1908 年 4 月 25 日。

民的生产、消费积极性降低。基于繁苛的捐税严重影响实业发展，劝业道从以下三个方面体恤商艰，纾解商困，恢复商力。

第一，酌商力而衡捐税。由于商人难堪捐税之重，劝业道往往与捐税征收部门沟通协调，"体恤商艰"。但是，在财力极度困绌的情况下，这种沟通协调作用不大：有劝业道或许是真心体恤商艰，但因捐税部门的强势而无能为力；有劝业道则是为敷衍商民而做做表面文章。当然，也有劝业道与捐税征收部门勾串合作，抽收捐税。例如，1910年5月，天津工部关强行向渔户征收起过船契。渔户不愿交纳起过船契，仍按旧例交纳，工部关不但不收，反将船卜家具拿走，双方矛盾激化。渔户依赖春令贩鱼糊口，无篙不能撑船，情急之下，联名具禀劝业道，以济商艰。劝业道据情向工部关交涉。工部关对此极尽敷衍之能事，声称征收船契之法"较前已减"，合情合理。对此，《大公报》记者痛斥道："玩视民瘼，即此之谓。本报谓：为渔船叫屈，真有冤无处诉矣。"①"有冤无处诉"正体现了商民恳请劝业道体恤商艰的无能为力。如果说孙多森体恤商艰用力而无果，那么安徽劝业道则与之完全相反。

安徽设劝业道之前，商务局就已开征各种税捐，劝业道设立后，不仅不体恤商艰，反而较商务局开征捐税犹重。芜湖烟业恳请劝业道照每石六折抽收，劝业道童祥熊批曰："烟税由直隶创办，各省踵行，皆不分烟丝烟叶，画一抽收，且现在烟价加涨，不患捐无所出，再不踊跃输将，问心亦何以自安？"遭到童祥熊的驳斥后，烟界商人怨声载道，据理力争曰：河南、湖北两省已改为统捐，较芜湖捐仅半数，以此而论，直隶章程亦非豫鄂两省所能改，其所以改统捐者不过体恤商艰，变通办理。豫鄂统捐既可行，芜湖请照净叶抽税亦无不可行。另外，安徽长卫各槽坊亦以酒捐加重，商力难支，禀请童祥熊酌减以苏商困；杂货业也以糖捐加重，在商会开会评议，以便力请童祥熊酌减。② 面对商界酌减

① 《渔船叫屈之详情》，《大公报》1910年5月18日。
② 《烟酒杂货业要求减捐汇闻》，《盛京时报》1908年6月7日。

捐税的诉求，童祥熊不但不理会，反而执意推行，严定宗旨说："烟糖两捐决计照所订章程办理，倘有不遵，即将违抗之商店发封。"各商闻讯，异常愤慨，当即公举代表禀陈安徽巡抚冯煦核夺，"如再不能挽回，惟有全体闭市以为对付之策"。① 安徽糖品税厘素重，本有左支右绌之势，劝业道忽又加征落地捐，其数至与烟酒税相等，商人确实力不能支。糖商对加征糖捐万不承认。

但是，安徽巡抚冯煦极力为加征糖捐辩护，以"皖省之财供皖省之用"为说辞，劝谕糖商"遵章完纳，毋误要需"。面对官厅逼勒，糖商冒死力争。② 由于安徽销糖大数，外国车糖居十之八，中国广糖仅十之二，进口之糖每石向来只完新关税银二钱、半税一钱、常关一钱二分、厘金二百文，劝业道童祥熊拟开办落地销场糖捐，无论何项糖品，每百斤加捐八百文。这对英国商人来说也是一个较大的负担，芜湖糖商情急之下，暗中与英国太古洋商通信，怂恿英领事出面干预。英国太古洋商早闻劝业道加征糖捐的消息，加上本地糖商的暗中联络，大为哗然，驻芜湖英领事随即诘问芜湖关道，并电告北京钦使，直接与外务部交涉。③ 芜湖糖商和英商太古行一致反对安徽当道加征糖捐的一场好戏势将上演，媒体纷纷报道此事，御史也对安徽劝业道指摘道："安徽重加糖捐烟税，以充劝业经费，土物不销，农业愈苦。"此速贫之道也。④

安徽巡抚冯煦见征收糖捐的风潮愈演愈烈，恳请两江总督端方解围，力辩："芜湖糖捐系仿鄂章办理，以货票两离归入华商行栈，方予抽捐，鄂赣行之初无梗阻。此次开有数奸商耸恿英领事出头干预，并有贿通之谣，事非创自皖省。"⑤ 并向端方解释说，"敝处以筹饷迫切致烦

---

① 《加抽烟糖捐之纠葛》，《申报》1908 年 6 月 20 日。
② 《芜湖糖纸杂货商会为糖捐事再上皖抚禀》，《申报》1908 年 7 月 3 日。
③ 《皖省糖捐将成交涉》，《神州日报》1908 年 7 月 1 日。
④ 胡思敬：《退庐全集·疏稿》，第 876 页。
⑤ 《电咨糖捐办法》，《申报》1908 年 7 月 15 日。

尽虑，殊为抱歉"，① 请端方为其力争。端方致电皖抚冯煦，责备劝业道说："童道议捐太重，群情不洽，此何足怪？甫任劝业，而即以征敛为务，殊失设官本意！"② 提醒其为政要以恤商为宗旨，征收捐税不要太过苛刻。童祥熊为冯煦手下之得力干将，冯煦不仅为己辩护，而且极力庇护劝业道童祥熊："愚见向以恤商为宗旨，凡有敷陈均本此意立言，徒以筹饷急迫，又狃于汉口、九江成案，致生交涉……此事创议并非童道，檄令办理在未请试署以前。征敛为务，内疚滋深，不敢诿过童道，致隳任事者之心。"③ 由于事关中外交涉，端方随派道员陈维彦赴芜湖劝谕调停。经陈维彦和端方居中调和，初步拟订征收糖捐的方案，捐税较劝业道童祥熊原拟征收糖捐方案较轻，得到英国糖商和中国糖商的同意。④

但是，藩司沈曾植、劝业道童祥熊对端方拟订的方案不以为然，认为所失捐税太多，力主仍仿照鄂省办法征收糖捐。"于厘税之外，与新常关及厘卡各不相涉，白糖每包四百文，红糖每包三百文，冰糖每百斤五百文，外国火车糖每百斤六百文。并在亳州设立专局，沿途起卸处所扼要酌设分卡。"糖商得知劝业道、藩司翻案，"不胜骇异"，痛斥皖抚、藩司、劝业道"为竭泽之渔耶"。⑤ 英国驻芜湖领事也甚为愤慨，诘问皖抚，并致电端方交涉。英国政府也致函北京公使，速向外务部力争。在各方压力下，端方向皖抚施压，最终议定征收糖捐办法："每包糖斤无论华糖、洋糖，均于指运之地照收落地捐一次。其领有子口单者仍赴新关完税，由芜局派有司事抄号报查。无子口单者在常关完税后即报明商名货件及指运处所，领取总局护照，经过沿途厘卡概不重征，仅完落地曹平银二钱，以昭划一。"①皖省糖捐风潮才尘埃落定。

第二，整饬捐税征收弊政。清季航运业商人曾这样抱怨说："或督抚留难，或州县留难，或某局某委员留难；有衙门需索，有局所需索，更有幕府需索、官亲需索。不遂所欲，则加以谰言。或谓其资本不足，或谓其人品不正，或谓其章程不妥，或谓其于地方情形不合，或谓其夺小民之利，夺官家之利……种种留难，凡待华人莫不如是。"②其实，不光航运业如此，农工商矿各业莫不如此，捐税征收过程中普遍存在苛索、讹诈、中饱私囊等弊窦。这种病商扰民的顽症引起农工商部的警觉，1910年5月，农工商部札饬各省劝业道随时严查捐税征收过程中的弊政，"详报本部以备核办"。③由此，劝业道便大力整饬征收捐税的弊政。

浙江处州青厦二卡抑勒留难，"商民怨声载道，闻风裹足，商业直接受害"，劝业道董元亮移文厘饷总局查照，核复青厦二卡抽捐有无违背定章，是否与他处厘卡办法相同，"以维商业"。④湖北商民所捐各种牙帖向归牙厘局管理，"法久弊生，假冒顶替，在在多有"，劝业道依据度支部颁布新章，札委专员，分往各处清理积弊。⑤直隶宁河县北塘等处地临海滨，居民以捕鱼为业，盐运司为了增加盐税收入，设立官盐店，只准渔民在官盐店购盐，在船腌制捕获鱼斤，但渔民船小，不能多腌，一旦遇有天气炎热，尤虞腐败，大受其困，该处绅士禀请劝业道予以改善。劝业道随即咨商盐运司，讨论改良办法，以苏民困。⑥四川劝业道周善培针对腹岸各地茶税征收过程中存在的"茶课税归丁而引票不行""售茶配茶不照定章""查票不严""缴残不尽"等弊端，⑦禀请

① 《芜湖糖捐之办法》，《大公报》1909年9月30日。
② 聂宝璋、朱荫贵编《中国近代航运史资料》第2辑下册，第1306—1307页。
③ 《通饬严查私勒商捐》，《大公报》1910年5月24日。
④ 《厘卡抑勒洋价病商之呼吁》，《申报》1910年5月22日。
⑤ 《劝业道整顿牙帖积弊》，《申报》1910年8月11日。
⑥ 《劝业公所随时报告》，《大公报》1910年6月29日。
⑦ 《本任督宪赵批劝业道呈详条陈茶务弊端拟饬产茶并归丁州县分别设立官茶公行即招商运茶文附原详规则》，《四川官报》第3号，辛亥二月上旬上册。

川督批准设立官茶公所及官茶店进行整顿，并制定《试办官茶公行普通规则》和《官茶店普通规则》，以供各劝业员、商会以及茶商遵照执行。[①] 四川铁矿向收陋规，周善培征得川督赵尔巽的同意，发出告示，概免陋规，"书差如敢需索，铁商禀官严惩"。[②] 各劝业道整饬捐税征收过程中的积弊，对纾缓商力起到一定的作用。

第三，减免税捐。针对苛重的捐税严重制约商民扩大再生产的情况，劝业道还设法酌情减免捐税，以鼓励和扶助农工商矿各业的发展。

为激劝农民垦荒，安徽劝业道童祥熊变通官荒缴价章程和升科年限科则，减轻赋税，务使"各荒一律开垦"。[③] 四川留日生何鹿蒿在重庆自立鹿蒿玻璃厂，劝业道周善培禀请川督赵尔巽批准，允准该商制造货物出厂完一正税外，暂免本省境内厘税两年，以资提倡工业、鼓舞商情。[④] 不久，四川江津县建馨罐头工厂禀请免征收运销省境厘税，劝业道仍照鹿蒿玻璃厂办法，准许该厂生产罐头食品免收厘税两年。[⑤] 吉林劝业道黄悠愈按照农工商部和巡抚陈昭常的要求，准予阿城恒发裕机器面粉公司所制面粉自宣统二年五月十二开办之日起至七年五月十二日止免税厘五年，给发运单格式填发，咨送全国关局立案。[⑥] 云南劝业道为提倡丝业，禀准云贵总督李经羲免厘五年，五年后再酌量征收。[⑦] 除上述省份外，其他省份的劝业道也采取了类似措施减免税厘，扶植农工商矿各业的发展。

---

① 鲁子健编《清代四川财政史料》下册，第361、363页。

② 《四川嘉定府文稿》第3册，第899页。

③ 冯煦主修，陈师礼总纂《皖政辑要》卷八十七，黄山书社，2005，第795—796页。

④ 《督宪批劝业道详重庆鹿蒿厂玻璃运销省境请暂免厘税文并原详》，《四川官报》第9册，1909年三月中旬。

⑤ 《督宪批劝业道详请免江津县建馨罐头工厂运销省境厘税文》，《四川官报》第10册，1909三月下旬。

⑥ 《商务总会详为阿城恒发裕机磨公司援案恳免税厘文并批》，《吉林官报》1911年3月20日。

⑦ 《督院李批提学司布政司劝业道会详遵批核议滇省丝业甫经萌芽拟请免厘五年以资提倡文》，《云南官报》1911年10月21日。

不过，获得减免税厘的多是有权势的绅商，普通商民申请减免税厘几无可能。天津各织工厂苦于苛税过重，不能行销外埠，以致各厂存货积滞，为疏通销路，于 1910 年 9 月禀请劝业道、陈请谘议局，援照机器仿造洋货成案，行销全国只需纳税一次。① 劝业道孙多森虽然能体悟商民苦累，但考虑到如此办理将使厘税收入顿减，于是敷衍织商说，拟将直隶实习工厂之织科陆续裁撤，并美其名曰"俾免与民争利"，致阻民间实业进步。《大公报》对此评论说："此举固属维持实业起见，然究不若准本国人民凡机器仿造之洋货按照洋货子口办法纳税一道，使之通行全国无阻，则虽有千百实习工厂之织科，恐亦不敷吾国销用。"② 实际上，津埠各织工厂并没有因此得到丝毫实惠，关卡盘剥留难依然如故。1910 年，纺织行业难以苦撑，遂结成团体，恳请顺直谘议局转详直督陈夔龙免征税厘。在谘议局的监督下，劝业道孙多森才勉强遵照直督陈夔龙之命，调查各织工厂去岁之出品名目及详数，以资整顿。③ 但直到 1911 年 3 月 13 日，直隶总督陈夔龙才咨行税务大臣及崇文门监督酌量减免天津各织工厂的税厘。④ 可见，天津织工厂申请减免税厘难如上青天，普通商民申请酌减税厘的艰难程度也就可想而知。

有权有势者或享减折之利，其他绅商就没有那么幸运。安庆省城征收烟税过苛，烟商唐信义、包谦、泰远和等联名具禀劝业道，要求照芜湖烟捐七五折之例缴税，以苏商困。安徽劝业道童祥熊严词拒绝，批曰："烟税定章不分烟丝叶，按斤征收八文，无减折之说。"烟商深感不公，当即相率大噪，直接以山东巡抚吴廷斌在芜湖所开吴义隆烟店等可享减折利益为证，再次邀烟商集议，上禀皖抚，恳将烟税改归一律，"以免分歧"。⑤ 但是，烟商所请徒劳无功，繁重的烟税最

① 《研究志闻》，《大公报》1910 年 9 月 27 日。
② 《拟裁织科》，《大公报》1910 年 9 月 29 日。
③ 《天津实业之现象》，《申报》1911 年 2 月 21 日。
④ 《重征累商》，《大公报》1911 年 3 月 14 日。
⑤ 《批驳烟捐减折》，《大公报》1908 年 10 月 24 日。

终激成民变。①

清季多如牛毛的苛捐杂税不仅严重制约农工商矿各业的扩大再生产，败坏社会风气，而且激化了社会矛盾，导致人心离散。以四川为例，"各地地方税方苦烦重，冬春又苦亢旱，民之流离为盗贼者又日多。而自矜诩善理财之赵督，犹惟恐朘削之术不穷。故识者咸谓四川必乱，且其乱象已成。大官如藩台、劝业道、巡警道诸人，皆有去蜀之志，恐与于难。吁！何四川之不幸也"。②

四 加强保护

为防止不法之徒阻扰破坏实业、交通发展，劝业道采取一些措施进行保护。比如在保护农业生产方面，吉林珲春绅商朱耕云等集资创设设本公司，领得黑顶子一带荒地六千垧，但该处系中俄交界之区，土人多不敢承领，须赴直隶盐山县招工三百名赴珲春垦荒，特到省垣禀请劝业道发给护照，并恳请札知盐山县妥为保护。劝业道准其所请，札饬盐山县悉心保护。③ 四川垦商彭竹阳等召集垦户二百四十六户，开垦玉屏山荒。由于此处"地近夷巢"，山深林密，为匪徒出没之区，又值隆冬，匪风甚炽，若不严加防范保护，不仅对垦务大有关碍，且危及垦户生命，"阻往耕之心而坏已成之局"。劝业道周善培具禀四川总督赵尔巽，饬万全县防营移驻垦荒一带，与垦商新募屯勇互为掎角，借资保护，并恳请由乐山县就近发给屯勇单响毛瑟枪四十杆、子弹八十颗，"以便与营泛联络一气，互相防守"。④ 农业学堂毕业生赵长泰等在抚顺东路第一区界内石文场租地数十亩，试种水稻，以为农民之倡率，特具禀劝业道请饬该县保护，以免扰害。奉天劝业道管凤龢札饬抚顺县特饬该管巡

---

① 《烟捐苛扰激成民变》，《申报》1909 年 9 月 25 日。

② 《川督加税病民记》，马鸿谟编《民呼、民吁、民立报选辑（1909.5—1910.12）》，河南人民出版社，1982，第 34 页。

③ 《珲春招民垦荒》，《申报》1909 年 3 月 6 日。

④ 《督宪批劝业道详委查彭竹阳等开垦玉屏山荒地情形恳饬移泛给枪以资保护文并原详》，《四川官报》第 2 册，己西二月上旬。

警切实保护，"俾得尽心试种，借观成绩"。①

针对匪徒盗伐树木、损害树秧的行径，劝业道采取形式多样的措施保护森林。奉天劝业道黄开文在省垣北设立农业讲习所，原种柳林数千株，屡被盗伐，后又添种杨、柳、榆等树约十数亩，恐再被盗伐，转行该管警局一律妥为保护。② 后任劝业道赵鸿猷为防止人民任意砍伐树株，特通饬各府厅州县特饬所属巡警局认真保护，严禁砍伐，并将所刊章程颁行遵照。③ 云南农业学堂林科学生徐嘉统在大姚县种植桑树，渐见萌芽，即被人窃拔，具禀到县，大姚县汪县令竟不认真查究，尽职保护。云贵总督以其玩视要政，不顾考成，将其撤任，札饬藩司、劝业道督饬新任县令就地筹款，多购桑株，发给居民广为种植，"仍由县妥定章程，认真保护，以规久远，倘敢违误，即撤惩不贷"。④ 四川劝业道周善培制定《保护森林章程》，⑤ 指导森林的种植和开发。为保护郑州黄河南岸协济牧植公司，河南劝业道胡鼎彝不仅札饬地方官切实保护，还制定保护森林章程六条，严定盗伐之禁令及赔偿之科罚，通饬各地方切实遵办。⑥

为打击海盗劫掠渔船行为，各省劝业道也开展护渔行动。江宁海赣垦牧渔业公司的渔船在海洲灌河口外开山一带的洋面被匪船掠夺，行至阜宁县二洪口北地方遽将船只拆毁，"实属不法已极"。该船户报知该处董事、地保，查明情形，由水师营将倪得标、徐七二犯缉拿归案。劝业道一面札行淮扬海道先行提犯严讯，一面饬令阜宁县严拿孙玉魁等，务获到案，"提同倪、徐二犯一并讯明，录供详办"，并咨请江北提督转饬淮海水师营一体协拿，"以后妥为保护，毋任匪徒再行掠劫，以靖洋面而安渔业"。⑦

---

① 《提倡种植水稻者有人》，《盛京时报》1911 年 6 月 11 日。

② 《农业讲习所添植树木》，《北洋官报》1909 年 10 月 9 日。

③ 《劝业道呈请通饬保护森林》，《盛京时报》1910 年 2 月 2 日。

④ 《农业学堂监督林丞详请通饬各属保护桑株以广蚕业由》，《云南教育官报》1909 年 4 月 10 日。

⑤ 《劝业道拟定保护森林章程》，《四川官报》第 9 册，庚戌四月中旬。

⑥ 《中州实业片片录》，《申报》1911 年 9 月 29 日。

⑦ 《江宁劝业道李奉督宪批据详海赣垦牧渔业公司呈□船在洋被匪掠夺请分饬缉追由》，《南洋官报》1911 年 7 月 5 日。

山东劝业道萧应椿考虑到山东渔业公司每届捕鱼季节，有盗贼劫夺渔户，会同海关道筹议保护渔户办法。直隶劝业道孙多森为打击海盗劫掠渔船，派轮出巡护航，认真严缉，并派员赶造巡船两艘，"一俟工竣，即行放洋梭巡，以资臂助"。① 这些措施对保护渔民的人身财产安全、震慑海盗不无裨益。

矿场地处野外，工程浩大，人役庞杂，劝业道也积极保护矿产开采。光绪三十三年颁布的《大清矿务章程》仿照日本，要求各矿区设矿务警察，保护矿区安全，但其职务、如何执法等，农工商部未制定详章，加上经费难筹，多数省份未设置此项警察。据目前所见资料，浙江谘议局制定了《浙江矿务警察试办规则法律案》。② 浙江劝业道还制定了《浙江矿务警察施行规则》四条。（1）本规则之规定，凡在浙江之办理矿务人员及矿商均须确实遵守。（2）矿务警察凡违犯矿务章程、矿务警察规则及本规则者，皆得拘捕或惩罚之，如遇民、刑诉讼事件须交由主管衙门究办。（3）矿务警察员数当以所开坑口之数为标准，每一坑口配置矿务警察二员，至多不得过四员。（4）矿务警察之资格如下：品行端正者；熟悉矿章及矿务警察规则者；身体强壮，无偏疾者；年龄在三十岁以上、四十岁以下者。③ 这些规则为浙江矿务警察的设置、运作提供了制度保障。

有些劝业道则灵活采取措施保护矿场。如吉林万鹿沟金矿原有勇丁单弱，不足护卫，劝业道征得吉抚陈昭常同意，就地筹款，添募炮勇保卫金矿。④ 奉天商人常云阁开办铁岭康庄子铅矿，恐遭抢掠，劝业道准其招募护勇以资保护。⑤ 山东劝业道为保护沂水县红石桥金矿的开采，

---

① 《保护渔户》，《大公报》1910 年 6 月 27 日。
② 《矿务警察规则草案》，国家图书馆藏《浙江省劝业公所第一届成绩报告书》，第 111—116 页。
③ 《浙江矿务警察施行规则》，国家图书馆藏《浙江省劝业公所第一届成绩报告书》，第 117 页。
④ 《保护金矿》，《盛京时报》1910 年 1 月 9 日。
⑤ 《矿商请招护勇允准》，《盛京时报》1911 年 3 月 30 日。

移会军械总局借拨新式快枪四十支，并配子弹应用。①

　　针对电政设施屡被破坏的现象，劝业道严厉打击盗割电线、砍伐电杆的行径。因浙江大有利电灯公司恐沿途安设电杆、机件遭愚民抗阻拆损，劝业道董元亮派员随时弹压，并札饬仁、钱两县出示保护。② 鉴于浙江各属窃毁电线、砍倒电杆之案层见叠出，严重影响信息沟通，董元亮还札饬各县严拿究办匪徒。③ 河南、山东境内电线、电杆屡被盗窃，邮传部分咨各督抚严饬巡缉，并札饬河南、山东劝业道督饬严缉，责成地方官切实保护。④ 这些保护实业和交通事务发展的举措对兴利裕民、稳定社会发挥了重要的作用。

第五节　树立模范　开通风气

　　外官改制以前，面对前所未有的危机和变局，朝野上下急如星火，疾呼发展农工商矿各业，富民裕国，挽救利权。在此背景下，实业发展取得了显著进步，农工商社会地位的上升也令国人耳目一新，但是受传统重农抑商、轻工贱商等思想的长期束缚和中国幅员辽阔风气开通先后不同的影响，振兴实业、开辟利源的速度和效果仍显"缓不济急"，难以满足筹财之急需。面对捉襟见肘的窘境，各省劝业道不得不面对现实，依照筹备宪政清单，从长计议，创立官业，开通商埠，参与并组织赛会，树立模范，诱掖劝导，以开风气。

---

① 《请拨枪弹保护矿产》，《新闻报》1910 年 4 月 2 日。
② 《劝业道董札饬仁钱两县电灯公司沿途安设电杆饬即出示保护文》，《浙江官报》1910 年 5 月 8 日。
③ 《浙江劝业道详本部申明禁止匪徒窃毁电线文》，《交通官报》第 30 期，庚戌年十二月之后编。
④ 《本部札山东、河南劝业道该处匪徒窃毁杆线仰督饬承缉保护并将办理情形报部文》，《交通官报》第 29 期，庚戌年十二月之前编。

一　创设官立局、处、所、场、堂、厂

各省劝业道创设局、处、所、场、堂、厂等，目的盖有两端：一是借此树立模范，诱掖绅民兴利；二是通过这些官办产业，增加官业收入，即"肥水不流外人田"。从各省劝业道筹办的局、处、所、场、堂、厂来看，涉及的行业主要是农、工、商、矿四大类。

（一）农业类

各省劝业道创办的农业类"场""局""所"主要包括农事试验场、林业试验场、蚕桑局和各类讲习所。

中国农学向来以经验农学为主，甲午以后，随着对域外农事试验场认识和了解的深入，[1] 国人逐渐认识到中国农人拘守旧法，鲜求新知，而域外农人重视农学试验，效验明显，一些地方陆续设立农事试验场，探求新知。但其发展的规模和速度难以满足农务发展需要。[2] 各省劝业道设立后，或接管或创设，农事试验场发展迅速。如吉林劝业道在省城南松花江对岸勘出官地二十六垧，添购民田十数垧，设立农事试验场，"以为农业模范"，遴选监督管理全场农务，延聘技师，分科治事，共分园艺、树艺、畜牧，附以编辑、调查、庶务各科，"其宗旨以启导知识、改良方法、增殖物产为的"，"纯从浅近着手，积渐进于深微"。[3] 贵州劝业道选址省城六广门外营地创设农事试验场，面积81亩，试验物略分谷麦、蚕桑、森林、果木、花木、蔬菜、畜牧七项，"试验之法"分气候、土宜、籽种、肥料、器具、沟洫、耕作七项，其场内设理化室、饲蚕室、标本室、昆虫畜养室、病理试验室、肥料场土性部、

---

① 戊戌维新之际，罗振玉等人成立上海农学会，积极向国内传播有关农事试验的知识。1902年8月，保定商务局总办黄璟随同顾问农务局技师楠原及通译官等巡视东京农科大学，视察西原农事试验场。详见《时事要闻》，《大公报》1902年8月26日。
② 清末创办农事试验场的基本情况，可参见王奎《清末农事试验场的创办与农业经济形态的近代化》，《华南农业大学学报》（社会科学版）2007年第4期。
③ 《吉省设立农事试验场折》，徐世昌：《退耕堂政书》卷二十六，奏议二十六，第1428页。

气象台温室。①

　　从农事试验场的日常管理来看，人事和经费主要由督抚掌控，劝业道侧重于负责征集籽种、农器具和考核成绩及宣导等事务。如贵州劝业道创设农事试验场，巡抚庞鸿书要求布政使自"接管粮储款内就余米变价项下拨银十万两，发交劝业道核收"，作为创办经费，以期"实业日有起色"。② 吉抚陈昭常鉴于农事试验场"虚有其表"，而劝学所监督杨锟锴颇谙农事，特派杨兼农事试验场监督。③

　　在征集农器具和籽种方面，因外国农器具较为昂贵，各省劝业道倾向于征集域外及本国籽种。广东劝业道陈望曾一面电购美国米、麦、包粟等粮食种子及葡萄、无花果、无核橙等种子各种栽种；一面精选本国所出土产，分别配种，"参以新法，观其成效"。④ 据《北洋官报》消息，截至 1909 年 8 月，广东农事试验场已陆续收到各类籽种共 116 种，各种书籍 164 种及各种机器。⑤ 至 1910 年，四川农事试验场试验本省、外省及英、美、德、法、日、俄农产一千三四百种，经试验比较发售，以开风气、交换籽种，购者颇为踊跃。⑥《盛京时报》称："农事试验场为物产原料第一机关，自应多谋嘉种，以开风气。"1909年冬，吉林农事试验场觅得俄国植物目录一册，选出最新嘉籽百余种，托俄国领事馆代购，以便开春及时试验。⑦ 山东劝业道依照巡抚吴廷斌的要求，札饬东昌各属及各农桑会，迅择宜棉之地，用美国三种木棉及上年已种美棉再传之种与本地原有木棉嘉种，将地划分十区，以五区用新法试种，以五区用土法试种，比较棉种优劣、收成多寡，

---

① 《又奏设农事试验场片》，《政治官报》1909 年 9 月 5 日。
② 《又奏筹拨创办农事试验场等经费片》，《政治官报》1909 年 9 月 5 日。
③ 《整顿农事之计划》，《吉林教育官报》1908 年 10 月 25 日。
④ 《议定试种植物办法》，《申报》1909 年 1 月 12 日。
⑤ 《筹办农场讲习所》，《北洋官报》第 2176 册，1909 年 8 月 29 日。
⑥ 《普播良种》，《四川官报》第 22 册，庚戌八月下旬。
⑦ 《农业试验场力图进步》，《盛京时报》1909 年 11 月 20 日。

并拟定种棉成绩比较表，颁发各州县广告农民，一体仿办。① 1907—
1908 年，奉天农事试验场试种的外国农产品多达 173 种（见表 6 - 1）。

表 6 - 1　奉天农业试验场试种的外国农产品品种（1907—1908）

单位：种

类别	每类种数	类别	每类种数
玉蜀黍类	14	瓜、菜、萝卜类	84
麦类	9	棉花类	11
豆类	18	牧草类	37

资料来源：《奉天全省农业试验场报告书》第 1、2 册，李文治编《中国近代农业史资料》第 1 辑，三联书店，1957，第 898 页。编者注：尚有外国种树木 12 种，未入表。

由上可知，各省农事试验场试验的物种多样，但是，如果不注重
对试验结果进行考核，比较优劣，广而告之，其影响有限，各省劝业
道对此颇为重视。他们大都要求农事试验场将试验成绩编辑成册，定
期呈报。如广东劝业道陈望曾要求农林试验场将试验成绩汇编报告。
广东农林试验场第一次报告在宣统二年六月出版，第二次报告在宣统
三年六月出版，第三次报告因辛亥九月粤省光复，延至民国元年出
版。② 前两次报告出版后，劝业道分发各州县讲演，开通风气，以劝农
工。四川劝业道周善培为使各样籽种的出处、种法、收获情形为乡农所
知，出示《四川劝业道农事试验场发种白话》，散布四乡，广为传播。③
浙江劝业公所将饲养柞蚕方法编辑成《柞蚕汇志》，颁发各属遵照实
行，内容包括柞树培植法、春蚕饲育法、秋蚕饲育法、护茧法、缫丝法
等。④ 另外，浙江劝业公所根据试验所得，编辑《改良浙江绸丝业说
帖》，从丝绸的花样、染色、织机、提花、牵经、光泽、管理等方面向

① 《饬属试验棉种优劣》，《现世报》第 1 年第 1 号，1908 年 6 月 23 日。
② 《广东全省农林试验场民国元年报告书》，华南农业大学农史研究中心藏。
③ 《四川劝业道农事试验场发种白话》，《四川官报》第 32 册，己酉十一月上旬。
④ 《柞蚕汇志》，国家图书馆藏《浙江省劝业公所第一届成绩报告书》，第 126—144 页。

乡民广为介绍，① 以期改良丝绸业。这些试验成绩在不同地区间传播交流，扩大其影响力。

劝业道还利用试验场的化验、检视功能，为农服务。1909 年夏秋，奉天辽海一带忽起虫灾，田苗"受害甚巨"，学界公呈劝业道设法杀虫。劝业道黄开文随即札饬农业试验场速行筹办，"以便谕令遵照除治"。② 法政学堂学员贾钟庚向奉天劝业道署具禀，辽阳城南一带出现一种黑壳虫，日出而入、日落而出，专吃青苗，请求研究除虫之法，奉天劝业道札饬农业试验场设法考究除虫办法，布告乡民以防虫害。③ 1911 年秋，浙江嘉兴府境内发现一种禾稻害虫，田禾颇受损害。劝业道得知后，致电嘉兴府杨太守，详细调查此虫的形态生理及田禾被害情形，分别详示，并设法捕获，用瓶封寄来省，发交农事试验场详细检视，筹议驱除及预防之策。④ 这些技术服务显示了农事试验场的独特功能。

除农事试验场外，有些劝业道还创设蚕桑局、山蚕局、植物研究所等机构，开展农学试验，树模范开风气。比如，吉林劝业道倡设蚕业局，发明柳蚕，成效显著，将养蚕之法编辑成书，广为传播。⑤ 奉天劝业道为发展蚕桑，设蚕桑局和山蚕局，招集本地农户演说参观，"以资歆动"。蚕桑局新种桑秧八万余株，出示晓谕，饬令各属农民届时领秧试种，"以期逐渐仿行"。⑥ 东三省总督徐世昌考虑到"万物之生本乎土，天下大利出于农"，特于奉天省垣开办植物研究所，试种棉麻蔬果花木等类，考其长养、培护之方，"俾资游览而便效仿"，"一俟著有成

---

① 《改良浙江绸丝业说帖》，国家图书馆藏《浙江省劝业公所第一届成绩报告书》，第145—146 页。
② 《饬令农业试验场议除虫灾》，《盛京时报》1909 年 8 月 29 日。
③ 《饬农业试验场考究除虫术》，《盛京时报》1908 年 8 月 28 日。
④ 《嘉兴虫灾纪闻》，《新闻报》1911 年 10 月 3 日。
⑤ 《吉林省发明柳蚕报告书》，《商务官报》第 36 期，1910 年 1 月 25 日。
⑥ 《吉省创办蚕桑山蚕各局折》，徐世昌：《退耕堂政书》卷十八，奏议十八，第 938—940 页。

效，再行分饬各府州县逐渐推广"。① 多一种劝导，则多一分效验。至1910年6月，该植物研究所开办近一年，栽植各种花木数千种，颇著成效，劝业道札谕该所，"将各项花木酌定价值，拟就简章，分别出售"。② 各省劝业道推动农事试验的发展为农业进步奠定了基础。

如果说农事试验推动了中国农业由传统向近代转型，那么劝业道举办的各类农业类传习所则在其中发挥了重要的作用。各省劝业道筹设讲习所，着力最重、成效最著者应是茶务讲习所。在农工商部看来，设立茶务讲习所已刻不容缓，因为中国颔颔洋货，堵塞漏卮，蚕丝而外，茶为大宗。中外互市以后，印度、锡兰等地多方研求，日以争业，"印、锡用机器制造，中国则用人工"，且中国"采摘之品未经拣齐，研卷之法未能致密"，"以及掺杂作伪之弊间亦难免"，反观域外，"日本东京及横滨等埠设有中央会议所、联合会议所、茶业组合所、检查制茶所，急起直追，不遗余力"。中国上海、汉口虽均设有茶业公所，江西义宁州亦设有茶业改良公司，"而联结之力未充，研究之方未备，仍非治本探源之计，亟宜于产茶各省筹设茶务讲习所，俾种茶、施肥、采摘、烘焙、装潢诸法熟闻习见，精益求精，务使山户、廛商胥获其利，人力、机器各洽其宜"。③ 折上，朝廷谕允。

设立茶务讲习所攸关生利大计，又是筹备宪政应行事宜，④ 浙江、江西、江宁、广西、广东、四川、湖北、安徽等产茶省份的劝业道或于省城或于产茶地区设立茶务讲习所。尽管各劝业道竭力筹办，但由于财政困绌，茶务讲习所的兴办速度和规模与清廷增进茶利的要求相比仍有较大距离。1911年1月，农工商部严厉要求各省劝业道，务必严查各种茶务陋规，悉数提出，"即以该款作为改良茶务之经费，不得稍有含

① 《奉省设立农事演说会暨植物研究所折》，徐世昌：《退耕堂政书》卷十六，奏议十六，第847—849页。
② 《植物研究所出售花木》，《盛京时报》1910年6月10日。
③ 《农工商部奏请就产茶省份设立茶务讲习所折》，《政治官报》1910年1月30日。
④ 《农工商部奏厘订筹备事宜分年列表呈览折附表》，《政治官报》1909年4月18日。

混，致干查办"。① 随后，农工商部又向各省劝业道提出四项茶务整顿办法，首条便是筹设茶务讲习所，"其已经设立之处务宜再加扩充"。② 1911年9月，湖南劝业道王曾绶在劝业公所附设茶务讲习所。③ 在农工商部督催下，至清廷覆亡前，各产茶省份基本上都设立了茶务讲习所。

针对中国棉纱出口式微的形势，农工商部将设立蚕业讲习所列入筹备宪政第二年应办事宜，要求各省劝业道如期筹设。1911年，湖南劝业道王曾绶特设蚕业教员讲习所，"专以养成蚕业讲师为宗旨"，④ 并免收学费。安徽劝业道童祥熊举办蚕业讲习所颇著成效。1911年5月改订章程，完全科三年毕业，简易科年半毕业，并援京师优级师范奖作为毕业奖励。凡最优等毕业者照优等请奖，优等毕业者照上等请奖，上等毕业者照中等请奖，⑤ 进而扩大招生规模。江宁劝业道创设女子蚕桑学堂，其性质与蚕业讲习所相同，出示晓谕曰："须知研究蚕桑，最为当务之急，非但贫寒妇女亟应讲求生计，即大家闺秀亦应入堂就学，以辟利源而裕生业，毋得观望迟疑，致误进化。"⑥

根据农工商部安排，九年筹备宪政的第二年各省应筹设水产学校。农工商部考虑到各省省情不同，恐设水产学校"不能划归一律"，1909年春，制定章程，庶各省有所遵守，"免致纷歧"。⑦ 在农工商部看来，中国渔业肇兴前古，自结绳创制，佃渔并传，"表海称雄，鱼盐同擅"。近世国际交涉，"各国皆以领海捕鱼权载入公法，盖渔界所在，即海权所关"，更为重要的是，"巡缉、税捐之制，腌制、网捕之法，尤应逐为条画，以期共保利权"。于是，1904年，采纳该部头等顾问官翰林院

---

① 《农部通饬改良茶业》，《大公报》1911年1月26日。
② 《关于整顿茶务之筹备》，《大公报》1911年3月2日。
③ 《茶务讲习所开办》，《申报》1911年9月20日。
④ 《劝业道札饬选送学生》，《申报》1911年3月17日。
⑤ 《蚕业讲习所更定新章》，《申报》1911年5月14日。
⑥ 《本公所出示晓谕宁垣女子蚕桑讲习所禁止滋扰文》，《江宁实业杂志》第7期，1911年2月18日。
⑦ 《拟订渔业划一章程》，《北洋官报》1909年4月20日。

修撰张謇条议，咨行各省将军、督抚合力筹办七省渔业，江苏虽设有吴淞水产学校，山东亦设有烟台水产学校，"惟兹事体大，非广设公司无由厚集其力，非多建学校奚以豫储其才"。有鉴于此，农工商部奏请朝廷，由该部通行沿江、沿海各省将军、督抚各就地方情形量力兴办，或筹拨官款，或招集商股，"已设者再事推广，未设者亟与经营"。1910年1月23日奉旨，"知道了"。① 朝廷允准后，农工商部即刻通咨沿江海各省遵办，决定于1910年春"将水产学校大加推广"，通咨各省，"饬将现设之水产学校建筑式样，并课程门类详细开列，咨送本部，以凭核办"。② 为加快沿江海各省筹设渔业公司及水产学校，农工商部又通咨各省，"即将所有办理情形及如何筹款办法详细申报，以便由部核定划一章程，遵照施行，以免互相歧异"。③ 1910年9月，农工商部鉴于各省尚未将举办情形逐一报部，"事关要政，未便任其稽迟"，决定派员前往各省调查，并札行各省劝业道切实督催，"以期迅速成行，借收果效"。④ 在农工商部的督催下，沿海的直隶、奉天等省陆续设立了水产学校。

除上述讲习所外，一些劝业道还设立了其他类型的讲习所。如广东劝业道要求广东农事试验场兼办讲习所，内设招待室、图书室、阅报室、农务化学器具室、化学实习室、土壤实习室、养蚕实习室，并附矿品陈列室。⑤ 四川劝业道还在省城南门外农事试验场农会余屋开办垦牧艺徒养成所，聘试验场会长朱国琛为所长，威远温铨为教习，选幼孩工厂子弟六十名入所学习，两年毕业后即派往各荒地专任垦牧之事。⑥ 这些讲习所的开办，有利于快速缓解农业人才短缺的状况。

------

① 《农工商部奏筹设各省渔业公司、水产学校折》，《政治官报》1910年1月29日。
② 《调查水产学校情形》，《大公报》1910年2月21日。
③ 《查核各省水产学校章程》，《大公报》1910年3月19日。
④ 《派员调查三项要政》，《大公报》1910年9月10日。
⑤ 《筹办农场讲习所》，《北洋官报》1909年8月29日。
⑥ 《设立垦牧艺徒养成所》，《四川官报》第14册，庚戌六月上旬。

（二）工业类

总体而言，劝业道筹办的工业类的局、处、所主要有工艺局、劝工陈列所、工艺传习所以及各种工厂。这些局所或教授工艺，或提供参观展览，或生产物件，各省不一。如广东劝业道陈望曾于 1910 年筹办工艺局，在署内设筹办工艺事务处，内设八科，拟招学徒五百人，教授工艺。① 1911 年春，广东游民日多，抢劫频仍，陈望曾又禀准两广总督袁树勋在省城东、西、南、北各关分设工艺厂，另设工艺总局，劝兴工艺。② 湖北劝业道邹履和考虑到汉口乞丐半多少壮，特禀详鄂督陈夔龙在桥口劝工院余地建筑济贫工艺局，"招集无业游民肄习粗浅手工，俾自食其力"。③ 浙江劝业道董元亮认为，"手艺则仅须资一手一足之烈，最易收普及之功，而于无业贫民更为切要"，遂将工艺传习所改办为手艺传习所，"专收贫民子弟，雇用工头，分授木器、竹器、油漆、缝衣、手巾、皮鞋、洋篦、肥皂、洋烛、罐诘等项，并令兼习粗浅国文、算术、理化诸科，务使毕业之后各能自谋生计。庶地方多一工人，即少一贫民，我国多一土货，即少一洋货，将来辗转传授，则精于手艺者日益多，即地方盗贼之风亦可日戢"。④ 劝业道设立工艺局或工艺传习所，招收贫民，教授工艺，既利于劝工，又减少了流民，促进社会稳定。

除创设工艺局或工艺传习所外，有劝业道还兴办工厂，进行生产制造。如奉天劝业道奉徐世昌之令，设立造砖厂，⑤ "各衙署遇有工程均由该场购订砖瓦，照行交价"，⑥ 以期营利。江宁劝业道李哲濬借南洋劝业会闭会后的空闲房舍，开设工厂，专收贫民，教以工艺，希望

---

① 《实业片片》，《神州日报》1910 年 5 月 28 日。

② 《劝业道□议添设四城工艺厂》，《申报》1910 年 8 月 6 日。

③ 《筹办济贫工艺局》，《北洋官报》1909 年 3 月 19 日。

④ 《劝业道通饬各属筹办手艺传习所文》，《杭州商业杂志》第 1 期，1909 年。

⑤ 《奉省设立工艺传习所暨造砖厂官纸局折》，徐世昌：《退耕堂政书》卷十六，奏议十六，第 863—865 页。

⑥ 《奉天全省财政说明书》，岁入经常类，第 73 页。

"上为公家塞漏卮，下为小民筹生计，一举两得"。为了保住官本，两江总督张人骏通饬军、学两界，嗣后需用物品，"先尽该厂承办"。[1]

另外，按照农工商部分年筹备宪政安排，1911 年各省应设立劝工陈列所。不过，1911 年以前，有些省份已经设立了劝工陈列所。据刘世龙统计，辛亥革命前，全国劝工陈列所共有 9 个，分别是天津劝工陈列所、河南劝工陈列所、广东劝工陈列所、江西劝工陈列所、山西劝工陈列所、浙江劝工陈列所、贵州劝工陈列所、陕西劝工陈列所、山东劝工陈列所，其中仅贵州、陕西、山东三省的劝工陈列所系由劝业道创办，其他省份的多由原局所或商会创办。[2] 当然，有些省份将劝工陈列所和商品陈列所（馆）合二为一。比如，广东劝业道因筹款和择地困难，将商品陈列馆附设于陈列所。[3] 山东巡抚孙宝琦考虑到如果按照九年筹备宪政案要求，依限赶办，"财力实有不逮"，故将劝工陈列所归并于工艺传习所内，"先将商品陈列所提前兴办，以资观感"，遂拨银一万两，由劝业道萧应椿于济南西关商埠公园内筹办。[4] 湖南劝业道王曾绶也将商品陈列馆附设于劝工陈列所内。[5] 劝工陈列所对"劝工"多有助益，贵州巡抚庞鸿书指出，依类环陈各类物品，可"歆动其争胜之念，启发其改良之思"。[6] 陕西劝业道指出，创建劝工陈列所，"调取工艺制造品及天产物分类陈列，以供众览观摩比较，裨益良多"。[7]

（三）商业类

与农业、工业类相比，各省劝业道筹办的商业类局处所甚少，其

[1]　《两江督院张札督练公所藩学两司据江宁劝业道详拟在会场设立工厂请咨部立案文》，《南洋官报》第 141 期，1911 年 2 月 18 日。
[2]　见刘世龙《南洋劝业会与清末新政时期政府的振兴产业政策》，陆梅、刘红译，杨天宏主编《川大史学·中国近现代史卷》，四川大学出版社，2006，第 463—465 页。
[3]　《督院张批东劝业道详拟将商品陈列馆附设劝工陈列所情形缘由文（附件）》，《两广官报》第 8 期，第 1531—1534 页。
[4]　《商品陈列所建筑费有着》，《申报》1910 年 11 月 7 日。
[5]　《建筑劝工陈列所》，《申报》1911 年 8 月 16 日。
[6]　《贵州巡抚庞鸿书奏筹设劝工陈列所折》，《政治官报》1909 年 9 月 5 日。
[7]　《陕西抚院咨调取东省天产制造物品寄陕列文》，《山东官报》1910 年 5 月 8 日。

最具代表性的是商品陈列所（馆）。与劝工陈列所一样，商品陈列馆也是九年筹备宪政第四年应办事宜。1911 年 6 月 2 日，农工商部通咨各省督抚，未设商品陈列馆的省份，"亟应依期设立，以速进行而重宪政"。[1] 在农工商部的催促下，上文提及的广东、湖南二省变通办理，将商品陈列馆附设于劝工陈列所，山东筹款拟设，不再赘述。除此之外，财力困乏的黑龙江省，提学使兼劝业道张建勋饬派补用直隶州孟宪钧筹办。[2] 浙江劝业道董元亮也迅速行动，一面通行各属征集天产、人工各种商品，限期运送来省，克日开幕，一面详请税务大臣暂免此项商品税。[3] 湖北省劝业道此前虽多次议及筹设商品陈列所，但因开办经费难筹，加上商人出品太少，迟迟未能组织。在农工商部的严催下，该省劝业道委派劝业公所商业科科长胡子笏暂就劝业场开办，大加修整该场南北两廊后座，将原开劝业奖进会各式精致橱柜布置整齐，分类陈设天产、工艺器械、染织、教育、陶冶、美术六大部。[4] 湖北商品陈列馆应运而生。1911 年 7 月 26 日正式开幕，瑞澂亲莅视察，商会各议董皆衣冠临场，军学界参观者数百人，"颇尽一时之盛"。[5]

值得注意的是，在各省筹办的商业类局处所较少的情况下，四川劝业道周善培创设的商业讲习所颇受瞩目。周善培考虑到各级商业学堂一时难以成立，遂设立商业讲习所，招生教授，以应急需。广告一出，报名者纷至沓来。校舍不足，周善培仿照日本商科外生办法，发行商学讲义。在讲习所设立商学讲义部，由各教员担任编纂，以所长等员管理发行。凡领购该讲义者予以校外生之名义，发领完结时准其陈明预考，及格者给付校外毕业证书，如此办理，既可免其向隅，"且

---

① 《督院张批东劝业道详拟将商品陈列馆附设劝工陈列所情形缘由文（附件）》，《两广官报》第 8 期，第 1531—1534 页。
② 《创办商品陈列所之先声》，《盛京时报》1911 年 9 月 17 日。
③ 《商品陈列馆催征品物》，《申报》1911 年 8 月 12 日。
④ 《劝业道组织商品陈列所》，《申报》1911 年 6 月 20 日。
⑤ 《商品陈列所开幕》，《申报》1911 年 7 月 30 日。

以广拓商智"。① 此外，周善培还在署内设通省度量衡局，划一整齐度量权衡，并开设会计学堂，"招考优秀分子入堂肄业。所成人材，亦颇不少"。②

（四）矿务类

与商务类局处所类似，劝业道筹办的矿务类局处所也较少，其显著代表就是化分矿质局。各省设化分矿质局是筹备宪政第三年应办事宜。1910 年，农工商部某参议指出，各省绅商集股开矿多半途而废，"推原其故，虽由于资本之不足，亦实因化验之未精"，建议各省劝业道广设矿政研究所，凡各处矿质均可送呈该所化验。③ 该建议很快引起农工商部重视，该部随即上奏清廷，要求各省设立化分矿质局，并制定十一条化分矿质局章程，以资各省遵守。章程明确指出，各省劝业道署或矿政总局内应附设化分矿质局，"以辨别矿质、化验成分、考求优劣，俾请办者确有把握，借收提倡矿务之实际为宗旨"，并附设矿质研究所暨矿质陈列馆，"以广矿学之造就而谋矿业之发达"。④

由于设立化分矿质局是筹备宪政应办事宜，各省劝业道多尽力设法筹办。1909 年 7 月，广东劝业道在农事试验场内设立化分矿质所，作为"办矿者之指南"，"以备研炼之用"，并制定化分矿质所章程四条，以供各矿商化分矿质之用，另辟矿质陈列所一区，"以为参观之资"。⑤四川劝业道周善培禀请川督赵尔巽允准，在道署右侧筑一座新式反射炉，选聘技师建炉炼铜，楼房、围屋各一栋，楼房上层充工业试验场，下层作化分矿质局，"俾为川省炼厂之模范"。⑥ 四川劝业公所工艺科科

---

① 《督宪批劝业道详请核咨四川商业讲习所发行商学讲义文并原详》，《四川官报》第 10 册，庚戌四月下旬。
② 《布政按察提学三司盐茶巡警劝业三道》，周询：《蜀海丛谈》卷一，第 145 页。
③ 《拟饬广设矿政研究所》，《大公报》1910 年 10 月 7 日。
④ 《农工商部奏遵拟奖励棉花化分矿质局暨工会各章程折并单》，《政治官报》1911 年 2 月 15 日。
⑤ 《筹设矿质化验所办法》，《申报》1909 年 7 月 30 日。
⑥ 《组织炼厂》，《四川官报》第 7 册，庚戌三月下旬。

长常某将该场所需机械、药品分别开单，赴外洋购取，并随时择要购备最新发明。① 直隶劝业道孙多森表示，"化验矿质为推兴矿业之导线"，1910 年禀请总督设立化分矿质局，附设矿物陈列室，选取各种矿质，以便陈列。② 江西劝业道将化分矿质局宗旨定为："搜罗全省矿产，实地化分，编为报告，布告各属，以发明全省地产之效用，兴起一般人民矿产营业之观念。"③ 江宁劝业道在劝业会场山陕馆内设立验矿厂，"凡呈验之五金矿质，概交该厂先行分化五金之多寡，以便核算有无利益，庶可保全商本，而期实业前途之发达"。④ 其他省份的劝业道筹设化分矿质局的情况与上述各省大同小异。设立该局为官绅士民化验矿质提供了便利，改变了过去探矿、开矿无专门机构化验矿质的局面。

依今人眼光，各省劝业道筹设局、处、所、场、堂、厂，对于诱导国民兴利、开通社会风气、为兴利提供公共服务发挥了重要作用，但观察时人如何看待这些"官营"产业，似能更客观审视其时的社会价值。当时的各省财政说明书对这些官业的沿革、利弊多有介绍，其他人士对此也颇有看法。综观各方态度，可更深入了解劝业道创办此类官业的"苦心孤诣"及此类官业存在的问题。

何为官业？《安徽全省财政说明书》解释说，"官业一项为东西各国所最重，其所称为官业者，如林业、矿山业、工业、商业、交通业诸大端"，就皖省情形而论，"盖皖省之工艺厂、官纸局、印刷局、造纸厂，即官工业是也，官钱局即官商业是也"。⑤ 以此而言，各劝业道管辖之"官营"局、处、所、场、厂等均属官业。一般而言，劝业道创办此类官业，要在振兴实业，并非纯为营利。但是，各省劝业道创办、

---

① 《川督新政之现相》，《神州日报》1910 年 1 月 10 日。
② 《矿质局将开》，《大公报》1910 年 7 月 8 日。
③ 《江西劝业道署矿务科拟定化分矿质局章程》，《江宁实业杂志》第 6 期，1911 年 1 月 20 日。
④ 《劝业道设立验矿厂》，《新闻报》1911 年 6 月 29 日。
⑤ 安徽省清理财政局编《安徽全省财政说明书》，岁入部，官业，广东省社会科学院图书馆藏，第 38 页。

经营此类官业到底是为振兴实业，还是既重实业，又要营利，抑或纯然营利？各省财政说明书给出了答案。

以安徽来看，皖省工艺厂系 1908 年创设，劝业道设立后，划归该道管理，虽经缩小规模、裁汰委员，但相较投入与收益，1908 年、1909 年两年均亏折过半。《安徽全省财政说明书》对创设工艺厂的利弊分析道："工艺厂既以提倡实业、改良土货、教授艺徒为主义，原非纯然营业性质，且与人民竞争于经济之市场有别。盖其用意不专在利益之收入也，故售得之价以抵匠徒之工食则有余，以资全厂之开支则不足，然当此经济困难时期，与其视为官业，而多所亏折，曷若以之为民业而与以适当之补助？其普及较易，其收效更速。试比较言之，凡官业管理，费用大而收益小，民业管理费用小而收益大，其所以获收入之利益者，盖由于消费较小耳。近日各国经营官业者，惟限于公益上之必要，国家直接为之，而私人之力不能为之者，且与财政上有收入之方便而已。否则，均使私人经营之，此为各国已有之成规，似以仿行为合宜。"① 简言之，官方经营此业，"政企不分"，耗费大，弊端较多，不如放手民营。

有意思的是，《四川全省财政说明书》提出的观点与其大异其趣。对公家营业，尤其是劝业道经营的各类官业，《四川全省财政说明书》持支持态度，甚至称赏。该书说道："公家营业者，以公家资本而营商业行为之事业也，以前公家因耻与小民争利，故此项营业向不发达。光绪二十九年始，由公家拨款开办官报书局，所获余利即备供扩充营业之资，继而专设劝业道，所有工艺实业，凡民力所不能举，或应公家专利者，皆拨款以经营之，如濬川银行、火柴、肥皂等厂是也。自开办以来，成效颇著，范围亦日见扩张，不但外溢之利权借以挽回，亦可增加公家之收入，而减轻人民租税之负担。"② 照此来看，

① 《安徽全省财政说明书》，岁入部，官业，第39—40页。
② 四川省清理财政局编《四川全省财政说明书》，公家营业，广东省社会科学院图书馆藏，第48页。

劝业道经营官业，与"小民争利"并不为耻，而且于官于民均有裨益。

验诸其他省份，对劝业道经营官业也不乏支持者。如《奉天全省财政说明书》说，劝业道经营农事试验场"每年所收粮蔬及羊毛、牛乳各项出品，随时出售，以充场中经费"，该场"重在开通农智，不重营利，虽收款无多，亦属有利无弊"。若该场产数日多，销售渐广，"官业收入当亦日有所赢也"。① 河南、江西两省财政说明书虽未明确指出劝业道经营官业的利弊，但列出了此类官业的营利情况。河南农事试验场全年收入物产售价约三百两，蚕桑局附设蚕业讲习所年收入一百四十一两余。② 江西农事试验场出产获利岁三百余两，工艺厂余利岁八百余两。③ 可见，在财政困绌的情况下，劝业道经营官业有赢无亏，既倡兴实业，又不致肥水外流，成为"意外"收获。

可见，各省财政说明书对劝业道经营官业存在不同意见，有支持者，有反对者。相比而言，《直隶全省财政说明书》对官营业利弊的分析颇有折中之义。该书指出：各国学者对官营业的利弊议论纷纷，莫衷一是，"或谓国家财政专恃租税，皆出之于民力，惟官有财产、官营业等类可以轻人民之负担，增国家之岁入，是于国计民生两有裨益者也；或谓官营业每不如人民营业之善，以官吏营业往往不以其人才之相称，而以国家所信用者充其任，故人才不合宜而利益薄。且官吏系委任性质，故对于营业本务往往淡漠视之，盖以其无切身之利益关系也。甚或薪工浮滥，原料昂贵，成本重而销路滞，或利用势力，专事垄断，则害及民业。由此言之，则弊不胜利。以上二说为近日财政学家并峙相反之议"。按诸我国，除军械制造之业不宜由人民经营外，"其他各业不必以理论上之利弊言，但以实在出入之数目为断可矣。方今库储支绌，万

---

① 《奉天全省财政说明书》，官业，第7页。
② 河南省清理财政局编《河南全省财政说明书》，岁入部，官业收入，广东省社会科学院图书馆藏，第30—31页。
③ 《江西全省财政说明书》，岁入部，官业，第10—11页。

不宜轻掷帑项于最易亏耗之事业也，明矣"。① 如何使有限财力实现利益最大化，则是当政者权衡思量的问题。

从以上诸省财政说明书的分析可见，劝业道经营官业虽以振兴实业为要义，但也有"与小民争利"之念。如果说清理财政说明书所持观点是说给朝廷听的，那么不同的人在不同的场合又是如何评价此类官业的呢？

御史胡思敬痛斥说："今京师设农工商部，各省设劝业道，而农夫日益寡，农田日益荒，米粟日益贵，按其规画不过每处设一试验场，购置外洋奇花异果，杂植其中，以纵游人观览。奉人举办新政，惟农务糜费最广，甚至数千元购一黄牛，建西式砖房，豢养其间，派一专员管理，其奇诡好怪，往往类此。"② 此说虽有夸张或诋毁之意，但反映了一些试验场的实情。

在浙江，巡抚增韫札委道员王曾俊办理劝工陈列所，1910 年 10 月工程告竣。该员仿日本劝工场办法，官方创立，招商接办，但经费困绌，官费只作开办费，无常年经费。劝业道遂知照杭州商务总会，将南洋劝业会参会物品及所遗货柜等件陈列其中，因此该所成为"非卖品陈列所"。③《申报》称，该所号称杭垣第一劝工陈列所，糜费一万余金，所陈大半为寻常物品，而尤以东西洋杂货居多，"不但与劝工本旨不符，反为洋货添设许多经理店"，且建筑不通空气，"既害卫生且防危险"。谘议局议员质问浙抚，浙抚增韫亲临检阅，果不其然，一面严斥王曾俊办理失当，一面会商各司，拟另觅妥址再建。增韫责成劝业道将此屋招商承售，计需洋一万元，另由潘运两司认筹一万元，限期另址重建，或拟用宗阳宫地址改筑，原陈列所限期于 1911 年正月底停闭。④

---

① 直隶省清理财政局编《直隶全省财政说明书》第七编，官营业，广东省社会科学院图书馆藏，第 9—10 页。
② 胡思敬：《退庐全集·疏稿》，第 875—876 页。
③ 《浙省兴办劝工陈列所之意见》，《申报》1910 年 10 月 28 日。
④ 《劝工陈列所决拟出售另建》，《申报》1911 年 2 月 10 日。

劝业道与商务总会一再磋商，鉴于库藏支绌，招商更难，"不如酌量修改，暂且成立，以谋逐渐整顿"，增韫不得不同意，批曰："将该所分间拆去，局势已形开拓，并将前后门户分别修整，足垂久远，似尚可行。"① 后经董元亮重加整顿才略具劝工陈列所模样。②

锡良任东三省总督，下车伊始，即赴奉天商品陈列所参观考察。当锡良到达门口，"黄总办始知，急出门，肃之使入"，锡良遂令总办前引，至各楼上下观看，锡良问："此内货物卖否？"黄总办答曰："不卖，专为世人观览，以开眼界。"锡良又问："此些货物置银多少？"答曰："十余万两。"锡良随口说："如此靡费，当即早关闭。"黄总办唯唯诺诺，无以答。③

江西陈列所也不尽如人愿。该所每岁开支经费甚巨，但"空无一物，闻寂无人"，劝业道傅春官亦知外间颇有烦言，乃委员赴南洋劝业会取余剩物品陈列所内，"以为杜口之计"。媒体对此评论说："劝业之责任如是而已。"④

工艺传习所的情形如何？李宗仁的回忆颇能说明问题。李说，在他到了觅取一项正当谋生职业的时候，由于家境不好，读书上进"已经绝望"，这时候，各省正在试办"新政"，广西劝业道在桂林城内设立"省立公费纺织习艺厂"，招收两百学徒，学习纺织。其父自南洋归来，觉得这项新兴行业很有前途，就送他进习艺厂做学徒，希望其半年肄业后回乡改良织布手工业。该习艺厂由桂林城内原考棚改建，目的是训练学徒用新法改良旧式木机织布。该厂规模很大，"厂长似由劝业道道台自兼，训练也还认真。我们的厂长既是一位大官兼的，厂内自然也有些官场应酬。我记得厂中当局有时在厂内请客，规模极大。我们学徒只可从远处看去，那一派灯光人影、呼奴唤婢的场面，真是十分烜赫"。李

---

① 《劝工陈列所改良手续》，《申报》1911 年 3 月 13 日。
② 《改筑劝工陈列所之内容》，《申报》1911 年 9 月 22 日。
③ 《锡清帅参观商品陈列所述闻》，《盛京时报》1909 年 5 月 25 日。
④ 《江西财政盈绌谈》，《时报》1911 年 3 月 1 日。

宗仁还说，其在厂共学了半年关于纺织的初步技术，从下水浆纱到上机织布"我都学到了"。由于"政府设厂的初意，原为改良农村手工业，增加农民副业生产，我回家之后，大家都欢喜，就买了一部新式木机，从事织布。才过半年，由于家人对织布一事，无太大兴趣，也就算了"。后来，李宗仁到姑丈家读书，姑丈请其教他的表姐们织布，"谁知我在习艺厂所学的，仅是一些皮毛。故浆纱时，把纱浆焦了，一旦上机，随织随断，弄得十分尴尬。后来我又曾应聘到别村李姓家里教织布，可是均告失败"。① 从这段回忆可见，工艺传习所虽然吸引了部分热血青年学习工艺制造，但是由于官场习气较浓，教授简单，缺乏系统的教育和实习，往往空有其表。

官办矿厂也好不到哪里，农工商部甚至自认："大抵商办之矿较之官办者收效速而获利巨。诚以官办之矿在事人员均视为差使，敷衍搪塞，毫无振作；商办之矿则数千百万之股分血本所关，无不竭虑殚精，以求获利。"②

以上各方人士对劝业道经管各类官业发表的看法，大体反映了清季官业的实情。劝业道经营官业，目的是振兴实业，但管理不善，办事人员多视为差使，趋之若鹜，甚至利用官势，一意垄断，与民争利，反而有碍实业发展。难怪四川劝业道周善培给商人留下"狙诈刻薄"的印象，《神州日报》记者报道说："凡所设施，无不背谬，如新化街悦来戏院之教淫，文明旅店、餐馆之教奢乐利，纸厂之垄断专利，劝业场之提倡洋货，种种秕政，不堪枚举。民间为之谚曰：娼厂唱场，一刀剃光（善培绰号周秃子）。又曰，劝业，劝业，莫作无益。"③

---

① 李宗仁口述，唐德刚撰《李宗仁回忆录》，广西师范大学出版社，2005，第23—24页。
② 《农工商部注重商股》，《盛京时报》1910年1月8日。
③ 《周善培与川商之恶感》，《神州日报》1910年5月9日。

二　管理、开辟商埠，规划新市

甲午战后，自开商埠渐多。① 由于埠内商务、交通、卫生、保安各政繁复驳杂，各商埠一般都设立专门的管理机构——"商埠局"，② 管理界内土地、工程、治安、杂税各事项。劝业道设立后，为厘清权限，规范管理，树立市场模范，开通风气，加强了自开商埠内商务行政管理。

劝业道加强自开商埠商务行政管理，与摄政王密切相关。1909 年 7 月，摄政王载沣面谕枢臣说："近年以来，商埠之开放，矿产之发见，铁路电线之建设，此三者于我国关系匪轻，非预为提防，从长计议不可，务于已失利权设法挽回，未失利权详加审慎。"军机处随即片交外务、邮传和农工商三部，"详细调查现情，随时注意，总期有利无弊，以保主权而杜侵越"。③ 可见，摄政王注意到了保护自开商埠主权、利权的问题。军机大臣们考虑到各省自开商埠管理比较混乱，涉及多种行政权限，要想自握主权，"一切行政事宜必须划清权限，方足以专责成"，因而告知外务部、法部、民政部、农工商部，"会议办事权限，并厘定联络之法，以期按照实行，庶于内政、外交两有裨益"。④ 恰在此时，吉林巡抚陈昭常会同东三省总督锡良奏请开办长春商埠，请拨款项并颁发章程，农工商部遂拟定了《管理商埠章程》八十条，颁发到吉，内容"大致以巡警、卫生等事则由民政司管理，而银行、公司、植业、轮路等事则由劝业道经理，至于筹办开埠办法亦由劝业道酌核，申详督抚"。⑤ 这是自劝业道设立后，农工商部首次明确提出自开

---

① 据杨天宏统计，清季"自开商埠"的总数应不少于 35 个，详见杨天宏《自开商埠的地域分布及其对清季外贸市场网络体系发育的影响》，《四川大学学报》（哲学社会科学版）1999 年第 2 期。

② 参见杨天宏《口岸开放与社会变革：近代中国自开商埠研究》，第 259—360 页。

③ 《注重三部要政》，《吉林官报》1909 年 7 月 27 日。

④ 《会议办事权限》，《大公报》1909 年 9 月 19 日。

⑤ 《部颁商埠章程》，《大公报》1909 年 9 月 29 日。也见《部颁管理商埠章程》，《申报》1909 年 9 月 30 日。

商埠内的银行、公司、植业、轮路等事由劝业道经理，并赋予劝业道筹办开埠办法的权限，一定程度上改变了过去自开商埠商务行政管理混乱的局面。

在清末众多"自开商埠"中，由劝业道积极推动开辟的商埠是广东香洲商埠。广东劝业道陈望曾不仅为该埠命名，还直接参与该埠的筹建和规划，在中国开辟了第一个"无税口岸"，学界对此已有较深入的研究，此处不再赘述。[①] 兹就广东劝业道陈望曾在广州筹办新市略做探讨。针对广州民屋稠密，街道狭隘，有碍商务发展的问题，1911 年，劝业道、巡警道按照总督张鸣岐的要求，在原巡抚公署附近辟地 130 余亩，建筑新市，作为"改良市廛之模范"，"定名为模范第一市"，并专设筹建新市事务所，由该两道充任总办，遴选坐办、测绘等员，负责模范市的规划建设。[②]

在清季劝业道中，除广东陈望曾对规划新市用力较多外，江宁劝业道李哲濬也在规划新市方面做出了较大努力。1910 年，江宁劝业道李哲濬根据江宁城商业布局特点，进行规划，积极开辟新市。江宁城南商铺民居益见增盛，人稠地狭，街市逐渐北延，加上城外自开商埠，津浦铁路兴工，城南下关一带更趋拥堵，较为荒阔的城北迎来了发展机遇。此时恰值端方奏请在丁家桥三牌楼之间开办南洋劝业会，中外官商士庶云集，因而两江总督张人骏与劝业道李哲濬因势利导，招集绅商在三牌楼马路左右筹集资本，建筑市房，以便商旅往来，立新市之基，使市面与劝业会场相辅相成。在两江总督和劝业道的诱导下，绅商纷纷在三牌楼投资建市，但是临近南洋劝业会闭会之期，商旅渐稀，市面转趋冷落。各投资者不免忧虑南洋劝业会闭会后，市场亦因而涣散，致使"已到者意存收束，未来者更观望不前"，如不力筹长策，预谋补救，

---

① 有关香洲开辟商埠的研究可参见何志毅《香洲开埠及其盛衰》，《广东文史资料》第 46 辑，广东人民出版社，1985，第 92 页；杨天宏《自开商埠的地域分布及其对清季外贸市场网络体系发育的影响》，《四川大学学报》（哲学社会科学版）1999 年第 2 期。

② 《札道筹办省城模范第一市》，《申报》1911 年 3 月 28 日。

"一经散歇，招集更难。且市房久闲，势必鞠为茂草，不但商贾受亏，商等数十万资本亦将弃掷"，因而建议劝业道将城南商民量为迁移，使人人知新辟市场与劝业会场有别，一经迁入，便可永远营业，则新市方能持久。为带动新市商业发展，绅商建议劝业道将钓鱼巷扬州妓女一律移入三牌楼，随之而来者还有柴米、蔬果、日用之需及海味酒肴等供客之品，如此一来，渐而推广，各项营业为数更多，数年后必臻极盛，收效至速。对于商人的诉求，劝业道颇为认可，"拟筹设工厂，招致公司兴办各种实业，借资补救"。至于商人建议勒令各妓寨迁移的问题，劝业道认为应将其一律迁入劝业路，建屋居住，并将各游船移入后湖，划定界线，使与民居不相混淆，"庶几城南芜秽既可廓清，而城北市廛亦得渐以繁盛，洵属一举两得"。且秦淮河久失疏浚，水道秽浊，街道逼窄，于卫生有碍，即使不为劝业路兴市起见，亦应另划区域，勒令迁移，"不使清浊混处，致伤风化，矧可借此裨补商场，因势利导，更属甚便"。由于此事关系地方，"必本省士绅共表同情，始退无异言"，为此，据情请两江总督发交谘议局，于九月开会期内提议呈复，"以便施行"。①

总而言之，劝业道加强对商埠的管理，规划新市，对拓展市场、引导绅商投资兴业、提升城市经济服务功能颇有助益。

三　参与、组织赛会

1909 年 4 月 7 日，《申报》登载的《论南洋劝业会与实业界前途之关系》指出："我国实业之不发达，虽由于国人之不热心、无魄力，然亦政府无奖励实业之设备有以致之也。"② 此话道出了中国缺乏产品比较的平台，以及比较货物良窳而求改良进步的观念。依据《直省劝业道官制细则》的规定，组织赛会为劝业道职责。为歆动商民争竞之念、

---

① 《本公所详督宪详陈筹设新市办法据情转详并乞批示祗遵文》，《江宁实业杂志》第 2 期，1910 年 9 月 27 日。
② 《论南洋劝业会与实业界前途之关系》，《申报》1909 年 4 月 7 日。

启发改良之思，各省劝业道积极参与和组织赛会。

1910 年 6 月 5 日至 11 月 29 日在江宁举行的南洋劝业会是中国近代历史上第一次全国性的博览会，学界对此已有丰硕的研究成果。① 在举办南洋劝业会的过程中，各省劝业道担当了重要角色。据刘世龙研究，各劝业道既组织出品协会、征集货品、选评和运送赛品、派员参观赛会，又处理赛后善后工作，为南洋劝业会成功举办做出了重要贡献。另外，有些劝业道还在本省组织赛会。如四川劝业道周善培将每年二、三月在成都西门外青羊宫举办的花会，改为劝业会，征求各属所出之天然物品及制造物品运省赴会，陈列出售，"借资观摩砥砺。宣统二、三年间，每开会时，各属物产栉比竞赛，实为川省前此未有之大观"。② 除了参与和组织本国赛会，劝业道还组织商民参与国际赛会。1911 年，意大利米兰举行万国美术及建筑赛会，各劝业道积极劝谕绅商参与此会，并为赴赛物品装潢筹集资金。③ 举行赛会，使各类产品汇聚一地，互相观览，彼此比赛，优劣巧拙立现，利于绅商士民奋力争胜，促进实业发达。

第六节　量权而为　推广交通

据《直省劝业道官制细则》之规定，劝业公所邮传科"职掌航线、铁路、轮车、电线及测量沙线、营治埠头厂坞、考查路线、稽核通运行

---

① 代表成果有：野泽丰《辛亥革命与产业问题——1910 年的南洋劝业会和日本、美国两实业团访华》，东京都立大学《人文学报》第 154 号，1982 年；马敏《清末第一次南洋劝业会述评》，《中国社会经济史研究》1985 年第 4 期；小岛淑男《1910 年的南洋劝业会与东南亚华侨》，《近代中国的经济与社会》，汲古书院，1993；刘世龙《南洋劝业会与清末新政时期政府的振兴产业政策》，杨天宏主编《川大史学·中国近现代史卷》，第 454—498 页；等等。
② 《布政按察提学三司盐察巡警劝业三道》，周询：《蜀海丛谈》，第 144—145 页。
③ 《驻意大利臣吴宗濂致农工商部信函》，中国第一历史档案馆编《清宫万国博览会档案》，广陵书社，2007，第 3193 页。

车并电话、电车、邮政各事项"。① 实际上，各省交通设施的筹办多由邮传部所辖之招商、铁路、电报、邮政等局负责，劝业道难以插手。即使如此，有些劝业道还是在授权范围内努力发展交通事务。

鉴于航运设施不健全，有些劝业道尝试加以完善。辽河被视为奉天的母亲河，但淤塞严重，疏浚工程巨大，仅靠官办难以功成，恰好奉天绅商金鑫等拟疏浚辽河，拟定十条集股章程，恳请农工商部立案。劝业道黄开文对此颇为欣喜，拟积极促成此事。② 但好景不长，黄开文查明，金鑫等人拟在营口办理轮船公司，造闸浚河，意在设卡招股，"留难船支"。③ 疏浚辽河之计划最终胎死腹中。1909 年 4 月，总理税务大臣派人查勘松花江下游一带水势深浅，以备安设灯桩灯塔。吉林劝业道迅速行动，会同交涉司呈请督抚咨商税务大臣一并查勘上游老少沟一带，因为此段航路六百余里，"礁石沙滩间多阻隔"，④ 安设灯桩，以利航程。

对于开辟新航路，劝业道多履职尽责，严格稽查勘核。比如浙江大同轮船公司拟改走海盐至嘉兴以迄新胜一带航路，呈请劝业道批准，劝业道董元亮在查明河面宽阔，无损河岸、桥梁及本地船只利益后，才准予先行试办。⑤ 浙江诸暨县钱江商轮公司向劝业道禀请扩充临浦至三江口一带航路，董元亮饬令绍兴府转饬诸暨县详细复勘，审核此线"究竟于堤岸有无关碍，江水最涨时情形若何，现在该处舆论对于此事从违若何，是否全体一致"，并会同当地绅耆博采舆论，悉心研究，方才"禀候核夺"。⑥

---

① 《宪政编查馆奏考核直省劝业道官制细则酌加增改折并单》，《政治官报》1908 年 8 月 4 日。
② 《批奉天保商轮船公司金鑫禀》，《商务官报》第 8 期，1908 年 5 月 4 日。
③ 《造闸浚河未允商办》，《盛京时报》1908 年 4 月 24 日。
④ 《请设灯桩》，《吉林官报》1909 年 4 月 20 日。
⑤ 《劝业道董批嘉兴商务分会呈大同轮船公司改走航路由》，《浙江官报》1911 年 6 月 6 日。
⑥ 《劝业道董批钱江商轮公司禀请扩充临浦至三江口航路由》，《浙江官报》第 18 期，1909 年 12 月 20 日。

与勘查航线类似，劝业道也参与铁路线的勘查工作。如河南洛潼铁路公司初拟穿越新安县城东南隅循奎楼山麓，诸绅以穿城究多周折为由予以反对，邮传部难以裁夺，遂咨河南巡抚宝棻转饬劝业道暨新安县知县详细查复。劝业道、新安县知县经过调查，认为原勘路线穿越城内所经之地均属空旷，"与地势居民皆无妨碍"，遂多次与士绅会商，才消除穿城阻力。劝业道在此过程中为沟通官商发挥了积极作用，邮传部旋即奏请洛潼铁路穿越新安县。[①]

有些劝业道还积极推动电政业的发展。四川劝业道周善培与巡警道高增爵拟利用前巡警局购办的电话机、电瓶、电线等设备，在省城创设电话公司，但考虑到成效未彰，难集商股，请由劝业、巡警两公所担保，息借官款三万余两，以资开办，俟开办一年后，电话公司再将息借官款按年抽还。川督赵尔巽对此颇为赞同，札饬布政使设法筹拨银三万五千两，开办电话公司。[②] 安徽谘议局向皖抚朱家宝提交推广电线议案，建议推广宁国、徽州、屯溪间电线，朱家宝遂饬令劝业道调查三处是否宜于展设电线。经劝业道派员查明，宁国、徽州物产殷实，屯溪尤为商务荟萃之区，亟宜分筹展设，以利交通，发展商务。此请求得到朝廷允准，展设宁国、徽州、屯溪间电线得以成行。[③] 为开通吉林、长春间的电话，吉林劝业道徐鼎康与度支、交涉两司，禀请督抚饬度支司借银三万两，交吉长电报局委员吴彝年、陆汉章等人具领，筹办吉林、长春间的电话。[④]

针对驿站腐败问题，劝业道接管驿站后加大了裁撤和整顿力度，助力新式邮政置备。1911 年春，江西劝业道傅春官在巡抚冯汝骙的支持下，积极裁驿置邮，[⑤] 对此，《申报》记者评论说："冯抚向来办事庸懦

---

① 《邮传部奏议类编续编》第 5 册，第 2059—2060 页。
② 《督宪批劝业巡警道会详请拨官款试办电话文》，《四川官报》第 30 册，1909 年十月中旬。
③ 《邮传部奏议类编续编》第 5 册，第 2339—2340 页。
④ 《禀准开办吉长电话》，《申报》1909 年 2 月 9 日。
⑤ 《江西巡抚冯汝骙奏裁驿站推广邮政折》，《政治官报》1911 年 4 月 20 日。

无能，今之此举似乎差强人意。"① 1911 年 8 月，署理广西劝业道彭清范和布政使魏景桐会商裁撤驿站办法，于省城设文报总局，收发本省文报，全州、苍梧、百色、怀远四属设分局，转递湘粤滇黔四省往复文报，并裁撤驻京提塘，改设文报分局，经理桂省与各阁部院往来文报。每年原支驿站各费移作改办文报局以及邮费应用，实现了"款不另筹，驿能尽撤，文报可期捷速，声息可期灵通"的目的，并推动了义宁、龙胜等十一厅州县邮政事业的发展。② 河南驿传腐败至极，尤以汝南、光山为甚，光山五百里公文要 43 天始到省垣，劝业道胡铭槃怒禀河南巡抚宝棻整饬，宝棻随即密饬多人调查，得以治理。③ 湖北劝业道高松如禀请总督瑞澂尽快裁撤本省军塘、驿站，以后公文改由邮递。瑞澂建议，"驿站腐败情形已达极点，亟应裁撤"，但要妥为布置，参酌江西裁驿置邮办法，"与邮务长一一商妥，酌拟章程办法，再行详候核夺"。④ 由于劝业道接管驿站的时间较短，加上其交通行政权受到体制的约束，还未等其实力推行，清廷就已覆亡。

总体而言，由于邮传部所辖招商、邮政、电报、铁路各局负责交通事务的筹建与管理，劝业道虽有会同保护倡导之责但无实权，因而在交通发展、建设方面难以发挥应有作用，但各省劝业道在既有的制度框架下，为促进交通事务发展所做出的努力值得肯定。

---

① 《冯中丞之差强人意》，《大公报》1911 年 4 月 14 日。
② 《抚院沈具奏裁撤驿站移款改设文报局并请推广邮政以联声息而裨政务折》，《广西官报》1911 年 9 月 7 日。
③ 《各地驿站之腐败》，《申报》1911 年 8 月 24 日。
④ 《鄂省议裁驿站之手续》，《申报》1911 年 5 月 8 日。

第七章

民国改元　变与不变

　　清政府实行干路国有政策，执意"与民争利"，激起武昌首义。革命来临之际，各劝业道面对风起云涌的革命浪潮，有弃职逃亡者，有投诚进入新政权者，有联络绅商、保境安民、忠于职守者，还有竭力自保者，不一而足。各省光复后，都督们各自建制，设置实业、交通行政管理机构，造成"同此一司，而南北之名称互异；同为一长，而彼此权限各殊"的状况。民初中央政府试图划一各省实业、交通行政管理机构，但各都督拥权自重，划一实业、交通行政官厅的政令在在难以落实，直至1913年1月8日袁世凯颁行《划一现行各省地方行政官厅组织令》，各省实业及交通行政机构才渐归统一。探讨革命来临之际劝业道的各种应急履职面相，可进一步认识清末劝业道的职掌及其对革命的复杂心态，进而剖析新旧政权过渡交替中直省实业、交通行政机构的演进历程，把握清末劝业道建制对民初直省实业、交通行政管理制度建设产生的深远影响。

第一节　逃亡与职守的抉择

　　清廷设置劝业道，本冀通过治理绅商盘活农工商矿业，发展交通，广辟财源，实现富民强国、皇朝永固的宏愿，但没有想到，干路国有政策引发的多米诺骨牌效应，一发不可收拾。职在兴利与牧民的各省劝业道面对革命表现出各种应变面相，新机构的履职效能在这场风暴中得到全面检视。

1911 年 10 月 9 日，武昌革命军起事。湖广总督瑞澂弃城逃跑，腰缠万贯的湖北劝业道高松如于 10 日晚携带妻妾家眷由武昌省城逃至汉口，10 月 25 日抵上海，寓三洋泾桥大方栈。革命党考虑到高松如曾掌官钱局，是位理财能手，遂举其为度支使，专理民政。① 新政权对其优渥有加，清廷也未对其进行惩罚。因为内阁各王大臣认为，武昌失守，罪在总督瑞澂轻弃省城与张彪不能约束军队，其他司道各员逃窜，均尚情有可原，俟乱事平定后，再做处理，"一般仓皇奔避之官吏或均可幸免"。② 高松如避居上海，可谓优哉游哉，但邻省同道们却不好过。

湖北告急，鄂督瑞澂向江西巡抚冯汝骙请兵，冯即派兵剿办。江西劝业道傅春官准备了一百多艘民船，雇赣岸公司祥霖、祥云、康济、升顺轮船四号拟于 10 月 21 日午后拖带赴鄂，并留飞渡轮船停泊德外铜元厂标部，拟 22 日黎明拖往。③ 除备轮运兵支援湖北外，傅春官还设法维持市面。受鄂乱牵动，赣省谣言甚多，银根骤紧，洋色陡涨，人心惶恐，冯汝骙命劝业道、官银总号会同商务总会设法平价，以维治安。④ 傅春官会同商务总会总理邹安孟、协理龚士材磋议维持方法，恳请巡抚发给八平现银十万两和票银十万两，分填票纸多张，盖用藩司印信、官号、关防，由商会转给各钱店，以备提取现银之用，稳定市面。因赴号兑换铜元者日以万计，兑取规则亦难实行，傅春官又于 10 月 20 日与巡抚冯汝骙会商，开铸铜元，由冯汝骙公告日期开兑官票，但商人既不使用官票，又不遵守行情，高抬商票价值，借此营利，市面依然动荡。傅春官为提高官票信用，又以相当之物抵押商会，由商会担保，通告商业

---

① 《革命军起事纪（二）》，《申报》1911 年 10 月 16 日。
② 《鄂省弃城各官均可幸免》，《大公报》1911 年 10 月 23 日。
③ 《革命军起事纪（四）》，《申报》1911 年 10 月 18 日。
④ 《赣皖之防维鄂乱谈》，《申报》1911 年 10 月 22 日。

一律使用官票，以维大局。这样官票才逐渐流通，时人评论说："此亦官业空虚，哀求商团之悲观也。"① 一些米商抬价居奇，动摇人心，劝业道傅春官会同商务总会总协理召集米董，限价出售，规定：如有奸商抬价，准民人向劝业道控告，从重惩办，"以维民食而靖人心"。② 不仅如此，傅春官还利用其管理交通事务的权力，严格稽查邮件，令邮政局不准递送武汉革命党发行的《大汉报》《中华民国公报》等报册，以防革命党暗中通递消息，鼓动江西革命党起事。可见，傅春官颇能效忠王朝。但人心已去，苦局难撑，10 月 23 日九江失陷，南昌告急，傅春官为保命，仓皇而逃。

杭州因鄂乱蔓延，防务吃紧，各界纷纷搬逃，人心愈乱，典当业于10 月 21 日下午开临时会，筹议济急办法，决议请商会移知劝业道出示晓谕，典质衣饰，仍以每人两元为限，全城人心才稍安靖。③ 但是，银根异常紧急，所有官商银钱、发行纸币纷纷挤兑，财力殊难接济，绅商两界各推领袖，恳请劝业道董元亮暂向司库借出现银十万两，赶印钞纸，每纸计洋一元，各业一律行用，由商会盖戳担保，即以库银储会，作为保证。商务总会还刊发六条维持市面临时办法：（1）银行钱业划账向有多缺款项，现议仍照旧章办理，如缺过巨者，先行自为布置；（2）钱庄与各业往来照常流通，存者务望体谅，不得提取，欠者宜陆续归宿，以维市面；（3）各户常存款项如需提取，只能同行汇划，若必须取现者，唯有先付一成应急，其余俟银洋宽展，再行照付；（4）钱庄掉期息价仍照向章，不得过三角，以顾大局；（5）现洋往来者，以米、典两业为急，如需支取，必先与钱庄商明，以免临时局促；（6）各银行钞票借用素孚，仍照常通用，免致金融空碍。（谨按：自鄂起事，各省市面现象及维持方法俱与浙江相仿。）④ 但是，劝业道董元亮不安其位，最终伺机潜逃上

① 《赣垣未失守前之情形》，《顺天时报》1911 年 11 月 14 日。
② 《章江浪接楚江潮》，《申报》1911 年 10 月 26 日。
③ 《杭垣绎骚近状》，《申报》1911 年 10 月 23 日。
④ 渤海寿臣辑《辛亥革命始末记》，台北：文海出版社影印本，1969，第 313—314 页。

海。军政府没收其经手的一切地亩和部分财产。^① 1912 年初，董元亮被上海光复军抓获归案，羁押于浙江旧谘议局楼上。^② 浙江军政府责令董元亮罚缴银三十万两，董不应允，后移交警察厅拘禁查办。

广东劝业道陈望曾最初坚守岗位，奉总督张鸣岐之命会同商务总会、自治研究社和九善堂会筹平粜大米办法，以济民食，维持社会秩序。^③ 不料，11 月 9 日，广东全省新旧水陆满旗军队全体反正，竖民国旗，11 月 12 日军政府成立，兵不血刃，全省绅商公举胡汉民为都督，巡警、劝业两道以及首府县官员尽逃。^④

福建劝业道张星炳奉闽督松寿之命，会商本省绅商各界，拟定维持市面办法三项：（1）由盐库、关务处借拨现银巨款，一面会商大清银行妥筹协调，其款按期尽数拨交商会以资周转；（2）官绅商各界平日存商生息大宗款项于维持市面期内暂缓提回；（3）各钱商银行照常往来，勿得停止支出。^⑤ 要求商民人等务必遵照，如有匪徒借端生事，一经查获，定即按法惩办，决不宽贷。但 11 月 10 日，旗兵大败，总督松寿见大势已去，吞金自尽。都督孙道仁表示，直除罪魁松寿，推翻腐恶政府，劝业道张星炳等官员不愿留闽者，听其回籍。^⑥

与上述各省劝业道略有不同，云南重九起义时，劝业道袁玉锡很快投诚。据孙种因《重九战记》记载，起义成功后，袁担任参议院议员，随后又在军政部中担任甄录处副处长，他不是云南起义革命者，却是"城中官吏首先归顺者"。^⑦ 可见，袁玉锡颇因附和革命，"顺利"进入

① 《浙江近事纪》，《申报》1911 年 12 月 25 日。
② 《新杭州见闻录》，《申报》1912 年 1 月 9 日。
③ 《会筹平粜办法》，《申报》1911 年 11 月 7 日。
④ 《广东宣布独立详请》，《申报》1911 年 11 月 19 日。
⑤ 《维持市面之文告》，《申报》1911 年 11 月 7 日。
⑥ 福州市政协文史资料委员会编《福州文史集粹》上册，海潮摄影艺术出版社，2006，第 89 页。
⑦ 中国史学会编《辛亥革命》第 6 册，上海人民出版社，1957，第 252—253 页，转引自翁仲康《辛亥革命中的遵义》，中国人民政治协商会议遵义市委员会、文史资料委员会编《遵义文史资料》第 18 辑，第 10 页。

新政权机关。

有意思的是，11月3日，贵州革命党发动武装起义，巡抚沈瑜庆见炮兵队和抚署卫队均已倒戈，抗不应命，知大势已去，派劝业道王玉麟往谘议局，承认宣布独立，问谁能担保治安。王遂会同巡警道贺国昌前往谘议局商议，"装腔作势地说：'官绅竭力谋自保，而暴徒竟敢倡乱。'自治学社社员张泽锦当即责骂王玉麟，要杀他。胡刚等随声附和，声震屋瓦，王玉麟狼狈不堪。谭西庚转圜，嘱其回报沈瑜庆"。王玉麟迅即向沈瑜庆汇报与谘议局商谈实情，得到沈瑜庆授意后，再次到谘议局，并约议长张百麟到场，商定五项条约。"王玉麟持以复明，沈瑜庆同意，履行条约，易帜成功。"① 王玉麟当时本想以官势压制士绅，不料却被狂骂，为了保命，最后不得不向士绅妥协交权。

在革命的紧急关头，山西劝业道王大贞的表现也颇值得玩味。10月31日夜，山西新军起义，很快拿下太原城，巡抚陆钟琦被击毙，起义成功。旋即军政府成立，将布政使王庆平、提学使骆成骧、劝业道王大贞等押至谘议局看管，但王大贞数日后即被释出，"提法使李盛铎、太原府知府周渤仍住署中，未予过问，以彼等思想较新也"。② 据此而言，王大贞之所以很快就被军政府放出，与其思想自新较快有关。尽管君恩难忘，经过数日思想斗争，他还是决定不再效忠清廷。

未宣布独立的省份，劝业道积极沟通绅商，保境安民，以防不测。地处京畿的直隶，维稳责任更重。劝业道孙多森遵照直督陈夔龙的指令，会同北洋商学公会和天津商务总会，晓谕通衢，"未到期存款不得提取，庶使各界知接济有方"，③ 督促直隶造币总厂加班加点鼓铸银元，并至商务总会与该会坐办、总协理和各银行钱商会议维持金融等事，④

---

① 周春元：《张百麟传略》，中国人民政治协商会议贵州省委员会、文史资料研究委员会编《贵州文史资料选辑》第7辑，1981，第71页。
② 佚名编《辛亥革命史料蕲水汤先生（化龙）遗念录》，台北：文海出版社，1976，第216页。
③ 《维持市面》，《大公报》1911年10月30日。
④ 《维持金融》，《大公报》1911年10月30日。

还与天津道会商，决定由官家向保商银行注资二百万两，由该行出银百万两，合计三百万两，维持市面，使该埠商务转危为安。[1] 为收买人心，防止革命党乘机蛊惑煽动，直督陈夔龙还免除天津各项杂捐三个月，孙多森积极落实，自十月起免抽渔业公司渔税三个月，[2] 并豁免穷苦渔民历年所欠天津各分局税款八千余，以示体恤。[3]

河南劝业道也积极沟通商会，联络绅董，维持市面。受武昌起义影响，湖北票庄通知河南票庄，一律停止各商兑换现银，汴商大震，"货已运走，银不能兑，情急将欲生变"。劝业道随即召集商会，开临时会议，安抚河南商人说："刻下省城人心蠢动"，一旦有变，"省城市面不堪设想"，若果真生事，诸君所存之款实难保存，"似不如酌量交兑，或减成或缓期"。同时，要求各戏园、饭庄、妓馆一律停捐，不准关闭。如有停业，照原捐额加倍科罚。这样，河南省城市面至十一月仍"秩序不乱"。[4] 河南劝业道维持市面的成绩不可小觑。

奉天作为清王朝的龙兴之地，保境安民的重任不亚于直隶。针对省城市面恐慌，奸商播弄，粮价波动，各种交易不肯行用钞票，各项期票跌价的局面，东三省总督赵尔巽札饬奉天民政司、度支司、劝业道、巡警局，一面迅饬各地方官严切谕禁，一面处理官绅关系，与谘议局、商会、董事会各绅董，妥速筹议办法，"转传各城商、董各会，认真稽查，切实开导。各项买卖仍应照常交易，行使钞票不准再有强行减价、任意取现情事。如有奸商取巧，有意鼓惑，一经查出，即行送官严惩，以维市面"。[5] 劝业道萧应椿奉札会同民政司、度支司、巡警局邀集谘议局、商会、董事会各绅董，在民政司署悉心筹法，由各界绅董知会各城绅董切实开导。但不久清帝逊位，萧应椿见大势已去，"遂先一日洁

---

① 《维持市面》，《大公报》1911 年 10 月 31 日。

② 《实惠及民》，《大公报》1911 年 11 月 15 日。

③ 《体恤鱼贩》，《大公报》1911 年 12 月 9 日。

④ 王守恂：《从政琐记》，民国六年王仁安集本，第 7—8 页。

⑤ 《民政司的札文》，章开沅、罗福惠、严昌洪主编《辛亥革命史资料新编》第 3 卷，第 42 页。

身去"。①

总之，辛亥革命之际，各省劝业道应变履职情况表现不一：有的仓促逃跑；有的最初积极维持市面，安抚人心，效忠清王朝，但随着形势的急转直下而又被迫逃走；有的直接投诚，归顺新政府；有的忠于职守，积极与绅界沟通，维系官绅关系，减免商民捐税，缓和矛盾，保境安民。但是，清王朝榱栋崩折，各省劝业道均无力回天。

第二节　新制多面纷呈

武昌首义后，独立各省自举都督，组织军政府，不仅"各自为制"，② 而且竭力保留前清督抚拥有的各项权力，构建新的司道制度。实业、交通行政也不例外。随着民国政府的建立，统一直省实业、交通行政逐渐提上议事日程。

大体而言，各省军政府建立的实业、交通行政有以下四类。

其一，农工商矿事务划归民政机构管辖，另设交通机构管辖交通事务。湖北、湖南、浙江、福建四省即采取该模式。武昌首义，湖北军政府的建立给其他省份树立了榜样。军政府成立伊始，事务丛杂，革命党暂时委任参谋、交通、外交三部负责人，其中交通部由李作栋主持。10月11日，革命党人又成立了谋略处，负责各项政务，黎元洪无实权，只是名义上的都督。16日，谋略处又决定先成立参谋、军务、政务、外交四部，分管各项工作。立宪派见革命党掌握实权，遂鼓动黎元洪改组军政府。17日，黎元洪改组军政府，改组后的军政府由军事和行政两大部门组成，其中行政部门为政事部，下设外交、内务、财政、法制、交通、文书、编制等七局。实业事宜由内务局负责，交通事务由交

---

① 周一良：《钻石婚杂忆》，第 216 页。
② 伧父：《民国行政机关之改革》，《辛亥革命》第 8 册，第 575 页。

通局负责。由于此次改组立宪派占据上风，革命党不满，10月25日再次改组军政府，撤销军事、行政两大部门，实行军政合一制，将各"局"一律改为"部"，设内务、交通等九部，各部直接隶于都督。其中内务部掌关于内务行政事宜，交通部掌交通行政事务，[①] 实业事务无所隶属，仍由内务部接管。湖南是继湖北之后第二个宣布独立的省份，军政府成立后，设民政、财政、教育、司法、交通和外交六部，由民政部实业科管理农工商矿各业，交通部管理交通事务。浙江都督府内设民政、交通等部，每部设正、副部长，实行分课治事，每课设课长一人，课员无定额，其中民政部下设劝业课，交通部附设电务、运输两课。还派杨庆生保管劝业道衙门案卷。[②] 福建军政府也由民政部实业科掌管农工商矿事务，交通部内设邮政、电信、路政、航业四科，职掌交通事务。[③]

其二，将实业、交通事务均列入民政机构管辖范围内。该类型的建制特点是，实业、交通、教育、巡警等事务被纳入"大民政"范围，与军事、外交、司法、财政事务并立。如山西军政府设军政、参谋、政事、财政、外交、司法、军需七部，[④] 由政事部管理实业和交通事务。江苏独立后，都督程德全拟定十四条暂行地方官制，都督下设参谋、总务两厅和军政、财政、民政、外交、提法五司，民政司掌实业、交通事务。[⑤] 安徽军政府变动较频繁，自11月8日原皖抚朱家宝宣布独立，近两个月内各派政治力量较量，先后五易都督。12月1日，安徽各界在安庆设立临时执政机构"皖省维持统一机关"，设军政、民政、财政三部，实业和交通事务由民政部负责。次日，安徽临时参事会选举孙毓筠为都督，孙于12月21日抵达安庆，正式建立安徽军政府，下设军政、民政、财政、教育四司，实业、交通事务仍由民政司管理。广西军

---

① 贺觉非、冯天瑜：《辛亥武昌首义史》，武汉大学出版社，2006，第235页。
② 浙江省社会科学院历史研究所、浙江图书馆编《辛亥革命浙江史料选辑》，浙江人民出版社，1981，第532页。
③ 《闽军政府职员一览表》，《申报》1912年2月27日。
④ 参见谢俊美《辛亥革命时期的军政府述论》，《历史教学问题》2001年第4期。
⑤ 渤海寿臣辑《辛亥革命始末记》，第356—357页。

政府成立后，设立民政司，裁撤劝业道，其主管事宜归民政司办理，[①]并在《官制大纲》中规定，民政司管理一切民政事务，下设总务科、警务科、交通科、实业科、地方自治科。[②]

其三，分设实业、交通行政管理机构。这与清朝第二次外官改制的倾向较一致。清季再次议改官制时，拟将劝业道升为劝业司，邮传部积极倡设交通使，将交通事务从劝业道职掌中分离出来，虽未得逞，但也引起不少人共鸣。宣布脱离清朝统治的陕西、江西、贵州、广东和四川五省军政府延续了清季外官改制的思路，分设实业、交通行政管理机构。它们仅名称不同而已，陕西、贵州[③]、四川[④]三省称实业部和交通部，广东称实业司和交通司，[⑤] 江西称实业局和交通局。[⑥] 不过，陕西军政府成立之初，实业、交通事务统由民政司兼管，[⑦] 不久又调整，设立实业、交通等八部。[⑧]

其四，沿用清朝做法，实业司兼管交通。清季劝业道管理农工商矿和各项交通事务，云南光复后，仍沿用此建制思路。以蔡锷为都督的云南军政府，内置一院（参议院）三部（参谋、军务、军政），统管军民各政，其中军政部主管内政一切事务，处理军政、财政、外交、学政、实业、巡警、审判、民团等事宜，下设民政、财政、外交、学政、实业五司，[⑨] 实业司兼管交通事务。

纵观各省军政府的实业、交通行政建制，虽然名称混乱，实业、交通行政的分合、归属也有差异，但是它们都与清朝直省实业、交通行政

---

① 中国人民政治协商会议广西壮族自治区委员会、文史资料研究委员会编《辛亥革命在广西》（下），广西壮族自治区人民出版社，1961，第104页。
② 《辛亥革命在广西》（下），第110—111页。
③ 《黔省光复纪》，《申报》1911年12月8日。
④ 贾大泉主编《四川历史研究文集》，四川省社会科学院出版社，1987，第225页。
⑤ 《粤都督召集临时大会详情》，《申报》1911年12月12日。
⑥ 《赣军政府改定官制》，《申报》1912年2月12日。
⑦ 孙志亮、马林安等主编《陕西近代史稿》，西北大学出版社，1992，第275页。
⑧ 《陕西都督府布告三秦同胞文》，《申报》1911年12月26日。
⑨ 谢本书：《讨袁名将：蔡锷》，兰州大学出版社，1997，第76页。

有着千丝万缕的联系。在行政机构上，各都督对清朝劝业道衙署、邮传部所辖的电政各局，及其经管的各类官业进行了接收或改组，甚至厘清了相关行政权限。如贵州实业部由劝业道改组（农事试验场、畜牧厂陈列所、省内外各矿厂统归其管辖），交通部由电报总局改组，省内外邮电局及劝业道之邮传科亦拨入其管辖范围。[①] 在建制的方案选择上，各军政府或承继清朝劝业道建制之遗意，或借鉴二次外官改制时的意见和建议，取径虽异，但前清基因犹在。尤为重要的是，它们无不保留了清朝督抚所拥有的实业、交通行政大权，并努力将这种权力继续扩大。

各军政府颁布的临时约法和官制官规明确反映了各都督在实业、交通行政上拥有的大权。如湖北军政府成立之初，都督府内设置的军令、军务、参谋、政事部，均直辖于都督，听都督指挥命令，政事部自局长以上人员，"均由都督亲任"，"凡发布命令及任命文武各官，均属都督之大权"。[②] 对各省建制具有指导意义的《鄂州临时约法》规定，"都督代表鄂州政府，总揽政务"，都督有制定文武官职、官规之权，"依法律任命文武职员"。[③] 广西军政府颁布的临时约法规定，都督总揽全省政务，依法律任免文武官吏。[④] 其他各省与此大同小异。与此前农工商部、邮传部开单内简劝业道相比，各都督拥有比原督抚更大的用人权，这无疑降低了民国政府的威权。民初民国政府成立后，理顺中央与各省的权限关系在所难免。

第三节　由纷乱到划一

1912 年 1 月 1 日，孙中山正式任中华民国第一任临时大总统，标

---

① 黄济舟：《辛亥贵州革命纪略》，全国政协文史资料委员会编《辛亥革命亲历记》，中国文史出版社，2001，第 454 页。

② 夏新华、胡旭晟整理《近代中国宪政历程：史料荟萃》，中国政法大学出版社，2004，第 605 页。

③ 夏新华、胡旭晟整理《近代中国宪政历程：史料荟萃》，第 610—611 页。

④ 《辛亥革命在广西》（下），第 106 页。

志着中华民国正式成立。"振兴实业"是民国初年孙中山推行民生主义的主要政策。由于当时经济尚处于初步发展阶段，加上战争耗损，政权初建，经济凋敝，民生困苦，财政拮据，因而恢复发展经济，舒苏民困，缓解财政压力，成为燃眉之急。正是从这一实际出发，孙中山提出了振兴工商业作为实行民生主义和进行经济建设的纲领。政权甫建，孙中山就向同人提出：民族、民权之目的已达，"惟有民生主义尚未着手，今后吾人所当致力的即在此事"。① 为了振兴实业，实现民生主义，孙中山及其同人们在执掌南京临时政府政权的四个月内，创设了新的经济管理机构。南京临时政府在中央设立实业部和交通部，实业部管理全国农、工、商、矿、渔、林、牧、猎等业及度量衡事务，下设农政、工政、商政、矿政四个司。交通部以管理道路、铁路、航路、邮信、电报、船舶、运输、造船、船员为职责，下设邮政、航政、路政、电政四司。

为构建上下有序的实业行政管理机构，中华民国临时政府要求各地政府设立相应部门。1912 年 2 月，实业部致电各省都督说，"本部司理全国农、工、商、矿、山林、渔牧及度量衡"，实业为民国将来生成命脉，今虽兵战未息，不能不切实经营，"已成者当竭力保成，未成者当先事筹画，今外省官制虽未画一，而各省之实业司当速行成立，隶属本部"。② 各省设实业司督率实业发展，已提上临时政府的议事日程。

针对各省军政府组织机构中"部""司""局"纷乱的现象，孙中山命令内务部电令各省都督将所属行政各部改称为"司"。电文说：中央政府已成立，"各省都督府所属之行政各部，应拟改称为司，庶使中央各部与地方各部示有区别"，以消各省互相歧异之处，以昭划一。③

---

① 孙中山：《在南京同盟会饯别会的演说》，中国社会科学院近代史研究所中华民国史研究室等编《孙中山全集》第 2 卷，中华书局，1982，第 319 页。
② 《实业部通电各省都督设立实业司文》，《临时政府公报》第 8 号，1912 年 2 月 5 日。
③ 《大总统令内务部分电各省都督所属行政各部改称为司》，《临时政府公报》第 11 号，1912 年 2 月 9 日。

但是，各省都督拥权鄹重，该政令在各省落实的效果并不理想。

在南京临时政府的催促下，一些军政府开始整改实业、交通机构。湖北实业事务由内务部管理，鉴于南京临时政府已设实业部，军学商各界建议增设实业部，湖北军政府于 1912 年 2 月 10 日成立实业部，分设参事、秘书、庶务三室和农林、矿务、工商三科，由李四光、牟鸿勋任正、副部长。2 月底，牟鸿勋辞职，曹宝江继任，三科改为五科，由部改司，李四光仍为司长。① 湖南都督谭延闿考虑到民国初立，端在注重实业，特向特别议会提交设立实业司的议案，得到特别议会批准，于是委任熊希龄为司长，将清朝劝业公所作为实业司司署，取消先前民政司内设立的实业科。② 江西将实业、交通两局分别改为司。③ 贵州将实业部改为实业司。浙江省官制改部为司后，设民政、财政、教育和提法四司，④ 其中民政司内设民事、警政、实业、交通、总务五科和考绩、文牍、统计、庶务、收发、民治、工程、考核、行政、司法、卫生、农政、工矿、商政、运输、邮电十六课，⑤ 仍实行"大民政"制。安徽都督孙多森在军政府内设军政、民政、财政、学务、提法五司，实业、交通两司因军务倥偬，暂归民政司管辖，待中央政府颁发通制即取消此项草案。⑥ 由此可见，实业、交通行政机构设置混乱的状况虽有所好转，但仍未完全统一。

相较于清朝督抚而言，此时都督不仅没有被削权，反而扩权，加上时局动荡，各派政治势力围绕新政权建设争权夺利，机构时增时撤，人事更替频繁，南京临时政府虽然出台了一系列经济政策和法规，但往往"政不出都门"，多数难以贯彻落实。各省实业、交通行政建制不一，都督难以指挥控驭，此问题又留给了以袁世凯为首的北洋政府。

---

① 参见贺觉非、冯天瑜《辛亥武昌首义史》，第 269 页。
② 《湖南通信》，《申报》1912 年 2 月 13 日。
③ 《赣军政府改定官制》，《申报》1912 年 2 月 12 日。
④ 《浙省政界新人才》，《申报》1912 年 2 月 13 日。
⑤ 《浙民政司之内容》，《申报》1912 年 2 月 24 日。
⑥ 《皖江新纪事》，《申报》1912 年 2 月 22 日。

由于清帝退位几成定局，未宣布独立的各省司道大员心神不宁，尤其关心机构的交替过渡中自己的去向。在吉林，司道们惶惶不可终日，纷纷议论新政权将采取何种政体，政务难以开展，巡抚陈昭常晓谕各界说："行政机关一日不容间断，无论采用何种政体，皆不能废止官治。"① 如何设立新官制也成为河南官绅私议的话题，藩司王肖庭异常注意改良行政，与谘议局及绅商筹商，拟一律裁并各司道，公推省长一人为行政总汇，分民政、财政、军政、交涉、学务、实业等六司佐理，将劝业道、劝业公所、度量权衡调查局归并实业司。②

鉴于督抚司道难安其位，局势不稳，即将就任人总统的袁世凯积极绸缪。他一方面通饬北方各督抚说，在新官制未定以前，地方官制一切暂仍旧贯，"所有各官署应行之公务、应司之职掌以及公款、公物均应赓续进行，切实保管，不可稍懈"。③ 另一方面，加紧筹议内外官制，以便就任大总统后建立统治机器。袁世凯在崇文门内堂子胡同设临时筹备处，作为新举总统就任前的改良政治筹备机构，直接隶属袁世凯。内设法制股负责研究新旧法令，预备各种草案，并调查各国法律，制定内外官制；内政股负责安抚人民，筹划八旗生计，并研究实业发达之策。④ 参与厘定清季外官制的汪荣宝被袁世凯委任为筹备处法制股股长，起草核定内外官制。

据《大公报》透露，汪荣宝编订的临时外官制草案大纲为：各地仍以省称，以免重新划区分域，每省行政长官为某省都督，公署定名为府，分设外交、民政等司，每司设司使掌理司务。⑤ 显然，这个方案承袭了清季二次外官改制的思路。就在临时外官制大纲出台之际，袁世凯就任临时大总统已水到渠成。

---

① 《宣布共和之吉林》，《申报》1912 年 3 月 6 日。
② 《河南改良行政之规画》，《申报》1912 年 3 月 6 日。
③ 《公电》，《申报》1912 年 2 月 21 日。
④ 《袁总统新设临时筹备处》，《申报》1912 年 2 月 29 日。
⑤ 《预订外官制草案之一斑》，《大公报》1912 年 3 月 10 日。

1912 年 3 月 10 日，袁世凯就任临时大总统，北洋军阀统治开始。面对各省为制的局面，加强中央集权很快摆在袁世凯政务日程中。3 月 16 日，袁世凯命令，在全国统一职官确定前，各省督抚改为都督，"以一观听"，"惟官名虽更，权仍旧，所有各省文武属官照旧供职，官制、营制概不更动。其应行之政务、应司之职掌仍当继续进行，一俟官制议定再布遵照"。① 同日，临时筹备处呈递袁世凯核阅的外官制暂行章程草案发生了微妙变化，内容大致为：废省存道，府改为郡，县名仍旧，道以下设外交使、内务使、教育使、财政使、司法使、交通使、实业使和军政使，另设参议、主事两厅。② 可见临时筹备处建议袁世凯废除省级建制，缩小行政区域，即为削弱都督权力，加强中央集权。

但是，废省存道，势必削弱都督权力，触及其既得利益，在各都督拥兵自重的情况下，稍有不慎，恐生他变，因而袁世凯相当谨慎。据 3 月 15 日《申报》报道，袁世凯就职后，即邀请蔡元培商议临时政府办法，所议内容只是各省都督、督抚改订名称一事，考虑到"各省都督皆建国之元勋，为国民所公举，一律暂仍其旧，不予更动"，统一政府成立后，各省仍沿用"部"制者一律改称"司"，以一名称。③ 内阁总理唐绍仪也认为不宜裁撤都督，建议袁世凯改省为道。他说："此次光复，所有各处举定之都督，率皆起义时一方之所信仰，若遽然裁撤，恐多关碍。且各都督皆操兵权，若位置不得其法，军界或有违言，恐将酿成他变，不如留之，以维系人心。"因此拟改省为道，凡疆域广大的省份化为各道，较小的省份一律改称道，仍由原都督治理民事。④ 由于废省存道不仅牵涉都督的去留安排，而且涉及区划分域，牵一发而动全身，影响太大，草订官制的大员们权衡折中，暂时搁置废"省"之议。

---

① 《各省一律改称都督》，《申报》1912 年 3 月 18 日。
② 《各省官制之改革案》，《大公报》1912 年 3 月 16 日。
③ 《都督、督抚之将来》，《申报》1912 年 3 月 15 日。
④ 《唐总理拟改省为道》，《申报》1912 年 3 月 18 日。

据 1912 年 4 月 26 日《大公报》报道，新外官制草案即将提交参议院审议，都督府官制的大致内容是：此后各省都督府概设七司一处，即军政司、理财司、民政司、教育司、实业司、司法司、外交司和秘书处，不得再有歧异。① 两个月后，法制院公布了新外官制草案：保留原行政区域，采用两级之制。第一级曰省，设督抚一缺，专管军事；设省总监一员，专管民事，其下设内务、财政、教育、实业四司，司有金事、主事等官。第二级曰县，原府、厅、州皆从县称，设县知事一员，分设教育、财政、实业等科，科有科长、科员等官。此外另设一观察使巡视各处，调查一切情形，如旧日巡道。②

至于为何设实业司，法制院解释说：国家行政根据其性质，有直隶于中央者，有不依中央计划不能实现统一之效者；而森林、矿山、渔猎等业各依区域派遣监督，此为地方特别官吏，均宜直辖于农林、工商二部，须直属中央，方有行政脉络贯通之效，因此，劝业道应让诸特别法。③ 显然，这是承继了清朝拟实行直接官治，改劝业道为实业司，使其直接与中央农工商部对应的改制思路。

值得注意的是，在新外官制中，将交通归并其他行政办理，也与清朝一脉相承。在新外官制草案出台之前，就传出直省交通事务仍由实业司管辖的消息。有都督表示反对，积极联合各省，与交通部协商。湖南和江西两省都督表示，中央交通部成立，总次长相继任事，各省也应设立交通司或交通局与中央一致，拟联合各省，派代表赴京会商。此举得到十省同意。四川、广西、陕西三省复电表示赞成，其他各省都督派代表赴京参议。他们认为，各省邮、电、航、路尚未发达，必特设机关，方可谋地方发达、中央统一。④ 各省代表进京谒见交通总长施肇基。不料，总长施肇基请病假，在津就医，次长以地位低为由，不能代表总长

---

① 《各省都督府之官制》，《大公报》1912 年 4 月 26 日。
② 《新外官制之内容》，《申报》1912 年 6 月 9 日。
③ 《地方官制理由草案》，《大公报》1912 年 7 月 13 日。
④ 《各省协商交通行政》，《申报》1912 年 6 月 7 日。

发表政见，最终由参事及各司长接见。各省代表进京协商无功而返，两个月后法制院公布新外官制草案，果真没有交通司。

交通并于其他行政并非无因，此事与副总统黎元洪密切相关。由于湖北交通司长揽权妄为，飞扬跋扈，黎元洪副总统早就衔恨在心。1912年8月，黎致电北京交通部说：湖北交通司"事本无多，而靡甚巨，现在民政府成立，办理交通一课，凡部中一切交通事宜，皆可办理。且财政支绌万分，已由敝府命之解散。凡关于交通司管辖事件，皆移送民政府交通课，以谋行政之统一，而济财政之困难"。交通部深佩黎副总统维持大局，通电各省说："尽筹目下，亟待统一，嗣后一切事宜遵当转饬，直接禀部核办。至地方之交通行政事项应暂由交通课管理，庶与中央管理权限不相抵触，即希分别饬遵。"① "直接禀部核办"一语道出交通部强烈的集权欲望。随后，一些省份或将交通事务划归实业司管理，或划归民政司管辖。比如江西都督李协和将该省交通司所管事务归并实业司设科办理，"以节靡费而符议案"。② 交通事务或由民政司管理，或由实业司管理，基本延续了清朝交通行政由劝业道兼管的做法。不过，实业、交通行政官厅仍未完全划一。

考虑到自民国政府成立以来，中央官制虽已公布施行，"而地方官厅尚多各为风气"，"同此一司，而南北之名称互异。同为一长，而彼此之权限各殊"，若不明编地方官制，"复多歧出，以致纪纲愈坠，政令愈疲，官治愈梦，民生愈悴"，1913年1月8日，袁世凯颁布大总统令，决定先从划一现行京外各官厅入手，"一面为整齐现制之图，即一面为施行新制之备"，要求各地在民国二年三月以前一律办齐。③ 同日，袁世凯颁布了《划一现行各省地方行政官厅组织令》，规定：已设民政长省份以民政长为该省行政长官，未设民政长省份以都督兼任民政长，

① 《裁撤各省交通司手续》，《申报》1912年8月12日。
② 《江西近政种种》，《申报》1912年8月18日。
③ 《临时大总统关于暂行划一地方官制令》，中国第二历史档案馆编《中华民国史档案资料汇编》第3辑，江苏古籍出版社，1991，第114—115页。

为该省行政长官。各省行政公署除各设一总务处外，划一现行分司名称，分设内务司、财政司、教育司和实业司。各司分设司长、科长、科员，另根据现行官制之例，酌设技正、技士办理技术事务。除各省行政长官由大总统任命外，司长及其以下各官依现行法规之例，司长由该省行政长官呈由国务总理呈请简任，科长、技正呈由国务总理荐请任命，科员及技士由该省行政长官委任。各省行政公署秘书、科长、科员、技正、技士员额由该省行政长官拟具现行相当人数呈由国务总理呈请大总统核定。① 不久国务院又统一规定，各省行政公署总务处及各司，设2—4科，其员额总数不得逾60人。

　　这次划一官厅，将直省交通行政划归内务司管辖，不再由实业司兼管交通事务，实业司掌管下列事项：（1）农业改良；（2）农事试验场；（3）蚕丝业改良及检查；（4）地方水利及耕地整理；（5）天灾虫害之预防、善后；（6）农会；（7）农业讲习；（8）农林渔牧各团体；（9）畜牧改良；（10）种畜检查及兽医；（11）公有林、私有林监督、保护、奖励；（12）苗圃及林业试验；（13）狩猎监察；（14）水产试验及讲习；（15）水产业监理、保护、奖励；（16）劝业会；（17）经营工业；（18）度量权衡之检查及推行；（19）模范工场；（20）工业补助；（21）工业试验所；（22）工业调查；（23）工厂监督及检查；（24）工人教育及保护；（25）输出奖励；（26）商品陈列；（27）保险及其他商业监督；（28）工商业团体；（29）矿区调查；（30）矿业监督；（31）矿夫保护；（32）矿税稽核；（33）地方自办及民办之电气营业。② 实业司的职掌范围基本上是清朝劝业道职掌的农工商矿各业。

　　自《划一现行各省地方行政官厅组织令》颁布后，各省陆续将

---

① 《划一现行各省地方行政官厅组织令》，《中华民国史档案资料汇编》第3辑，第116—117页。
② 《国务院致各省行政长官电·附各省行政公署暂行办事章程》，民国二年三月十九日，《政府公报》第315号，转引自"教育部"编《中华民国建国史（第二篇）民初时期》，台北："国立"编译馆，1987，第441—442页。

旧有的实业行政官厅改为实业司，劝业道的名称不复存在，但是其职掌的农工商矿和各项交通事务则分别由实业司和内务司承继下来。清季建立的实业、交通行政管理制度为民国的制度建设留下了宝贵遗产。

结　语

1911 年 7 月 10 日，庆亲王奕劻在新内阁会议上振振有词地演说道："整理财政、振兴实业二者最为当务之急"，"今确定为政治方针……将来实业发达，财源渐裕，财政自充，则一切政务经费有着，不难次第扩充，盖事有相成而无相悖也。……本爵上秉圣谟，下采舆论，用是竭其愚虑，定为政纲。凡我同列，谅共此心所望，和衷共济，策励进行，则国家之福也"。[①]

振兴实业被列为朝廷应办最急之务，并定为政纲在全国实施，可见兴利已刻不容缓，成为维护清王朝统治重中之重的举措，而封疆大吏对振兴实业的见识，则更加印证了兴利与国家存亡的密切关系。云贵总督李经羲在奏请朝廷督饬度支部借款办理云南实业时就直言：

> 实边之计在人，聚人之计在财。无人则边虚，无财则人散，是故人心离涣，人才消乏，财源枯竭，有一于此，皆足致亡。而外交之侵略，因之而起。实边聚人之计莫如兴实业。以实业救滇，治病之本也。实业注重矿产，尤本中之本也。以之治内则人心可结，人

---

① 《新内阁会议庆总理演说词》，《大公报》1911 年 7 月 15 日。

才可练，财源可浚。以之对外，则邦交可固。而皆以矿业、实业为之中枢。大办则滇可存，不办则滇必亡。①

回溯清季直省劝业道机构的渊源、创制、发展及流变，背后无不与兴利辟财密切相关。

甲午战后，赔款、练兵、兴学等各项开支与日俱增，布政使、粮储道、盐法道等财税机构虽千方百计筹款，但依然财不堪用，其职能已难以满足开辟财源的需要。为使财有可筹，各省督抚纷纷在衙署外增设农工商矿各局，委士绅在局任事，加强对农工商矿各业的倡兴和管理。在此过程中，督抚的实业行政管理权逐渐扩大，渐有脱离朝廷控制之势。商部设立后，清廷对先前赋予督抚兴办农工商矿各局，札委员绅在局任事的大权却难以收回。而绅商也以不同方式或身份活跃于政商各界，甚至参与实业行政管理，权势日隆，加速了社会结构变动。1907 年外官改制，清廷裁撤体制内的粮、盐等道缺，整合体制外的农工商矿各局，腾出经费，添置劝业道，目的是建立上下有序的实业、交通行政管理秩序，统一实业、交通行政管理权，规范和引导绅商的兴利行为。

然而，清廷改革的目标与结果之间存在不小差距。从改制的进程来看，清廷考虑到难以强令各省统一更改官制，打算十五年内一律完成。然而财政危机日趋加重，新政和宪政逐渐铺开，任重时迫，缓不济急，清廷又改变初意，多次要求各省速设劝业道，广辟财源。但是，各省设官的进度并没有如清廷期许的那样进行。东三省虽被寄望成为改制模范，但总督徐世昌因拥有多项特权，建制独具特色，难成各省效法对象；张之洞虽然较早奏设劝业道，却是为了在入军机之前让自己的私人得补此缺，以便继续遥控湖北实业、交通行政，并以"人地相宜"为由获得了外补劝业道缺的选人权，后为各省所效仿；直隶、江苏最令朝廷失望，两省本应按朝廷期望先行先试，但是受人事、经费等因素影

---

① 《又奏请饬部借款办理实业折》，《申报》1910 年 6 月 24 日。

响，迟迟难产，落在了其他省份的后面。总体而言，各省设官迟速有别，整体进度偏缓，与朝廷期望落差较大，一定程度上影响了中央振兴实业的政令在全国贯彻落实。

就人事和机构设置而言，原农工商矿各局办事人员由督抚札派委任，仰督抚鼻息行事。商部设立后，试图通过委各局总办为商务议员、路务议员和矿务议员的方式收回督抚的用人权，但几无成效；清廷设置劝业道，拟将劝业道的任免权部分收归中央，但各督抚拥权自重，往往不拘常格，任用私人。农工商部和邮传部力主收回督抚辟举劝业道之权，又利用二次议改官制的机会，疾呼劝业道与部直接，纷纷扰扰，但分权与集权之争始终难有定议。在此过程中，农工商部费尽周折，虽赢得了内简劝业道缺的机会，但所保之人也并非优胜于督抚所举之员；吏部也想分羹一杯，但因其权势早已式微，唯有望洋兴叹。由于劝业道多为督抚私人，督抚频繁调动使劝业道经常调任，任满三年者寥寥无几，一年甄别、三年俸满考核之制流于形式。所谓的甄别往往发生在督抚交接之际，后任督抚甄别前任督抚所保之私人，再换上自己的私人。劝业道难以久任，官成传舍，不利于实业、交通事务稳健发展。

各省设置劝业公所，实行分科治事，改变了过去农工商矿各局"散而无统""九龙治水"的局面，建立了层次分明、分工明细、权责清晰的实业、交通行政管理机构。但是由于新式实业、交通人才匮乏，劝业公所"均以中外高等、中等实业或路电等项学堂毕业之学生及曾办实业或交通事务，确有经验人员"充任的目标难以实现，旧人办新事变成常态，人情请托令其难逃冗员充斥的旧弊。

值得注意的是，清廷为节省费用，将实业、交通行政合而为一，统由劝业道管理，但是在劝业道分科治事问题上，农工商部和邮传部都想占有更多权力资源，你争我夺。邮传部力争不得，坚持有关轮、路、邮、电的局所继续保留，不愿归并于劝业公所，又多次提议在直省添设交通使或邮传使，试图将劝业道职掌的交通行政抽离出来，纷纷扰扰，直至清廷覆亡也未实现。劝业道名义上一官担两政，但招商、邮政等局所依旧运作，实际上难以插手交通事务的管理。另外，清廷在改制之初，未全盘理顺劝业道与提学、提法等司道的权限关系，致使劝业行政运作过程中权限纠葛不休，一定程度上影响了劝业行政效能，相关部院不得不再次调整劝业道的相关权限。

州县添设劝业员改变了过去州县官不设专管实业、交通事务佐治官的历史，奠定了中国地方实业、交通行政的基本格局。清廷准许本地士绅担任劝业员，为士绅参与地方实业、交通行政的管理提供了合法渠道，提高了士绅的社会地位，目的在于借此整合各种社会力量，推动地方实业和交通的发展，以补官力之不足。各省劝业道对绅权的控驭也较严，无论是选任劝业员，还是监督劝业员日常行政，各省劝业道均严加监督和管理，以确保劝业员受劝业道的命令节制和受地方官的监督指挥，严防绅权干涉劝业行政范围以外之事，始终将绅权置于官权的控驭范围内，以使劝业员有条不紊地督率绅民兴利。

为了督饬厅州县官兴利，劝业道还参与厅州县三年大计考核工作，评估地方振兴实业、推广交通的成效，奖勤罚懒，以激励和鞭策厅州县官。1911年，农工商部又制定了府州县办理实业劝惩章程，由劝业道具体实施，对厅州县官办理实业进行年度考核，使善于实业发展的能员干吏获得督抚的记功，乃至朝廷的嘉奖，于众多厅州县官中脱颖而出；拙于实业发展的平庸之辈面临留任、扣补，甚至开缺的危机。这一制度的建立有助于保障上级主管部门有关振兴实业、发展交通的政令在地方贯彻落实。

劝业道管理和规范绅商"营利"活动，统筹协调各种利益关系，化解矛盾纠纷，"终以广兴民业为主顾"。[1] 然而，劝业道及其属员中实心任事者凤毛麟角，敷衍塞责者倒不乏其人，有的甚至与绅富一道玩弄权术、营私谋利；加上财政困绌，实业经费难筹，恤商力、体商艰往往成了空头支票，有的劝业道甚至铤而走险，增捐加税，筹集经费。虽然

---

[1] 《直隶总督陈夔龙奏并案详议赵炳麟王乃徵各条陈折》，《政治官报》1910年8月31日。

筹办或经营了农事试验场、工艺局、劝工陈列所等官业，但徒具形式者不在少数。时人一针见血地指出：提倡实业，"乃导民兴利，非与民争利之谓也；乃开拓人民未成之利，非攘夺人民固有之利也。今之议富国者，非不知振兴实业为人民生利之源，故各省设立工艺局、习艺所、农务局、考工厂、劝业会以及农、工、商、路、矿各学堂，以资研究而辟利源。然非由官场所垄断，即由绅富所把持。而贫苦食力、穷乡僻壤之民非但未沾实益，反因之愈促生机"，"中国以人满为患，当为多数人筹普及之策，不当为少数人开专利之阶"。[①] 官商、官民关系未因兴利而根本改善，　定程度上又激化了三者之间的矛盾，甚至反目成仇，以致乱机隐发。

1911 年，清政府推行干路国有政策，执意"与民争利"。权势日隆的绅商对清廷"夺利"极为不满，逐渐背离清廷，普罗大众更没有因官方"兴利"而受益，反因"兴利"而背上了更重的负累。辛亥革命的狂风暴雨使清王朝瞬间栋折而榱崩，难堪重负的劝业道无力回天。然而，清廷围绕"兴利"与"牧民"而建立的一套直省和地方交通、实业行政管理体系并没有因清廷的覆亡而消失，民国各省军政府虽然各自为制，但建立的实业、交通行政机构无不受清朝劝业道制的影响。不仅如此，劝业道的建制和运作还加速了传统重农抑商观念的嬗变和士农工商社会结构的重组，推动了中国社会经济的变迁。

---

① 《关于国民生计根本问题（续）》，《大公报》1911 年 7 月 5 日。

参考文献

近代报刊

《半星期报》《北京日报》《北洋官报》《大公报》《东方杂志》《广东教育官报》《广东警务官报》《广东劝业报》《广西官报》《广益丛报》《广州总商会报》《贵州教育官报》《国风报》《汉民日报》《杭州白话报》《杭州商业杂志》《河南白话科学报》《湖北农会报》《湖北商务报》《吉林官报》《江汉日报》《江宁实业杂志》《江西农报》《交通官报》《晋阳公报》《京报》《两广官报》《两湖官报》《民报》《闽报》《南洋官报》《南洋商报》《南洋商务报》《内阁官报》《厦门日报》《山东官报》《陕西官报》《商务官报》《申报》《神州日报》《盛京时报》《时报》《时事新报》《蜀报》《顺天时报》《四川官报》《四川教育官报》《现世报》《新闻报》《舆论时事报》《远东报》《云南官报》《云南教育官报》《云南政治官报》《浙江官报》《浙江日报》《正风》《政治官报》《中外日报》

档案资料

宫中档朱批奏折。

军机处录副奏折。

赵尔巽档案全宗。

（以上均藏于中国第一历史档案馆）

《广东全省农林试验场民国元年报告书》，华南农业大学农史研究中心藏。

吉林劝业道全宗，吉林省档案馆藏。

史料汇编

安徽省清理财政局编《安徽全省财政说明书》，广东省社会科学院图书馆藏。

北京图书馆出版社影印室辑《清末民国财政史料辑刊》，北京图书馆出版社，2007。

陈旭麓、顾廷龙、汪熙主编《辛亥革命前后·盛宣怀档案资料选辑之一》，上海人民出版社，1979。

《大清五朝会典》，线装书局，2006。

邓实辑《光绪丁未（卅三年）政艺丛书》，台北：文海出版社，1976。

董元亮：《浙江省劝业公所第一届成绩报告书》，商务印书馆，1910。

冯煦主修，陈师礼总纂《皖政辑要》，黄山书社，2005。

奉天省清理财政局编《奉天全省财政说明书》，广东省社会科学院图书馆藏。

甘厚慈辑《北洋公牍类纂续编》，台北：文海出版社，1999。

《格致书院课艺》第9册。

《宫中档光绪朝奏折》，台北故宫博物院，1974。

故宫博物院明清档案部编《清末筹备立宪档案史料》，中华书局，1979。

广东清理财政局编订，广东省财政科学研究所整理《广东财政说明书》，广东经济出版社，1997。

广东省立中山图书馆、中山大学图书馆编《清代稿抄本》，广东人民出版社，2007。

国家档案局明清档案馆编《戊戌变法档案史料》，中华书局，1958。

国家图书馆编《近代统计资料丛刊》，北京燕山出版社，2007。

国家图书馆编《清代（未刊）上谕、奏疏、公牍、电文汇编》，全国图书馆文献缩微复制中心，2005。

国家图书馆编《四川嘉定府文稿》，全国图书馆文献缩微复制中心，2005。

国家图书馆藏《宣统三年顺直谘议局临时会议案公布录》。

国家图书馆藏《中国近代邮政史料》，全国图书馆文献缩微复制中心，2005。

河南省清理财政局编《河南全省财政说明书》，广东省社会科学院图书馆藏。

河南省谘议局编《河南谘议局宣统二年常年会及临时会公布议案》，中州教育社，1910。

湖南省清理财政局编《湖南全省财政说明书》，广东省社会科学院图书馆藏。

吉林省清理财政局编《吉林全省财政说明书》，广东省社会科学院图书馆藏。

江西省清理财政局编《江西全省财政说明书》，广东省社会科学院图书馆藏。

姜亚沙、经莉、陈湛绮主编《晚清珍稀期刊汇编》第 19 册，全国图书馆文献缩微复制中心，2009。

蒋贵麟主编《康南海先生自编年谱》，台北：宏业书局，1987。

交通部、铁道部交通史编纂委员会编印《交通史航政编》，1931。

经济丛编社编辑《经济丛编》，华北书局，1902—1903。

刘锦藻：《清朝续文献通考》，浙江古籍出版社影印本，1988。

鲁子健编《清代四川财政史料》，四川省社会科学院出版社，1984。

马鸿谟编《民呼、民吁、民立报选辑（1909.5—1910.12）》，河南人民出版社，1982。

内阁印铸局编《宣统三年冬季职官录》，台北：文海出版社，1969。

聂宝璋、朱荫贵编《中国近代航运史资料》第2辑下册，中国社会科学出版社，2002。

彭英甲编《陇右纪实录》，台北：文海出版社，1988。

秦国经主编《中国第一历史档案馆藏清代官员履历档案全编》，华东师范大学出版社，1997。

《清朝通典》，浙江古籍出版社影印本，1988。

清华大学图书馆、科技史暨古文献研究所编《清代缙绅录集成》（全92册），大象出版社，2008。

《清实录》，中华书局影印本，1987。

山东谘议局编《山东谘议局议案》，宣统年间编，铅印本，国家图书馆藏。

商务印书馆编译所编《大清光绪新法令》，商务印书馆，1910。

上海社会科学院历史研究所编《辛亥革命在上海资料选辑》，上海人民出版社，1981。

四川省档案馆编《四川保路运动档案选编》，四川人民出版社，1981。

四川省清理财政局编《四川全省财政说明书》，广东省社会科学院图书馆藏。

四川谘议局辑《四川谘议局第二届常年会决议案报告》，宣统二年铅印本，国家图书馆藏。

陶昌善等编《全国农务联合会第一次纪事》，台北：文海出版社，1973。

8 of 440

天津市档案馆、天津社会科学院历史研究所、天津市工商业联合会编《天津商会档案汇编（1903—1911）》，天津人民出版社，1989。

托津等纂《钦定大清会典事例》，台北：文海出版社，1991。

王延熙、王树敏编《皇清道咸同光奏议》，台北：文海出版社，1969。

沃丘仲子：《当代名人小传》，台北：文海出版社，1985。

沃丘仲子：《徐世昌》，台北：文海出版社，1967。

吴剑杰主编《湖北谘议局文献资料汇编》，武汉大学出版社，1991。

夏新华、胡旭晟整理《近代中国宪政历程：史料荟萃》，中国政法大学出版社，2004。

宪政编查馆编，本社影印室辑《清末民初宪政史料辑刊》，北京图书馆出版社，2006。

撷华书局编《宣统己酉大政记》，台北：文海出版社，1976。

邮传部编《邮传部奏议类编续编》，台北：文海出版社，1967。

张正吾、蓝少成、谭志峰编《王鹏运研究资料》，漓江出版社，1996。

章开沅、罗福惠、严昌洪主编《辛亥革命史料新编》，湖北人民出版社，2006。

赵尔巽：《清史稿》，中华书局，1977。

赵靖、易梦虹编《中国近代经济思想资料选辑》，中华书局，1982。

浙江省清理财政局编《浙江全省财政说明书》。

浙江省社会科学院历史研究所、浙江图书馆编《辛亥革命浙江史料续辑》，浙江人民出版社，1987。

浙江省社会科学院历史研究所、浙江图书馆编《辛亥革命浙江史料选辑》，浙江人民出版社，1981。

郑观应：《盛世危言》，王贻梁评注，中州古籍出版社，1998。

直隶省清理财政局编《直隶全省财政说明书》。

中国第二历史档案馆编《中华民国史档案资料汇编》第3辑，江苏古籍出版社，1991。

中国第一历史档案馆编《光绪朝朱批奏折》，中华书局，1995。

中国第一历史档案馆编《光绪宣统两朝上谕档》，广西师范大学出版社，1996。

中国第一历史档案馆编《清代军机处电报档汇编》，中国人民大学出版社，2005。

中国第一历史档案馆编《清宫万国博览会档案》，广陵书社，2007。

中国第一历史档案馆编《清末筹备立宪档案史料补遗》，《历史档案》1993年第3期。

中国社会科学院近代史研究所近代史资料编辑部编《近代史资料》总76号，中国社会科学出版社，1989。

中国史学会主编《中国近代史资料丛刊·戊戌变法》，上海人民出版社、上海书店出版社，2000。

中国史学会主编《中国近代史资料丛刊·辛亥革命》，上海人民出版社，1957。

中央财经大学图书馆辑《清末民国财政史料辑刊补编》，国家图书馆出版社，2008。

朱寿朋编，张静庐点校《光绪朝东华录》，中华书局，1958。

文集、日记、笔记、回忆录、年谱

渤海寿臣辑《辛亥革命始末记》，台北：文海出版社影印本，1969。

蔡尚思、方行编《谭嗣同全集》增订本，中华书局，1981。

《岑春煊文集》，何平、李露点注，广西人民出版社，1995。

陈璧：《望岩堂奏稿》，台北：文海出版社影印本，1967。

陈灨一：《睇向斋谈往》，上海书店出版社，1998。

陈瀛一：《新语林》，上海书店出版社，1997。

陈夔龙著，俞陛云编《庸盦尚书奏议》，台北：文海出版社，1966。

《陈侍御奏稿》，台北：文海出版社，1969。

陈涛：《申安斋遗稿》，台北：文海出版社，1969。

陈义杰整理《翁同龢日记》，中华书局，1997。

陈忠倚辑《皇朝经世文三编》，台北：文海出版社，1966。

《端忠敏公奏稿》，台北：文海出版社，1967。

冯煦：《蒿盦奏稿》，台北：文海出版社，1966。

高拜石：《新编古春风楼琐记》第 1 册，作家出版社，2003。

胡思敬：《国闻备乘》，重庆出版社，1998。

胡思敬：《退庐全集》，台北：文海出版社，1973。

姜义华、张荣华编校《康有为全集》，中国人民大学出版社，2007。

廖树蘅：《珠泉草庐日记》，《历代日记丛抄》，学苑出版社，2006。

刘大鹏：《退想斋日记》，乔志强标注，山西人民出版社，1990。

骆宝善评点《骆宝善评点袁世凯函牍》，岳麓书社，2005。

彭英甲编《陇右纪实录》，台北：文海出版社，1988。

权量编，权国华续编《适园老人年谱》，书目文献出版社，1999。

全国政协文史资料委员会编《辛亥革命亲历记》，中国文史出版社，2001。

上海图书馆编《汪康年师友书札》，上海古籍出版社，1986—1989。

盛宣怀：《愚斋存稿》，台北：文海出版社，1975。

唐文治：《茹经堂奏疏》，台北：文海出版社，1967。

汪荣宝：《金薤琳琅斋丛稿》，台北：文海出版社，1966。

汪诒年编《汪穰卿（康年）先生传记遗文》，台北：文海出版社，1938。

王尔敏、吴伦霓霞编《盛宣怀实业朋僚函稿》，台北：中研院近代史研究所，1997。

王守恂：《从政琐记》，民国六年王仁安集本。

锡良：《锡清弼制军奏稿》，台北：文海出版社，1974。

徐凌霄、徐一士：《凌霄一士随笔》，《民国笔记小说大观》第3辑，山西古籍出版社，1997。

徐世昌：《退耕堂政书》，台北：文海出版社，1976。

薛福成：《出使英法义比四国日记》，岳麓书社，1985。

阎毓善、庆皆甫：《龙沙鳞爪》，台北：文海出版社，1976。

杨寿枏：《云在山房类稿》，中山大学图书馆藏。

佚名编《辛亥革命史料蕲水汤先生（化龙）遗念录》，台北：文海出版社，1976。

俞诚之编《遯庵汇稿》，台北：文海出版社，1968。

袁荣法编《湘潭袁氏家集》，台北：文海出版社，1980。

苑书义等编《张之洞全集》，河北人民出版社，1998。

张謇研究中心、南通市图书馆编《张謇全集》，江苏古籍出版社，1994。

张守中编《张人骏家书日记》，中国文史出版社，1993。

赵滨彦：《湘藩案牍抄存》，台北：文海出版社，1976。

赵树贵、曾丽雅编《陈炽集》，中华书局，1997。

中国国家博物馆编，劳祖德整理《郑孝胥日记》，中华书局，1993。

中国科学院历史研究所第三所主编《刘坤一遗集》，中华书局，1959。

中国社会科学院近代史研究所中华民国史研究室等编《孙中山全集》，中华书局，1982。

周树模：《周中丞（少朴）抚江奏稿》，台北：文海出版社，1966。

周询：《蜀海丛谈》，台北：文海出版社，1966。

朱彭寿：《安乐康平室随笔》，中华书局，1982。

文史资料、碑传、方志

卞孝萱、唐文权编《民国人物碑传集》，团结出版社，1995。

卞孝萱、唐文权编《辛亥人物碑传集》，团结出版社，1991。

常州市地方志编纂委员会编《常州市志》，中国社会科学出版社，1995。

福州市政协文史资料委员会编《福州文史集粹》上册，海潮摄影艺术出版社，2006。

《乐至县志又续》，1929年刻本。

云南省志编纂委员会办公室编印《续云南通志长编》，1985。

政协河南省固始县委员会、学习文史委员会编印《固始文史资料》第4辑，1999。

中国人民政治协商会议独山县委员会、文史研究委员会编《独山县文史资料选辑》第3—4辑，"抗日战争胜利四十周年纪念特刊"，内部发行，1985。

中国人民政治协商会议广东省委员会、文史资料研究委员会编《广东文史资料》第46辑，广东人民出版社，1985。

中国人民政治协商会议广西壮族自治区委员会、文史资料研究委员会编《辛亥革命在广西》，广西壮族自治区人民出版社，1961。

中国人民政治协商会议贵州省委员会、文史资料研究委员会编《贵州文史资料选辑》第7辑，1981。

中国人民政治协商会议四川省委员会、四川省省志编辑委员会编《四川文史资料选辑》第13辑，1964。

中国人民政治协商会议四川省委员会、四川省省志编辑委员会编《四川文史资料选辑》第11辑，1964。

中国人民政治协商会议四川省重庆市委员会、文史资料研究委员会编《重庆文史资料选辑》第12辑，1983。

中国人民政治协商会议遵义市委员会、文史资料委员会编《遵义文史资料》第18辑，1991。

中国人民政治协商会议天津市委员会、文史资料研究委员会编《天津近代人物录》，天津市地方史志编修委员会总编辑室，1987。

著作

敖天颖：《近代地方官方经济管理开端研究：以劝业道和劝业员为中心的研讨》，电子科技大学出版社，2014。

陈锦江：《清末现代企业与官商关系》，王笛、张箭译，虞和平校，中国社会科学出版社，1997。

崔运武：《中国早期现代化中的地方督抚：刘坤一个案研究》，中国社会科学出版社，1998。

关晓红：《晚清学部研究》，广东教育出版社，2000。

郭厚安、吴廷祯上编《悠久的甘肃历史》，甘肃人民出版社，1988。

韩明祥：《济南历代墓志铭》，黄河出版社，2002。

贺觉非、冯天瑜：《辛亥武昌首义史》，武汉大学出版社，2006。

贾大泉主编《四川历史研究文集》，四川省社会科学院出版社，1987。

姜文奎：《中国历代政制考》，台北："国立"编译馆，1987。

"教育部"编《中华民国建国史（第二篇）民初时期》，台北："国立"编译馆，1987。

瞿同祖：《清代地方政府》，范忠信等译，法律出版社，2003。

《劳乃宣公牍手稿》，《北京大学图书馆馆藏稿本丛书》（9），天津古籍出版社，1987。

李国祁：《中国现代化的区域研究：闽浙台地区（1860—1916）》，台北：中研院近代史研究所，1982。

李细珠：《张之洞与清末新政研究》，上海书店出版社，2003。

李永芳：《近代中国农会研究》，社会科学文献出版社，2008。

李玉：《晚清公司制度建设研究》，人民出版社，2002。

李宗仁口述，唐德刚撰写《李宗仁回忆录》，广西师范大学出版社，2005。

405

刘子扬编著《清代地方官制考》，紫禁城出版社，1988。

马敏：《官商之间——社会剧变中的近代绅商》，华中师范大学出版社，2003。

沈晓敏：《处常与求变：清末民初的浙江咨议局和省议会》，三联书店，2005。

沈云龙：《徐世昌评传》，台北：传记文学出版社，1979。

苏全有：《清末邮传部研究》，中华书局，2005。

苏云峰：《中国现代化的区域研究：湖北省（1860—1916）》，台北：中研院近代史研究所，1987。

孙志亮、马林安等主编《陕西近代史稿》，西北大学出版社，1992。

王笛：《跨出封闭的世界——长江上游区域社会研究（1644—1911）》，中华书局，2001。

王尔敏：《中国近代思想史论》，社会科学文献出版社，2003。

王奎：《清末商部研究》，人民出版社，2008。

王晓秋主编《戊戌维新与近代中国的改革——戊戌维新一百周年国际学术讨论会论文集》，社会科学文献出版社，2000。

隗瀛涛、赵清主编《四川辛亥革命史料》，四川人民出版社，1981。

谢本书：《讨袁名将：蔡锷》，兰州大学出版社，1997。

《辛亥革命前十年间时论选集》，三联书店，1960。

熊月之、周武编《陈旭麓文集》，华东师范大学出版社，1997。

严耕望：《唐代交通图考》，上海古籍出版社，2007。

杨天宏：《口岸开放与社会变革——近代中国自开商埠研究》，中华书局，2002。

张德泽：《清代国家机关考略》，学苑出版社，2001。

张朋园：《湖南现代化的早期进展》，岳麓书社，2002。

朱英：《近代中国商人与社会》，湖北教育出版社，2002。

朱英：《辛亥革命时期新式商人社团研究》，中国人民大学出版社，1991。

劉世龍『中国の工業化と清末の産業行政—商部・農工商部の産業振興を中心に』渓水社、2002。

小島淑男（編著）『近代中国の経済と社会』汲古书院、1993。

论文

陈文亮：《山东谘议局研究（1909—1912）》，硕士学位论文，山东师范大学，2008。

陈寅恪：《吾国学术之现状及清华之职责》，陈美延编《陈寅恪集·金明馆丛稿二编》，三联书店，2001。

关晓红：《从幕府到职官：清季外官制改革中的幕职分科治事》，《历史研究》2006年第5期。

关晓红：《独断与合议：清末直省会议厅的设置及运作》，《历史研究》2007年第6期。

关晓红：《清季督抚文案与文案处考略》，《近代史研究》2006年第3期。

关晓红：《清季引入近代文官考试的酝酿与尝试》，《近代史研究》2015年第6期。

关晓红：《晚清督抚衙门房科结构管窥》，《中山大学学报》（社会科学版）2006年第3期。

关晓红：《种瓜得豆：清季外官改制的舆论及方案选择》，《近代史研究》2007年第6期。

郭冠杰：《清朝地方官制之略述》，《社会科学论丛》第3卷第11、12期合刊，1931年。

康复：《清末甘肃劝业道述评》，《兰州学刊》1985年第3期。

李国祁：《明清两代地方行政制度中道的功能及其演变》，《中央研究院近代史研究所集刊》第3期上册，1972年。

李细珠：《张人骏其人及其对新政的态度》，《河北广播电视大学学报》2012 年第 4 期。

李振武：《预备立宪时期督抚对立宪的认识及态度》，《广东社会科学》2018 年第 5 期。

林浩彬：《清季捐纳、科举停废与保举走向》，《中山大学学报》（社会科学版）2019 年第 2 期。

刘世龙：《南洋劝业会与清末新政时期政府的振兴产业政策》，陆梅、刘红译，杨天宏主编《川大史学·中国近现代史卷》，四川大学出版社，2006。

吕芳上：《清末的江西省谘议局，1909—1911》，《中央研究院近代史研究所集刊》第 17 期，1988 年。

马敏：《清末第一次南洋劝业会述评》，《中国社会经济史研究》1985 年第 4 期。

马敏：《试论晚清绅商与商会的关系》，《天津社会科学》1999 年第 5 期。

潘鸣：《清末省级行政机构改革研究（1906 年—1911 年）》，硕士学位论文，首都师范大学，2007。

彭雪芹：《内简与外补之争：清季巡警道员的选任》，《广东社会科学》2017 年第 6 期

钱穆：《中国今日所需之新史学与新史学家》，《思想与时代》第 18 期，1943 年 1 月。

阮忠仁：《清末民初农工商机构的设立——政府与经济现代化关系之检讨（1903—1916）》，台北：台湾师范大学历史研究所，1988。

桑兵：《晚近史的史料边际与史学的整体性——兼论相关史料的编辑出版》，《历史研究》2008 年第 4 期。

桑兵：《晚清民国的知识与制度体系转型》，《中山大学学报》（社会科学版）2004 年第 6 期。

宋美云：《近代商会化解金融风潮之探析——以天津为中心的考察》，《历史教学》2005 年第 3 期。

孙燕京、周增光：《辛壬之际旗籍权贵集团的政治心态》，《历史研究》2012 年第 5 期。

汤志钧：《戊戌时期的郑孝胥及其〈日记〉》，《近代史研究》1996 年第 1 期。

王公度：《清末彭英甲举办甘肃洋务实业的一些情况》，《甘肃文史资料选辑》第 4 辑，甘肃人民出版社，1987。

王家俭：《晚清地方行政现代化的探讨（1838—1911 年)》，《中国近代现代史论集·清季立宪与改制》第 16 编，台北：台湾商务印书馆，1986。

王奎：《清末农事试验场的创办与农业经济形态的近代化》，《华南农业大学学报》（社会科学版）2007 年第 4 期。

魏光奇：《清代州县官任职制度探析——附论中国传统政治中的地方行政首脑权力制约》，《江海学刊》2008 年第 1 期。

魏光奇：《清代州县治理结构述要》，《首都师范大学学报》（社会科学版）2003 年增刊（《中国近现代史研究专辑》）。

魏光奇：《晚清的州县行政改革思潮与实践》，《清史研究》2003 年第 3 期。

吴玉伦：《清末实业教育制度研究》，博士学位论文，华中师范大学，2006。

肖宗志：《清季预备立宪时期吏部的裁撤及其主要原因》，《西南大学学报》（社会科学版）2016 年第 4 期。

谢俊美：《辛亥革命时期的军政府述论》，《历史教学问题》2001 年第 4 期。

谢贤章：《广东近代高等农业教育起始考》，《中国农史》1988 年第 2 期。

徐建平：《清末东三省谘议局与地方公署关系初探》，《历史教学》2000 年第 8 期。

杨天宏：《自开商埠的地域分布及其对清季外贸市场网络体系发育

的影响》，《四川大学学报》（哲学社会科学版）1999 年第 2 期。

衣保中：《清末东北农业试验机构的兴办及近代农业技术的引进》，《中国农史》1988 年第 4 期。

张季：《清季官制改革中吏部裁撤历程考》，《山西师大学报》（社会科学版）2014 年第 2 期。

张玉法：《中国现代化的区域研究：山东省（1860—1916）》，中研院近代史研究所专刊（43），1982。

周勇进：《清代地方道制研究》，博士学位论文，南开大学，2010。

朱英：《辛亥革命前的农会》，《历史研究》1991 年第 5 期。

倉橋正直「清末，商部の実業振興について」『歴史学研究』432期、1976 年。

倉橋正直「清末の振興実業」野沢豊・田中正俊（編集）『講座中国近現代史第 3 巻（辛亥革命）』東京大学出版会、1978。

小羽田誠治「清末成都における勧業場の設立」『史学雑誌』112編 6 号、2003 年。

野沢豊「辛亥革命と産業問題——一九一〇年の南洋勧業会と日・米両実業団の中国訪問」『人文学報』154 号、1982 年。

附录一　清季各省劝业相关人员名录

表1　吉林劝业道道署各员衔名情况

科别	职掌	姓名	籍贯	官阶	出身
总务科	总科长	李德钧	顺天府固安县	留吉补用知县	光绪丁酉科举人
	一等科员	王震丰	浙江钱塘	候选通判	附贡生
	二等科员	陈镕	福建长乐县	分省补用县丞	附生
	三等科员	梁殿藻	广东三水县	分省补用州同	附生
农务科	一等科员	张凤墀	保定祁州	候选知县	丁酉科举人
	二等科员	王廷宾	山东沂水县	候选县丞	日本法政大学毕业，附生
	三等科员	刘国玺	奉天辽阳州	府经历衔	监生
	垦务股文牍员	田汝霖	吉林五常	保升知县	监生
	垦务股稽核员	全陞	满洲正黄旗锡恩佐领下人	蓝翎佐领	笔帖式
	垦务股支应员	魁海	汉军正蓝旗佐领下人	蓝翎佐领	笔帖式
	垦务股差遣员	雷禄祥	汉军镶白旗海兴佐领下人	拣委章京	笔帖式
工艺科	一等科员	易象	湖南长沙	中书科候补中书请改知县	廪贡
	二等科员	申志才	广东从化	县丞职衔	监生
	三等科员	吕存诚	云南鹤庆州	湖南试用从九品	监生
商务科	一等科员	刘广莲	直隶东光县	山东试用县丞	廪生
	二等科员	吴英	湖北云梦县	候选府经历	附生

科别	职掌	姓名	籍贯	官阶	出身
矿务科	一等科员	唐荣第	直隶卢龙县	留吉委用直隶州州判	拔贡
	二等科员	钟国荣	安徽巢县	府经历衔	吉林武备学堂毕业生
	三等科员	钟铭勋	江西南昌县	候选巡检	北洋警备学堂毕业生
邮传科	一等科员（原科员请假，由总务科王倬代办）				
	二等科员	陆鸿熙	江苏长洲	候选府经历	附贡
其他	统计主任员（于宣统二年三月详由总务科一等科员兼充助理员职）	李文凤	广东香山	通判	留日同文书院毕业生

资料来源：《吉林劝业道为奉农工商部札造送职署科员衔名籍名出身清册给该部的呈文并清册》，吉林省档案馆藏吉林劝业道全宗，档案号：10-1-482。

表 2　浙江劝业公所职员情况

科别	职掌	姓名	次章	年龄	籍贯	官阶	出身
总务科	科长						
	副科长	杨庆生	竹篔	44	江苏江都	补用知县候选盐大使	监生
	编制科员	黄为熊	子祥	41	江西德化	候补知县	辛卯举人
	文牍科员	杨士龙	叔丹	39	江苏江都	中书科中书	附贡生
	收发科员	朱其选	万青	49	江苏荆溪	候补知县	监生
	会计科员	蒋志培	笃斋	36	浙江钱塘	江苏补用直隶州州同	庚子辛丑举人
	会计副科员	金秉彝	海珊	42	直隶大兴	候补从九	监生
农务科	科长	吴槐绶	子绂	50	浙江仁和	候选教职	岁贡生
	副科长	刘学诚	存斋	34	广东香山	内阁中书	己酉农科举人
	科员	陆家鼎	定九	35	江苏崇明	内阁中书	戊申农科举人
	副科员	荣棣源	叔元	47	直隶河间	候补盐经历	丁酉拔贡举人

续表

科别	职掌	姓名	次章	年龄	籍贯	官阶	出身
工艺科	科长	许炳堃	缄甫	33	浙江德清	内阁中书	戊申工科举人
	副科长	郑衡	乐泉	31	福建闽县	通判职衔	约翰学堂毕业生
	科员	吴雁声	湘浦	51	河南泌阳	拣选盐大使	甲午举人
	副科员	强惠畴	伯熙	36	江苏溧阳	候选教职	廪贡生
商务科	科长						
	副科长	沈家熙	方斋	47	浙江会稽	直隶候补知县	监生
	科员	余梦龄	小禅	34	江苏无锡	县丞职衔	监生
	副科员	辻钟业	叔和	34	江苏山阳	县丞职衔	监生
矿务科	科长	李孝先	南陔	45	广西贺县	正任余杭县知县	己丑进士、庚寅翰林
	副科长	陈鼎	禹臣	42	江西新淦	候补同知	附贡生
	科员	颜本敦	子厚	23	广东连平	候选盐大使	浙江法政学堂毕业生
	副科员	刘师恩	文苏	25	浙江永嘉		南洋陆军学堂测绘毕业
邮传科	科长						
	副科长	陈祖望	绍衣	28	福建侯官	候补知县	癸卯举人
	科员	吴善宝	珩白	34	浙江钱塘	分省县丞	附生
	副科员	徐继高	燕亭	30	江苏崇明	县丞衔	日本宏文毕业生

资料来源：国家图书馆藏《浙江省劝业公所第一届成绩报告书》，第5—6页。

表3　甘肃劝业公所六科人员衔名情况

科别	职掌	姓名	字号	籍贯	官阶
总务科	正科长	洪延祺	筱笠	安徽桐城县	试用直隶州知州
	副科长	张铸	鼎九	陕西临潼县	议叙知县
	科员	朱兆圭	汝霖	湖南宁乡县	试用知州
	科员	左崇祺	景堂	山西临汾县	补用府经历
	科员	刘遵矩	子方	陕西富平县	试用县丞
	科员	傅晟	旭东	直隶清苑县	分省试用巡检

续表

科别	职掌	姓名	字号	籍贯	官阶
农务科	正科长	刘炳堃	文卿	陕西华州	试用通判
	副科长	萧绍鏊	伯聪	四川宜宾县	议叙通判
	科员	段堃煇	德辉	陕西平利县	补用直隶州州同
	科员	马廷骧	少汉	甘肃河州	候选通判
	科员	张葆棠	镜仙	陕西韩城县	试用县丞
工艺科	正科长	向楷	肇英	四川大宁县	即补知府
	副科长	蒋康	公度	江苏武进县	即补知县
	科员	黄天相	乾甫	陕西邠州	试用知县
	科员	王际云	晴岚	浙江余姚县	试用县丞
	科员	汪哲	学甫	安徽黟县	候补县丞
商务科	正科长	吴崇德	修之	陕西高陵县	补用知县
	副科长	陈泽藩	道生	湖南长沙县	补用知县
	科员	蒋廷奎	仲笙	陕西肤施县	试用知州
	科员	秦锡璋	李玉	江苏江宁县	候选州同
	科员	吕鑫垚	奋三	湖南益阳县	补用州吏目
矿务科	正科长	单志贤	伯希	江西高安县	即用知县
	副科长	吉玮	子琦	陕西韩城县	拣选知县
	科员	林凤韶	爱伯	广东南海县	截取知县
	科员	刘翰飞	凤五	陕西临潼县	州同衔
	科员	周天祐	砚耕	湖北郧县	分省补用巡检
邮传科	正科长	徐登第	翰卿	陕西盩屋县	直隶州补用知县
	副科长	赵发藻	静年	湖南宁乡县	试用通判
	科员	伍大光	韬若	广东新会县	补用通判
	科员	续敏	少岩	满洲正蓝旗	补用知县
	科员	高之铸	寿全	陕西米脂县	试用县丞
	科员	王廷翰	藻渔	甘肃泰州	试用巡检

资料来源：《甘肃劝业公所六科人员衔名》，彭英甲编《陇右纪实录》，第28—32页。

表4　浙江全省各厅州县劝业员情况

府名	县名	姓名	爵里	现委年月
杭州府	仁和县、钱塘县	程良骏	前江西赤石巡检	宣统二年四月
	海宁州	张承熙	附生	宣统元年十月
	富阳县	俞宝文	五品职衔	宣统二年二月

府名	县名	姓名	爵里	现委年月
杭州府	余杭县	王壬	六品顶戴军功	宣统二年二月
	临安县	周镐	贡生	宣统元年九月
嘉兴府	嘉兴县、秀水县	钱衡同	府照磨	宣统元年九月
	嘉善县	孙家瑚	前安徽黟县知县	宣统元年九月
	海盐县	徐鸿玑	前淳安教谕	宣统元年十二月
	平湖县	汤廷荣		宣统元年九月
	石门县	马昭懿	卣会董	宣统元年十月
湖州府	乌程县	沈泽春	陆军部主事	宣统元年十一月
	归安县	莫章达	内阁中书	宣统元年十二月
	长兴县	藏树蕾	从九职衔	宣统元年十一月
宁波府	鄞县	郭景汾	附生	宣统元年十一月
	定海厅	吴文敏	附生	宣统元年十一月
绍兴府	山阴县	杜子枬	太常寺博士衔	宣统元年九月
	会稽县	张钟沅(原名琴孙)	附生	宣统元年十二月
	萧山县	沈宗傅	附贡生,前云南广通县知县	宣统二年三月
	诸暨县	郭豫	岁贡	宣统元年八月
	新昌县	陈凤鸣	廪贡	宣统元年十二月
	上虞县	张晋鑑	己丑举人,前浦江教谕	宣统二年正月
	余姚县	史兆农	廪贡	宣统元年十一月
台州府	临海县	余光启	度支部主事	宣统元年十一月
	太平县	阮尚质	前四川汉州知州	宣统二年四月
金华府	金华县	闻人植	廪生	宣统元年九月
	东阳县	庐世范	廪生	宣统二年二月
	浦江县	张兆蓉	附生,法政毕业	宣统元年十一月
	汤溪县	郑维钧	增贡	宣统二年十一月
	蓝谿县	郑元楷	岁贡	宣统二年三月
温州府	玉环厅	郭云章	拔贡	宣统二年二月
	永嘉县	张焕绅	附生	宣统元年十月
	乐清县	朱虞宾	廪生	宣统二年三月
	平阳县	陈承绂	职员	宣统元年十月
	泰顺县	齐凤鸣	恩贡	宣统元年十月

续表

府名	县名	姓名	爵里	现委年月
衢州府	西安县	郑邦彦	附贡	宣统二年正月
	江山县	毛锡麒	廪生	宣统元年十一月
	开化县	方智	职监	宣统元年九月
	常山县	何士谦	贡生	宣统二年五月
严州府	分水县	刘橺	附生	宣统元年九月
处州府	龙泉县	张震	候选同知	宣统元年九月
	云和县	叶肇璡	旅杭学生	
	景宁县	叶耀棠	附生	宣统元年十一月

资料来源：国家图书馆藏《浙江省劝业公所第一届成绩报告书》，第8—9页。

表5　光绪三十年（1904）札派商务议员

省份	情况	
直隶	黄璟，河南候补道、直隶农务局总办，八月初八日札派，现已离差	周学熙，直隶候补道，旋升长芦运司、工艺局总办，八月初八日札派，现已离差
江苏	刘世珩，江苏补用道，商务局总办，九月初三日札派，现已离差	
安徽	陈永懋，安徽补用道，商务局总办，九月二十六日札派，现已离差	
河南	胡翔林，河南特用道，农工商局总办，八月十三日札派，现已离差	童祥熊，安徽候补道，芜湖商务分局经理，十月二十六日札派，现已离差
江西	周浩，江西布政使，农工商矿局总办，十月初六日札派，现已离差	
湖南	王铭忠，员外郎衔，湖南商务局坐办、总董，十二月初六日札派，现已离差	

资料来源：据《农工商部统计表（光绪三十四年）》制，《近代统计资料丛刊》第26册，第619—628页。

表6　光绪三十一年（1905）札派商务议员

省份	情况	
江苏	陈树藩，江苏候补道，商务局总办，八月初四日札派，现已离差	
安徽	任廷枚，安徽候补知府，商务局提调，六月二十七日札派	

续表

省份	情况	
山东	朱钟琪,山东即补道,农工商局总办,二月初一日札派	
山西	刘笃敬,湖南试用道,商务局总办,四月初六日札派	
陕西	吴树棻,截取补用道,陕西农工商矿局会办,十一月初三日札派,现已离差	
福建	何成浩,福建汀漳龙道,农桑局总办,三月十五日札派	玉贵,福建兴泉永道,厦门商政局总办,六月十三日札派,现已离差
浙江	万福康,浙江特用道,农工商矿局会办,正月二十四日札派,现已离差	
湖北	朳秦忻,湖北候补道,汉口商务局总办,八月十八日札派	
四川	蔡乃煌,四川补用道,商务局总办,正月二十五日札派,现已离差	周克昌,山西候补府,川东商务局总办,四月二十四日札派,现已离差
广东	左宗蕃,五品京堂,广东商务局总办,九月初七日札派,现已离差	
广西	周平珍,分省补用道,广西商务局总办,九月初八日札派	
云南	方宏纶,云南候补道,农工商局总办,十一月初九日札派	

资料来源:据《农工商部统计表(光绪三十四年)》制,《近代统计资料丛刊》第26册,第619—628页。

表7 光绪三十二年(1906)札派商务议员

省份	情况			
奉天	陶大钧,奉天驿巡道,二月三十日札派	彭毅孙,广西补用道,奉天商务局总办,二月三十日札派,现已离差	金还,湖南候补道,奉天商务局总办,八月十二日札派,现已离差	熊希龄,候选道,奉天农工商局总办,四月札派,现已离差
陕西	张守正,陕西特用道,农工商矿局总办,七月初八日札派			

续表

省份	情况	
福建	李毓森,前福建汀漳龙道,二月初九日札派,现已离差	
浙江	杨葆铭,浙江候补道,农工商矿局总办,六月十三日札派	
江西	傅春官,江西候补道,农工商矿局总办,八月十六日札派	

资料来源：据《农工商部统计表（光绪三十四年）》制,《近代统计资料丛刊》第26册,第619—628页。

表8　光绪三十三年（1907）札派商务议员

省份	情况	
奉天	韩国钧,河南补用道,奉天农工商局总办,二月二十五日札派,现已离差	
直隶	孙多森,直隶候补道,工艺局总办,十月初四日札派	
江苏	苏品仁,江苏候补道,农工商局总办,七月二十一日札派	
山东	萧应椿,山东候补道,农工商局总办,三月初八日札派	
河南	何廷俊,河南候补道,农工商局总办,正月十七日札派	
甘肃	彭英甲,甘肃兰州道,二月十七日札派	
福建	吕渭英,福建候补道,二月二十九日札派	玉贵,福建兴泉永道,厦门商政局总办,六月十三日札派,现已离差
四川	周善培,四川候补道,商务局总办,六月初二日札派	陈通声,四川川东道,川东商务局总办,十月初四日札派
广东	沈傅义,署惠潮嘉道,四月十六日札派,现已离差	刘麟瑞,山西候补道,奏调广东差遣,四月十六日札派

资料来源：据《农工商部统计表（光绪三十四年）》制,《近代统计资料丛刊》第26册,第619—628页。

表9　光绪三十四年（1908）札派商务议员

省份	情况	
浙江	王丰镐,六月札派	汤汝和,八月札派
湖北	卞綍昌,七月札派	

资料来源：据《农工商部统计表（宣统元年）》制，《近代统计资料丛刊》第27册，第43页。

表10　清季各省矿务议员（附总、会办）

	1904 年	1905 年	1906 年	1907 年	1908 年
安　徽	五月初二,袁大化	九月,蒯光典	蒯光典	五月,李经羲	李经羲
江　苏		十一月,陈树涵	四月,许鼎霖；十二月,王瑾	三月,翟衡玑	翟衡玑
山　东		十二月,朱钟琪		三月,萧应椿	
奉　天			正月,奭良	四月,赵臣翼、孙海环；十月,祁祖彝	三月,徐庭爵
陕　西			二月,张守正	张守正	张守正
福　建			三月,罗臻禄	罗臻禄	罗臻禄
广　东			四月,周平珍	周平珍	周平珍
江　西			四月,刘景熙		
湖　南			四月,涂懋儒	十二月,蒋德钧	十月,王铭忠；十一月,改派矿务会办蒋德钧、王铭忠
广　西			闰四月,周平珍	周平珍	周平珍
吉　林			五月,王昌炽		
直　隶			五月,梁敦彦；五月,邝荣光	六月,梁如浩；十二月,蔡绍基、李德顺	蔡绍基、李德顺
四　川			九月,沈秉堃		二月,罗长鳌
河　南			九月,韩国钧	三月,张承声	张承声
甘　肃				二月,马福祥	

续表

	1904 年	1905 年	1906 年	1907 年	1908 年
热河				十二月,李树南	李树南
云南				十二月,刘孝祚	刘孝祚
黑龙江					四月,总办纯德、会办马六舟

资料来源：据《农工商部统计表（光绪三十四年）》制,《近代统计资料丛刊》第 26 册,第 383—391 页；第 27 册,第 167—168 页。

表 11　清季各省劝业道

	1907 年		1908 年		1909 年		1910 年		1911 年	
直隶							孙多森	4.5	苏品仁	11.11
江宁							李哲濬	5.7	李哲濬	
安徽			童祥熊	4.29	童祥熊		童祥熊		萧应椿	3.23
									赵鸿猷	5.5
山东			萧应椿	1.18	萧应椿		萧应椿		童祥熊	3.23
山西									翁斌孙	2 月
									王大贞	7.12
河南					王维翰	9.1	王维翰		王维翰	1.12
									胡鼎彝	1.13
陕西					光昭	2.1	光昭		光昭	
浙江					董元亮	4.21	董元亮		董元亮	
江西					傅春官	1.21	傅春官		傅春官	
湖北	刘保林	9 月	刘保林		刘保林	亡	邹履和		高松如	
					邹履和	2 月	高松如			
湖南			沈祖燕唐步瀛	3.23	唐步瀛		唐步瀛谭启瑞王曾绶	8.9	王曾绶	
广西					胡铭磐	12.9	胡铭磐		胡铭磐	2.11丁忧
									赵从蕃	2.18
									彭清范	署理
									胡翔林	6.8
贵州			严儁熙	5.15	王玉麟	6.13	王玉麟	11.27	王玉麟	
			向步瀛	未到任						

	1907 年		1908 年		1909 年		1910 年		1911 年	
云南			刘孝祚	7.27	刘孝祚		刘孝祚 袁玉锡	4.19	袁玉锡	
奉天	黄开文	8.2	黄开文		韩国钧	8.31	赵鸿猷		管凤龢	3.30
					董遇春	9.3			萧应椿	5.5
					赵鸿猷	9.19			周肇祥	11.10
吉林			徐鼎康	10.27	张瀛	6.8	黄悠愈	3.14		
							曹廷杰	10.1		
黑龙江	张建勋	12 月	张建勋		张建勋		张建勋		张建勋	
四川			周善培	10.21	周善培		周善培		周善培	10.26 单
									于宗潼	10.27
福建							张星炳	5.11	张星炳	
广东			陈望曾	8.13	陈望曾		陈望曾		陈望曾	

注：表中数字代表履职时间，如 4.5 代表 4 月 5 日。

资料来源：此表据《政治官报》《光绪朝朱批奏折》《宣统政纪》等相关资料制。

421

附录二　清季劝业道传略

1. 刘孝祥，福建闽侯县人，举人，历任四川都署文案，云阳县和盐源县知县，云南全省矿政局和电报局总办。1908年署云南劝业道。民国后，任福建盐运使。

2. 萧应椿（1856—1922），字绍庭，别号顜公。清亡后改号大庸。祖籍江西抚州，元末迁金陵，明初移家昆明，遂为昆明人。其父萧培元，清咸丰、同治年间任济南府知府，后署山东按察，遂又移家于济南。应椿于光绪十八年（1892）捐同知，次年乡试中举。二十年捐道员。二十九年应经济特科，殿试二等，授道员，任山东农工商务局会办，兼管山东矿政调查局、胶济路矿局。三十一年又兼任山东大学堂监督，三十二年升任农工商务局总办。三十四年，农工商务局改归劝业道，任道员。宣统三年（1911）调任安徽劝业道。旋即，改授奉天，擢升为奉天提法使。清亡后不仕，返济南，经办盐业。1918年，与王鹿泉等合资成立山东工商银行。萧氏工书法，能诗，喜收藏，法书名画多宋元之名迹。有《紫藤花馆诗集》等著述传世。①

3. 光昭，满洲正红旗人，监生，曾任西安府知府。

4. 高松如，直隶清苑县人。由监生江苏试用府经历遵例报捐同知，指

---

① 《萧应椿墓志铭》，韩明祥：《济南历代墓志铭》，黄河出版社，2002，第290页。

分湖北试用，复捐升道员，指分湖北试用；① 因其善于经营被湖广总督张之洞委任为湖北官钱局总办。

5. 黄悠愈，广东顺德县人。由廪贡生报捐道员，指分福建试用，曾在福建农桑局总会办差，任吉林永衡官银钱号总办。

6. 黄开文，字锡臣，广东蕉岭县人，留学美国，纳资为候补道。徐世昌总督东三省，奏补黄为奉天劝业道。宣统三年冬，袁世凯任其为湖北汉黄德道兼江汉关监督。后入总统府，为历任总统之大礼官。② 著有《清末官场礼节及市井习俗》。

7. 傅春官，字苕生，江苏江宁（今南京）人，廪贡。曾任浔阳道员、江西农工商矿局总办，兼任农工商部商务议员。著有《金陵历代建置表》《江西农工商矿纪略》《金陵兵事本末》《晦斋笔记》《百无可斋近体诗》。

8. 赵鸿猷，山西平遥县人，举人。平遥协同庆票号总经理赵德普之子，曾任四川机器局总办，兼任银元局事务。

9. 王曾绶，字慕沂，顺天通州人，光绪丁酉科举人。曾任户部主事、云南司帮主稿、则例馆纂修、商部员外郎、通艺司帮掌印、商标局帮办、工务司掌印、度量权衡局提调、湖南劝业道、长芦盐运总局局长，民国任国务院秘书厅佥事五等嘉禾章。③

10. 王玉麟，字仲瑜，云南昆明县人，光绪辛卯举人。曾任都匀府知府、贵州劝业道。民国改元，任云南民政司司长。④

11. 王大贞，字干臣，福建晋江县人，清光绪庚子辛丑并科举人，农工商部郎中。民国成立后，任山西都督府实业司司长，六年被选为参议院议员，兼全国农工银行筹备处主任。

① 秦国经主编《中国第一历史档案馆藏清代官员履历档案全编》（8），华东师范大学出版社，1997，第73页。
② 沈云龙：《徐世昌评传》，台北：传记文学出版社，1979，第113页。
③ 敷文社编《最近官绅履历汇录》，台北：文海出版社，1970，第99页。
④ 云南省志编纂委员会办公室编印《续云南通志长编》下册，1985，第629页。

12. 董元亮，字季友，福建闽县人，举人。著有《柞蚕汇志》。

13. 胡翔林，安徽泗县人，举人，祖籍浙江。由监生学习主事，报捐郎
    中，签分刑部，光绪十六年在浙江赈捐案内捐戴花翎，十七年中式
    辛卯科顺天乡试举人，二十四年十一月遵新海防例保捐道员，指分
    河南试用。二十五年五月到省，河南巡抚裕长委办厘税局事务，六
    月委办机器制造局事务。二十六年五月，一年期满甄别，裕长以稳
    练精详、才识超卓、堪胜繁缺道员之任，奏请留省补用；十二月，
    经河南巡抚于荫霖札委兼管支应局及军火、军械两所事宜。二十七
    年三月札委兼办交涉洋务局事务，四月经直隶总督李鸿章札委驻汴
    办理顺直善后赈捐局事务。二十八年正月，河南巡抚锡良奏派总办
    河南大学堂事务。① 宣统三年任广西劝业道。民国后任江苏财政厅
    厅长。

14. 彭英甲，字炳东，号铁函，奉天承德（今属河北）人，副贡。曾任
    兰州道、甘肃农工商矿局总办。

15. 孙多森（1867—1919），字荫庭，安徽寿州人，增贡生，捐候补同
    知衔。著有《直隶实业汇编》。

16. 李哲濬，浙江定海县人，由附贡生于光绪二十二年报捐主事，签分
    户部，是年报捐花翎五品衔，二十七年在顺直赈局报捐道员。后又
    报捐，分发指省广东试用。

17. 陈望曾，字省三，号鲁村，福建台湾人，改籍福建侯官，1874 年得
    进士，授内阁中书。先后署广东雷州、韶州知府，广州府知府。后
    委提广东海防兼善后总局，管理全省军需。1908 年擢升广东劝业
    道。辛亥革命后退隐香港。

18. 袁玉锡（？—1912），字季九，湖北襄阳县人，进士，曾任遵义府
    知府，调升云南劝业道，1911 年 12 月任云南省参议。

19. 童祥熊，字次山，浙江鄞县人，癸未（清光绪九年）进士。

---

① 秦国经主编《中国第一历史档案馆藏清代官员履历档案全编》（7），第 27 页。

20. 胡鼎彝（1854—1926），字味笙，陕西榆林县人。光绪十八年进士，授翰林院庶吉士，旋改编修，充任国史馆协修，镶黄旗官学查学官。二十七年出任湖北学政，新旧学并举，学风蔚然。民国初年任豫北总办。

21. 张星炳，字粤生，号叙墀，河南固始县人，生于道光三十年六月十九日，卒于 1922 年 6 月 3 日。① 由附生中式，乙亥恩科本省乡试举人，光绪六年庚辰科中式进士，改翰林院庶吉士。九年散馆授职编，十一年十二月充国史馆协修官，十四年正月充国史馆纂修官，十五年己丑恩科充云南乡试副考官，十九年京察一等，史部带领引见，奉旨记名，以道府用。②

22. 于宗潼（1860—1934），字梓生，号西园，山东福山县人，进士。著有《浣薇书屋遗稿》《西园居士文集》《四川全省劝业道福山于君家传》。参与编修《山东通志》，总纂《福山县志》。

23. 周善培（1875—1958），号孝怀，举人，原籍浙江诸暨。1899 年东渡日本，考察学校、警政、实业后回四川。在日期间，经梁启超介绍与孙中山会晤后，对自立军表示支持。1901 年奉四川总督奎俊命，率考选学生 20 人赴日留学。后在成都设立东文学堂，在泸州设立川南经纬学堂，任警察传习所传习总办。1903 年任广东督署副总文案兼弁学堂监督。后任四川警察局总办、商务局总办、劝业道、署理提法使等职。1912 年离川至沪闲居。1915 年参加护国运动。1931 年九一八事变后反对"满洲国"傀儡政府，在上海潜心治学。中华人民共和国成立后被推为民生轮船公司董事长，全国政协委员。1958 年秋于上海病逝。著有《说文》《虚字使用法》等。

24. 胡铭槃，浙江归安县人，附贡。1907 年，奉广西巡抚张鸣岐之命总办广西富川贺县西湾煤矿。宣统元年署广西劝业道。民国元年任粤

---

① 张明英：《清翰林院庶吉士张星炳》，政协河南省固始县委员会、学习文史委员会编印《固始文史资料》第 4 辑，1999，第 160 页。

② 秦国经主编《中国第一历史档案馆藏清代官员履历档案全编》（5），第 682 页。

海关监督，1913 年任广西梧州关监督。

25. 徐鼎康（1876—1938），字锡丞，江苏嘉定县人。系咸丰年间内阁学士兼礼部侍郎徐致祥之子，同治年间一甲一名进士、礼部尚书兼协办大学士徐郙侄孙。历任北洋巡警学堂总办和吉林劝业道、吉林交涉使、吉林度支使。民国元年任吉林民政使。翌年，改任吉林省内务司司长。1914 年，任安徽省安庆道尹。1925 年，任江苏省金陵道尹。1926 年，任江苏省省长。有《秋根诗抄》《家庭杂忆》等著作传世。

26. 赵从蕃，江西南丰县人，进士，授工部主事，陟员外郎，改农工商部，迁郎中。① 授广西劝业道，未到任，充安徽清理财政正监理官。民国为财政部秘书，外任津海关监督，移两浙盐运使。

27. 韩国钧（1857—1942），江苏泰州（今泰县）人，字紫石，又字止石。举人出身。先后署理河南镇子、祥符、武陟、永城、浚县知县。1902 年任河北矿务局总办、交涉局会办。1903 年总办河北蚕桑实业中学堂。1905 年赴日本考察。1906 年任河南陆军参谋处会办及矿政调查局总办。1907 年任奉天交涉局兼开埠局局长、农工商局副局长，8 月任两广督练公所参议兼兵备处总办。1909 年 9 月任奉天劝业道、署交涉使。辛亥后任江苏民政长、安徽巡按使。1915 年辞职还乡，经营泰源盐垦公司，办理运河工程局。1920 年后，任运河工程局会办、山东省省长、江苏省省长。1925 年段祺瑞执政府成立，被任命为善后会议会员。后任苏北入海水道委员会主任委员、黄灾救济委员会主任委员。著有《永忆录》《止叟年谱》。

28. 刘保林，四川华阳县人，监生。② 曾总办湖北纱、布、丝、麻四局，署安襄郧荆道。

29. 沈祖燕，字翼生，又名翼圣甫，浙江萧山县人。由廪生考取优贡，

---

① 《清代缙绅录集成》第 92 册，第 54 页。
② 《清代缙绅录集成》（85），第 380 页。

光绪乙酉科本省乡试中式举人，己丑科会试中式进士，以内阁中书用。二十七年在顺直善后赈捐局捐升道员，指省福建。二十八年在山东赈捐局报捐花翎。二十九年因劝捐助饷案内出力，保加二品衔；六月在山东工赈局捐离原省，改指湖南，历经委办铸造局、铜元局、矿务全省总公司、仕学馆法政科、官钱局、善后报销筹饷总局、官矿局、矿政调查局等差。三十四年补署湖南劝业道缺。① 撰有《案事编》，见《绍兴县志资料》第二辑《书目》。

30. 谭启瑞，字岳生，号芝云，贵州镇远县人。散馆授编修，曾任湖南衡永郴桂道。

31. 唐步瀛，字蓬洲，四川彭县人，举人。著有《益州书画录》《增校清朝进士题名碑录》。

32. 王维翰，广西临桂县人，进士。②

33. 翁斌孙（1860—1922），字弢甫（弢夫），江苏常熟县人。光绪丁丑进士，改庶吉士，授检讨。充乙酉顺天乡试暨甲午会试同考官，迁翰林院侍讲、侍读，充日讲起居注官。外授山西大同知府，摄总兵，领防营。宣统初年，擢升冀宁道，权提学使。次年，授劝业道。辛亥，署提法使。是年六月，授直隶提法使，加二品衔。逊位诏下，称病不出。1922 年卒于天津。著有《笏斋覆瓿集》。

34. 周肇祥（1880—1954），字养庵，浙江绍兴县人，监生。清宣统二年起任奉天警务局总办，奉天劝业道、盐运史，警务局督办兼屯垦局局长。著有《游山》《山游访碑目》《辽金元古德录》《虚字分类疏证》《复辑录庄教馆金石目》《辽义拾》《宝觚楼金石目》《宝觚楼杂记》《重修画史汇传》《辽金元官印考》《石刻汇目》《画林劝鉴录》《退翁墨录》等。

35. 董遇春（1861—？），号柳庄，天津人，以监生保知县，补用知府，

---

① 秦国经主编《中国第一历史档案馆藏清代官员履历档案全编》（8），第 368—369 页。
② 《清代缙绅录集成》（92），第 122 页。

留奉道员。历任毅、淮、庆各军后路委员，天津工商局局长，北洋文报局总办，东三省文报局总办，奉天劝业道。民国后，任吉林采金局副局长、黑龙江采金局局长等职。①

36. 管凤龢（1867—1938），字洛生，江苏武进人。光绪二十一年在营口道善联幕中任幕僚。光绪三十年，袁世凯推荐其任奉天海城县知县。后被东三省总督徐世昌提携，任奉天府知府，光绪三十四年调任新民府知府。宣统二年，调任奉天高等审判厅厅丞，同年奉天鼠疫流行，因其防疫有功，加二品衔，晋升劝业道。②

37. 向步瀛，字南皋，四川彭县人，光绪二十四年进士。

38. 彭清范，捐升候选道，广西补用知府，曾充广西派办政事处提调。

39. 苏品仁，云南昆明人，光绪十二年丙戌科进士，内阁中书，历任江苏新阳县知县、直隶劝业道等缺。

40. 张建勋，广西临桂县人，进士。黑龙江提学使，兼任劝业道。

41. 严儁熙，江苏吴县人，监生。历任贵阳府知府、贵东道、贵西道、护理按察使。

42. 胡嗣芬，字景威，号宗武，贵州开州人，光绪二十一年进士，原籍广东。由庶吉士散馆以知县即用，改授河南夏邑县知县，③ 1911年署理四川劝业道。

---

① 中国人民政治协商会议天津委员会、文史资料研究委员会编《天津近代人物录》，天津市地方史志编辑委员会，1987，第345页。
② 详见常州市地方志编纂委员会编《常州市志》第2册，中国社会科学出版社，1995，第959页。
③ 秦国经主编《中国第一历史档案馆藏清代官员履历档案全编》（28），第345页。

后　记

　　本书是在我博士学位论文基础上修改而成的。庚子年突如其来的疫情让世间的一切变得和往常大不一样，让人猝不及防，每个人都不得不卷入并应对这场变局。在这段特殊的日子里修改书稿，回忆成长求学历程，又仿若回到在中山大学康乐园读书问学的美好而又珍贵的时光里。回望来时路，要特别感谢各位师友至亲，没有他们的指导、帮助和关爱，便没有这本小书的问世。

　　首先，要感谢导师桑兵教授的悉心教导。2004 年秋，在暨南大学"史学沙龙"聆听先生讲学，继而拜读《晚清民国的知识与制度体系转型》① 一文，深被先生的深厚学养、治学态度、治史方法感染和触动，便决心拜其门下求教。承蒙恩师不弃，策我进取。在博士论文的选题、资料搜集与解读、写作、修改各个环节谨记老师的告诫与提示，努力不走偏路，步入正轨。每次修改、贯通史料时忆起老师的传道、授业、解惑，多有惊喜和创获。更让我感动又难忘的是，老师欣然同意将这本小书纳入"近代中国的知识与制度转型丛书"予以资助出版，备感荣幸。关晓红老师在清季官制改革这片学术园地沉潜耕耘数载，对我研究的对象相当熟稔，时常指点迷津，提示线索，给予启发和勉励。念及老师谆

---

　　① 桑兵：《晚清民国的知识与制度体系转型》，《中山大学学报》（社会科学版）2004 年第 6 期。

谆教导治学要做到心静和心净才能修行致远，至为感激，于我无论是读书学习，还是工作生活均启发良多。历史学系吴义雄教授、程美宝教授及华南师范大学谢放教授、暨南大学刘增合教授在论文答辩时提出了非常宝贵的意见和建议。另外，历史学系曹天忠教授、赵立彬教授、何文平教授、孙宏云教授等老师的赐教、鼓励，惠我良多。本书部分内容能够发表，非常感谢杨向艳、陈志雄等先生的帮助，并提出宝贵意见。

广州求学期间，非常感谢暨南大学硕士生导师冀满红教授及历史学系张晓辉、夏泉、刘增合、李淑蘋等老师在学习和生活上的帮助和关爱。在资料搜集过程中，先后得到上海市博物馆唐永余先生、广东省社会科学院张金超先生、广东省中山图书馆李媚女士、故宫博物院研究馆员张晓玮博士、国家图书馆张翼女士、北华大学东亚历史与文化研究中心李晓丹和冯栋柱伉俪、黑龙江省社会科学院刘喜涛研究员的热心帮助，诸位友朋提供诸多便利，使资料搜集工作顺利开展，在此谨致谢意！与同窗学友彭雪芹、吴昌稳、张凯、杨瑞、於梅舫、吴昱、陈享冬、周军、崔军锋、宋永志、安东强、杨思机等交流砥砺，多获启发。劝业道、巡警道在清末外官制中与布政使司、提学使司、提法使司并称为"三司两道"。有缘的是，我研究劝业道，雪芹同学研究巡警道，"两道"既有共通之处，也有差异所在，彼此探讨交流，往往在疑无路时又见柳暗花明。有幸与诸位挚友一路问学，于道日进，在此一并深表感谢。

亲人的无私支持和热切期盼是我多年潜心求学的动力源泉。父母是忠厚朴实的农民，为让我免受他们所受之苦，任劳任怨。双亲安康，共享天伦之乐是我的一大心愿，但意想不到的是，我来深圳工作那年，身体一向康健的父亲被无情的病魔夺走了生命，给我留下无尽的愧疚和深深的思念。父亲是那个时代为数不多的高中生，宽厚大度，不善言辞，但爱看书，非常理解和支持我读博。2011 年，父亲来广州带孙子，一有空便翻阅我的论文，看我研究的究竟是什么，并和我探讨交流。我们从清末劝业道官制的构建、运作及其如何管理农工商矿和交通事务，一直聊到他务农、拧笨篱（工艺活）、拉煤、收兔毛、做河工，以及后来外出务工时的各种经历和遭遇。回望清季至改革开放以来我国实业、交通事业的巨大变迁及其对人们观念和日常生活的影响，感慨万千，那场景若在眼前。这本小书的出版，也算是给父亲的一个告慰，在此感谢他多年的养育和支持。同时，还要特别感谢母亲，这些年她带着孙子孙女，操持家务，劳心费力，有她的大力支持和奉献，小家才更加快乐幸福。求学阶段，妹妹多年来照顾父母，为家分忧解愁，予我诸多慷慨支持和莫大鼓励。爱人既忙工作又兼顾家庭，还努力为我营造良好的学习治学氛围，不胜感激。儿子和女儿的童真童趣给我和家庭带来无穷乐趣。岳父、岳母对我们也多有相助。回味这馥郁醇厚的亲情，倍感温暖。

感谢户文生伉俪、王志新、王志亮、贾廷干、户晓侠诸位先生的勉励和支持。工作以来，有幸与各位领导、同事在文化体制改革、电力体制改革和国企混改等试验田里探索实践，让我读史阅世更有滋味，与有荣焉，特此感谢。

最后，感谢社会科学文献出版社和编辑陈肖寒、汪延平为拙著出版付出的辛劳。

2021 年 7 月 26 日于深圳

图书在版编目（CIP）数据

兴利与牧民：清末劝业道的建制与运作/王鸿志著
. -- 北京：社会科学文献出版社，2022.4
（近代中国的知识与制度转型丛书）
ISBN 978 - 7 - 5201 - 9472 - 3

Ⅰ.①兴… Ⅱ.①王… Ⅲ.①官制 - 研究 - 中国 - 清
后期 Ⅳ.①D691.42

中国版本图书馆 CIP 数据核字（2021）第 257721 号

· 近代中国的知识与制度转型丛书 ·

兴利与牧民：清末劝业道的建制与运作

著 者/王鸿志

出 版 人/王利民
责任编辑/陈肖寒
文稿编辑/汪延平
责任印制/王京美

出 版/社会科学文献出版社·历史学分社（010）59367256
地址：北京市北三环中路甲 29 号院华龙大厦 邮编：100029
网址：www. ssap. com. cn
发 行/社会科学文献出版社（010）59367028
印 装/三河市尚艺印装有限公司

规 格/开 本：787mm × 1092mm 1/16
印 张：27.25 字 数：392 千字
版 次/2022 年 4 月第 1 版 2022 年 4 月第 1 次印刷
书 号/ISBN 978 - 7 - 5201 - 9472 - 3
定 价/98.00 元

读者服务电话：4008918866